东北亚概论

吕春燕 徐万胜 张文江 等·编著

NORTHEAST ASIA

An Introduction

时事出版社
北京

前　言

　　东北亚是亚洲经济、文化最发达的地区，与欧洲、北美一起并列为当今世界最发达的三大区域之一。东北亚也是世界上地理位置重要、国家间关系复杂、热点焦点问题突出的地区之一，各种双边和多边关系在这一地区展开了复杂的博弈，使得东北亚成为全世界关注的热点地区之一。冷战之后，随着苏联解体、中国崛起、朝鲜半岛问题久拖不决、日本向"军事大国"迈进等，东北亚国家间关系变得愈加复杂、难以把握。这里既有冷战体制的残余，又经历着地区安全秩序的深刻演进；既有社会制度和意识形态的差异，又有相互间的合作与交流；既有相互依赖，又有相互制衡。东北亚局势的演变，将对亚洲乃至整个世界政治经济格局产生结构性影响，同时对中国国家安全以及当前推进的共建"一带一路"也有着重大影响。因此，系统梳理和分析研究东北亚各国的历史、民族、宗教、政治、经济、军事、外交关系等诸多领域的发展演变、现状特点，具有重要的现实意义和价值。

　　本书运用历时与共时结合、描述与论述兼顾的方法，按照由表及里、由具体到抽象的逻辑顺序，先从自然地理谈起，逐步阐述到社会层面的民族宗教、文化艺术、教育科技与经济，然后深入到上层建筑层面的政治、国防军事和外交安全。既分析各国的具体情况又阐述区域性特征，既有对现实情况的描述又有对问题实质的阐发，力求做到局部与整体、描述与论述、理论与实际的相互结合。

　　本书的学术价值有如下两点：第一，有助于充实完善东北亚研究领域的相关内涵。本书的研究内容为东北亚，与当前地区热点问题紧密结合，在注重学理性的同时，兼顾通俗性，在研究内容和研究方法等方面具有充实完善东北亚研究领域相关内涵的作用。第二，为学界同仁及相关专业人员提供借鉴。本书作者均为高校教师，充分结合学科专业特色，发挥外语与国情相结合的研究优势，在广泛阅读中外文资料的基础上，利用人文学、国际关系学等相关理论，对东北亚的诸多领域进行梳理评介，可以为国际关系学、外交学、对象国语言学等相关专业人员提供一定参考。

本书由吕春燕担任主编，负责全书框架结构设计与最后的修订统稿工作。各章撰写人分别为：第一章为刘娟娟，第二章为董南南，第三章为张一尼，第四章为吕春燕，第五章为赵岩，第六章为魏丽华、李倩，第七章为张文江（日本政治部分除外），第七章为徐万胜（日本政治部分），第八章为程兰涛，第九章为陶祥军，第十章为张文江（日本外交部分除外），第十章为徐万胜（日本外交部分）。其中吕春燕对第一、二、五、六、七、十章的内容进行了审校；徐万胜负责第三、四、八章的内容审校，并对全书的框架设计提出了建设性意见；张文江对第九章内容进行了审校。

本书使用数据和材料截至笔者目前能见到的最新材料。编写过程中参考并引用了国内外出版的多种史书、著作、论文以及报刊中的有关资料，特此致以诚挚的谢意。受笔者水平、时间和资料的限制，书中缺点错误在所难免，敬请专家学者和广大读者批评指正。

目 录

第一章 自然地理 ································· (1)
  第一节 自然地理概貌 ··························· (1)
  第二节 自然资源 ······························· (11)

第二章 简史 ····································· (25)
  第一节 古代简史 ······························· (25)
  第二节 近代简史 ······························· (43)
  第三节 现代简史 ······························· (49)

第三章 民族 ····································· (62)
  第一节 东北亚国家的民族概况 ··················· (62)
  第二节 东北亚国家的民族政策 ··················· (69)
  第三节 东北亚国家的民族问题 ··················· (73)

第四章 宗教 ····································· (81)
  第一节 日本宗教 ······························· (81)
  第二节 韩国宗教 ······························· (91)
  第三节 俄罗斯宗教 ····························· (107)
  第四节 蒙古国宗教 ····························· (117)

第五章 文化艺术 ································· (124)
  第一节 东北亚国家的文化多元性 ················· (124)
  第二节 东北亚国家的文学 ······················· (128)
  第三节 东北亚国家的艺术 ······················· (144)
  第四节 东北亚国家的习俗和礼仪 ················· (163)

第六章　教育科技 ……………………………………………（180）
第一节　东北亚国家的教育概况 ……………………………（180）
第二节　东北亚国家的科技成就 ……………………………（209）

第七章　政治 ……………………………………………………（216）
第一节　日本政治 ……………………………………………（216）
第二节　韩国政治 ……………………………………………（228）
第三节　俄罗斯政治 …………………………………………（244）
第四节　蒙古国政治 …………………………………………（257）

第八章　经济 ……………………………………………………（267）
第一节　东北亚国家的经济概况 ……………………………（267）
第二节　东北亚国家贸易合作现状与特点 …………………（289）
第三节　东北亚区域自由贸易区建设 ………………………（301）

第九章　国防与军事 ……………………………………………（306）
第一节　东北亚国家的国防与军事战略 ……………………（306）
第二节　东北亚国家的国防和军队体制 ……………………（321）
第三节　东北亚国家军队简史及概况 ………………………（328）

第十章　外交 ……………………………………………………（335）
第一节　日本外交 ……………………………………………（335）
第二节　韩国外交 ……………………………………………（351）
第三节　俄罗斯外交 …………………………………………（382）
第四节　蒙古国外交 …………………………………………（393）

参考文献 …………………………………………………………（404）

第一章

自然地理

第一节 自然地理概貌

一、位置与面积

东北亚（Northeast Asia）意指亚洲的东北部地区，地理坐标北纬20°~65°，东经90°~153°，北临北冰洋，南与东南亚地区毗邻或隔海相望，东濒太平洋，西接中国中西部地区。从自然地理上看，东北亚包括俄罗斯西伯利亚和远东地区、中国东北地区和华北大部以及日本群岛、朝鲜半岛和蒙古国东部，海陆总面积1600余万平方千米。其中，陆地面积约1071万平方千米，约占亚洲总面积的24%；海域面积包括白令海、鄂霍次克海、日本海、黄海、渤海和东中国海等，共计约600余万平方千米。从政治地理范畴来看，东北亚涵盖中华人民共和国、俄罗斯联邦、日本国、朝鲜民主主义人民共和国、大韩民国和蒙古国①六个国家，总面积约为3400万平方千米，占世界总面积的26%，人口达17亿，约占全球人口总数的23%。一般认为，东北亚并不是一个纯粹的自然地理概念，而是一个蕴含自然地理与政治地理双层含义的复合称谓。东北亚旧称"北亚"或"东亚"，自古以来就是连接亚洲与欧洲的交通要道，地理位置十分重要。冷战结束后，因其重要的地理位置、复杂的地区形势以及活跃的经济发展态势迅速成为世界各国瞩目和关注的焦点地区，东北亚随之作为政治地理概念而逐渐被世界各国所通用。

东北亚地区的居民组成以亚洲人种为主，主要集中于东北亚的平原和东部沿海地区。从民族组成上来看，主要包括人数众多的汉族、满族、大和族、朝鲜族、通古斯族、蒙古族以及数量较少的印欧语系斯拉夫语族的远东俄罗斯族等。

---

① 为行文方便，除特殊情况外，本书将六个国家分别简称为中国/中/华、俄罗斯/俄、日本/日、朝鲜/朝、韩国/韩、蒙古/蒙。

二、地形地貌

以亚洲大陆东部的海洋为界,东北亚可以分为亚洲大陆和日本群岛两大部分。日本群岛曾经是亚洲大陆的一部分,由于位于环太平洋造山带上,数十万年的造山运动使日本与朝鲜半岛之间的陆地下沉为浅海,成为与亚洲大陆相邻的浅大陆架。

亚洲大陆部分地处亚洲板块东北部,北区由黄海海岸线向西纵深推进近千千米、向北直抵北冰洋、向东延展至白令海峡,而位于南区的朝鲜半岛则顺接亚洲大陆向南突出,最南端位于东中国海北纬34°20′处,与日本的对马岛隔海相望。日本群岛部分地处太平洋西北部,包括北海道、本州、四国、九州四个大岛和6800余个小岛,由东北向西南略呈弧形排列分布,纵贯3000余千米。

因位于亚洲大陆和太平洋交界处,东北亚地区多次受到造山运动的影响,导致同属东北亚地区的亚洲大陆与日本群岛在地形地貌上的共同特点是多山,且高地与平原交错起伏,地形地貌非常复杂。总体来说,亚洲大陆部分地形地貌由北向南和由西向东均呈先高后低状,其间高地与平原交错,山川河流众多;至南区朝鲜半岛上的山地起伏较大,地表隆起部分多被河谷分割,并由此形成狭窄的山口和峡谷。日本群岛的北海道与本州北部的山脉多为南北走向,四国和本州南部的山脉则呈东西走向,两者相汇于本州中部。因位于太平洋西岸火山地震带,日本群岛上平原狭小,地形崎岖,河流短促湍急,火山众多,地震频繁。

(一) 山脉

东北亚地区山川众多,亚洲大陆部分上的山脉多坐落于高原或山地之上,主要有位于俄罗斯东西伯利亚山地和远东山地的维尔霍扬斯克、切尔斯基、斯塔诺夫、萨彦岭、锡霍特山脉,蒙古高原上的阿尔泰、杭爱和肯特山脉,中国东北部地区的大、小兴安岭和长白山脉,朝鲜半岛上的咸镜、狼林山脉;而日本群岛上的高山则大多分布于靠近太平洋的火山地震带附近,且多为火山,其中最为著名的是日本最高峰富士山和"日本阿尔卑斯山脉"。

维尔霍扬斯克山脉(又称上扬斯克山脉):位于俄罗斯西伯利亚东北部萨哈雅库特共和国境内,山脉大致呈南北走向,沿勒拿河及其支流阿尔丹河右岸呈弧形延伸约1200千米,宽300千米。山体中部高,南北两侧低,中段海拔多在2000米以上,南、北两段平均海拔800~1000米,最高峰2389米，是勒拿河与亚纳河流域的分水岭。山脉主要由粉砂岩、砂岩和页岩组成，永冻层广布，与奥伊米亚康盆地一起素有北半球"寒极"之称，几乎没有人烟。

切尔斯基山脉：位于俄罗斯西伯利亚东北部萨哈（雅库特）共和国东北部和马加丹州南部，大致呈西北—东南走向。总长约1500千米，宽400千米，平均海拔在2500米以上，最高点为胜利峰，海拔3147米。山顶汇集有350多条冰川，总面积达157平方千米。

斯塔诺夫山脉（又称外兴安岭）：位于俄罗斯东西伯利亚南部，西起奥廖克马河中游，东至阿尔丹河支流乌丘尔河，横亘于北纬56°附近，为大致东西走向的弧形山地。山脉东西长约700千米，宽100~180千米，由2~3条平行的山脉组成，平均海拔1500~2000米，最高峰2412米，是北冰洋水系与太平洋水系的分水岭。

萨彦岭：位于俄罗斯东西伯利亚南部与蒙古国北部边境附近，蒙古高原的北沿，是俄罗斯与蒙古国的界山。从走势上可分为东、西两部分，东萨彦岭呈西北—东南走向，西起叶尼塞河中游左岸、东抵贝加尔湖南端，直至蒙古国境内，绵延1000多千米，西北高、东南低，平均海拔1000~2500米，最高峰为蒙库-萨尔德克山，海拔3491米。西萨彦岭呈东北—西南走向，西起克拉斯诺亚尔斯克边疆区南部小阿巴坎河上游，东与东萨彦岭相接，长约600千米，以叶尼塞河谷为界地形西高东低，平均海拔2500~3000米，最高峰为克孜勒-泰加山，海拔3121米。东、西萨彦岭交汇处海拔达3000米以上，东部地势较西部高且有冰川。

锡霍特山脉（又称希霍特-阿林山脉或老爷岭）：位于俄罗斯远东地区南部、日本海西岸，临鞑靼海峡和日本海。大致延海岸线呈南北走向，总长约1200千米，宽200~250千米，平均海拔800~1000米，最高峰为托尔多基-亚尼山，海拔2077米。2001年，中锡霍特-阿林自然保护区入选世界文化和自然遗产名录。

阿尔泰山脉：亚洲宏伟山系之一，横跨中国、哈萨克斯坦、俄罗斯和蒙古国四国境内，由西北向东南绵延2000余千米，主要山脊高度在海拔3000米以上，位于蒙古国境内的友谊峰（又称冷峰）为最高峰，海拔4374米。阿尔泰山脉西部山体最宽，向东南逐渐变窄，高度亦逐渐下降，是中国与蒙古国、俄罗斯、哈萨克斯坦的界山。

杭爱山脉：位于蒙古国境内中部，呈西北—东南走向，南与阿尔泰山脉基本平行。全长约700千米，平均海拔3000米，最高峰为鄂特冈腾格里山，海拔4031米。北坡多针叶林，南坡多草原牧场。杭爱山脉是蒙古国境内北冰洋流域与内流区域的重要分水岭，隶属于北冰洋水系的色楞格河和鄂尔浑河均发源于其北麓。

肯特山脉：位于蒙古国境内东北部，自东北向西南延伸250千米，山势较平缓，平均海拔2000米，最高峰阿萨拉尔图2751米。其两翼高度不断下降，东部转为东蒙大平原，西部过渡到色楞格、鄂尔浑河流域。克鲁伦河和鄂嫩河发源于此，是太平洋水系与北冰洋水系的分水岭。北段多森林，是蒙古国境内主要的游牧地带。

大兴安岭：位于中国黑龙江省与内蒙古自治区北部，北起黑龙江畔，南至西拉木伦河上游谷地，是西侧蒙古高原与东侧松辽平原的分水岭。总体呈东北—西南走向，北宽南窄、东陡西缓，全长1220多千米，宽200~300千米，平均海拔1100~1400米，主峰索岳尔济山，海拔2035米。

小兴安岭：位于中国黑龙江省中北部，西北接伊勒呼里山，东南到松花江畔，西与大兴安岭对峙。总体呈西北—东南走向，总长约400千米，北部多台地、宽谷；中部多低山、丘陵，山势和缓；南部属低山，山势较陡，平均海拔600~1000米，最高峰为平顶山，海拔1429米。小兴安岭总面积约13万平方千米，其中低山约占37%、丘陵约占53%、浅丘台地约占10%。林业资源丰富，是中国主要林区之一。另外还有丰富的动物资源和矿产资源。

长白山脉：位于中国吉林省南部和朝鲜两江道、咸镜南道和咸镜北道境内，北起吉林省安图县的松江镇，西始抚松县松江河旅游开发区，东止和龙县境内的南岗岭，南部一直延伸到盖马高原，是中朝两国的界山。长白山山峰耸立，因其主峰多白色浮石与积雪而得名，是中朝边境附近海拔最高、喷口最大的休眠火山体。跨越中朝两国的长白山脉有16座2500米以上的山峰，素有"东北屋脊"之称，总面积8000余平方千米，最高峰为朝鲜境内的将军峰，高达2749米。

咸镜山脉：位于朝鲜东北部，纵贯咸镜北道的西北边境，沿盖马高原东北边缘逶迤，由东北向西南一直延伸至两江道，是朝鲜半岛境内最高的山脉，与摩天岭山脉共同构成白茂高原。最高峰冠帽峰是朝鲜第二高峰，海拔2541米。

狼林山脉：位于朝鲜北部中央地区盖马高原西部，横贯咸镜南道、两江道、慈江道的交界地带，大致呈南北走向，由前寒武纪片麻岩构成。山脉南高北低，至鸭绿江岸降到海拔200米，平均海拔约2000米，最高峰为卧碣峰，海拔2262米，是朝鲜北部地形分界线和河流分水岭、大同江和清川江的发源地。

富士山：位于日本山梨和静冈县境内，海拔3776米，是日本第一高峰，也是世界上最大的活火山之一。其山体呈标准圆锥形，山顶终年积雪，遍布温泉、瀑布，风景优美，是日本的象征和自豪，2013年入选世界自然遗产名录。

日本阿尔卑斯山脉：位于素有"日本屋脊"之称的长野县境内，由纵贯日本本州中部的飞騨、木曾和赤石三条山脉从北向南共同组成，是日本地势最高的地区。

（二）平原与戈壁

除高原和山脉外，东北亚地区亚洲大陆腹地还有广袤的平原和戈壁，最著名的是西西伯利亚平原、东方平原、蒙南戈壁、东北平原，朝鲜半岛的咸兴、载宁、平壤和延白等平原。而在日本群岛上，平原面积稀少，零星分布在大河的下游和沿海地区，且大多为冲积平原，面积大小变化不定，最大的是关东平原。

西西伯利亚平原：位于俄罗斯境内乌拉尔山脉和叶尼塞河之间，北临喀拉海岸，南抵哈萨克丘陵，包括秋明州、鄂木斯克州、新西伯利亚州、托木斯克州及阿尔泰边疆区、克麦罗沃州的部分地区。平原南北长2000千米、东西宽1500千米，总面积约300万平方千米，是亚洲第一大平原、世界第三大平原。平原南高北低，且地势低平、沼泽广布，大部分地区在海拔150米以下，是世界上最低的平原。

东方平原：位于蒙古国东部地区，西与俄罗斯远东地区和中国东北地区相邻，总面积约25万平方千米，地势平坦、土地肥沃，是蒙古国最主要的粮食作物产区。

蒙南戈壁：位于蒙古国南部边境附近，与中国内蒙古地区和中亚平原接壤，总面积约130万平方千米。这一地区沙石遍布、砾质坚硬，可分为阿尔泰南戈壁、东部戈壁和北部戈壁等，是世界上最大的荒漠与半荒漠地区之一。

东北平原（又称松辽平原）：位于中国东北地区中部大、小兴安岭和长白山之间，介于北纬40°25′~48°40′，东经118°40′~128°，南北长1000多千米，东西宽300~400千米，总面积约35万平方千米，是中国最大的平原。包括北部的松嫩平原、南部的辽河平原和东北部的三江平原三部分。其中松嫩平原由松花江、嫩江冲积形成，它与辽河平原被位于长春市附近的侵蚀低丘——松花江、辽河的分水岭隔开，又合称为松辽平原，是东北平原的主体。三江平原则是一个低洼的平坦平原，黑龙江、松花江和乌苏里江三条大江在这里汇流、冲积，从而形成了这块低平的沃土。

咸兴平原：位于朝鲜半岛东海岸朝鲜咸镜南道中部沿海地区，面积600平方千米，海拔约50米。

载宁平原：位于朝鲜半岛中部朝鲜载宁江附近地区，由黄海南道载宁江沿岸的冲积平原和准平原构成，面积500平方千米，海拔约20米。

平壤平原：位于朝鲜平壤南部大同江下游，面积500平方千米，海拔30~50米，因平原上有众多矮小丘陵故又称为准平原。

延白平原：位于朝鲜黄海南道东南部，面积400平方千米，其北部是海拔100米的丘陵，南部是海拔50米的平坦冲积地。延白平原与载宁平原在黄海南道毗邻而布，一同构成朝鲜北部最大的平原地区，也是朝鲜最主要的农业基地之一。

关东平原：位于日本本州岛中南部东京附近，北、西连接山地，东、南沿太平洋和东京湾，主要属利根川和荒川流域，面积约达1.6万平方千米，大部分海拔在100米以下，是日本最大的平原，也是日本物产最多和人口最稠密的地区，首都东京和横滨、川崎等大城市均位于该平原。

浓尾平原：位于日本本州岛中南部爱知县西北部和岐阜县南部，面积约1800平方千米，大部分海拔在50米以下。

畿内平原：位于日本本州岛南部大阪、京都附近，三面连接山地，西临大阪湾，面积1600平方千米，淀川、大和川等河流在此贯穿。

(三) 半岛与岛屿

因地处亚洲大陆边缘，东北亚地区濒临海洋的一侧分布有众多的岛屿与半岛。仅以日本群岛为例，虽然国土总面积仅有37.8万平方千米，但有6800多个大小不一的岛屿，加之亚洲大陆东部沿太平洋的半岛与岛屿，其岛屿之多绝对可以与东南亚地区相媲美。

卡拉金岛：位于俄罗斯堪察加半岛东岸白令海卡拉金湾内，西隔利特克海峡与亚洲大陆相望，总面积约2000平方千米。中、东部多山，西岸低平，东岸陡峭。

科曼多尔群岛：位于俄罗斯远东地区太平洋沿岸白令海西南部，处于堪察加半岛以东、阿留申群岛的最西端，是俄罗斯太平洋沿岸的火山岛群。群岛包括白令岛、梅德内岛、托波尔科夫岛及阿里岩礁，总面积1848平方千米。

堪察加半岛：位于俄罗斯远东地区，西临鄂霍次克海，东濒太平洋和白令海，南北长 1250 千米，最宽处约 480 千米，总面积约 37 万平方千米，是俄罗斯境内最大的半岛。半岛上火山遍布，160 多座火山中现有 28 座活火山，多温泉和间歇泉，地热资源丰富。斯列金内山脉与沃斯托奇内山脉纵贯半岛南北平行分布，其中的克柳切夫火山海拔 4750 米，为半岛最高峰，也是世界上最高的活火山。以半岛为主体，俄罗斯设立了堪察加州，主要城市有彼得罗巴甫洛夫斯克和乌斯季堪察茨克，前者是堪察加州的首府，后者是半岛上最大的城市和港口。

萨哈林岛（又称库页岛）：位于太平洋沿岸中俄界河的出海口处，东、北濒鄂霍次克海，西隔鞑靼海峡与亚洲大陆相望，南隔拉彼鲁兹海峡（宗谷海峡）与日本北海道相对，南北长 948 千米，东西宽 6~160 千米，总面积约 78 万平方千米，是俄罗斯太平洋沿岸最大的岛屿。岛上北部地势低平、多为平原，中、南部有东、西萨哈林山脉绵亘，把特米-波罗奈斯克平原和苏斯奈斯克平原分开，其中的洛帕京山为半岛最高峰，海拔 1609 米。岛上有超过 6000 条河流及 1600 个湖泊，沿海多潟湖。南萨哈林斯克是该岛最大的城市，也是萨哈林州首府所在地。

千岛群岛：位于堪察加半岛与日本北海道之间，是堪察加半岛火山带向海洋的延续。群岛由东北向西南呈弧形分布，将鄂霍次克海与北太平洋分隔开来，全长 1200 余千米，包括 56 个大小不同的岛屿，总面积 1 万多平方千米。其中，位于群岛南部的齿舞、色丹、国后和择捉四个岛屿较大，总面积约 5000 平方千米，日本称之为"北方四岛"，俄罗斯称之为"南千岛群岛"，两国在其归属问题上存在较大争议。

辽东半岛：位于中国辽宁省东南部，由亚洲大陆向东南方向直插入渤海与黄海之间，是由南至北横贯整个半岛的千山山脉向海洋的延伸，与山东半岛隔渤海相望，将渤海与黄海分隔开来。半岛北部以鸭绿江口与辽河口的连线为界，其他三面均临海，总面积约 2.16 万平方千米，是中国第二大半岛。半岛沿海地带是平原，海中有很多岛屿，著名的有小龙岛（蛇岛）、长山群岛等。

朝鲜半岛：位于东北亚地区亚洲大陆向南突出部分，北部与俄罗斯相连，西北部隔鸭绿江、图们江与中国相接，西部与中国山东半岛隔黄海相望，东南隔日本海与日本对马岛相望。半岛三面环海，由朝鲜半岛和周围约 3300 多个岛屿组成，南北跨度约 1100 千米，东西宽 169~346 千米，总面积约 22.2 万平方千米，是连接亚洲大陆和日本群岛的天然桥梁。半岛上群山林立，地形起伏错落，地表隆起部分被河谷所分割，经常形成狭窄的山口和峡谷。位于东北边境盖马高原上的将军峰海拔 2744 米，是半岛最高峰，著名的鸭绿江和图们江均发源于此。自 1945 年以来，以北纬 38°线为界，半岛南北分别隶属于韩国与朝鲜。

北海道岛：位于日本群岛最北端，北隔拉彼鲁兹海峡（宗谷海峡）与俄罗斯萨哈林岛相望，南隔津轻海峡与本州岛毗邻，西临日本海，东濒太平洋，南北宽 420 千米，东西长 540 千米，总面积约 7.8 万平方千米，为日本第二大岛。岛上地势高峻多山，其中火山众多。1886 年，日本在此设立省级行政单位，下设 14 个支厅，札幌市既是北海道的行政中心，也是岛上最大的城市。

本州岛：位于日本群岛中部，北隔津轻海峡与北海道毗邻，南隔濑户内海与四国岛相对，自东北向西南绵亘约 1500 千米，宽度为 50～230 千米，总面积为 23 万平方千米，占日本总面积的 61% 左右，是日本最大的岛屿，主要城市和工业区大多集聚在该岛上。依据行政区划，本州岛自北向南还可划分为东北地区、关东地区、中部地区和近畿地区。其中东北地区是日本有名的粮食生产区，稻米产量占全国的 1/4；关东地区位于日本最大的关东平原上，以东京为代表的多个政治、经济、文化中心均处于该地区；中部地区地势高而复杂，分布着大量的火山，富士山亦位于此；近畿地区则汇聚着京都、大阪和神户等经济较发达城市。总体来说，本州岛地形崎岖，并因位于亚欧板块和太平洋板块交界的边缘上而多火山和地震。

四国岛：位于日本西南部，北临濑户内海与本州岛相望，西南隔丰予海峡和丰后水道与九州岛相对，东西长 254 千米，南北长 186 千米，总面积约 1.8 万平方千米。岛上高山多，平原狭小，河流短小，地形地貌比较复杂。

九州岛：位于日本群岛西南端，北面隔关门海峡与本州岛相望，东北隔丰后水道与四国岛相对，东南临太平洋，西北隔朝鲜海峡与韩国毗邻，西隔黄海与中国遥对，是日本距离朝鲜半岛和中国大陆最近的地方。九州岛总面积约 3.65 万平方千米，仅次于本州岛和北海道岛，为日本第三大岛屿。岛上多为山地，仅在海岸一带有零星、小面积平原，且火山分布广泛，世界上最大破火山口的活火山口——阿苏山即位于岛中。此外，九州岛海岸线曲折异常，聚集不少零星岛屿，多内海及港湾。

（四）海洋

东北亚地区与横亘在亚洲与美洲之间的广阔太平洋毗邻，围绕在亚洲大陆部分和环绕在日本群岛周围的是大面积的海洋，其中较大的海洋有白令海、鄂霍次克海、日本海、黄海、渤海和东海。

白令海：太平洋沿岸最北的边缘海，海区呈三角形。北以白令海峡与北冰洋相通，南隔阿留申群岛与太平洋相连，将亚洲大陆（西伯利亚东北部）与北美洲大陆（阿拉斯加）分隔开，美俄国界即在白令海和白令海峡上。海洋总面积约231万平方千米，平均水深1636米，最深处达4773米，是俄罗斯境内最深的海。海水中生物丰富，盛产鲑、鲱、鳕、鲽、明太和大比目鱼等，极具经济价值。

鄂霍次克海：东起堪察加半岛和千岛群岛，西至俄罗斯的萨哈林岛，南抵日本的北海道，北与亚洲大陆架相接，是俄罗斯远东地区连接外海的重要海域，也是俄罗斯远东地区与日本北部领土之间的天然屏障。海洋总面积约158.3万平方千米，平均水深838米，自北向南水深逐渐增加，最深处达3658米。鄂霍次克海海水营养丰富，特别是盐类含量较高，有利于海洋生物的繁殖。

日本海：西北太平洋最大的边缘海，西濒欧亚大陆架边缘，东至日本诸群岛，北起俄罗斯萨哈林岛，南抵朝鲜半岛，整个海域略呈椭圆形，通过间宫、宗谷、津轻、关门、对马和朝鲜海峡与外海相接。因以日本群岛为界与太平洋相隔，故取名日本海，韩国称之为东海，朝鲜则称之为朝鲜东海。海洋总面积106万平方千米，平均水深1536米，最大深度3720米。因地处寒暖流交汇处，海水中富含浮游生物，水产资源丰富。

黄海：太平洋西部的边缘海，位于中国大陆与朝鲜半岛之间，北起辽东半岛，南与东中国海相接，西临山东半岛，东抵朝鲜半岛，全部为东亚大陆架边缘的浅海。中国大陆与朝鲜半岛多条河流汇入黄海，河水中携带的大量泥沙使近海水面呈黄色，其由此而得名。海洋总面积为38万平方千米，平均水深45米，最深处140米。因水浅速低，黄海沿岸分布有众多天然良港和渔场，其海水中的浮游生物和经济鱼类也主要以温带种为主。

渤海：西太平洋的一部分，位于中国辽东半岛与山东半岛之间，北、西、南三面被辽宁省、河北省、天津市和山东省陆地所环抱，仅在东部以渤海海峡与黄海相通，是中国境内唯一的内海。海洋总面积7.7万平方千米，平均深度18米，最深处86米。海底平缓，泥沙聚集，水质肥沃，饵料丰富，含盐量高，不仅是中国著名的大型海洋水产养殖基地和盐业生产基地，还盛产石油和天然气，自然资源十分丰富。

东海：又称东中国海，是中国三大边缘海之一。北起中国东部长江口北岸与黄海相接，南至台湾岛与南海相通，东临太平洋上的琉球群岛，西以欧亚大陆架为界，总面积70余万平方千米，平均水深349米，最深处约2700米。因地理纬度相对较低，地处亚热带和温带交界处，东海水温和盐度都相对较高，有利于浮游生物的繁殖与生产，经济渔业资源丰富，是中国海洋生产力最高的海域。加之丰富的石油与天然气储量，中日两国在东海的能源开发和部分岛屿的领土归属权问题上仍存在争议。

三、气候

东北亚地区地域辽阔、纬度跨度大，加上地势的起伏以及因位于大陆、海洋交界地带而受到不同气流的多重影响，致使不同地域在气候上存在较大差异，主要可以分为大陆性气候、季风性气候和海洋性气候三种气候类型。

大陆性气候主要分布在东北亚地区亚洲大陆远离海洋的部分，俄罗斯西伯利亚和远东西部地区、蒙古国和中国东北靠近内陆部分的区域都属于这一气候类型。大陆性气候的主要特点是：四季分明，冬季寒冷而漫长，夏季炎热而短促，气温的日差和年差都比较大。因为远离海洋，这些地区的降水量从西部向东北部有所递增，但总量并不充沛，常年空气干燥，云雾较少。

季风性气候主要分布在东北亚地区亚洲大陆靠近太平洋的东部沿海区域，俄罗斯远东沿海、中国东北除辽东半岛以外和朝鲜半岛的西海岸都属于这一气候类型。这些地区虽地处海洋附近，但因亚欧大陆架近海区域海水较浅，海洋对气候的调节作用相对于季风并不那么明显。这些区域冬季受到北方和西北方大陆带来的高压和气流的影响，寒冷干燥；夏季则受到南方和东南方季风带来的温热空气的影响，温暖湿润。因此从降水量来看，夏季的降水量要明显高于冬季，约占全年降水量的70%。

海洋性气候主要分布于俄罗斯远东的北起白令海、堪察加半岛，南到萨哈林岛中俄边境的图们江出海口一带，以及日本群岛大部及朝鲜半岛的东海岸和中国的辽东半岛，主要包括鄂霍次克海、日本海和渤海三大海域。这些地方终年气候宜人、温暖湿润，冬无严寒、夏无酷暑，且降水量较同纬度内陆地区也要充沛得多。总体来说，气候条件相对良好。

第二节　自然资源

一、土地资源

东北亚地区地域广袤、地形多样，土地资源较为丰富，但分布极不平衡，特别是土地的利用情况和生产力方面都存在较为显著的地区差异。以人均占有量为例，俄罗斯和蒙古国境内地广人稀，在某些人迹罕至的地方人均土地面积甚至可达 1 平方千米，而日本和朝鲜半岛则人口稠密，人均土地面积仅为 0.003 平方千米左右。在土壤类型方面，东北亚地区的土地资源包括高原冻土、棕壤、钙土、荒漠土、黑土、草甸土、砂土和墨黑土等多种类型，不同土壤上的植被分布和利用情况均有所不同。

高原冻土：主要分布于俄罗斯境内，自北极荒漠向南逐次展开。冻土所在地区冬天漫长而寒冷，由于夏季短暂，最暖和的时候冻土也只可以融化几厘米，到处都是终年不化的永久冻土。在热量不足的情况下，该地区尽管降水较少却保证了充足的湿度。表现在植被上，可以吸收热量和避免强风的苔藓植物、地衣以及蔓生和衬垫式植物分布较为广泛。由于土壤自然肥力很低且受制于气候条件很难改造，冻土地带上的居民以游牧民族为主，主要以养鹿和捕捉海洋动物为生，人口稀少且都集中居住在海边和河流边的小村庄里。近年来，随着全球气候变暖和经济开发，冻土地带的植被和动物都在不同程度上遭到了破坏，冻土正在不断退化。

棕壤：主要分布于从俄罗斯西伯利亚、远东地区沿海岸线延伸向南的中国山东半岛和辽东半岛。这些地方尽管纬度跨越寒、中、暖多个温度带，但共同的特点是四季分明、气候湿润，年降水量普遍在 500 毫米以上。棕壤的有机质含量高，土层较厚，质地较黏重，土壤呈酸性，自然肥力较高，十分有利于树木的生长，是较为典型的森林土。表现在植被上，在这些地区生长有大面积的落叶阔叶林和针叶阔叶林，主要树种有落叶松、冷杉、橡树、椴树和桦树等。

钙土：主要分布于地处温带大陆性气候的蒙古国北部、东部和中国内蒙古、东北的部分地区。这些地方冬季寒冷、夏季凉爽，年平均气温在 -3～6℃，年降水量 150～500 毫米。由于降水量的不同而表现出干旱和湿润程度的不同，并由此而导致的土壤中腐殖质含量和腐殖质层厚度的不同，东北亚地区的钙土又呈现出黑、栗、棕等多种不同的颜色。钙土土壤呈碱性，其植被主要以草原为主。其中，黑钙土植被为产草量最高的温带草原和草甸草原，栗钙土植被为典型的干草原且生长不如黑钙土区茂盛，而棕钙土植被则为荒漠化草原或草原化荒漠，土壤类型也有渐次向荒漠土过渡的趋势。

荒漠土：主要分布于蒙古国南部和中国内蒙古西北部，这些地方地处北温带大陆性干旱气候区，冬季严寒、夏季干爽，年降水量大部分地区不到100毫米。土壤基本上没有明显的腐殖质层，土质疏松，缺少水分，土壤剖面几乎全是砂砾，碳酸钙表聚、石膏和盐分聚积多，土壤发育程度差。地表植被稀少，以非常耐旱的肉汁半灌木为主。

黑土：主要分布于俄罗斯西西伯利亚平原和中国的东北平原，这些地区气候的最普遍特征是季节性干旱，虽然旱季长短不同，但干湿季分明，年降水量少至150毫米，多则可达2000毫米以上。作为世界上最肥沃的土壤，黑土性状好、肥力高，有机物质的含量为3%~10%，是具有强烈胀缩和扰动特性的黏质土壤，十分有利于包括水稻、小麦、大豆、玉米在内的农作物的生长和培育。因此，东北亚地区的黑土主要应用于种植农作物，其他植被相对较少。

砂土和淤泥：整个朝鲜半岛主要的土壤构成为淤泥和砂土，特别是在以山地为主的地形区域内，土壤表层通常较薄，粗砂、细砂和相当多大小不等的石块分布不均匀。这为农业耕种带来了很多不便，人们只能在半岛西部宽阔的河谷地带依靠每年的灌溉和不时发生的河流泛滥所带来的淤泥沉积来改造土壤，使其适应农作物的耕种和培育。耕作过的土壤，特别是用于水稻种植的梯田中的土壤，经过长期有规律的犁作、灌溉和施肥，大多已被人工熟化。在半岛上的大部分地区，经人工熟化后的水稻梯田土壤都是与附近天然土壤完全不同的淤泥样肥土。与此同时，每年不时发生的河流泛滥所带来的淤泥沉积也使半岛上的土壤改变了其原有的构成。

墨黑土：在日本群岛上，最主要的土壤类型就是由远古火山喷发而产生的大量的黑色火山灰土，主要分布于北海道、东北、关东、东山和九州等地区，可占日本国土总面积的1/6。这种土壤表层呈黑色、黑棕色或暗棕色，腐殖质含量较高，吸湿性好，容重小，碳氮比高，磷酸吸收系数高，代换容量高，硅铝含量低。墨黑土曾被认为是典型的低产土壤，但近代农业种植证明，如果在其中增施磷肥，补给盐基及微量元素，墨黑土的生产力也是可以提高的。目前，日本群岛上的墨黑土约1/4~1/5为农业用地，是日本旱田和畜牧业的最重要土壤之一。

二、水资源

东北亚地区水资源丰富，较大的河流和湖泊多数分布在亚洲大陆上，并随着山脉和地形的走向，大多呈南北纵向流淌。而在日本群岛上，虽然受制于地形的影响，河流大多流程较短、流域面积较小，但得益于海洋性气候充沛的降水量，河流和湖泊的数量相较于同纬度内陆地区都具有明显优势。

鄂毕河：由发源于俄罗斯别卢哈山南麓冰川的卡通河与阿尔泰边疆地区的比亚河在阿尔泰山索罗基诺附近汇流而成，自东南向西北流经西西伯利亚平原，注入北冰洋喀拉海。全长5410千米，水系庞大，支流众多，流域面积达299万平方千米，是俄罗斯最长、流域面积最大的河流。流量仅次于叶尼塞河和勒拿河，居俄罗斯河流第三位，是世界大河之一。鄂毕河水流急、落差大，为水力发电提供了良好条件，其主流和支流都是运输航道，主要用于木材等货物运输。

勒拿河：发源于贝加尔山脉的西坡，先向东后转向北，流经东西伯利亚大部分地区，注入北冰洋拉普捷夫海。全长4400千米，流域面积249万平方千米。流量仅次于叶尼塞河，居俄罗斯河流第二位，相当于两条伏尔加河。主要支流有维季姆河、奥廖克马河、阿尔丹河以及维柳伊河等，是东西伯利亚河运交通的命脉。

叶尼塞河：由发源于唐努乌拉山脉的小叶尼塞河与东萨彦岭喀拉·布鲁克湖的大叶尼塞河在俄罗斯境内的图瓦山地附近汇流而成，自南向北穿过西萨彦岭，进入克拉斯诺亚尔斯克水库，又穿过东萨彦岭的西北支脉，流经西伯利亚高原西缘，注入北冰洋喀拉海的叶尼塞湾，是西西伯利亚平原与中西伯利亚高原的分界线。全长4092千米，流域面积258万平方千米。流量居俄罗斯河流之首，是西伯利亚地区水量最丰沛的河流，也是注入北冰洋的最大河流。叶尼塞河水量大、多急流，河上建有许多著名的水电站，主要支流安加拉河、中通古斯卡河和下通古斯卡河的条件都十分有利于水力发电。

阿穆尔河：由发源于蒙古国肯特山脉东麓的石勒喀河和中国大兴安岭西侧的额尔古纳河汇流而成，中俄边界在黑龙江省境内依此划分，中国称黑龙江。全长4444千米，在中国境内流域面积至少为86万平方千米，占流域总面积的48%；在俄罗斯境内流域面积为98万平方千米，占全部流域面积的52%，流量居俄罗斯河流第五位，最后注入鄂霍次克海。因河流大部分流经山地且夏冬两季水位十分不稳,河中鱼类种类较为独特,其中有20多种属世界罕见鱼种,为该河独有。

贝加尔湖:位于东西伯利亚南部,俄罗斯布里亚特共和国与伊尔库茨克州境内,面积3.15万平方千米,南北长约600千米,东西宽25~80千米,总蓄水量达2.3万立方千米,占世界淡水储量的1/5,最深处达1620米,不仅是世界上最大的淡水湖,而且是世界上最深的湖。贝加尔湖属于高山湖,湖面位于海拔456米处,四周被比湖面高出约2000米的山脉所环绕,有336条河注入该湖,只有一条安加拉河泻出。湖水清澈透明,水质上乘,有2000万年的历史,是俄罗斯著名的疗养和旅游胜地,为世界级自然遗产和国家级自然保护区,被誉为西伯利亚的明珠。

色楞格河:蒙古境内流域面积最广、水量最充沛的河流,由发源于蒙古库苏古尔山脉的德勒格尔河与发源于杭爱山脉的伊德尔河汇集而成。河流先向北流,然后转向东北延伸,先后接纳楚鲁特河、木伦河、哈努伊河、额吉河、鄂尔浑河等支流后,在纳乌斯基附近进入俄罗斯境内,河流继续向东北流,沿途接纳吉达河、奇科伊河、希洛克河和乌达河等支流后,在乌兰乌德转向西北流,最后注入贝加尔湖。河流属于北冰洋水系,全长1486千米(其中900多千米在俄罗斯境内),流域面积44.7万平方千米,在距河口127千米处的多年平均流量为935立方米/秒,年径流量294亿立方米。

鄂尔浑河:蒙古国境内流量最大、长度最长的河流,色楞格河右岸的最大支流,发源于蒙古国后杭爱省与巴彦洪戈尔省交界之处的杭爱山脉东北坡,河流向西北流,沿途接纳土拉河、哈拉河、恰拉河和伊罗河等支流后,最后在苏赫巴托附近注入色楞格河。河流属于北冰洋水系,全长1124千米,流域面积13.28万平方千米,河口多年平均流量152立方米/秒,年径流量47.9亿立方米。

松花江:为中国境内的最大支流,中国七大河流之一,由发源于长白山主峰长白山天池的白河和发源于大兴安岭支脉伊勒呼里山中段南侧的嫩江在吉林省扶余市的三岔河附近汇合而成,流至黑龙江省哈尔滨境内注入黑龙江。河流东西长920千米,南北最宽达5~10千米,流域面积达55.7万平方千米,年径流量762亿立方米。流域范围内森林和矿产资源都极为丰富,也是中国东北重要的粮食和渔业产区,素有"东北大动脉"的美誉。

乌苏里江:位于东北亚中俄边境,原为中国内河,现为中国与俄罗斯之间的一条重要界河。由发源于锡霍特山脉西南坡的乌拉河和道比河汇合而成，向东北延伸后注入黑龙江，是黑龙江右岸的一大支流。河流全长909千米，流域面积18.7万平方千米，每年有近5个月封冻期，下游可通航。

图们江：位于中国吉林省东部，原为中国内河，现为中国与朝鲜之间的一条重要界河，临近入海的部分则是朝鲜与俄罗斯之间的分界线。图们江发源于长白山东南部，自西南向东北又折向东南，最后注入日本海，全长约520千米。沿江景色优美，中国在此兴建了国家级森林公园，每年都吸引大量游客前来游玩。

鸭绿江：位于中国辽宁省境内，原为中国内河，现为中国与朝鲜之间的界河，江中的绸缎岛与薪岛均为朝方所有。鸭绿江发源于吉林省长白山南麓，自北向南后转向西北又折向西南，最后注入黄海北部的西朝鲜湾，全长约790千米，流域面积6.19万平方千米，年径流量327.6亿立方米，江上建有多个水电站和水库。

大同江：位于朝鲜半岛西北部，发源于朝鲜境内狼林山脉的慈江道，自东北向西南方向横穿平壤后注入黄海北部的西朝鲜湾。河流全长约438千米，流域面积2万多平方千米，年径流量126亿立方米。大同江支流众多，上游是朝鲜北部重要的灌溉来源，下游河道较深，十分有利于通航。

汉江：位于韩国北部，由发源于太白山脉西坡的南汉江和发源于朝鲜金刚山的北汉江在韩国京畿道汇合而成，干流由北向西南横穿首尔市，最后注入黄海江华湾。河流总长514千米，流域面积2.6万平方千米。由于特殊的地理位置和悠久的历史文化，汉江在朝鲜半岛地位显著，特别是对于韩国来说意义重大。

除上述亚洲大陆的水资源外，四面环海的地理位置和温带海洋性季风气候也给日本群岛带来了丰沛的降水，河流和湖泊数量众多。但受制于狭窄的国土面积和陡峭的山势地形，大部分河流流程短、流域面积小、落差较大，水流量也因旱、雨季的不同而有很大差别。日本境内流域最广的河流是利根川，总长约322千米，流域面积约1.7万平方千米；最长的河流是信浓川，全长约367千米，流域面积约达1.2万平方千米；最大的湖泊是位于滋贺县境内的琵琶湖，总面积约670平方千米；最深的湖泊是位于秋田县境内的田泽湖，最深处达423米。

三、生物资源

东北亚地区地域广阔，无论是动物资源，还是植物资源，在种类上都相当可观。此外，悠久的人类活动历史也为东北亚地区的经济作物种植和培育奠定了坚实的基础。

（一）动物

由于地处亚洲与北极、北美洲之间的交界地带，亚洲的动物物种和北冰洋、北美洲等地区不同温度带、不同大陆板块之间的动物物种得以在东北亚地区交汇，以致在其广阔的地区范围内动物种类复杂而多样。具体来说，东北亚亚洲大陆的野生动物种群主要以温带陆栖脊椎动物为主，而作为与大陆隔海相望的岛国——日本群岛上的陆地动物种类相对较少，特别是体形较大的陆地野生动物种群甚至有越来越少的趋势。据不完全统计，东北亚地区大约有20多个跨国际边境相毗邻的自然保护区，涉及野生东北虎、远东豹、黄羊、白枕鹤、东方白鹳等多个重点保护物种。为了有效保护这些珍贵物种，无论是单一的沟通交流还是全面的行动协调，都需要双边或多边政府的跨国界合作。除野生动物外，得益于东北亚地区广袤的自然草场和悠久的历史文化传统，以豢养牲畜为生产生活方式的畜牧业也十分发达，主要牲畜种类有马、骆驼、牛、绵羊、山羊、鹿、猪、鸡、鸭、鹅、兔等。

（二）植物

东北亚地区以森林为代表的植物资源丰富，不论是在亚洲大陆、还是在日本群岛上，森林所占面积都比较大，是世界上森林覆盖率最高的地区。据《世界林业研究》统计，该区域的森林资源面积达63978万公顷，占世界总面积的14.8%，林木蓄积量占世界总量的19.41%，并且主要集中在俄罗斯远东和西伯利亚地区。就林龄结构而言，俄罗斯远东与西伯利亚地区的成熟林比重较大，约占50%以上的森林为成熟林，是亟待开发的资源宝库。在中国东北和内蒙古境内的林区是中国的重点林区，也是国内木材需求的主要供应地之一，但由于以往过量采伐，森林资源总体呈下降趋势。蒙古国境内70%以上的森林资源也已达到使用年龄，在木材加工业以及木材出口方面都具有极大潜力。在朝鲜半岛和日本群岛上，尽管森林资源的覆盖率也很高，但一半以上为人工林，且20年以下幼龄林比重较大，森林资源优势尚不明显。除此之外，野生植物的种类也十分丰富，包括高等种子植物、苔藓植物、地衣植物、菌类植物、维管束植物和藻类植物等。

（三）经济作物

东北亚地区的经济作物主要可以分为栽培类农作物和养殖类水产品两

大类，前者主要分布在亚洲大陆部分，后者则主要集中于沿海地区。

农作物：总体上看，东北亚地区的农作物种植可以分为南、北两大块。南部主要指中国、日本和朝鲜半岛，这里不仅承担了东北亚地区70%以上农作物的栽培和种植，而且以汉文化为代表的精耕细作式的生产生活方式自古以来就在这些国家地区得到了广泛的传播，并且在现代呈现为一个高度集约化的城郊型农业区。其中，得益于季风气候带雨热同期的性质和广阔平坦的地形特点，地处中国东北的松嫩平原、三江平原是东北亚地区最大的粮食作物生产区和中国重要的商品粮生产基地，盛产水稻、玉米、大豆、小麦、甜菜、高粱、土豆等农作物。朝鲜半岛和日本的农作物种植则主要以水稻为主，由于地形起伏较大和地域面积有限，这些地区的水稻种植仅可满足自给，而其他粮食作物则主要依赖进口。北部主要指俄罗斯和蒙古国，这些地区地域辽阔、土地资源丰富，但受制于自然环境和政府对农业的投入不足，农作物的种植和栽培表现为粗放型的发展态势，不仅没有形成成熟的农业区，而且耕地面积和农作物种植技术也一直处于较低水平。

水产品：东北亚地区的水产养殖可以分为淡水养殖和海水养殖两类。其中，淡水养殖主要集中在中国东北三省的内陆湖泊、河流、水库、池塘等区域，品种以鲤科鱼类为主，近年来还增加了非鲫、虹鳟、银鲑、白鲫、淡水珍珠贝等品种。而海水养殖则主要分布于日本和中国的辽东半岛、山东半岛地区，主要品种有珍珠母贝、牡蛎、鲍鱼等贝类。日本是东北亚地区水产养殖最发达的国家之一，也是整个亚洲的重点地区。日本的水产养殖采用封闭循环温流水高密度养殖系统，在湖泊和近海以网箱和围栏大面积精养鱼类，并在贝类养殖方面采用浮筏式垂挂养殖法等先进技术，产量大幅度上升。日本水产养殖的主要品种有鲷、鳗、鲤、虹鳟、对虾、牡蛎、紫菜及珍珠、扇贝、鲍等海珍品，其中海水珍珠产量居世界首位。

四、矿产能源

在古生代时期，东北亚大陆经历了古亚洲洋构造体系的演化、多个微陆块之间的拼合以及华北克拉通与西伯利亚克拉通最终拼合；而在中生代时期，该区又叠加了来自北部蒙古——鄂霍次克构造体系的改造；同时，在中新生代时期，该区也遭受了来自东部环太平洋构造体系的叠加与改造。在经历过如此多个漫长的地质历史时期后，多样、复杂、多期的地质作用为矿产的形成和聚集创造了极为有利的条件，并最终在东北亚北部大陆上形成了世界瞩目的矿产能源富集地带。就国家而言，俄罗斯、蒙古国、中国境内矿产和能源资源都较为丰富，朝鲜半岛上的资源大部分分布在朝鲜境内，主要矿产资源储量占整个半岛储量的80%～90%。而在日本，受制于地理位置和地形所限，尽管矿物资源种类繁多，但其蕴藏总量和人均占有量都比较贫乏，且分布零散，大部分矿产能源只能依靠进口。具体来说，东北亚地区主要储藏有石油、天然气、煤等能源资源和铜、铁、金、钼、铝等矿产资源。

石油和天然气：东北亚地区的油气资源主要集中在俄罗斯和中国境内，并尤以俄罗斯为重。其中，石油资源主要分布在俄罗斯远东地区和中国东北地区，俄罗斯乌拉尔山脉以东的西西伯利亚、远东的雅库茨克北面的维柳伊河口附近和萨哈林岛北端以及中国境内的松辽地区、渤海湾是重要的石油产区，现建有西西伯利亚、伏尔加－乌拉尔、萨哈林、大庆、胜利、辽河、吉林等大型油田或油气田。其中，西西伯利亚是俄罗斯最大的石油储集区和产区，油田面积达150万平方千米，远景储量240亿吨，其中探明储量约40亿吨。西西伯利亚油田于20世纪60年代初开始建设，90年代初产量已超过4亿吨，占全俄原油总产量的3/4左右，位居全俄第一。目前，西西伯利亚油田内共发现150多个储油区，已开发的有40多个，其中重要的有萨莫洛特尔、乌斯季－巴雷克和萨雷姆等大型油产区。大庆油田位于中国黑龙江省西部、松嫩平原中部，油田南北长140千米，东西最宽处70千米，总面积5470平方千米。大庆油田于1960年开始建设，1976年原油产量突破5000万吨，是中国第一大油田，也是东北亚最大的油田之一。俄罗斯的天然气探明储量为50万亿立方米，占全球总储量的1/3，位居世界第一，是世界最主要的天然气开采国和出口国。在俄罗斯，天然气产地主要集中于西西伯利亚、东西伯利亚、远东、喀拉海和鄂霍次克海的大陆架。这些地区的天然气年开采量多达32万亿立方米以上，占俄罗斯总开采量的60%以上。中国的天然气主要分布在西南部塔里木、柴达木、准噶尔盆地地区以及东部的松辽、渤海湾盆地和东部近海海域的渤海、东海盆地等，这些地区的天然气已探明资源量达6万亿立方米，占中国天然气总量的93%。

煤：东北亚地区煤炭蕴藏量丰富，各国均产煤。俄罗斯拥有世界上最大的潜在煤炭储量，也是世界最大的煤炭输出国。其预测储量为5.3万亿吨，占全球预测量的1/3以上，探明储量为2020亿吨，占世界探明储量的

12%。其中，位于东北亚的远东地区集中了俄罗斯3/4以上的煤炭储量，已探明产地100多个，确认储量181亿吨，主要有库兹涅茨克煤田、坎斯克－阿钦斯克煤田和南雅库特煤田等。蒙古国煤炭资源丰富，预测储量约1733亿吨，探明储量235亿吨，全国各地都有分布，主要集中于中部地区和南部戈壁地区。位于南戈壁省的塔本陶勒盖煤矿是当今世界上最大的未开采整装焦煤露天煤矿，矿区煤炭储藏面积达400平方千米，煤层厚度190米，共16层，属于优质炼焦煤煤田，原煤出焦率在60%以上，是世界上较为紧俏的品种。中国境内的煤炭储量也颇为丰富，除上海市外，全国其余省份均有不同数量的煤炭资源，分布面广，品种齐全，主要集中于山西、内蒙古、陕西、新疆、贵州和宁夏6省（自治区）。其中，内蒙古自治区已探明储量达7414亿吨，居全国第一。随着国内经济发展需求的不断增长，中国已经成为世界上煤炭产量最多、增长速度最快的国家，但也是世界上最大的煤炭进口国和消费国。朝鲜半岛的煤炭资源主要集中在朝鲜境内，储量为147.4亿吨，其中无烟煤储量117.4亿吨，主要分布于平安南道的顺川和德川地区；褐煤储量30亿吨，主要分布于咸镜北道的安居地区。相较于其他区域，日本、韩国境内的煤炭蕴藏则相对匮乏。因此，两国不得不逐步减少煤炭产量并有意识地降低煤炭在能源总消费中的占有比例，转而提高对石油和核能的利用。

铜：东北亚地区的铜矿主要分布在亚洲大陆地区，集中于俄罗斯东西伯利亚、蒙古国西北部和朝鲜半岛北部等地。其中，俄罗斯铜矿储量达2200万吨，居世界第三位，东西伯利亚地区大型或特大型铜矿主要有乌多坎砂岩型铜矿、茹尔斑岩型铜矿和达利涅戈尔斯克矽卡岩型铜矿等；蒙古国铜矿产地集中于鄂尔浑、色楞格、戈壁克鲁伦、巴彦洪戈尔等地，于1965年开始开采的额尔登特铜钼矿是亚洲最著名的铜钼矿之一；朝鲜半岛的铜矿主要分布在朝鲜境内，大型铜矿有惠山铜矿、云兴铜矿、甲山铜矿和上农铜矿等。此外，日本四国岛北部、关东地区和九州北部也有少量铜矿分布。

铁：铁矿在东北亚地区分布广泛，除韩国外，其余五国均有分布。其中，铁矿集中的俄罗斯东西伯利亚基地是俄罗斯著名的三个冶金基地之一；蒙古国的铁矿主要集中于色楞格矿带和克鲁伦矿带，这里的铁矿石品位较高，含铁量在35%以上，开采价值较高；中国境内的铁矿在东北与华北地区的资源最为丰富，在已探明储量上辽宁省位居榜首，著名的鞍山铁矿与本溪铁矿工业储量超过40亿吨，居中国之首；朝鲜境内已发现铁矿

20多处，较著名的有茂山、利山和文乐坪铁矿，其中茂山铁矿埋藏量约20亿吨，是朝鲜最大的铁矿山，也是世界性的露天矿山。此外，朝鲜境内还蕴藏有丰富的菱铁矿资源，已探明的菱铁矿储量达40亿吨，占世界菱铁矿总量的17.6%。

金：东北亚地区金矿资源丰富。俄罗斯金矿储量约有6.22万吨，潜在储量约13万吨，现有大小金矿400多座，是世界第二大产金国，分布主要集中于远东和东西伯利亚地区，该地区产量约占俄罗斯年总产量的1/3以上，汇聚了阿穆尔、雅库特和阿尔丹等16个大型金矿。蒙古国已发现金矿300多处，预测储量可以达到3100吨以上，主要集中在北肯特金矿带和巴彦洪戈尔金矿带，2013年开始投产的奥尤陶勒盖铜金矿初步探明铜储量达3110万吨、金储量为1328吨，是世界五大铜矿之一和亚洲最大的金矿。中国东北亚部分的金矿储量占全国的43.9%，其中山东岩金产量与储量居全国第一，黑龙江、内蒙古北部边缘地区砂金产量与储量居全国第一，大中型金矿有著名的夹皮沟金矿、海沟金矿、小西南岔铜金矿和排山楼金矿等。朝鲜半岛自古以来就有"产金国"的美誉，而且常与银、铜等矿共生。其中，朝鲜境内的金矿资源相对较为丰富，聚集有云山、竹大、九岩、玉浦和新浪等多个中大型金矿；而韩国境内尽管矿产资源总体比较匮乏，但金矿仍可以占到金属矿山总比的1/3左右，金井和洪洲都是比较大的金矿。

镁：东北亚地区的镁矿主要集中分布在中国辽东半岛南部和朝鲜半岛北部，其中朝鲜境内大约有49万吨的菱镁矿储量，占全球总储量的40%~50%，位居世界第一。

铅锌：朝鲜的检德铅锌矿是特大型层控矿床，金属储量达5000万吨以上，是世界上已知最大的铅锌矿床之一，依此矿床建有朝鲜最大的有色金属生产基地。

五、旅游资源

东北亚的旅游资源非常丰富，大致可以分为自然旅游资源和人文旅游资源两大类。在自然旅游资源方面，东北亚既有茂密的原始森林、广阔的草原戈壁，又有美妙的冰雪世界、多样的水文奇观和奇特的火山熔岩。而在人文旅游资源方面，东北亚悠久的文化、历史和宗教传统使得这里汇聚了各国、各地区、各民族独具特色的古代建筑和文物遗迹。加之完善的设施和周到的服务，东北亚地区每年都能吸引世界各地的大量游客前来观光游玩。

第一章 自然地理

符拉迪沃斯托克（海参崴）：原名海参崴，位于俄罗斯远东阿穆尔半岛最南端的中俄朝三国交界之处，三面临海，面积约为600平方千米，是俄罗斯滨海边疆区的首府、俄罗斯远东太平洋沿岸最大的港口、俄罗斯太平洋舰队司令部所在地，也是俄罗斯远东最重要的城市。在符拉迪沃斯托克市，除广阔翠绿、荒无人烟的草原和森林等自然景观外，市区内具有典型欧式建筑风格的火车站、中心广场、凯旋门以及250多个历史纪念碑和历史遗址都是旅游者参观的胜地。

伊尔库茨克：位于俄罗斯西伯利亚贝加尔湖以西60多千米处的安加拉河河畔，是俄罗斯东西伯利亚第二大城市，自古就是连接东西方贸易的交通要道。市区坐落在贝加尔湖唯一出口安加拉河两岸，有大桥连通在贝加尔湖的东南端，周围青水环绕、绿树成荫。安加拉河从贝加尔湖流出后，形成一个大的湖湾，号称伊尔库茨克海，风景宜人。伊尔库茨克市素有"西伯利亚的心脏""东方巴黎""西伯利亚的明珠"之称。此外，市区内还聚集有马克思大街、伊大图书馆、列宁大街、民族博物馆、基洛夫广场、救世主教堂、主显容大教堂、胜利广场等多个人文景点。

哈拉和林遗址：位于蒙古国中部后杭爱省杭爱山南麓，距离首都乌兰巴托市西南365千米处，13世纪蒙古帝国时期第二代大汗窝阔台汗曾在此建都，既是蒙古帝国时期的政治、经济、文化中心，也是当时世界著名城市之一。哈拉和林地处蒙古高原的中心地带，这里森林繁密、草原广阔，鄂尔浑河流静谧流淌，盛夏时节野花遍布，是避暑休闲的好地方。此外，遗址附近的额尔德尼召是蒙古第一座藏传佛教格鲁派寺庙，寺庙周围建有108座白色佛塔，院内仍保存着15—17世纪的绘画、装饰品、碑刻及佛教经书等珍贵文物。2004年，哈拉和林及其周围景观被联合国教科文组织以"鄂尔浑峡谷文化景观"之名收入《世界遗产名录》，是蒙古国境内唯一的世界文化遗产。

长白山风景区：位于中国吉林省南部和朝鲜两江道、咸镜南道和咸镜北道境内，是中朝两国的界山，因其最高峰白头峰多白色浮石与积雪而得名。白云峰是长白山系中国境内最高峰，也是中国东北最高峰，有"关东第一山"之称。长白山不仅风光美丽迷人，而且资源丰富，动植物种类繁多，是欧亚大陆北半部最具有代表性的典型自然综合体，是世界少有的"物种基因库"和"天然博物馆"。据统计，这里生存着1800多种高等植物，栖息着50多种兽类，280多种鸟类，50种鱼类以及1000多种昆虫。以长白山天池为中心的长白山保护区为中国最大的自然保护区，具有较高的科研、保护和旅游价值。长白山于1980年被列为联合国教科文组织"人与生物圈",是世界人民的一块瑰宝。主要景点有天池、乘槎河、长白瀑布、聚龙泉、长白湖、地下森林、岳桦林景观带、高山苔原景观带和黑风口等。

沈阳故宫:位于中国辽宁省沈阳市沈河区明清旧城中心,是后金入关前的沈阳(盛京)皇宫和清朝迁都北京后的盛京行宫(或称奉天行宫),始建于1625年,初成于1636年。至乾隆时期又有较大规模的改建与增修,占地约6万平方米。1926年以后,其建筑群陆续辟作博物馆(现称沈阳故宫博物院)。1961年被中华人民共和国国务院确定为首批全国重点文物保护单位,2004年7月列入《世界遗产名录》"北京及沈阳的明清皇家宫殿"项目。沈阳故宫是中国境内现存仅次于北京故宫的最完整的皇宫建筑,在建筑艺术上承袭了中国古代建筑的传统,以汉族传统建筑风格和布局为主,兼备了蒙、满等民族风格和布局,具有很高的历史和艺术价值。

呼伦贝尔草原:位于中国内蒙古自治区东北部,由呼伦湖、贝尔湖而得名。草原地势东高西低,总面积约11.3万平方千米,天然草场面积约占80%,是中国保存最完好的草原之一、世界著名的四大草原之一。这里地域辽阔、风光旖旎、水草丰美,汇聚有3000多条纵横交错的河流和500多个星罗棋布的湖泊,是中国现存最丰美的优良牧场,几乎没有受到任何污染。2005年,呼伦贝尔草原被《中国国家地理》杂志"选美中国"活动评选为"中国最美的六大草原"第一名。

阿尔山:位于大兴安岭山脉的西南部、兴安盟最北部,总面积9600平方千米,涵盖中蒙边界线126千米,不仅是历史上的边境要塞,更是如今集边贸口岸、旅游观光、疗养度假三位于一体的边贸城市中心。阿尔山地区具有得天独厚的旅游资源,闻名遐迩的天池、风光独特的石塘林、杜鹃湖、松叶湖和设施齐备的滑雪场等都可以吸引游客。此外,阿尔山矿泉群是世界上除南斯拉夫以外的第二大多功能矿泉群,其泉水含有30多种元素,是中国最大的放射性矿泉群,在国内外享有盛名。

金刚山:位于朝鲜和韩国交界处,大部分山峰位于朝鲜境内的江原道东部,属朝鲜半岛东部太行山脉北段,因被比作宝石之冠的金刚石而得名。金刚山东西40千米,南北60千米,主峰为毗卢峰,海拔1639米。全山约1.2万座峰,不仅遍布奇峰怪岩、飞瀑流泉、密林深洞、碧潭峡谷和松林云海等美丽景观,而且保存有寺庙、石塔等众多历史文物遗迹,有"朝鲜第一山"的美誉。根据地域特点,金刚山可分为内金刚、外金刚、海金刚三部分。内金刚有毗卢峰、万瀑洞、明镜台等景点,具溪谷之美,景色柔美秀丽;外金刚有集仙峰、九龙瀑布等景点,具山色之美,多峰峦瀑布,景色雄伟壮观;海金刚有金刚门、三日浦等景点,既有壮丽奇特的海滨景致,又有清丽雅静的湖光水色。

牡丹峰:位于朝鲜首都平壤以北,原名锦绣山。峰顶有高丽时代的古建筑最胜台和乙密台,东南临大同江的清流壁上有人工清流瀑布和楼阁,北面山坡上的金日成体育场可容纳4万名观众,西南麓的万寿台上矗立着平壤的标志性建筑——千里马铜像,西麓的山岗上耸立着朝中友谊塔。牡丹峰四季常青,风景秀丽如画,置身其中令人心旷神怡。

景福宫:位于韩国首都首尔钟路区,李朝太祖李成桂于1395年开始修建,借用《诗经》中"君子万年,介尔景福"的诗句而得名,是一座著名的古代宫殿。宫苑正殿为勤政殿,是景福宫的中心建筑,李朝的各代君主都曾在此处理国事。此外,还有思政殿、乾清殿、康宁殿、交泰殿等。宫苑最高处是一个10层高的敬天夺石塔,造型典雅古朴,为韩国国宝之一。景福宫外有围墙和四座城门,围墙长3626米,高6.7米,南为光化门、东为建春门、西为迎秋门、北为神武门。1553年由于火灾烧毁了宫苑北角的一部分,日军入侵时又将许多建筑物破坏,到1865年重建时只有10座宫殿得以保存完整。

昌德宫(又名乐宫):位于韩国首都首尔市钟路区,李朝第三代君主于1405年开始修建,后因战火烧毁,又于1611年重建而成,是李朝王宫中保存最为完整的一座宫殿。整座宫殿为中国式建筑,前有大造殿、宣政殿、仁政殿等宫殿高大庄严、装饰华丽,后有乐善斋等供王妃居住的寝宫,素有韩国"故宫"之称,1997年被联合国教科文组织列入《世界遗产名录》。

庆州:位于韩国东南部庆尚北道境内,古代新罗王国曾在此建都(金城),城区内到处可见新罗时代的遗迹和众多世界级文物,好像一座没有围墙的博物馆,故有"韩国文化发源地"的美誉,是韩国古代文明的摇篮和世界十大古都之一。庆州是韩国最主要的观光城市,最著名的两处景点是佛国寺和与其相距不远的石窟庵。佛国寺作为新罗时期的国寺,兴建于8世纪,集当时最高的建筑技术和艺术性建造而成;石窟庵由天然岩石打磨后堆砌而成,呈圆形的屋顶上堆着泥土,整个建筑看起来犹如洞穴一般,二者均代表了当时最顶尖的建筑技艺和佛教艺术,于1996年被联合国教科文组织一同列入《世界遗产名录》。此外,分散于庆州古坟群中的大陵苑（天马冢）、国立庆州博物馆和骨窟寺等景点也都是游客观光的必到之处。

济州岛：古称耽罗岛。位于朝鲜半岛南端，隔济州海峡与半岛相望，北距韩南部海岸90多千米，扼守朝鲜海峡门户，地理位置十分重要。岛屿总面积1845平方千米，包括34个属岛，是韩国第一大岛。岛上屹立着韩国最高峰汉拿山，海拔1950米，山顶的白鹿潭是著名的火山湖。济州岛地处亚热带，一年四季分明，平均气温16℃，夏季最热33.5℃，岛内常年气候宜人、海风轻拂，加之各种名胜古迹、秀美的自然景观、完善的旅游设施和热情周到的服务，常被来自韩国和世界各地的新婚情侣们视为理想的蜜月旅行胜地，故又名蜜月之岛、浪漫之岛。

法隆寺：位于日本奈良县生驹郡斑鸠町境内，全名法隆学问寺，又称斑鸠寺，据传607年由推古天皇根据先帝用明天皇的遗命与圣德太子一同修建而成，是日本现存最古老的唐式木结构佛教建筑群之一。该寺的建筑风格深受中国南北朝时期的影响，分为东西两院，西院保存了金堂、五重塔；东院建有梦殿等，西院伽蓝是世界上最古老的木构建筑群。法隆寺占地面积约18.7万平方米，寺内保存有自"飞鸟时代"（592—710年）以来的各种建筑及文物珍宝，被指定为国宝或重要文化财产的文物约190类合计2300余件。包括法隆寺在内的附近48座佛教建筑群代表了日本最古老的建筑形式，是木质建筑的杰作，再现了艺术史和宗教史发展的一个重要时期，体现了中日文化的融合，于1993年被联合国教科文组织以"法隆寺地区佛教建造物"之名列入《世界遗产名录》。

姬路城：位于日本兵库县姬路市中心，是日本现存的古代城堡中规模最宏大、风格最典雅的一座代表性城堡，与和歌山城、松本城并称为日本三大连立式平山城，又因其保存度高，被称为"日本第一名城"。城堡于1346年开始建造，有13个家族先后入住，共由83座建筑物组成，包括8座国宝级建筑和74座重要文化财产级建筑，集高度发达的防御系统和精巧的防护装置于一身。姬路城不仅巧妙糅合了军事需要和艺术取向、体现了日本城堡建筑的精致和战略防御技能，而且完整呈现了始于幕府时代的日本古代建筑风格和封建文化传统。

第二章

简　史

第一节　古代简史

一、史前社会

东北亚地区有着悠久的历史。早在距今约300万年至1万年前的旧石器时代，东北亚地区已出现人类文明的曙光。旧石器时代早期的直立人和中晚期智人的化石在东北亚大陆地区以及海岛、半岛地区皆有发现。考古工作者在东北亚地区发现了许多旧石器时代的石器，如原始的石核、手斧、砍砸器、尖状石器、兽骨等。这一时期，东北亚地区的古人类会打制简单的工具，主要从事的经济活动有采摘果实、狩猎或者捕捞食物等。

约距今1万年起，东北亚地区开始由旧石器时代向新石器时代过渡。从目前已知的考古来看，东北亚半岛、海岛地区的新石器文化发展水平要落后于东北亚大陆地区。新石器时代东北亚地区比较有代表性的文化有中国的仰韶文化、河姆渡文化，日本列岛的绳纹文化，朝鲜半岛的西浦项遗址、弓山遗址，俄罗斯的伊萨科沃文化、谢洛沃文化，蒙古草原的亚马特湖遗址、都兰乌苏遗址①等。

新石器文化延续几千年，其遗迹遍布东北亚各地区。新石器时代的标志为磨制石器和各种陶器。石镞、石矛、石刀、石锥、石斧、石匙等磨制石器代替了打制石器；在东北亚一些地区的原始洞穴和村落发现了许多器形丰富的各类陶器，其中中国是陶器出现最早的地区，中国陶器多彩绘，日本陶器多绳纹，朝鲜半岛和西伯利亚的陶器多篦纹。这些新的生产工具的发明，提高了生产力，改良了食品的处理方法。除此之外，还发现了很多各类植物的遗存（如种子、果实、炭屑等）以及牛、猪、狗等动物的骨骼化石。在东北亚地区的一些新石器时代遗址中，发现了大量的贝类堆积

---

① 王文光：《先秦、秦汉时期北方的民族识别》，《思想战线》1996年第4期，第56—62页。

遗址，如日本列岛绳纹时代的贝冢。这些遗址大多分布在海、湖泊和河流的沿岸，说明渔猎经济在当时人们的生活中已占据重要地位。在东北亚地区也发现了许多金石并用时代的青铜制品。进入青铜器时代以后，农业和手工业的生产力水平不断提高，物质生活条件也逐渐丰富。

对于东北亚地区上述各时代的起讫时间，学者们的意见不甚相同。但从考古学的证据来看，东北亚地区的原始社会经历了旧石器时代、新石器时代、金石并用时代和一些地区的青铜时代是毫无疑问的。但东北亚各地区的发展并不平衡，比如中国大陆进入青铜时代后，一些半岛和海岛地区仍处在新石器时代。

在漫长的历史发展过程中，东北亚各地区逐渐形成了诸多具有各自独特文化的民族。汉族主要聚居于东北亚的南部，东胡族系活动于大兴安岭东西，秽貊族系活动在松花江至大同江流域，三韩民族分布于朝鲜半岛南部，日本列岛诸部族逐渐形成了统一的大和民族，东斯拉夫人主要分布在东欧平原。这些民族在历史的发展进程中不断交流、融合，并在同外部文化的交往中发展进步。中国的华夏文明可以说是东北亚地区最早的文明曙光，日本、朝鲜半岛、蒙古等地区都深受其影响。中国大陆地区的移民曾在很长时间内大大促进了朝鲜半岛、日本列岛等地区经济、文化的发展。东北亚各民族在东北亚这片土地上繁衍发展，他们在历史发展进程和文化传承上都具有很大的相似性，逐渐成为一个不可分割的整体。因兴起时间和地理环境的不同，各民族虽然形成了各有特色的语言、文化和风俗，但其社会发展并不平衡。

二、古代历史

东北亚的古代历史是指从早期国家开始出现至东北亚各地区统一的封建国家形成、发展和成熟的这段时期的历史。东北亚各地区古代史的起点时间不甚一致，除中国起源于约公元前21世纪外，其他各地区大致在公元前后形成了部落联盟或早期国家形态。东北亚的古代史止于19世纪中后叶，从这一时期开始西方国家武力入侵东北亚，使东北亚进入近代史阶段。

在从旧石器时代发展到铁器时代这一漫长的历史进程中，东北亚的居民从游猎而居过渡到集体定居，村落和城邦逐渐形成；在生产活动方面，居民从采集、狩猎、捕捞过渡到种植农作物、养殖、畜牧和生产经营。公元前后，东北亚地区发生了急剧变化，由于社会内部生产发展和外来文化（尤其是中国文化）的影响，阶级开始分化，原始社会逐步瓦解，作为奴隶制国家萌芽的氏族部落联盟开始出现。部落联盟之间不断发生兼并战争，从而产生了早期的国家形态。在这一时期铁器已进入社会生产和日常生活中，铁制工具的使用，对促进原始公社制度的解体和奴隶制国家的产生、巩固，起到了非常重要的作用。

东北亚地区出现的早期国家，在具备国家的一些基本特点的同时，也保留了大量的原始氏族部落的色彩。由于自身发展水平和所受外来文化影响的不同，各个国家之间呈现出较大的差异性。如在大河流域，国家的文明发展程度较高，则较早出现了较为完整意义上的国家形态；而在一些高原游牧地区，则较长期地处在原始氏族社会和部落联盟的阶段。这种早期国家的差异性体现了东北亚历史发展的不平衡性。

中国大陆的文明发展程度较高，也是东北亚最早进入封建社会发展的地区，在公元前后就已经出现了相对稳定的封建国家。朝鲜半岛、日本列岛在国家形成之初就受到中国文化的强烈影响。朝鲜半岛在三国时代（4—7世纪），封建制度开始形成并得到初步发展。日本列岛在7世纪中叶进入封建社会发展时期。蒙古高原在公元前3世纪，建立了第一个游牧民族政权，在13世纪初期才建立了封建集权性质的国家。俄罗斯境内的东斯拉夫人在9世纪以前都处于氏族社会阶段，9世纪以后直接进入封建制社会。所以，最迟在13世纪左右，东北亚的主要国家——中国、日本、韩国、朝鲜、俄罗斯、蒙古等国已建立了相对稳定的封建国家，中央集权的政治体制已有不同程度的发展。

为更方便了解东北亚的古代历史，下面以现代东北亚各国的地域为基础，对这个时期东北亚地区出现过的主要国家及其兴衰更替进行简要的梳理和分析。

（一）日本

公元前后，日本列岛出现了100多个小国家群。但是这些小国并不是真正意义上的国家，只是部落之间的联盟，相互之间不断发生战争，强国吞并弱国。

约在1世纪末至2世纪初，日本出现一个较大的奴隶制国家——邪马台国。中国晋朝陈寿的《三国志·魏书·乌丸鲜卑东夷传》是最早介绍邪马台国的中国正史。书中提到当时日本有一个很大的女王国叫"邪马台国"，下辖30多个小国，该国的女王是"卑弥呼"。据史书记载，邪马台国和当时中国的汉、魏来往频繁，女王曾多次派使臣向魏国进贡。邪马台国等级制度比较严格，居民被分为大人、下户、生口、奴婢4个等级。邪马台国虽是一个初具规模的奴隶制国家，但并没有健全、稳固的国家机构，仍保留许多原始社会的残余。关于邪马台国的所在地，畿内说和九州说比较有说服力，但因史料限制，尚无定论。

公元3世纪末，在大和地区（今奈良）出现了一个大国，史称大和国。大和国地区流行前方后圆形的坟墓，因而这一大量建造古坟的时期被称为"古坟时代"。大和国日渐兴盛，而邪马台国却逐渐衰落。大和国凭借其强大的经济实力，不断实行武力兼并，在公元4世纪末至5世纪初，基本完成了日本列岛的统一。

进入5世纪后，讃、珍、济、兴、武5人先后担任最高统治者，史称"倭五王"。为巩固统治地位，"倭五王"建立了贵族阶级的氏姓等级制度。根据贵族出身的高低，以及在国家统一过程中的作用，由王授予氏姓，氏姓成为贵族享受世袭特权的依据，被统治的底层民众称为"部民"。大和国采取远交近攻的策略，一方面为扩大统治区域，从4世纪中叶开始数次侵略朝鲜，一方面又同中国大陆各个政权频繁交往。从大和国兴起到"倭五王"时期，中国的文字和儒学传入日本，佛教文化也经朝鲜传入日本，对日本的社会发展起了重大作用。

进入6世纪后，大和朝廷内部贵族内讧高涨，最终苏我氏打倒物部氏，并暗杀了崇峻天皇，于592年推立炊屋姬为王，是为推古天皇。593年，圣德太子开始摄政，实行一系列的改革措施，开启了"飞鸟时代"的序幕。圣德太子实行的改革措施有：制定冠位十二阶，根据个人的才能和功绩分别给予十二种冠位的制度；颁布《十七条宪法》；提倡并重视佛教。改革在某种程度上压制了氏姓贵族的势力，提高了皇室的地位。但改革并不彻底，没有触动当时社会的症结——部民制，无法解决社会危机。

622年和628年，圣德太子、推古天皇相继去世，苏我氏势力日益强大，专横跋扈。645年，新兴贵族势力中大兄皇子和中臣镰足发动宫廷政变，杀死苏我入鹿，掌握了政权，拥立孝德天皇即位，改年号为"大化"。

646年初，颁布《改新之诏》，史称"大化改新"。改革措施有：废除世袭氏姓贵族制，确立中央集权式的官僚政治体制；废除贵族私有的土地制度和部民制，土地收为国有，部民变为公民；实施班田收授法，实行租庸调制。大化改新促进了新的生产关系，即封建制生产关系的发展。大化改新后，日本社会进入了封建社会。

668年，中大兄皇子即位，称为天智天皇。他责令编制《近江令》和户籍，这是日本最早的成文法典和户籍。天智天皇去世后，672年，发生了大海人皇子和大友皇子争夺政权的内战，史称"壬申之乱"，最后以大海人皇子的胜利结束。673年，大海人皇子即位，称为天武天皇。天武天皇建立了从中央到地方的三级管理体制，加强了皇权。日本逐渐建立起以天皇为首的中央集权制。

707年，元明天皇即位。次年，仿照唐朝的"开元通宝"，铸造"和同开珎"铜钱。710年，元明天皇迁都平城京（今奈良），开启了日本历史上著名的"奈良时代"。这一时期历代天皇注重农耕，兴修水利，奖励垦荒，社会经济得到了极大发展。统治者注重吸收唐朝先进的文化和技术，多次向唐朝派遣遣唐使、留学僧和留学生。国家极力保护佛教，佛教文化开始繁荣，国家出现了前所未有的盛世。

奈良时代后期，土地的兼并和私有化严重，破坏了原有的封建土地国有制，班田制开始动摇而封建庄园开始出现。781年，桓武天皇即位。为削弱贵族和僧侣的势力，桓武天皇于794年将都城迁往平安京（今京都），开启了"平安时代"。

平安时代前期，天皇通过加强中央集权的措施使政治获得了暂时的稳定，但自9世纪中叶起，皇权逐渐落到外戚藤原氏手中。藤原家族利用担任"摄政""关白"职务独揽大权，史称"摄关政治"，持续了200余年。1068年，后三条天皇即位，打破了藤原家族对政权的垄断。其后，白河天皇即位。白河天皇在执政14年后，让位成为太上皇，开始了由上皇"执天下政"的百年"院政时代"。

10世纪以后，新兴武士势力伴随着庄园制度的成长登上历史舞台。各庄园主为了保护自身利益而组织私人武装，武士阶层由此产生。关东地区的源氏和畿内的平氏是两个最大的武士集团。1156年，后白河天皇在"保元之乱"中依靠武士集团打败了崇德上皇。此后，平氏受到重用，后经"平治之乱"，平氏势力急剧增强。平氏武士集团和源氏武士集团开始了长时间的争斗。1185年，源赖朝以镰仓为基地集结势力，彻底打败了平氏。

1192年，源赖朝被天皇封为"征夷大将军"，他在镰仓建立幕府，史称"镰仓幕府"。镰仓幕府成为日本历史上第一个武家政权，开启了"镰仓时代"。镰仓幕府通过"守护"（总追捕使）和"地头"（庄园监管人）掌握全国的行政、财政和军权，与京都朝廷并存。守护和地头均由"御家人"（与将军直接保持主从关系的武士）担任。

1199年，源赖朝去世，实权落入其妻北条政子及其家族之手。1221年，天皇朝廷发动倒幕运动，但很快就被幕府军队打败，史称"承久之乱"。之后，朝廷被置于幕府的严密监视之下，院政有名无实。1224年，北条泰时执掌幕府实权，他于1232年制定武士法规《贞永式目》，约束武士的行为。

1274年和1281年，北条时宗领导幕府军与元朝进行了两次战争，并取得胜利。但战役后，幕府没有赏给有战功的"御家人"土地，因而导致"御家人"的贫困和"御家人"制度的解体。加上北条氏推行独裁政治，加深了御家人和非御家人武士的不满。反幕运动不断出现，幕府由盛转衰。后醍醐天皇发动倒幕运动，得到武士响应。1333年5月，镰仓幕府被足利尊氏、新田义贞等武士首领推翻，镰仓幕府灭亡。

镰仓幕府灭亡后，后醍醐天皇实行改革，试图恢复天皇权力，史称"建武中兴"。1336年，足利尊氏废黜后醍醐天皇，另立光明天皇，在京都室町建立"室町幕府"，还颁布了具有施政方针和道德规范双重色彩的《建武式目》，并完善幕府的统治机构。足利尊氏得到"征夷大将军"的称号，从此进入"室町时代"。而被废黜的后醍醐天皇逃到京都以南的吉野，宣布重开朝廷。自此京都光明天皇的朝廷称"北朝"，吉野后醍醐天皇的朝廷称"南朝"，形成了南北朝对峙局面。直到室町幕府第三代将军足利义满执权的1392年，南朝合并于北朝，对峙局面结束。

在室町幕府统治的200多年，大部分时间是各种封建统治势力互相混战，社会处于动荡时期。室町幕府统治的基础是各国的守护，而不是镰仓幕府时期御家人那种主从关系很强的家臣。15世纪以后，守护逐渐成为割据一方的大领主，被称为"守护大名"①。幕府逐渐失去了对守护大名势力的控制。

1438年，足利持氏图谋将军职位，策划了引起内战的"永享之乱"。1441年，将军足利义教被守护杀死。1467年，围绕将军继承人问题，守护大名之间发生了一场持续十年的内战，史称"应仁之乱"。自此，室町幕府分崩离析，名存实亡。从"应仁之乱"起至幕府崩溃为止，这一时期被称为"战国时代"。

自16世纪中叶开始，尾张国的织田信长成为最有实力的战国大名，他不断充实自己的经济实力，又利用步枪武装军队，提高了战斗力。从1558年开始，织田信长陆续兼并邻国。1560年，击败劲敌今川义元，1568年占领京都，1573年推翻了室町幕府。

---

① 大名即封建武装领主。

室町幕府灭亡后，织田信长在近江安土城建立了自己的统治中心。其后织田信长继续征讨各地大名。但在1582年，家臣明智光秀叛变，织田信长被迫自杀身亡。之后织田信长的部将羽柴秀吉打败明智光秀，迫使其自杀。

1583年，羽柴秀吉修建大阪城，作为自己统一全国的根据地。羽柴秀吉征服关东和四国地区后，被天皇赐姓"丰臣"，称为"丰臣秀吉"。1593年，丰臣秀吉完成了统一日本的大业。在尚未完成统一事业的1592年，丰臣秀吉就派军队侵略了朝鲜，并在1597年发动了第二次侵朝战争。1598年，丰臣秀吉病死。因丰臣秀吉晚年在京都桃山执政，因而织田、秀吉时代也被称为"安土桃山"时代。

1600年，德川家康夺得大权，并于1603年任"征夷大将军"，在江户（今东京）建立幕府，即"德川幕府"。因幕府设在江户，也称"江户幕府"，正式开启了江户时代。德川幕府采用"幕藩体制"，即中央政权是幕府，地方分为260多个半独立的藩，全国的军事指挥权由幕府将军直接控制。为牢固控制武士集团，幕府制定《武家法规》，作为武士的行为规范。

德川幕府实行锁国政策，两次颁布《锁国令》，基本断绝了与外界的联系。17世纪末期，商品经济发展，幕藩体制出现危机，表现为幕藩财政困难，农民起义频繁。1854年，日本被迫开国，民族危机日益加剧。萨摩、长州等西南强藩，在改革派下级武士推动下，殖产兴业①，抵抗外敌。在农民起义和西南强藩的倒幕运动压力下，幕府将军德川庆喜于1867年被迫还政于天皇，1868年德川幕府彻底垮台。至此，日本封建幕府政治结束。

（二）朝鲜半岛

"朝鲜"一词最早出现于中国古籍《山海经》。根据朝鲜民族的建国神话，朝鲜半岛的历史最远可以追溯至檀君朝鲜。檀君神话首次出现于高丽中期的僧人一然所著的野史《三国遗事》。据《三国遗事》记载，天帝桓因的庶子桓雄率领3000名将士下凡降临到太白山顶的一棵檀树下，建立神市，自称"桓雄大王"，并设置了风伯、雨师、云师等。当地有一头虎和一头熊，求桓雄将自己变成人。于是桓雄给了它们一把艾和20枚蒜，并叮

---

① 日本明治维新时期的三大政策之一，即运用国家政权的力量，以各种政策为杠杆，用国库资金来加速资本原始积累过程，并且以国营军工企业为主导，按照西方国家的样板，大力扶植日本资本主义的成长。

嘱吃完后百日之内不得见阳光。熊在吃完后21天没有见阳光，提前变成了女人，虎因没照办而未能变成人。熊女找不到可以与之结婚的男子，于是再次请求桓雄。桓雄遂变成人形与之结为夫妇，二人所生的孩子，即檀君王俭。公元前2333年，檀君以王俭城（今平壤）为首都，建立了古朝鲜国，即檀君朝鲜。①

据中国西汉史学家司马迁所著《史记》记载，公元前1046年，周武王灭商后，商朝遗臣箕子率千余遗民东迁至今朝鲜半岛北部，联合当地原住民建立了"箕氏侯国"，史称"箕子朝鲜"。箕子给朝鲜带来了先进的殷商文化和礼仪制度，促进了朝鲜半岛的文明开化。箕子朝鲜得到了周国的承认，一直作为周朝的诸侯国而存在。②

从中国的战国末期开始，出现了大规模的移民潮，百姓们为躲避战乱，纷纷逃往朝鲜半岛。秦末汉初之际，燕人卫满于公元前195年率领千余难民来到朝鲜半岛，他得到了朝鲜王箕准的礼遇，并担任箕子朝鲜博士（古代学官名）。而后，卫满不断招揽人才，扩充经济、军事实力。公元前194年，卫满攻入王俭城，推翻准王政权，灭了箕子朝鲜，而后自立为王，史称"卫满朝鲜"。箕子朝鲜的准王在战败后，被迫南迁至马韩地区。

公元前109年，汉武帝发动征服卫满朝鲜的战争，从水陆两路联合进攻。公元前108年，卫满朝鲜的右渠王（卫满之孙）被杀害，王俭城被攻破，卫满朝鲜灭亡。汉朝在朝鲜半岛北部和中部设置了乐浪、临屯、真番、玄菟四郡，史称"汉四郡"。汉四郡的设立，在客观上有利于汉朝先进的文化传入朝鲜半岛，促进朝鲜半岛政治、经济、文化等方面的发展。公元前82年，真番郡、临屯郡被撤销。之后玄菟郡被迁至辽东，乐浪郡则于4世纪初被高句丽吞并。

公元前2世纪到公元前后，朝鲜半岛北部和中国东北地区主要分布着扶余国、高句丽、沃沮等国家或部落。其中高句丽（公元前37年—公元668年）是在中国东北地区和朝鲜半岛北部存在的一个民族政权，发源于

---

① 檀君建立古朝鲜的传说只是野史，中国历代正史均无此记载。中国史书中记载的朝鲜半岛历史上第一个国家是箕子朝鲜。自高丽朝始，箕子便被尊为朝鲜民族的祖先。但到了近现代，为增强民族意识和爱国心，朝鲜和韩国开始尊檀君为民族祖先，而中国对檀君朝鲜并不认可。

② 西汉时期成书的《尚书大传》中亦有周武王封箕子于朝鲜的记载。在周朝至汉朝的中国史书中，"朝鲜"只是指朝鲜半岛北部地区，为中国郡县下的地方政权，朝鲜半岛南部地区则被称为"三韩"。

汉四郡玄菟郡的高句丽县，兴起于中国鸭绿江地区，后兼并北部各部落国家而逐渐强大。从现今国界来看，高句丽国土横跨中国、朝鲜和韩国，地理位置比较特殊。就中国而言，高句丽族是中国东北地区的古老民族，高句丽政权是中国古代边疆政权；就朝鲜半岛而言，高句丽又是半岛民族的重要来源和组成之一，高句丽政权是半岛北部历史上的一个重要政权。[①]

辰国位于朝鲜半岛的南部，是由马韩、辰韩、弁韩等三韩族组成的松散联盟，约兴起于公元前3世纪。箕子朝鲜准王的南迁使大批移民涌入辰国。公元前后，辰国内部阶级矛盾日益激化，政局动荡不安，统治机构逐渐走向瓦解，最终被百济吞并。百济在马韩地区的汉江下游建立，并逐步取代了马韩；新罗在辰韩地区即今庆州地区逐渐形成；伽倻由弁韩地区发展而来，但最终被新罗融合。

至公元前后，朝鲜半岛历史上出现了高句丽、百济、新罗三个国家鼎立的局面，朝鲜半岛学者称之为"三国时代"。三国时代是朝鲜半岛封建社会形成和初步发展的时期。

4世纪后，高句丽领土范围扩大至大同江、临津江、汉江沿岸。427年，长寿王将都城迁至平壤，这标志着高句丽将其扩张的方向从中国辽东地区转移至朝鲜半岛。长寿王在位时期是高句丽的全盛时期。551年，百济和新罗联手攻打高句丽，高句丽丢失了具有重要战略意义的汉江流域。598年，隋文帝动员30万大军进攻高句丽，未能成功。612年，隋炀帝杨广率领百万大军远征高句丽。高句丽将军乙支文德在萨水伏击撤退的隋军并取得大捷。642年，高句丽发生武装政变，渊盖苏文夺得政权，自立为"大莫离支"，并实行联合百济、进攻新罗的政策。而后，新罗向唐朝求援，并与唐结盟。666年，渊盖苏文去世，高句丽政局变得动荡不安。668年，高句丽最终被新罗和唐朝联军所灭。

百济（公元前18年—公元660年）是扶余人南下在朝鲜半岛西南部原马韩地区建立起来的国家。相传百济国的首代君王温祚是高句丽朱蒙之子，温祚在朱蒙立琉璃王为人子后，离开高句丽南下，在汉江下游地区建立百济，定都慰礼城。公元10年前后，百济吞并了马韩。古尔王在位期间，国家的统治不断得到巩固。在战争中百济近仇首王攻下平壤并处死了高句丽故国原王。百济在近肖古王在位期间达到了鼎盛时期。自4世纪末

---

① 魏存成：《如何处理和确定高句丽的历史定位》，《吉林大学社会科学学报》2011年第4期，第5—12页。

开始，百济不断受到高句丽的南侵威胁。475 年，高句丽长寿王攻占了位于汉江流域的百济都城，百济被迫迁都熊津（今公州），并与新罗签订对抗高句丽的军事合作条约。538 年，百济圣王又迁都到泗沘（今扶余郡），并改国号为南扶余。551 年，百济联合新罗夺回高句丽占领的汉江流域，但两年后又被新罗夺去。554 年，百济圣王率兵攻打新罗，最后兵败被杀。660 年，百济被唐朝与新罗联军所灭。

新罗（公元前 57 年—公元 935 年）是位于朝鲜半岛东南部的国家，在辰韩的基础上发展而来。公元前 57 年，朴赫居世被辰韩的六个部落推举为国王，定国号为徐罗伐，定都今庆尚北道庆州市。建国初期，王位由朴氏、昔氏、金氏三大家族轮流交替，而后，金氏开始世袭王位。4 世纪末以后，由于高句丽和百济之间的持续交战，新罗趁机一方面发展经济，扩充实力，另一方面不断扩大领土。503 年，正式定国号为新罗。6 世纪初期，新罗开始走上对外扩张的道路。先是吞并伽倻，将领土扩张到洛东江流域，而后通过发动对高句丽、百济的战争，将领土扩至汉江流域和江原道地区。至 6 世纪真兴王时期，新罗领土已扩张到朝鲜半岛东南部的洛东江流域、中部的汉江流域和今咸镜南道地区。新罗为培养文武兼备的人才，选拔贵族出身的青少年，建立了花郎组织。643 年，新罗的善德女王开始同唐朝进行交往，唐朝先进的文化、制度传入新罗。新罗联合唐朝先后灭了百济、高句丽，高句丽故土归属唐朝，新罗则统一了三韩故地和百济，从此朝鲜半岛进入统一新罗时代。之后，唐朝在平壤设置安东都护府，用以管辖原高句丽和原百济的领土。670—676 年，新罗和唐朝进行了数年战争。676 年，唐朝将安东都护府撤到辽东，新罗实现了对朝鲜半岛大同江以南的统一。735 年，唐朝承认大同江以南地区划归新罗。

统一后的新罗开始了一系列政治、经济、文化改革，并定佛教为国教，至 8 世纪中叶，新罗步入鼎盛时期，农业、商业、文化、手工业等一片繁荣景象。对外，积极发展同唐朝、日本的关系，新罗曾多次派遣遣唐使和僧人，日本也派遣了遣新罗使。8 世纪末，新罗由鼎盛转向衰落。政局动荡不安，阶级矛盾不断激化，在沿海地区经常发生海盗袭扰事件。900 年，西南地区的甄萱自立为王，建立后百济。901 年，新罗贵族弓裔建都开城，定国号为高句丽，史称后高句丽。之后，又先后改国号为摩震、泰封。至此，统一新罗结束，朝鲜半岛进入新罗、后百济、后高句丽三国鼎立的后三国时代。

918 年，弓裔的部将王建发动宫廷政变，登上王位，改国号为高丽，定都松岳（今朝鲜开城）。高丽王朝（918—1392年）开始了对朝鲜半岛400余年的统治。935年，高丽灭新罗。936年吞并后百济。高丽统一朝鲜半岛后，建立起比较巩固的中央集权制度，并实行一系列政治、经济、军事措施，扭转了新罗末期混乱的社会状况。

993年，辽国入侵高丽，高丽被迫断绝和北宋的关系，向辽国称臣。之后，高丽在朝鲜半岛北部修筑长城，以防入侵。1127年，高丽被迫臣服金国。1135年，西京平壤发生"妙清之乱"，引发了全国范围内的农民暴动。高丽王朝重文轻武，文臣执掌朝政，但在抵御契丹和女真期间，武臣势力大增。1170年和1173年，以郑仲夫为首的武臣发动两次政变，杀死大批文臣，最终建立了武将崔忠献挟持国王的"都房"政权。

自1231年起，蒙古军持续进攻高丽，占领大片领土，之后高丽国王和王室贵族被迫迁都江华岛。在1271年元朝建立后，高丽实际上完全被元朝所控制，成为元朝的征东行省，这种状态一直持续到1368年元朝覆灭。元朝被推翻后，明朝朱元璋要收复东北元朝属地，1388年高丽国王派都统使李成桂进攻辽东。其后李成桂从威化岛断然回师，发动政变。1392年，李成桂在开城废黜国王自立，改国号为朝鲜，高丽灭亡。

朝鲜王朝（1392—1910年），又称李氏朝鲜或李朝，是朝鲜半岛历史上最后一个统一的王朝。李成桂建立朝鲜后，最初定都于开城，后于1394年迁都汉阳（今韩国首尔）。李朝建立后，进一步加强了以国王为中心的中央集权统治。李朝初期，推崇儒学排斥佛教，对中国采取事大主义政策。科举制成为选拔官吏的主要途径，形成了"士农工商"的社会等级。在第四代君主世宗的倡导下，一批优秀学者创制了朝鲜拼音文字"训民正音"（即今天的韩文）。15世纪前期是李朝的繁荣时期，这一时期政局较稳定，经济、文化也较发达。李朝对外远征对马岛，消除了倭患，并与中国保持友好往来。

朝鲜中期是朝鲜王朝由盛转衰的时期。在这一阶段，吏治昏暗，宫廷内部各党派之间的权力斗争日益激烈。1445年，世祖迫使端宗禅位，其上台后不断加强王权，并扶持道教、佛教以藐视儒教的正统地位。成宗1469年即位后，大力削弱勋旧大臣势力，重用士林儒生。到燕山君时代，勋旧派和士林派爆发了激烈党争，频繁的党争使国家元气大伤。中宗即位后实行了一系列的改革，废除燕山君的暴政，史称"中宗反正"。

1592年，日本的丰臣秀吉派兵入侵朝鲜，朝鲜向明朝请求支援，明神宗应请求派遣大军救援。中朝军队多次并肩作战，加之朝鲜李舜臣将军设计的龟船，中朝军队取胜，日本被迫撤退。1597年，日本丰臣秀吉再次派兵侵入朝鲜，次年丰臣秀吉病死，日本军队全部从朝鲜撤退。朝鲜史称"壬辰卫国战争"，中国称"万历朝鲜战争"。

1618年，明朝和后金作战，朝鲜派兵协助明朝。1623年，朝鲜内部发生政变，擅自废黜国王光海君李珲。1627年和1636年，朝鲜先后两次遭到后金政权的入侵。在第二次入侵后，朝鲜改向后金朝贡，成为清朝的附属国。

李氏朝鲜末期，王朝统治内忧外患。国内社会矛盾激化，农民起义不断；国外列强大兵压境，"洋扰"事件不断发生。1864年，朝鲜哲宗死后无嗣，由兴宣大院君之子12岁的李熙即位，史称朝鲜高宗。1873年，高宗成年亲政，大院君停止摄政，闵妃外戚集团掌权。1875年，日本蓄意制造"云扬号"事件。次年1月，日本在江华岛登陆，以"云扬号"事件为借口强行要求与朝鲜进行谈判。而后，朝鲜被迫与日本签订不平等条约《朝日修好条规》，即《江华条约》。条约规定开放釜山、元山、仁川3个港口，并允许日本在朝鲜指定的港口设立领事馆。1882年，朝鲜被迫同美国签订不平等的通商条约。不久后，英、法、德、俄等国也相继迫使朝鲜签订类似的不平等条约。朝鲜王朝的大门由此被迫全面打开，300年来的"锁国政策"遂告结束，朝鲜逐步变成半殖民地半封建社会。

（三）俄罗斯

俄罗斯的历史起源于东欧平原上的斯拉夫人，斯拉夫人自古就生活在这片平原的西部地区。6—7世纪，斯拉夫人逐渐分为三支，即西斯拉夫人、南斯拉夫人和东斯拉夫人。其中东斯拉夫人是俄罗斯人的祖先。

古代东斯拉夫人信奉多神教，崇尚神灵，把一些自然现象解释为神的作用。6世纪以前东斯拉夫人仍处于氏族社会阶段，由血缘相近的氏族结合成部落。从6世纪起，东斯拉夫人开始形成地区联盟，但这种联盟很不稳定。自7世纪中期，东斯拉夫人开始使用铁制工具，农业得到发展。随着生产力的发展，至9世纪，东斯拉夫人的氏族制度已趋于瓦解。各部落之间爆发兼并战争，逐渐形成若干个大的部落联盟。

东斯拉夫人的许多部落联盟逐渐发展成为一些公国，其中南方的基辅和北方的诺夫哥罗德是当时最大的公国。862年，瓦良格人留里克征服了诺夫哥罗德，建立了留里克王朝。879年，留里克去世，由其亲属奥列格继承王公之位。882年，奥列格南下攻占了基辅城，并将国都由诺夫哥罗德迁至基辅，建立了一个大公国，史称"基辅罗斯"①，统治者被称为"大公"。至此，一个以基辅为中心，以东斯拉夫人为主体的大公国形成，留里克王朝（862—1598年）开始了对俄罗斯长达700多年的统治。基辅罗斯是一个早期的封建国家，东斯拉夫人越过了奴隶制社会，直接由原始氏族社会过渡到了封建社会。

基辅罗斯初期，大公剥削人民的方式是"索贡巡行"，即大公亲自带领扈从队巡行到民间，向居民征收贡物。912年，奥列格大公去世，由留里克之子伊戈尔执政。945年，伊戈尔大公在"索贡巡行"时，因贪得无厌被德列夫利安人杀死。

伊戈尔死后，其子斯维亚托斯拉夫继任大公。他通过发动对外战争，扩大了罗斯的疆域。972年，斯维亚托斯拉夫遭受伏击被杀害。978年，其子弗拉基米尔继位罗斯大公。在弗拉基米尔统治时期，基辅罗斯达到鼎盛时期，成为东欧强国。弗拉基米尔迎娶拜占庭安娜公主为妻，并于988年把基督教定为基辅罗斯的国教，促进了东正教文化在罗斯的发展。

1015年，弗拉基米尔去世。之后，其子雅罗斯拉夫继位。雅罗斯拉夫颇有学识，被称为"智者"，编纂了第一部成文法典《雅罗斯拉夫法典》。雅罗斯拉夫努力巩固自己的政权，扩大疆域，与欧洲国家进行联姻。11世纪时，罗斯境内的大封建势力不断增强，他们占有大片领地和农民，试图摆脱大公的控制。1054年，雅罗斯拉夫去世，他的三个儿子为争夺王位内战近40年，极大削弱了罗斯的国力，基辅罗斯日趋衰落。

1113年，弗拉基米尔·莫诺马赫任罗斯大公，他试图恢复基辅罗斯的统一，但未能实现。1125年，莫诺马赫去世。此后，基辅罗斯基本瓦解。12世纪中期，基辅罗斯分裂为一些独立的公国，进入封建割据时期。

13世纪初，成吉思汗统一蒙古各部后，开始了大规模的远征。1219年，成吉思汗亲率20万大军进入中亚，在征服花剌子模后继续前进，越过高加索山逼近罗斯。1223年，蒙古军打败了罗斯各公国和波洛夫齐人的联军。

1227年，成吉思汗病逝。成吉思汗的孙子拔都在1235—1242年率领大军开始了第二次西征，蒙古军所到之处无不望风披靡。1240年，拔都率军攻陷基辅。之后，拔都在伏尔加河下游建立钦察汗国，又名金帐汗国，

---

① 后改名为"罗斯"。"俄罗斯"（Russia）这一称呼源于蒙古人对"罗斯"的称呼，在蒙语中很少用辅音R开头，所以加了一个元音O。

定都萨莱（今伏尔加格勒附近）。罗斯的各公国成为金帐汗国的藩属，须向金帐汗国纳贡。金账汗国为加强统治，保留了罗斯各公国的封建政权，并对各王公实行"诰封"。

沙皇俄国起源于莫斯科公国。莫斯科原本是一个小的村落，1147年建为城市，13世纪成为拥有封地的独立公国，臣属于金帐汗国。因其地理位置重要，交通和商业便利，四周又有其他公国作为屏障，莫斯科公国逐渐强盛起来。最初的几位王公都对邻国实行兼并战争，这极大地扩张了领土版图。

1325年，伊凡一世成为莫斯科公国的王公，并于1328年获得"弗拉基米尔和全罗斯"大公称号，拥有了代替金帐汗国征收贡税的权力。在伊凡一世统治时期，莫斯科公国的版图得到了极大扩张，经济发展也十分迅速。1340年，伊凡一世去世。其后继位的谢苗一世、伊凡二世继续执行他的政策。

1359年，伊凡一世之孙德米特里·伊凡诺维奇继位。其在位期间不断扩张领土，通过战争迫使邻近各公国臣服自己，这使金帐汗国统治者感到不安，并派兵讨伐。1380年，在顿河流域的库里科沃战役中，德米特里大败金帐汗国马麦汗，因此获得了"顿河王"的称号。库里科沃战役动摇了金账汗国对罗斯的统治，大大提高了莫斯科公国的威望。1389年，德米特里去世。其后在瓦西里一世、瓦西里二世时期，莫斯科公国的实力继续增强。15世纪时，蒙古人的金帐汗国由于内讧分裂为几个独立汗国，对罗斯的控制力逐渐减弱。

1462年，伊凡三世继位，史称"伊凡大帝"。伊凡三世在位时，莫斯科公国的实力与日俱增。1478年，伊凡三世停止向金账汗国称臣纳贡。1480年，金帐汗国的阿合马汗亲率大军讨伐。在民众的压力下，伊凡三世率军反击。不久金帐汗国都城被袭，蒙古军被迫撤兵，阿合马汗在内讧中被杀。至此，罗斯彻底摆脱了蒙古长达200多年的统治。

伊凡三世集大权为一身，称为"全罗斯"大公，有时也自称沙皇。随着对罗斯东部的统一，俄罗斯民族开始形成，俄语成为全民族的通用语言。伊凡三世制定双头鹰国徽，建立新的国家决策机构——大贵族杜马，颁布1497年法典，并组建了一支强大的军队。1505年，伊凡三世去世，其子瓦西里三世继位，并最终完成了俄罗斯的统一大业。

1533年，瓦西里三世去世，其子伊凡四世继位，史称"伊凡雷帝"。1547年，伊凡四世加冕为沙皇，成为俄国历史上第一个沙皇。他性情残暴，对民众实行暴政统治。为加强皇权，伊凡四世对内进行一系列改革：设缙绅会议；废除世袭领地机构，建立中央管理机构；编纂《1550年法典》，颁布"兵役条例"；建立特辖军和特辖区。同时他还对外进行军事扩张，扩大了俄罗斯的版图。

1584年，伊凡四世去世，长子费多尔继位。但费多尔智力迟钝，无法料理国事。1598年，费多尔去世，身后无子嗣，留里克王朝绝嗣。而后，贵族鲍里斯·戈杜诺夫被选举为沙皇，他的即位引起了大贵族的嫉恨，政局变得动荡不安。16世纪末至17世纪初这一时期被称为俄国历史上的"混乱时代"（1598—1612年）。1606—1607年，沙俄发生了声势浩大的波洛特尼科夫农民起义，沙皇政府自顾不暇。波兰军队乘机进军莫斯科，俄国市民进行英勇反击，赶走了波兰人。1613年，大贵族米哈伊尔·罗曼诺夫被推选为沙皇，至此俄国开始了罗曼诺夫王朝（1613—1917年）长达300余年的统治。

17世纪，俄国的对外政策从自卫防御变成侵略扩张。沙皇俄国在征服西伯利亚后，武力侵犯中国黑龙江流域，并于1654—1667年，同波兰进行了长达13年的战争。17世纪后半期，俄国成为一个幅员辽阔的国家，但落后的农奴制已严重阻碍了生产力的发展。

1676年，罗曼诺夫王朝的第二任沙皇阿列克谢·米哈伊洛维奇病逝。之后，其长子费多尔继承王位，但在位不过6年。

1682年，彼得一世继位，又称彼得大帝，是一位颇有作为的君主。为摆脱俄国落后的局面，彼得一世对内进行改革。政治方面，废除大贵族杜马，建立参政院；经济方面，实行重商政策；军事方面，组建正规军团，建立海军；文化教育方面，注重兴办教育，发展科学技术文化。彼得一世曾两次攻打土耳其，试图夺取通向西欧的出海口，但都未能如愿。1700年，彼得一世发动了同瑞典的战争，战争历时21年最终取得胜利，实现了夺取出海口的愿望。1721年，莫斯科公国正式改名为俄罗斯帝国，彼得一世称为皇帝。

1725年，彼得一世去世，俄国进入宫廷政变时期（1725—1762年），先后换了6任皇帝。1762年，叶卡捷琳娜二世发动宫廷政变登上皇位。叶卡捷琳娜二世的统治时期被称为"贵族的黄金时代"。她扩大贵族特权，赐给贵族大量土地和农奴，加强地主对农奴的压迫和剥削，并残酷镇压了普加乔夫农民起义。叶卡捷琳娜二世实行对外扩张，两次发动对土耳其的侵略战争，夺取了黑海出海口，三次瓜分波兰，并把克里米亚正式纳入俄国版图。

1796年，叶卡捷琳娜二世病逝，保罗一世继位。1801年，保罗一世被杀，其子亚历山大一世继位。1812—1813年，俄国人民抗击法国侵略者，取得了卫国战争的胜利。1825年，亚历山大一世突然去世，尼古拉一世继位。继位之初，他残酷镇压了十二月党人起义，被称为"军棍沙皇"。镇压起义之后，尼古拉一世进一步加强专制统治，严密监视人民的思想和行动，其在位的30年被称为"专制制度的顶点"。

19世纪中叶，俄国的资本主义不断发展，而农奴制度却严重阻碍了俄国的发展。1855年，尼古拉一世去世，长子亚历山大二世继位。克里米亚战争失败后，亚历山大二世意识到沙皇专制制度和奴隶制度的落后性。1861年2月19日，亚历山大二世签署了废除农奴制的宣言和法令。法令规定，农民享有人身自由，但必须向地主交付赎金。1861年农奴制改革是一种改良主义的资产阶级性质的改革，它使俄国从封建生产方式过渡到资本主义生产方式，为俄国资本主义的发展提供了劳动力、市场和资金。从此，俄国进入资本主义发展的新时期。

（四）蒙古国

蒙古高原自古以来就是游牧部落活动的天堂，也是游牧民族争夺的战场。匈奴、东胡、乌桓、鲜卑、柔然、突厥、回鹘、契丹、室韦－达怛等民族都曾活跃在这片高原上，它们为蒙古族的形成和发展奠定了基础。

据史料记载，蒙古族属于东胡系统，由其分支蒙兀室韦发展而来，最初居住在额尔古纳河河畔。随着室韦－达怛势力向蒙古高原和漠南地区迁移，蒙古部从额尔古纳河流域迁出，来到蒙古高原。蒙古族散布在今斡难河、克鲁伦河、土拉河三河的上游，有乞颜、札答阑、泰赤乌等部落，各部落的首领称为"汗"。此外，在蒙古草原和贝加尔湖周围，还有塔塔尔、弘吉剌、蔑儿乞、斡亦剌、克烈、乃蛮等部落，这些大部落集团之间经常进行大规模的兼并战争。12世纪起，蒙古族社会开始由奴隶制度向封建制度过渡。

1162年，铁木真出生于斡难河上游地区蒙古乞颜部孛儿只斤氏的一个贵族家庭，其父也速该是蒙古乞颜部的首领，在铁木真9岁时，也速该被塔塔尔部人毒死。也速该死后，泰赤乌部趁机率众离开，也速该所管辖的部落也分散而去，铁木真一家从部落首领地位一下子摔落到社会底层。铁木真认识到要想重振家业，必须要寻找强大的力量来庇护。之后他联合克烈部的脱里汗和札答阑部的札木合，经过数次战斗，慢慢重组了乞颜部，

第二章 简史

被推举为蒙古乞颜部首领。

铁木真的称汗以及乞颜部的不断壮大引起了札木合的不满。札木合联合泰赤乌部、塔塔尔部等部落向铁木真进攻,铁木真将自己的部队编为十三翼进行迎战,最后铁木真大败,史称"十三翼之战"。虽然札木合取得胜利,但因为其残忍虐杀俘虏,引起其部众的不满,纷纷归顺铁木真。铁木真得以迅速恢复实力,并且更加壮大。而后铁木真进行了一系列统一蒙古各部的持久战,在兼并战争中采取远交近攻和逐个击破的战略,先后消灭了塔塔尔部、泰赤乌部、克烈部、乃蛮部等部,用武力统一了各部落,结束了蒙古高原上的混战局面。

1206年,在斡难河源头举行了忽里台大会①,推举铁木真为整个蒙古高原唯一的最高统治者——大汗,称之为"成吉思汗"。具有封建集权性质的大蒙古国正式成立,蒙古族作为一个统一的民族共同体正式形成。成吉思汗即位后,对蒙古的政治、军事、经济、文化、法律等各个方面进行了改革,如确立千户制、扩建护卫军、创制蒙古文字、制定成文法《大札撒》、设置最高断事官等。大蒙古国建立后,实力与日俱增,成吉思汗及其子孙开始了大规模的对外扩张。成吉思汗在位时开始征伐西夏、西辽、金国、花剌子模等国。1221年,蒙军灭花剌子模。1227年,成吉思汗亲征西夏,西夏亡。但在征西夏途中,成吉思汗去世,由其三子窝阔台继承汗位。

窝阔台继承父亲遗志继续进行领土扩张。1234年,窝阔台联合南宋灭金。之后,派侄子拔都远征欧洲。从1235年开始,拔都开始大规模的侵略性西征,进攻钦察、俄罗斯,而后占领莫斯科等城市。1240年,拔都的远征军攻占了俄罗斯的政治、经济中心基辅,之后继续进攻波兰、匈牙利等国。1241年,窝阔台病死,拔都结束西征,率军东还。后来,拔都在原钦察汗国的基础上建立了幅员辽阔的金账汗国,定都萨莱。

1251年,拖雷(成吉思汗四子)的长子蒙哥取得汗位,即位后致力于进攻南宋、大理等国。1259年,蒙哥汗在攻宋战争中负伤致死。1260年,拖雷第四子忽必烈在开平自立为大汗。同时,忽必烈之弟阿里不哥在哈拉和林被蒙古贵族推举为大汗。1260—1264年,双方开始了为期四年之久的汗位争夺战,大蒙古国逐渐走向分裂。1264年,阿里不哥兵败,忽必烈取得胜利。

---

① 推选大汗的大型集会。

东北亚概论

1271年，忽必烈称帝，取"大哉乾元"中的元字，建国号为"大元"，之后迁都燕京，称大都（今北京）。1276年，元军攻破南宋都城临安。1279年，在崖山海战中，元军以少胜多，全歼宋军，南宋灭亡，元朝最终统一中国。元朝保留了宋朝原有的机制，继续沿用原有的封建制度。忽必烈在位期间，注意选用人才，重用汉臣；注重吸收中原地区历代封建统治的经验；建立各项政治制度，在地方建立了行省制度，在中央设立中书省，开创了中国省制的先河。通过这些措施，元朝逐步加强了中央集权的统治。1294年，忽必烈在大都病逝。

元朝统一中国后继续对外扩张，但是在出海征伐日本和东南亚诸国时却屡遭失败。元朝中期，政变频繁，政治始终未走上正轨。元朝末期，吏治腐败，国库空虚，民族矛盾和阶级矛盾日益加剧，导致了大规模的农民起义。1368年，朱元璋攻占北京，推翻了元朝政权，元朝作为一个全国性质的统治机构宣告结束。元惠宗妥懽帖睦尔（亦称元顺帝）率领元残部退居漠北，史称"北元"。蒙古军虽多次组织力量反攻中原，但都没能复辟元朝。北元政权与明朝形成了对峙局势，这种对峙局势一直持续到清朝统一中国。此后，大多数蒙古部落宣布脱离黄金家族——忽必烈家族的大元政权而独立。

1453年，西蒙古的瓦剌部首领也先统一了蒙古高原诸部，登上汗位。但不久也先死于内讧，蒙古再度混乱。后来，答言罕上台，重新统一了蒙古诸部，把领土分封给诸子，这为蒙古再次分裂埋下隐患。答言罕死后，各部落重新陷入割据。1604年，林丹汗继位北元蒙古大汗后，试图恢复蒙古的统一，但同时也面临着新兴的女真族的威胁。林丹汗对外采取联合明朝抵抗后金的方式，对内谋求控制蒙古其他部落。1632年，后金皇太极讨伐林丹汗，林丹汗逃往青海。1634年，林丹汗病死。1635年，其子额哲投降后金，蒙古帝国灭亡。

1616年，女真部首领努尔哈赤建立了后金。1636年，皇太极征服了察哈尔部，改国号为清。1644年，清军入关，清取代明朝成为中国的统治者。清朝对蒙古各部落采用武力征服、政治招抚等手段，于17世纪末已将蒙古地区纳入清朝的版图。清政府把蒙古地区分为内属蒙古和外藩蒙古，内属蒙古指不设世袭札萨克，清朝政府直接任命官员治理蒙古各旗；外藩蒙古指以世袭札萨克为旗长的蒙古各旗。其中，外藩蒙古又分为内札萨克蒙古和外札萨克蒙古，前者指归附清朝较早的漠南部落，即内蒙古；后者一般指漠北部落，即外蒙古。与外扎萨克蒙古相比，内扎萨克蒙古具有较高的政治地位和一定的自治权。

清朝对蒙古地区实行比较特殊的政策，一方面通过满蒙贵族联姻来牵制蒙古贵族，给予各种特权进行笼络；另一方面实行札萨克制，将蒙古地区划分为几十个旗，每旗旗长称为札萨克，由蒙古的王、贝勒、贝子等贵族担任，使之成为清朝统治蒙古的代理人。同时，清朝还为蒙古制定法规、法律制度。《蒙古律例》是清初为蒙古制定的专门法规，而后又在此法规的基础上扩展，编成了《理藩院则例》，这两部法规为清朝管理蒙古地区发挥了重要作用。此外，清朝统治者还大力扶持喇嘛教，用来麻痹人们的思想，使之甘愿受到统治和压迫，喇嘛教成为管理蒙古的有力工具。喇嘛教的首领活佛利用清政府给予的特权大肆推行喇嘛教，在蒙古拥有强大的势力。

清朝统治末期，政治日益腐败，阶级矛盾不断激化。1840年鸦片战争以后，西方列强接踵而至，人民的反抗斗争风起云涌，清朝陷入严重的统治危机，内外战争对蒙古地区也造成很大影响。清朝北部边疆蒙古地区的外来威胁主要来自俄国，俄国对蒙古地区大肆进行经济掠夺和政治渗透。同时，近代以来的连年战争和频繁的军事征调，严重影响了蒙古地区的社会生产和生活，加重了人民的负担，阶级矛盾和民族矛盾日益加剧。在东蒙古南部沿边地区爆发了大规模的反清起义。蒙古高原百余年的平静被打破，开始进入衰落和动荡不安的时代。

第二节　近代简史

东北亚近代史发端于19世纪中后叶，迄于20世纪20年代。这一时期，西方国家把东北亚国家作为对外扩张的目标，以武力迫使东北亚国家由锁国走向开放。19世纪以后，西方国家为适应工业革命完成后经济发展的需求，开始以武力打开东北亚国家的大门。

中国的近代史始于第一次鸦片战争，历经清朝晚期、中华民国临时政府时期、北洋军阀时期，是中国半殖民地半封建社会逐渐形成的历史，也是一部充满灾难、落后挨打的屈辱史。江户幕府末期，在内忧外患的压力下，日本进行了明治维新改革，走上了资本主义道路，同时也走上了对外扩张的道路，给东北亚其他国家造成了沉重的灾难。由于帝国主义的侵略，朝鲜（韩国）的近代史亦是被迫沦为殖民地社会、民族受难的历史。近代朝鲜（韩国）被日本、美国以武力打开了大门，最终一步步沦为日的殖民地。俄罗斯通过 1861 年改革，走了资本主义的道路，同时也加紧了在亚洲的对外扩张。19 世纪中后叶，蒙古仍在清朝的统治范围之内，但面临着外部势力的侵入和日益激化的阶级、民族矛盾等问题。

一、日本

德川幕府末期，随着商品经济的发展，一些经济较发达地区出现了资本主义的生产关系，同时新兴的资产阶级也逐渐壮大，这极大冲击了封建自然经济，从根本上动摇了德川幕府的统治基础。而 19 世纪外国资本主义的入侵，又加速了封建社会的解体。

1868 年 1 月，倒幕运动彻底推翻了德川幕府的统治。倒幕派组成了新的政府，于 1868 年 3 月颁布名为《五条誓文》的施政纲领，随后又颁布《政体书》。同年，睦仁天皇改年号为"明治"，改"江户"为"东京"，并于次年迁都东京。

明治政府为巩固统治，实施了一系列的改革措施，史称"明治维新"。第一，建立中央集权体制，强制实行"版籍奉还"，命令各藩把领地和人民的统治权上交中央政府。之后政府又宣布"废藩置县"。第二，废除士、农、工、商身份制度，废除封建俸禄制度。第三，实行征兵制，加强警察机构。第四，改革土地制度，实施新地税。第五，殖产兴业，推动资本主义发展。第六，提倡"文明开化"，移风易俗，推动社会文化的变革。明治维新是日本从封建社会向资本主义社会转变的标志。

明治维新后，日本资本主义的发展非常迅速。为掠夺国外市场和资源，日本试图通过武力进行对外扩张和侵略。1874 年，日本借口"牡丹社事件"侵犯中国台湾，强迫清政府签订不平等的《中日北京专约》，获赔 50 万两白银。1876 年，日本用武力强迫朝鲜订立不平等的《日朝修好条规》，即《江华条约》，把势力伸向朝鲜半岛。1879 年，日本吞并琉球群岛，并改名为冲绳县。1885 年，日本迫使清政府签订《中日天津条约》，获得了在朝鲜发生重大事件时可派兵干预的权利，从而为日本向朝鲜侵略扩张创造了条件。

1890 年，日本内阁首相山县有朋发表施政方针演说，鼓吹所谓的"主权线"和"利益线"的侵略扩张理论。邻近日本的中国和朝鲜成了日本最早也是最主要的侵略对象。至此，日本对外侵略扩张的"大陆政策"初具雏形。

1894—1895 年，中日甲午战争爆发。战争的导火索是 1894 年朝鲜爆发的东学党起义。起义发生后,朝鲜政府向清朝政府乞援镇压。在清朝政府出兵后,日本援引《中日天津条约》,乘机立即出兵朝鲜,找寻借口发动侵略战争。6月,日本政府向清政府提出"协助朝鲜改革内政"的方案,遭到清政府拒绝后连续发出两次"绝交书"。1894年7月25日,日本不宣而战,在朝鲜丰岛海面袭击了增援朝鲜的清军运兵船,引爆了中日甲午战争。8月1日,双方正式宣战。日军很快占领平壤,清军退至中国境内。9月17日,双方在黄海发生激烈的海战,清朝的北洋舰队被击溃。10月25日,日军兵分两路进攻中国大陆,并在旅顺进行大屠杀。1895年2月,日军占领山东半岛的威海卫,北洋舰队全军覆没。之后清政府求和。

1895年4月,日本强迫清政府签订不平等的《马关条约》。主要内容为:清政府承认朝鲜"独立";中国割让辽东半岛、台湾及澎湖列岛给日本;赔偿白银2亿两;开放通商口岸,允许日本人在通商口岸设立工厂。之后,图谋中国东北地区的俄国反对将辽东半岛割让日本,联合德、法进行干预,强迫日本把辽东半岛退还给了中国,这就是"三国干涉还辽"事件。

1904—1905年,日俄为了争夺对中国辽东半岛和朝鲜半岛的控制权,在中国东北地区进行了一场帝国主义列强之间的战争,史称"日俄战争"。最终,俄国战败。1905年,日俄签订《朴茨茅斯和约》,俄国承认朝鲜为日本的"保护国",将旅顺、大连及附近领土领海的租借权让给日本,并将库页岛北纬50°以南割让给日本。1910年,日本正式吞并朝鲜,将朝鲜变为其殖民地。

1914年7月,第一次世界大战爆发。日本趁大战爆发之机,出兵中国山东,占领济南,攻陷青岛,向袁世凯政府提出了欲灭亡中国的"二十一条"要求。同时,日本也觊觎俄国的领土,1918年出兵西伯利亚,对苏维埃俄国进行武装干涉。在第一次世界大战期间,日本不仅进行了对外军事侵略,还进行了大规模的经济扩张。由于大批的军需订货及生活用品需求,日本产品出口贸易发展迅速。第一次世界大战使日本成为资本主义强国。

二、朝鲜半岛

19世纪70年代,朝鲜出现了以实学为基础的开化思想,后来以此为基础,形成了被称为"开化派"的政治势力。开化派主张通过改革使朝鲜走上类似日本近代化发展的道路。1884年12月4日，朝鲜发生了一次流血政变——甲申政变。这次政变由以金玉均为首的开化派主导，并有日本协助，依靠日本军队除掉了守旧派官员，宣布和清政府断绝关系。应守旧派的请求，袁世凯率领清军于6日开进王宫，击败日军，杀死了开化派首领，部分开化派首领逃往日本。甲申政变存在了三天便宣告失败，守旧派重新掌权。

1894年，朝鲜爆发东学党农民起义，朝鲜政府无力镇压，向清军求援。清朝政府立即派兵镇压，同时日本也派出了军队，清军和日军形成对峙局势，形势日益紧张。而后，日本在朝鲜丰岛海面袭击清军运兵船，中日甲午战争爆发。1895年4月，战争以清朝失败告终，中日双方签订《马关条约》。日本控制下的朝鲜政府宣布终止与清朝的宗藩关系。

1894年，以金弘集为首的亲日开化派进行了一系列近代化改革，史称"甲午更张"。"甲午更张"涵盖政治、经济、文化、军事等各个方面，是朝鲜半岛历史上具有划时代意义的资产阶级改革。但日本并不希望朝鲜实现真正的近代化，力图通过各种手段阻挠改革的进行。最终金弘集下台，"甲午更张"结束。

1897年10月，高宗李熙改国号为"大韩帝国"（1897—1910年），自称皇帝。日本担心朝鲜落入俄国人手中，于1904年对俄发动战争。日俄战争中俄国战败，朝鲜政权彻底被日本控制。1905年11月，日本迫使朝鲜签订《乙巳条约》，开始以"保护"朝鲜之名行殖民之实。1906年，日本在汉城（现为首尔）设置统监府，并任命伊藤博文为首任统监。1907年7月发生了"海牙密使事件"[①]，日本借此逼迫高宗退位。高宗退位后，其子李拓继位，是为纯宗。

1909年，朝鲜爱国志士安重根在哈尔滨刺杀了首任统监伊藤博文。日本利用这一事件，加紧吞并朝鲜。1910年8月，日本迫使大韩帝国签订《日韩合并条约》，正式吞并朝鲜半岛，在朝鲜设立总督府，进行殖民统治。从此，朝鲜彻底沦为日本的殖民地。在1919年以前，日本对朝鲜采取宪警暴力统治，镇压反对殖民的义兵斗争和爱国启蒙运动，对朝鲜实行全方位的"日本化"。对于日本的残酷统治，朝鲜人民的民族抵抗运动持续

---

① 又称"海牙特使事件"。1907年高宗派密使前往荷兰海牙，企图在万国和平会议上揭发日本侵略朝鲜的真相，并呼吁欧美列强出面干预，恢复朝鲜的主权，但在日本的阻挠和列强的漠视下以失败告终。

不断。1919年3月1日，朝鲜爆发了全国范围的民族解放运动——"三一运动"。"三一运动"虽然失败，但它在朝鲜人民的独立解放运动史上具有极其重要的地位。

三、俄罗斯

19世纪后半期，亚历山大二世加紧了对亚洲的对外扩张。俄国从中国割走了150万平方千米的领土，并侵占哈萨克斯坦，征服中亚，向巴尔干扩张发动了侵略土耳其的战争。

19世纪60年代，平民出身的知识分子走上政治舞台，反对沙皇专制统治，支持农民的土地要求。19世纪70年代，他们提出了"到民间去"的口号，被称为"民粹派"。

1881年，亚历山大二世被"民粹派"刺杀，次子亚历山大三世继位，因害怕被暗杀而经常住在郊外的行宫加特契纳，被称为"加特契纳的隐士"或"革命的俘虏"。亚历山大三世在位期间，工业发展迅速，但是农业发展缓慢，人民生活贫困。1894年，亚历山大三世因病去世，长子尼古拉二世继位，被称为"俄国的末代皇帝"。

19世纪80年代，俄国的工人阶级开始登上政治舞台。1883年，普列汉诺夫在日内瓦创办了"劳动解放社"，用以传播马克思主义，是第一个在俄国传播马克思主义的思想家。1895年，列宁建立了彼得堡"工人阶级解放斗争协会"，把马克思主义和工人运动结合起来。1898年，俄国各地马克思主义小组在明斯克召开俄国社会民主工党第一次代表大会，宣布成立俄国社会民主工党。1903年，俄国社会民主工党第二次代表大会召开，在这次会议上该党分裂为布尔什维克和孟什维克两派。

1904—1905年，日俄爆发战争，最后俄国惨败，这使俄国陷入严重的危机。1905年1月9日（俄历），10余万工人在圣彼得堡举行和平请愿，但遭到沙皇军警的野蛮枪杀，死伤者达数千人，史称"流血星期日"。这一事件标志着俄国革命的开始。流血事件激起了全国民众的愤慨，全国开始举行大规模的罢工，革命运动高涨。

1905年10月17日，尼古拉二世被迫签署宣言，许诺给人民民主和自由，成立具有立法权的国家杜马，组织新的内阁。孟什维克党支持该宣言，期望俄国走上资产阶级民主改革的道路。但以列宁为首的布尔什维克党号召举行起义，推翻沙皇制度。同年12月，在布尔什维克党领导下，莫斯科等城市爆发了多次武装起义，但这些起义均被镇压。在革命中创建的工人代表苏维埃组织形式在全国范围内得到了广泛传播。

俄国是第一次世界大战的参战国。在战争中，俄军屡战屡败，伤亡惨重。连年征战使俄国国民经济遭到严重破坏，处于崩溃的边缘。1917年初，国内危机和矛盾达到了极其尖锐的程度。

1917年2月18日（俄历），彼得格勒普梯洛夫工厂工人开始罢工，布尔什维克党中央号召把罢工变为政治总罢工并转变为武装起义。25日，全市爆发工人总罢工。26日，开始武装起义。工人群众占领工人最集中的维堡区，建立苏维埃政权，并号召士兵起义。27日，起义席卷全城，首都驻军也开始参加起义。市内的重要据点和政府大厦先后被占领，工人和士兵逮捕了沙皇政府的大臣和将军。

1917年3月2日，尼古位二世被迫退位。二月革命推翻了沙皇专制制度，结束了罗曼诺夫王朝长达300多年的统治。二月革命后，资产阶级和地主成立了"临时政府"，形成了工人士兵代表苏维埃和资产阶级临时政府两个政权并存的局面。

1917年4月，列宁回国，发表了著名的《四月提纲》，提出了从资产阶级民主革命向社会主义革命转变的任务。1917年4月、6月和7月间，彼得格勒工人和士兵举行了三次大规模的示威活动。1917年7—8月，布尔什维克党召开第六次代表大会，大会决定举行武装起义，夺取政权。同年9—10月，革命运动高涨，大部分军队转向布尔什维克一边。10月25日（俄历），彼得格勒工人和士兵起义，占领了政府机关等市内重要据点。次日攻占了临时政府所在地冬宫，资产阶级临时政府被推翻。起义成功当天夜间，苏维埃代表大会召开，宣布全部政权一律转归苏维埃，并于次日通过《和平法令》和《土地法令》。

1917年的十月革命是人类历史上第一次胜利的社会主义革命，建立了世界上第一个无产阶级领导的社会主义国家，开启了俄国历史的新纪元。

四、蒙古国

由于矿产储量丰富、市场需求庞大、地理位置特殊，在19世纪末期，蒙古地区受到日、俄、英、美等国家的关注。其中，俄国因便利的地理位置，约于17世纪上半叶，便与蒙古确立了直接联系。但由于清朝对蒙古实施了长期有效的管理，大多数蒙古人心附清朝，加之俄国自身的制约，俄国企图控制蒙古的意图未能实现，但其多年的渗透、分化和瓦解，仍在蒙古部分地区产生了相当的影响力。

19世纪中后期，清朝面临内忧外患，国势日渐衰微，其对边疆的管辖也日益松散，这给沙俄提供了可乘之机。1840年鸦片战争之后，沙俄与清政府签订一系列不平等条约，其在蒙古地区侵占领土，设立领事馆、开展贸易、开设银行、铺设铁路，觊觎蒙古地区的经济命脉。1907年以后，沙俄政府派遣大批商队和考察团，调查蒙古地区的商业活动。1909年，沙俄工商部成立特别联合会，专门研究和制定对蒙古的贸易政策。此外，沙俄试图拉拢喀尔喀蒙古王公贵族，挑拨他们与清朝政府的关系，煽动民族分裂情绪。

20世纪初，清政府在蒙古地区添设新机构，施行一系列的新政主张，包括开放边禁、移民垦殖、编练新军、兴办学校、创办实业等。但这些新政在推行过程中，并未取得预想的效果，很多机构无事可办，不少措施还增添了沉重的财政负担，给民众造成极大混乱。蒙古的王公上层亦担忧新政的实施会损害他们的统治特权和经济利益，因此对新政异常仇视。新政的实施反而迅速激化了矛盾，加重了社会危机，蒙古地区的阶级矛盾和民族矛盾也日益加剧。

1911年中国辛亥革命之后，中国各省纷纷响应，宣布独立，清政府的统治土崩瓦解。蒙古诸部中主张独立的有之，亲俄罗斯的有之，主张留在中华民国的亦有之[①]。1911年7月，以活佛哲布尊丹巴·博格多格根为首，蒙古封建主们在库伦（今乌兰巴托）秘密开会，商讨蒙古独立事宜。12月，哲布尊丹巴在库伦宣布成立独立的"大蒙古国"。1912年，沙俄政府与哲布尊丹巴政权签订《俄蒙协约》及其附约《俄蒙商务专条》，迫使中华民国政府承认既定事实。

第三节　现代简史

从20世纪20年代前后（以1917年俄国的十月革命为标志），东北亚进入现代史阶段。东北亚的现代史可以分为两个时期：20世纪20年代至二战结束（1945年）为第一时期，是东北亚各国为捍卫国家独立和民族主权，而展开积极斗争的时期。1917年，俄国爆发了十月革命，建立了第一个无产阶级领导的社会主义国家。十月革命沉重打击了帝国主义的统治，

[①] 几经反复，最终蒙古诸部一部分建立蒙古国，一部分并入苏联，一部分继续留在中国，成为今天的内蒙古自治区。

东北亚概论

极大地鼓舞了国际无产阶级革命和殖民地半殖民地被压迫民族的解放运动。在十月革命的影响下,中国爆发了反帝反封建的五四运动,为中国共产党的成立在思想上和组织上做了准备。中国人民在共产党的领导下经过长期武装斗争取得了国家的独立。朝鲜(韩国)以"三一运动"为起点,开始了朝鲜民族的独立抗争。蒙古国在十月革命后,在苏联的支持下脱离了中国的统治。日本在20世纪20年代以后,开始了对亚洲国家的全面殖民侵略扩张。

二战后为第二时期,实现独立的国家进入了建设现代国家,发展民族经济、政治、文化的新时期。中国、苏联、蒙古国进入了发展社会主义国家的新阶段。朝鲜半岛在二战后分裂为两个独立的国家——朝鲜和韩国。日本在美国的支援下迅速恢复经济,而后实现了经济的高速发展。

一、日本

日本在一战期间,经济获得了高速发展。但是一战后,由于通货膨胀和物价飞涨,广大人民生活贫困。1918年,全国发生了多次民众袭击米店的"米骚动"。1919年,日本出现了第一届真正的政党内阁——原敬内阁。1921年,原敬被刺杀,同年大正天皇因病引退,裕仁摄政。1926年12月,大正天皇去世,太子裕仁继位,改年号为"昭和"。

1929年,世界性经济危机(1929—1933年)波及日本,使战后持续萧条的经济受到了严重打击。物价暴跌,中小企业纷纷倒闭,失业工人人数激增。经济危机对日本农业的打击非常严重,1930年出现了"丰收饥馑"的现象。经济危机期间,日本对外贸易总额也出现了大幅下降。经济危机带来的社会矛盾极大地推动了法西斯运动的发展,日本统治阶级试图通过侵略与殖民扩张来摆脱危机。

1931年9月18日,日本关东军炸毁中国沈阳北郊柳条湖的一段铁路,反诬是中国军队所为,借机向驻在沈阳的中国军队发起军事进攻,制造了"九一八事变"。之后在不到半年的时间里,日军占领了中国东北三省100万平方千米的土地。

1932年1月28日,日本对驻守上海的第十九路军发起进攻,制造了"一·二八事变"。同年3月,日本在长春成立了傀儡伪政权——"伪满洲国"(1932—1945年),立清废帝溥仪为"元首",但实权掌握在日军手中。

1936年8月,日本制定《国策基准》,确立了发动世界大战、实施北守南进战略的基本方向。同年11月，日本与德国签订《反共产国际协定》，之后意大利也加入这一协定，形成了一个国际法西斯主义集团。

1937年7月7日，日军借口一名士兵失踪，突然袭击北平卢沟桥的中国驻军，发动"七七事变"（亦称"卢沟桥事变"），日军很快占领北京和天津，开始了全面的侵华战争。8月13日，日军大举进攻上海，一路推进，于12月13日攻下中国国民政府的首都南京。日军在南京进行了惨绝人寰的大屠杀，烧杀淫掠，无恶不作，杀死30多万中国军民，这就是震惊中外的南京大屠杀。至1938年10月，日军已占领了华北、华中、华南的大片地区。

1939年9月，德国突袭波兰，很快波兰大片土地沦陷，英、法对德宣战，二战全面爆发。在法西斯德国侵略欧洲之际，日本独霸亚洲和太平洋地区的野心也急剧膨胀。1940年，近卫内阁正式提出了"大东亚共荣圈"的计划。"大东亚共荣圈"的范围包括东亚、俄罗斯远东地区、东南亚、大洋洲、南亚、阿富汗。这其实是日本打着"共存共荣"的幌子，侵略他国的名分而已。

1940年9月，日本入侵越南，迈出了"武力南进"的第一步。同年9月，日本与德国、意大利在柏林签订军事同盟条约，即《德意日三国同盟条约》。1941年6月，德国偷袭苏联，苏德战争全面爆发。1941年10月，日本东条英机内阁成立。1941年12月7日清晨，日本突袭美国在夏威夷的海军基地珍珠港，揭开了太平洋战争的序幕。与此同时，日本向马来亚（马来西亚的前身）、菲律宾、中国香港和泰缅地区发起进攻。四五个月之后，日本便占领了印度以东、澳大利亚以北、夏威夷以西的广大地区。

1942年6月，日本和美国在中途岛海域展开大规模海战，日军大败，美军得到了太平洋战区的主动权，中途岛战役成为二战中太平洋战争的转折点。1942年8月至1943年2月，日美之间进行了瓜达尔卡纳尔岛争夺战，最后日军大败，损失严重。此后，太平洋战场形势发生逆转，美军开始进行战略反攻，日军节节退败。1943年9月，意大利向同盟国投降，德、意、日三国轴心开始瓦解。

在中国战场，中国军民英勇顽强的抗日战争，粉碎了日本企图"以战养战"的策略，牵制了日军大量有生力量。从1943年下半年起，中国抗日战争开始向战略反攻过渡。另外，中国远征军在缅甸战场进行反攻，并取得了较大的战果。与此同时，日本国内经济状况恶化，国民逐渐产生厌战情绪，对政府及军部的不满情绪日益高涨。1944年7月，东条英机内阁被迫辞职。

1943年11月，中、美、英三国在埃及开罗举行会议，商讨协同对日作战计划以及战后如何处置日本等问题，之后发表了著名的《开罗宣言》。1945年5月，法西斯德国无条件投降，日本的处境更加孤立。自1944年6月起，美军轰炸机开始持续大规模空袭日本本土。1945年6月，美军占领了冲绳岛。

1945年7月，中、美、英三国发表了促令日本投降的《波茨坦公告》。8月6日和9日美国分别向日本广岛、长崎各投下一枚原子弹。8月8日，苏联对日宣战，并向中国东北、朝鲜及库页岛上的日军发起进攻。8月9日，中共中央主席毛泽东号召全中国一切抗日力量举行全国大反攻。在此压力下，日本政府决定接受《波茨坦公告》。8月15日，日本裕仁天皇宣读《终战诏书》，宣布无条件投降。

1945年8月，盟军最高司令官总司令部（以下简称盟总）正式成立，标志着盟军（实际是美军）对日本占领时期的开始。9月2日，日方代表和盟军代表在美国军舰"密苏里号"上签署了日本投降书，第二次世界大战结束。二战后，美军单独占领日本，对日实行间接统治。

日本投降后，铃木内阁总辞职。1945年8月，东久迩宫内阁成立，这是日本历史上唯一的皇族内阁。东久迩宫内阁因企图维持旧的政治秩序，不久便被迫辞职。10月，亲美的币原喜重郎组成新内阁。

为彻底根除法西斯军国主义，需要从根本上改变战前的日本政治制度。驻日美军主持制定了新的《日本国宪法》（又称"和平宪法"），取代战前的《大日本帝国宪法》，于1946年11月3日颁布，次年5月3日施行。这部宪法较为著名的地方是其第9条"自动放弃发动战争的权力"。美军还解散了日本军队，逮捕了以东条英机为首的战争罪犯。

随着国际形势的变化，美国为使日本建成其在亚洲扩张的战略基地，改变对日占领政策，积极支持日本恢复经济和重新建立武装力量。1950年，朝鲜战争爆发，日本成为美军的补给基地。朝鲜战争的物资需求刺激了日本经济的发展，同时战争的爆发也提高了日本的战略地位。1951年9月8日，美国在旧金山召开了对日和会，签订了《对日和约》。由于当时中华人民共和国尚未恢复联合国合法席位，美国在起草对日和约草案时，将中国排除在外，导致中国未能参加此次和会。同时，日美还签订了《日美安全保障条约》。

从1952年起，日本恢复了独立国家的主权，进入所谓的"安保体制时期"。这一时期日本经济从复兴转向了高速发展。1960年1月,日美签订了《日美新安保条约》,把双方关系定位为军事同盟。

1960年,池田勇人内阁组成,将工作重点放到发展经济上。1964年10月,日本举办了第18届夏季奥运会。1964年11月,佐藤荣作上台组阁。1965年,日韩签订《日韩基本条约》,日韩正式建交。1971年,日美签订《冲绳归还协定》,并于次年实现了归还。

1972年,田中角荣上台组建内阁。同年9月,中日签署"联合声明",实现了中日邦交正常化。田中内阁之后,日本政局进入动荡时期,几年之内多个内阁政权接连更替。1989年1月,昭和天皇裕仁去世。之后明仁即位,新年号为"平成"。

日本进入平成时代后,首相更迭频繁。在1989—1998年期间,出现了"十年九相"的现象。1998年,小渊惠三出任首相,在他的领导下,日本经济逐渐恢复。2000年4月,小渊惠三脑卒中住院,小渊内阁宣布集体总辞职。随后,森喜朗当选为新一任首相,但因屡屡失言及政策失误,上任一年后就不得不宣布辞职。2001年4月,小泉纯一郎当选为日本新一届首相,直至2006年9月卸任首相职务。之后,日本经历了安倍晋三、福田康夫、麻生太郎、鸠山由纪夫、菅直人、野田佳彦等"短命内阁"的频繁交替。

2012年12月,安倍晋三再次当选为内阁首相,日本政局进入相对稳定的状态。2020年8月,安倍晋三辞任首相。之后营义伟成功当选,但因支持率持续下跌最终无法连任,于2021年10月卸任首相职务。自2021年10月至2024年9月30日,岸田文雄一直担任日本首相之职。

二、朝鲜半岛

1919年1月21日,大韩帝国的高宗皇帝突然去世。同年3月1日,以高宗的葬礼为契机,由朝鲜宗教界人士组成的33名"民族代表"和青年学生,在汉城塔洞公园举行民众集会,宣读《独立宣言书》,进行示威和请愿活动,要求独立,史称"三一运动"。"三一运动"迅速席卷整个朝鲜半岛,但因日本的残酷镇压而最终失败。"三一运动"显示了朝鲜人民的爱国热情和坚强的斗争意志,同时迫使日本将宪警暴力统治改为"文化统治"。

"三一运动"失败后,朝鲜独立运动领导人先后成立了六个临时政府,其中比较有影响力的是在海参崴、上海和汉城成立的临时政府。这三个政府最终合并为上海"大韩民国临时政府"。进入20世纪30年代后,日本对亚洲大陆发动全面进攻，同时进一步加紧了对朝鲜的控制，试图把朝鲜变成其侵略亚洲大陆的后勤基地。1937年7月7日，日本发动全面侵华战争。大韩民国临时政府召开国务会议，决定成立军事委员会，着手进行战争准备。8月，金九领导的韩国国民党等九个团体在南京成立"光复阵线"。1937年11月上海沦陷后，大韩民国临时政府几次迁移，最终于1940年迁至中华民国的战时首都重庆。在中国政府帮助下，朝鲜复国运动人士在中国成立了"韩国光复军"和"朝鲜义勇军"。

太平洋战争爆发后，大韩民国临时政府积极开展同美国的外交接触。1941年12月，日本对珍珠港发动偷袭，之后美国对日宣战，大韩民国临时政府也对日宣战，并在华盛顿设立了欧美联络委员会，用于开展同欧美国家的外交工作。1943年11月，中、美、英三国领导人在开罗举行会晤，12月发表《开罗宣言》。对于战后的朝鲜问题，宣言提出将"在相当时期使朝鲜自由独立"。1945年2月，美、英、苏三国首脑在雅尔塔会议中达成了"在朝鲜做好自治的准备之前，由中美苏英四国对朝鲜实行国际托管"的共识。1945年7月发表的《波茨坦公告》重申了《开罗宣言》提出的有关朝鲜独立的原则。

1945年8月15日，日本无条件投降，其在朝鲜的统治也宣告结束。之后，由于意识形态的对立，美国和苏联决定以北纬38°线为界，分别进驻"三八线"南北地区。之后，在南北地区分别建立了不同社会制度的国家，朝鲜半岛从此分裂为两个国家。

1948年8月15日，大韩民国在"三八线"以南宣告成立。李承晚当选为韩国第一任总统，开始了第一共和国时期（1948—1960年）。建国初期，经济困难，派系对立，社会动荡不安。1950—1953年，朝鲜战争历时三年，南北双方死伤无数，经济损失严重。

李承晚在1952年和1956年两次大选中使用各种手段操纵选举，连任两届总统。他实行独裁统治，为保住个人权力，两度强行修改宪法，践踏民主制度。1960年，在李承晚第四次出任总统时，爆发了"4·19革命"，其统治被民众推翻。"4·19革命"是朝鲜半岛历史上第一次由民众成功推翻政权的民主革命。李承晚被迫辞职并亡命夏威夷。

李承晚政权垮台后，外务部长官许政因正副总统实际位置空缺而担任内阁首班，执掌国政。1960年8月，国会选举尹潽善为第二共和国（1960—1961年）总统，张勉出任国务总理。1961年5月16日，朴正熙发动"5·16军事政变"，掌握政权，仅存在8个月的第二共和国结束。

1963年，朴正熙在总统大选中获胜，当选第五届总统，第三共和国（1963—1972年）开始。在1967年、1971年大选中，朴正熙分别击败尹潽善和金大中，当选总统。朴正熙为了无限期执政，1972年发动军事政变解散国会，实行"维新宪法"，建立第四共和国（1972—1981年），总统由选举团产生，废除总统的连任限制，使自己成为终身总统。朴正熙在政治上实行了18年的军事专制统治，但是在经济上却取得了巨大的成功，并且在外交关系上实现了韩日关系正常化。1979年10月26日，朴正熙被中央情报部部长金载圭射杀身亡。

之后，韩国总理崔圭夏继任总统，韩国政治出现解冻。但以全斗焕为首的军部强硬派发动政变，控制军队，并残酷镇压了1980年光州民主化运动。1981年，全斗焕当选总统，继续实行军人专制统治，开始了第五共和国时期（1981—1988年）。全斗焕总统任期结束后韩国首次实现了权力的和平移交。

1987年的总统选举，是韩国民主化进程启动的重要转折。1987年的"六月民主抗争"迫使执政党候选人卢泰愚发表了"6·29宣言"。卢泰愚当选第十三届总统，开始第六共和国时期（1988年至今）。卢泰愚任职期间，成功举办汉城奥运会，并先后与苏联和东欧国家建交，与朝鲜同时加入联合国，1992年同中国建交。

在1992年的总统选举中，产生了韩国历史上第一位文人总统金泳三。上任后，金泳三采取了比较严厉的廉政措施，进行了许多民主化改革。但是在任职即将结束之际，他未能妥善处理亚洲金融危机，不得不请求国际货币基金组织提供援助，这被视为接受屈辱援助。金泳三于1998年2月惨淡卸任。

1998年，金大中就任总统，上任后致力于恢复在亚洲金融危机中备受打击的韩国经济。金大中重视韩国与亚洲各国关系，积极改善与日本和中国的关系；在对朝关系上，采取"阳光政策"，在2000年成功进行南北最高级会谈，并在同年获得诺贝尔和平奖。

2002年12月，卢武铉当选总统，其上任后大力推进政治改革。2004年3月，卢武铉由于违反选举法、非法竞选资金案、亲信存在权力型腐败等原因遭到国会弹劾，被停职受查。5月，宪法法庭推翻国会的弹劾议案，卢武铉重新恢复总统职务。在对朝关系上，卢武铉秉承了金大中执政时期推行的"阳光政策"。2007年，卢武铉跨过"三八线"访问朝鲜，并与朝鲜领导人金正日进行会谈。2009年5月，受到朴渊次门①牵连，刚卸任总统一年三个月的卢武铉坠崖身亡。

2007年12月，李明博当选总统，2013年2月结束总统任期。2020年10月，韩国最高法院对李明博贪污受贿案作出终审判决，判处其17年有期徒刑。2022年12月，李明博被特赦获释。

2012年12月，朴槿惠当选为韩国历史上首位女总统。2017年3月，朴槿惠因亲信"干政门"等事件被罢免总统职务，成为韩国历史上首位被成功弹劾的总统。2021年1月，韩国最高法院对朴槿惠作出最终裁决，判处其20年有期徒刑，加上此前干涉选举案被判2年，刑期累计为22年。2021年12月，朴槿惠被特赦获释。

2017年5月，文在寅当选韩国总统，2022年5月结束总统任期。尹锡悦于同年5月10日正式就任韩国总统。

三、俄罗斯

苏维埃政权建立之初，面临着严峻复杂的国内外形势。为巩固苏维埃政权，布尔什维克党采取了一系列措施，如解散立宪会议，成立各级人民委员会代替旧政府各部门，实行银行、铁路、商业、大工业国有化等。为尽快结束同德国的交战状态，苏维埃政权被迫接受德国的苛刻条件，于1918年3月同德国签署了《布列斯特和约》，退出第一次世界大战。11月，第一次世界大战结束，苏维埃政权随即宣布废除此条约。

苏维埃政权的建立，引起了帝国主义阵营的恐慌。从1918年夏天开始，帝国主义国家决定联合俄国国内的反革命力量，对苏维埃俄国（以下简称苏俄）进行武装干涉。国际帝国主义支持俄国国内的白军发动了3次大规模的武装进攻。为保证战争的胜利，苏俄实行战时共产主义政策，歼灭了国内白军，战胜了外国武装干涉军队。1920年，国内战争基本结束。1921年开始，苏联实行新经济政策，鼓励商品的生产和流通。

1922年12月30日，俄罗斯苏维埃社会主义共和国、南高加索苏维埃社会主义共和国、乌克兰苏维埃社会主义共和国、白俄罗斯苏维埃社会主义共和国召开苏维埃代表大会，签署《苏维埃社会主义共和国联盟条约》，结成了苏维埃社会主义共和国联盟，简称苏联。之后，乌兹别克斯坦、土库曼斯坦、塔吉克斯坦、哈萨克斯坦、吉尔吉斯斯坦等相继加入了苏联。

---

① 韩国泰光实业总裁朴渊次贿赂案涉及许多政界人士，卢武铉也被牵连在内。

1924年1月，苏联第二次苏维埃代表大会召开，会议通过了第一部苏联宪法。

1924年1月21日，列宁逝世，斯大林成为苏联的领导人。在斯大林的领导下，苏联开始实行社会主义建设，推行农业集体化和国家工业化政策。苏联制定并实施3个五年计划，从落后的农业国一跃变成先进的工业国。

1939年9月，二战爆发。在此之前，苏联出于国家安全的考虑，于1939年8月同德国签订了《苏德互不侵犯条约》。1941年6月，德国撕毁条约，对苏联不宣而战，并以闪电战的形式迅速占领了苏联大片领土。苏联人民进行了艰苦卓绝的卫国战争。1941—1942年莫斯科保卫战的胜利，粉碎了德军不可战胜的神话。1942年斯大林格勒保卫战成为苏德战争乃至二战的转折点。法西斯德国受到致命打击，开始转入战略防御阶段，而苏军开始进行战略反攻。1945年4月，苏军攻占柏林，德国投降。同年8月，苏联对日宣战，进攻日本关东军。之后，日本投降，二战结束。

1953年3月，斯大林逝世。同年9月，赫鲁晓夫上台，苏联开始了赫鲁晓夫执政时期。赫鲁晓夫从反对个人崇拜、恢复党的集体领导入手，对斯大林体制进行了改革。1956年2月，苏共召开第二十次代表大会，会议上赫鲁晓夫作了题为《关于个人崇拜及其后果》的秘密报告，这标志着斯大林时代的终结。

赫鲁晓夫时期，在农业上大力开展种植玉米运动，但因苏联气候不适合玉米生长，导致收成大量减产。同时期，苏联在科技上取得很大进步。1957年，苏联成功发射了世界上第一颗人造卫星。1961年，将人类第一位宇航员加加林送上太空。在外交政策上，赫鲁晓夫对西方国家采取"和解"和"对抗"相联合的方式，古巴导弹危机使苏美关系一度濒临战争。而在处理同社会主义国家兄弟党的关系时，则持有严重的大国沙文主义倾向，导致中苏关系破裂并开始恶化。

1964年10月，勃列日涅夫上台，开始了18年的执政时期。勃列日涅夫当政时，政局比较稳定，人民生活水平有了较大提高。1967年，勃列日涅夫首次提出"发达社会主义"的概念，宣称苏联已成为"发达的社会主义社会"。这一时期，苏联军事实力极大增强，成为与美国平起平坐的超级大国。

在勃列日涅夫领导下，苏联的大国沙文主义逐渐演变成霸权主义。苏联干涉社会主义国家的内政，还动用军事手段来推行这种干涉。1968年，苏联入侵捷克斯洛伐克，镇压了"布拉格之春"①。不久，勃列日涅夫提出了"有限主权论"，为侵略行为进行辩护。1978年12月，苏联支持越南进攻民主柬埔寨，1979年12月出兵入侵阿富汗。在勃列日涅夫执政后期，经济改革趋于保守，大搞个人崇拜，苏联经济陷入停滞。

1982年11月，勃列日涅夫因病去世，68岁的安德罗波夫当选为苏共中央总书记，任职两年之后，因健康原因于1984年2月逝世。随后，年老体弱的契尔年科接任总书记职务，但执政不过一年多时间便离世。

1985年3月，年仅54岁的戈尔巴乔夫接任苏联中共中央总书记职务。在经历了勃列日涅夫后期的"停滞"和20世纪80年代前期频繁的领导人更迭后，苏联的经济危机、政治危机和民族危机不断加剧。戈尔巴乔夫率先进行了经济领域的改革。在1985年4月召开的苏共中央全会上，戈尔巴乔夫提出了"加速苏联经济社会发展的战略"，即著名的"加速战略"。之后，对"加速战略"进行了进一步阐述，并确定了实现战略的基本途径。但经济改革进展缓慢，且效果不甚明显，改革未达到预期目的。

为调整苏联的外交政策，改变苏联的国际形象，戈尔巴乔夫提出了改革社会主义制度的"新思维"。1987年，戈尔巴乔夫出版了《改革与新思维》，书中提出了"全人类的利益高于一切"的观点。在"新思维"指导下，苏联开始缓和同西欧国家及美国的关系，谋求同中国关系正常化。

从1988年开始，苏联的改革重心转向了政治体制改革。1988年，苏共召开第十九次全国代表会议，开始借鉴西方议会民主模式"修改"苏维埃制度。1990年，苏共二月全会决定放弃苏共在政治上的领导核心地位，同意实行多党制。同年3月，苏联人民代表大会通过决议，修改苏联宪法第六条，规定苏共不再有法定的领导地位。戈尔巴乔夫当选苏联第一任总统。

1990年3月，立陶宛率先宣布脱离苏联而独立。同年5月，叶利钦当选俄罗斯联邦社会主义共和国最高苏维埃主席。同年6月，俄罗斯联邦人民代表大会通过《俄罗斯联邦国家主权宣言》，宣称俄罗斯保留自由退出苏联的权利。其他共和国也纷纷效仿，宣布本国是主权国家。

---

① 1968年捷克斯洛伐克的改革运动。1968年1月，亚历山大·杜布切克取代安东宁·诺沃提尼出任党中央第一书记，提出要建立一个"新的、民主的、符合捷克斯洛伐克条件的社会主义模式"，得到全国民众的热烈响应，西方称之为"布拉格之春"。

1991年8月19日，苏联副总统亚纳耶夫发动"8·19事件"，宣布戈尔巴乔夫因病停职，自己出任苏联代总统，在苏联部分地区实行紧急状态，企图挽救濒临崩溃的苏联。但事变历时3天，最终失败。21日，戈尔巴乔夫宣布已完全控制了局势。24日，戈尔巴乔夫辞去苏共中央总书记的职务，并建议苏共中央"自行解散"。各共和国纷纷宣布独立，苏联迅速走向解体。

1991年12月1日，乌克兰举行公投，宣布独立。随后，俄罗斯、乌克兰和白俄罗斯三国首脑举行会晤，签署了关于建立独立国家联合体的协定。12月25日，苏联总统戈尔巴乔夫宣布辞职。历经69年风雨的苏维埃社会主义共和国联盟宣告解体。1992年，俄罗斯最高苏维埃通过决议，将"俄罗斯苏维埃联邦社会主义共和国"改名为"俄罗斯联邦"，简称"俄罗斯"，开启了俄罗斯发展的新时期。

叶利钦是俄罗斯联邦的首任总统，他上台后便开始实行经济、政治改革措施。1996年叶利钦再次当选总统。1998—1999年，俄罗斯在政治和经济领域遭遇了一系列的危机。1999年12月，叶利钦宣布辞去总统职务，并推举总理普京为接班人。2000年3月，普京当选为总统。执政期间，普京施行了一系列的政治、经济、军事等改革措施，成效显著，俄罗斯恢复了在国际舞台上世界性强国的地位。2004年普京再次当选俄罗斯总统。2008年梅德韦杰夫当选总统，2012年卸任总统职位。同年，普京开始了第三次总统生涯。2018年普京第四次出任俄罗斯总统。2022年2月，俄乌冲突爆发。2024年3月，普京以87.28%的选票再次赢得总统选举。

四、蒙古国

在俄国十月革命的影响下，1918年末苏赫巴托和乔巴山在库伦先后建立了两个革命小组，两个组织于1921年合并为蒙古人民党（1925年后改称蒙古人民革命党）。1921年3月，蒙古人民党在俄罗斯的恰克图举行第一次党代表大会，大会讨论通过了党的第一个奋斗纲领，并成立以苏赫巴托为总司令的人民军司令部，而后组建蒙古临时人民政府。4月，临时人民政府向苏维埃俄国政府请求援助进攻沙俄恩琴白匪，苏维埃政府很快接受这一请求，派军队进驻蒙古，与蒙古人民军协同作战，消灭了敌人。7月10日，蒙古人民党宣布成立君主立宪政府，定都库伦，保留哲布尊丹巴的君主地位，实行君主立宪制，人民政府完全掌握国家权力。7月11日被定为蒙古国庆日。同年11月，蒙古与苏维埃俄国签订友好协定。

东北亚概论

1922年,蒙古人民革命政府颁布法律,宣布废除农奴制,取消封建主的特权,封建主对此极为不满,试图勾结日本及白匪军残余举行叛乱。新政府在人民党的领导下,与反动势力进行斗争,同时大力发展经济建设,进一步巩固了政权。

1924年5月,哲布尊丹巴去世。6月,人民政府通过了废除君主立宪政体、建立人民共和国的决议。11月8日,召开第一届大人民呼拉尔①会议,决定彻底废除君主立宪制。26日,通过第一部蒙古宪法,宣告成立蒙古人民共和国。为适应经济发展的需要,蒙古在1924—1925年间进行币制改革,发行蒙古货币图格里克。1925年,制定政教分离政策,随后又颁布法令,废除活佛转世制度。之后,开始致力于肃清封建阶级的统治。从1929年开始,先后没收世俗封建主和部分宗教封建主的财产,使牧民阶级逐步摆脱对封建主的经济依赖,民主改革的任务顺利完成。但此举措再次引起世俗封建主和上层喇嘛的强烈不满。

在蒙古封建主的支持和鼓动下,自1935年起,日本在中国与蒙古交界地区不断进行挑衅活动,旨在推翻人民政府,建立傀儡政权。1935—1938年间,发生多起军事冲突,规模也逐步升级。日本在1938年进攻苏联失利后,于1939年5月率兵大举进攻苏军防守较为薄弱的蒙古哈拉哈河地区,企图作为入侵苏联远东地区的跳板。蒙军在苏联红军的支援下,同入侵日军展开了顽强斗争。同年9月,蒙苏联军击败日军,取得了哈拉哈河战役的胜利。之后,蒙、苏、日三方在莫斯科签订停火协议。

第二次世界大战爆发后,苏联被卷入二战的战火,蒙古成立援助苏联的中央筹备委员会,给予苏联大量军事、物资援助。1945年2月,美、英、苏在雅尔塔会议上商定蒙古人民共和国的现状须予维持,并以此作为苏联参加对日作战的条件之一。同年8月,中苏双方在莫斯科商定以蒙古全民公投的形式来决定蒙古是否独立。1945年10月20日,蒙古进行公民投票,选民一致拥护蒙古独立。

1946年1月,中国国民政府宣布承认蒙古人民共和国独立,并于2月与蒙古建立外交关系。1949年10月,中华人民共和国成立,蒙古率先承认了中华人民共和国政府。同年10月,中蒙双方正式建立外交关系。

蒙古人民共和国成立之前,经济发展落后,经济结构单一。在人民革命胜利后,才取得了较大发展。从1948年开始,蒙古进入计划经济建设时

---

① 蒙古人民共和国的最高政权机关,国家大呼拉尔的前身。

期，经济快速发展。在经济建设过程中，蒙古得到苏联、中国和其他社会主义国家大量的经济、技术援助，其中以苏联援助为主，对外贸易也主要同苏联和经济互助委员会会员国进行。随着经济的发展，蒙古在科学技术、文化、教育、医疗等方面也初具规模。1961年，蒙古加入联合国。

20世纪80年代末，美苏冷战局势趋于缓和，社会主义国家的经济发展出现衰退征兆。80年代中后期，苏联领导人戈尔巴乔夫提出新思维改革，社会主义制度开始出现崩溃。随即，蒙古也爆发了大规模的经济、政治危机，国内政局动荡不安，示威游行此起彼伏。1990年3月，执政的蒙古人民革命党宣布放弃宪法中关于党的领导作用的条款，实行政党分开，并承认其他新政党的合法地位。

1992年，蒙古颁布第一部尊重人权自由的民主宪法，蒙古人民共和国改名为蒙古国，并更改国旗国徽，宣布放弃社会主义，实行多党制。2000年，在国家大呼拉尔①选举中，蒙古人民革命党获胜，组成以恩赫巴亚尔为总理的新内阁。政府采取有效措施促使蒙古经济逐渐回升，人民生活有了很大改善，政治局势也稳定发展。2004年，蒙古举行第四届国家大呼拉尔选举，民主联盟的候选人额勒贝格道尔吉当选政府总理。2006年，联合政府解散，国家大呼拉尔任命人民革命党主席恩赫包勒德为新一届总理。2007年，恩赫包勒德提出辞呈，政府随之解散。之后，巴亚尔出任总理，组建新的内阁政府。2009年，蒙古大呼拉尔任命巴特包勒德为蒙古总理。2012年，阿勒坦呼亚格当选蒙古总理，2014年，大呼拉尔通过了罢免总理的议案。同年，赛汗比勒格当选新一届总理。2016年，额尔登巴特当选新一届总理，但仅仅一年之后，大呼拉尔解除了其总理职务。2017年，呼日勒苏赫出任总理，2021年卸任总理职位。同年，奥云额尔登出任新一届总理，并以高票当选为蒙古人民党主席。2024年7月，奥云额尔登再次被任命为新一届政府总理。

---

① 蒙古国家最高权力机构。

第三章

民　　族

第一节　东北亚国家的民族概况

一、东北亚国家民族的形成

东北亚地区的民族历史悠久、文化丰富，其民族形成过程和民族源流问题亦较为复杂。东北亚地区早在旧石器时代就已有人类广泛居住，当时已经形成了今天蒙古大人种的原型，并逐步分化形成了北方蒙古亚种。大约在中石器时代，北方蒙古亚种又分化为东亚种族类型集团、北亚种族类型集团、北极种族类型集团。从新石器时代早期到新石器时代晚期，以上三大种族类型集团又进一步分化形成了一些具有共同语言和共同民族性的种族。东亚种族类型集团分化形成了华夏种族、东夷种族、北戎种族，其语言分别归属于汉藏语系中的三个语支，即华夏语支、东夷语支、北戎语支。北亚种族类型集团分化形成了原始突厥种族、原始蒙古种族、原始通古斯种族、原始韩倭种族。之后原始蒙古种族又分化为东胡、秽貊、室韦三个种族，原始通古斯种族则分化形成了肃慎、赫哲、鄂温克三个种族，原始韩倭种族分化形成了韩、倭、阿伊努三个种族等。北极种族类型集团分化形成了吉里亚克、楚克奇、因纽特等种族。这些种族不断分化与融合，逐渐形成了今天东北亚民族的主体。

东北亚诸民族的形成过程极不平衡，时间上有很大差异。其中西部、南部的一些民族形成发展较快，而东部、北部的一些民族相对较慢。"不同的原始人群因活动地域的自然条件的差异，劳动生产方式的不同，使他们的生活方式、风俗习惯形成各自的特点。"[①] 同时，民族迁徙造成民族结构的变化，且自然条件发生变化，或社会政治发生变革，都会造成民族的流动，使得东北亚地区民族的形成过程多元化、复杂化。不同民族的形成

---

① 刘金明：《东北亚古代民族的出现与分布》，《黑龙江民族丛刊》1998 年第 4 期，第 119 页。

具有不同的特点。

日本民族的形成特点是"只进不出"。虽不断有新的民族成分迁到日本列岛加入日本民族的形成过程，却很少再迁走。因此，日本民族的形成过程反复性小，民族形成过程中主体民族明确，形成较快，现今民族也比较单一。

朝鲜民族由一些小民族融合而成，经历了多次融合过程。在每一次融合过程中，都会形成一个新的民族共同体，并使这个新的民族共同体增加一些新的成分，最终融合成一个统一的民族。

通古斯各民族的形成特点是民族形成晚，至今尚未融合为一个或若干个大民族，而仍是分散为多个小民族。他们长期停留在部落、部落联盟阶段，甚至没有形成统一的小部落和小民族。同时，他们也由于不断融合新的民族而稍有扩大，但基本上是不断分化出一部分人融入其他民族而逐渐缩小。

蒙古民族的形成特点是民族流动性特别大，由于民族的不断迁徙，使得以后形成的民族并非在以前的民族基础上发展形成，而往往是形成一个民族，然后迁走；又重新形成一个新民族，再迁走，再形成。

二、东北亚国家的民族构成

东北亚国家的民族构成，包括位于该地区的主体民族及少数民族。

其中居住在中国东北地区的民族，有汉族、蒙古族、达斡尔族、朝鲜族、满族、锡伯族、鄂温克族、鄂伦春族、赫哲族、达斡尔族、柯尔克孜族、回族等。居住在日本列岛的民族，有大和族与阿伊努族等。还有在朝鲜半岛的朝鲜民族以及居住在蒙古国的喀尔喀蒙古族及哈萨克等少数民族。居住在俄罗斯联邦西起贝加尔湖东至白令海峡广大地区的民族，有俄罗斯族、鞑靼族、乌克兰族、楚瓦什族、白俄罗斯族、摩尔多瓦族、巴什基尔族、布里亚特蒙古族、雅库特族、埃文基族、埃文族、涅吉达尔族、奥罗克族、尼夫赫族、阿依努族、利里亚克族、楚克奇族、几卡古尔族、伊捷尔明族、阿留申族、因纽特族等。

以下具体介绍东北亚主要国家的民族构成情况。

（一）日本

日本民族构成比较单一。在漫长的历史中，由于地理的相对孤立，日本的民族发展一直缓慢。然而，不能简单地将其称作"单一民族国家"。

日本的早期人类起源至今仍存在争议，有中国起源、蒙古起源等多种观点。迄今为止，在日本本地所有已发掘的考古遗址中尚未发现早期直立人的痕迹，3万年前人类居住的遗址亦未发现，这为研究带来许多困难。

从人类学角度看，日本人的下颚骨具有与中国人相同的"下颚圆枕"的特点。[①] 日本化石人与中国的蒙古利亚人种在体格上与美洲印第安人完全相像。从日本旧石器时代遗址看，在近1000处遗址中，有人骨化石出土的不足十处。中日两国考古学者均认为，日本化石人至少是从南北两个方向来到日本列岛的。而从人类语言学角度分析，日语在语音学结构、音韵组织方面具有与蒙古语类似的特点。目前学术界普遍支持以下观点：

第一，日本民族与中华民族在人类起源上有密切的渊源关系。在更新世第三间冰期以前，日本本土并无土著居民，日本原始先民是从中国大陆迁徙过去的。由于早期到达日本的移民生存条件艰辛，迁徙多于定居，所以当时的遗址和文化层保留极少，从而可能出现该时期考古学上的缺环。而且从人类学证据看，日本化石人与中国化石人有共同特征。

第二，旧石器时代中国大陆古人类迁往日本主要有南北两支，在北部是经朝鲜到日本，在南部则是从吴越由海路到日本。末次冰期之后（距今约1.5万年前），因全球气候变暖、海面上升，形成今日的日本列岛。在全新世史前时期，日本主要处于相对独立的发展期。但在距今1万年左右，东北扎赉诺尔文化已传播到日本福冈，中国的稻作农耕技术也于公元前4500年左右传播到日本。

第三，在日本文明史上，由绳文文化直接转为弥生文化（铁器时代），中间缺少青铜器时代文化的主要原因是中国在公元前473年后的吴越先民，以及公元前3世纪以后的秦汉先民大量移民到日本，带去了先进的生产技术和书籍典章所致。日本学者认为，"自绳文后期起，弥生人就大批迁居日本"，"携去了铜、铁器，传去了水稻种植，干栏建造以及弥生陶制作技术，使日本经济得到飞越发展，由新石器时代进入金属器时代"。[②]

除了主体民族大和族，其他的少数民族在构成比例中只占有极小的比例，如阿伊努人、鄂罗克人，以及分散在各岛上的原住民。

阿伊努人拥有自己的语言、文学、宗教等。旧石器时代末期或新石器

---

① ［日］村上秀信著、贺文章译：《阿伊努族和赫哲族的渊源关系》（下），《北方文物》1990年第2期，第95页。

② 应骥：《日本大和民族探源》，《中南民族大学学报》（人文社会科学版）2002年第2期，第67页。

时代早期曾广泛分布于日本列岛，在堪察加、库页岛、千岛群岛、北海道甚至本州北部均有分布。到现代，阿伊努人的民族特征已所剩无几，官方统计现仅存2.5万人。① 阿伊努人肤色黑黄，体毛浓密，腿长腰阔，头大颧高。有观点认为阿伊努人属于欧罗巴人种，也有通古斯起源和澳洲土著等观点。

鄂罗克人原先是居住在库页岛东岸的一个民族，日本管辖库页岛期间，成为日本国民。二战后部分鄂罗克人渡海来到北海道。

除此之外，日本约5000个社区中居住有汉人血统的部落民，长期被与普通的日本人区别对待。包括日本很多社会组织在内的机构，一般都承认部落民是存在于日本的一个少数族群。

（二）俄罗斯

俄罗斯联邦境内有194个民族。人数在100万以上的只有4个，其中最大的民族是俄罗斯族，人口1.0557亿，占全国总人口的80.8%，其他100多个少数民族人口为1606.8万，约占全国人口的19.2%。② 在俄罗斯，最少的民族不足千人，人数极少的一些民族正处于逐渐消亡的状况。例如，涅吉达尔人是世界上人口最少的民族之一，只有不足500人，生活在俄罗斯远东萨哈（雅库特）共和国。

俄罗斯的主体民族是俄罗斯族，属东斯拉夫族系，欧罗巴人种。其民族形成的核心由生活在第聂伯河地区及附近广袤草原地区的东斯拉夫人部落联盟组成。公元前1万年左右的史前时期，斯拉夫人居住在欧洲西部以及亚欧大陆桥，2—3世纪移居到欧洲东部。基督教分裂后，东斯拉夫人成为独立的部落体系。822年，诺夫哥罗德王公奥列格迁都基辅，建立以基辅为中心、以东斯拉夫人为主体的古罗斯国。后来封建割据现象的不断加剧，导致古罗斯部族逐渐分化，形成了以莫斯科为中心的俄罗斯民族。

除主体民族之外，位居俄罗斯民族人数第二的是鞑靼族，人口471.3万，其余人数在100万以上的民族依次是车臣族、巴什基尔族、保加利亚族、阿瓦尔族。人数在50万~99万的民族有亚美尼亚族、乌克兰族、达尔金族、哈萨克族、库梅克族、卡巴尔达族、印古什族。人数在10万~49万的民族有25个：列茨金族、奥塞梯族、摩尔多瓦族、雅库特族、阿塞拜疆族、布里亚特族、马里族、乌德穆尔特族、塔吉克族、乌孜别克族、图

---

① Poisson, B., "The Ainu of Japan, Lerner Publications," Minneapolis, 2002, p. 5.
② 此数据源于俄罗斯2020年关于各民族人口和社会经济特征的人口普查结果。

瓦族、克里米亚鞑靼族、卡拉恰伊族、白俄罗斯族、日耳曼族、卡尔梅克族、拉克茨族、塔巴萨兰族、吉尔吉斯族、巴尔卡尔族、土耳其族、切尔克斯族、格鲁吉亚族、阿迪格族、诺盖族。人数在1万~10万的民族有35个，人数在1万以下的民族有119个左右，其中有58个民族不到1000人，人数最少的利夫族仅有100人左右。俄罗斯各民族人口数量相差悬殊。就单个民族相比而言，俄罗斯族与位居第二的鞑靼族在人数上相差21倍多；与人数最少的利夫族相比，则多出119万倍。①

俄罗斯的东北亚各民族主要属于阿尔泰语系、楚科奇－堪察加语系、因纽特－阿留申语系。按语系分类位于东北亚的少数民族主要有：

阿尔泰语系：突厥语族的鞑靼人、乌兹别克人、哈萨克人、吉尔吉斯人、巴什基尔人、雅库特人、楚瓦什人、哈卡斯人等；通古斯语族的鄂温克人、埃文人、那乃人、鄂伦春人、鄂罗克人等；蒙古语族的蒙古人、布里亚特人等。

楚科奇－堪察加语系：主要为楚科奇人、科里亚克人、堪察加人等。

因纽特－阿留申语系：尤皮克人、阿留申人等。

其他语系的还有凯特人、尼夫赫人、尤卡吉尔人、阿伊努人等土著民族，以及犹太人和亚述人等因历史原因迁徙而来的民族。除此之外，朝鲜人、日本人也因历史原因在远东地区聚居。

俄罗斯民族分布情况复杂，总体呈现大杂居、小聚居的局面。如埃文人分布于楚科奇、堪察加、马加丹、萨哈林州、滨海边疆区、萨哈（雅库特）共和国；爱斯基摩人分布于楚科奇民族自治区、马加丹州；而楚瓦什族主要在俄罗斯楚瓦什共和国、鞑靼斯坦共和国、巴什科尔托斯坦共和国、阿穆尔州、乌里扬诺夫、萨马拉、萨拉托夫等地。由于远东地区地域广阔，一个民族广泛分布于远东各州的情况十分普遍。

（三）蒙古国

蒙古国的民族构成较为简单，主体民族为喀尔喀蒙古族，占人口总数的90%以上，有少量的哈萨克族和其他民族，约占人口的5%。除此之外，还有少部分汉族和俄罗斯族，但人数较少，仅占全国总人口的0.05%。蒙

---

① 上述数据均来自俄罗斯2020年关于各民族人口和社会经济特征的人口普查结果，（Итоги Всероссийской переписи населения 2020 года в отношении демографических и социально－экономических характеристик отдельных национальностей, https://rosstat.gov.ru/vpn/2020/Tom5_Nacionalnyj_sostav_i_vladenie_yazykami）。

古国的部族成分较复杂,现有十几个部族,但语言大体相同,能自由交流。绝大多数蒙古人属于喀尔喀人,他们形成统一民族的蒙古人口的核心。喀尔喀人遍居蒙古各省,戈壁阿尔泰、后杭爱、前杭爱、南戈壁、东戈壁、巴彦洪戈尔省的居民几乎都是喀尔喀人。

蒙古族源问题是国际学术界的热点问题,长期以来各持其说,有"匈奴说""丁零说""突厥说""鲜卑说""混合说"等争论。一般认为,蒙古族祖先是匈奴的成员。这里要指出的是,匈奴并非种族,而是游牧民族集团的称呼。关于匈奴起源,学界至今仍未有定论。通过对普氏野马近1万年的自然地理分布地域的研究,发现在近1万年间,其分布范围始终在蒙古高原,故认为匈奴使用的家马的驯化地域在蒙古高原,进而认为匈奴的起源地域亦应在蒙古高原。

匈奴之后,东胡联盟活动于蒙古草原地区。乌桓与东部鲜卑出自东胡联盟,而拓跋鲜卑居住在匈奴以北,早期与东部鲜卑联系不大。直到东汉末年,鲜卑各部才形成大联盟。西晋末时,东部鲜卑形成慕容部、宇文部、段部三大政治势力。之后的东胡分化重组,契丹族源于鲜卑的宇文部,而室韦源于拓跋鲜卑。当回鹘衰落时,室韦人涌入蒙古高原和阴山地区,室韦成为蒙古族的主要族源之一。值得一提的是,在陈武沟墓地鲜卑人群中,发现了"Y染色体单倍型C2b,在井沟子遗址西区墓地东胡人群及日门塔拉城址柔然人群中也发现有父系单倍型C2b1a。这表明单倍型C2b可能是东胡、鲜卑、柔然和室韦的主要父系单倍型组成成分","进一步支持了蒙古族源为东胡室韦说的可能性"。[1]

11世纪,草原结成了以塔塔尔为首的联盟,因此"塔塔尔"或"鞑靼"曾一度成为蒙古草原各部的通称。宋、辽、金时代,称漠北的蒙古部为黑鞑靼,漠南的蒙古部为白鞑靼。公元13世纪初,成吉思汗统一蒙古诸部后,一个新的民族共同体逐渐融合形成,"蒙古"由原来一个部落的名称变成为民族名称。

北蒙古人:主要是喀尔喀人,分布在除巴彦乌列盖以外的广大地区。

西蒙古人:包括杜尔伯特、布里亚特、厄鲁特、扎哈沁、巴雅特、和托辉特、土尔扈特等,分布在西部阿尔泰山和乌布苏湖一带。

东蒙古人:达里甘嘎人,居住在东南部边境与中国内蒙古接壤的

---

[1] 武喜艳等:《内蒙古陈巴尔虎旗岗嘎墓地古代人骨的DNA研究与蒙古族源探索》,《考古》2020年第4期,第117页。

地区。

南蒙古人：包括巴尔虎、乌珠穆沁、喀喇沁人，分布在中部、南部、北部一带。

在为数不多的少数民族中，哈萨克分布在巴彦乌列盖、科布多省和纳莱哈市，使用的语言属于突厥语系，其中5万多人赴哈萨克斯坦定居。乌梁海族居住在西部、西北部地区。回族则集中居住在乌布苏省的塔里阿郎县。

三、东北亚国家的民族特点

（一）各国都有主体民族，各民族人口数量相差悬殊

东北亚地区民族众多，各国都有主体民族。在多民族的国家组成中，都有一个占全国人口大多数的主体民族，这个主体民族也是该国的统治民族。如俄罗斯超80%为俄罗斯族；喀尔喀蒙古族也约占蒙古人口的84.5%；大和民族占日本人口的98%；而朝鲜和韩国则为单一民族构成。在整个东北亚，除各国的统治民族之外，还分布有百余个少数民族。

（二）杂居和跨境

同一区域内，往往多种族民族杂居，形成各民族大杂居、小聚居的局面，而在一个大范围内则呈现出多个民族交错分布的态势。这一点在中俄、中蒙边境，蒙古西部地区，以及俄罗斯整个远东地区表现尤为明显。另外，日本本土地区以大和民族为主体，而日本所属岛屿则分布有许多少数民族，这些岛屿靠近中国东南沿海，或是贴近北部朝鲜半岛与俄罗斯。

（三）各民族经济、社会发展不平衡

从国家的经济发展程度来看，日本与韩国的经济发展水平已经进入发达国家行列，而朝鲜、蒙古国则处于发展中国家行列。从各国内部来看，主体民族的经济发展水平明显高于少数民族，许多少数民族甚至处于濒临消亡的境地，如日本的阿伊努族、俄罗斯的鄂温克族与堪察加族。在俄罗斯远东地区，山区和平原、沿海与内陆、北部与南部、东部与西部的发展也存在巨大差距。因此，主体民族和少数民族在发展问题上存在深刻矛盾，需要各国政府进一步持续加大关注力度。

（四）民族关系复杂

从国际关系角度来看，东北亚各国的联系密切而紧张，这在各国主体民族的历史中有具体体现。中国、日本、韩国、朝鲜、俄罗斯历史上存在多次的侵略与反侵略冲突，民族矛盾从未完全消弭。而且，由于历史遗留问题，该地区的地缘冲突从未间断。加之一国的主体民族在邻国有广泛的分布，成为一支不能忽视的政治力量，这一点使该地区的民族政治问题更加深刻复杂。

第二节 东北亚国家的民族政策

一、各国民族政策简介

（一）日本的民族同化政策

日本并非一个单一民族国家。历史上除包括北方虾夷在内的少数"原住人"外，主要由外来"渡来人"组成，其成分以来自中国和朝鲜半岛为主，也有部分来自南洋群岛。其中北海道原住民阿伊努族是日本现存的唯一少数民族。近代以后，日本明治政府对阿伊努人推行同化政策，1899年明治政府制定了《北海道旧土人保护法》，这是出于将阿伊努人同化为日本国民的目的而制定的法律，名义上是保护"旧土人"——阿伊努人，但其中规定的很多措施反而被用来剥夺阿伊努人土地、禁止阿伊努人习俗、消灭阿伊努人语言文化甚至本民族语言的姓名。"旧土人"这一称谓就说明其将阿伊努人视作未开化的劣等民族，体现了日本主体人群对阿伊努人的优越感。这种优越感持续至今。[①] 直至20世纪80年代以后，阿伊努人所面临的环境才开始发生变化。特别是在文化继承方面，1984年，阿伊努古典舞蹈被确定为国家级非物质文化重要保护文物。由于多年来会说阿伊努语的阿伊努人逐年减少，政府为保护阿伊努语开始实施干预政策。1987年以来，北海道各地都出现了阿伊努语学习班，还编写出了教科书，很多大学开设有阿伊努语和阿伊努文化课程。1989年以后，北海道各地每年都要举行一次"阿伊努传统文化节"，古典舞蹈演出团、阿伊努语学习班以及刺绣雕刻爱好小组等都要参加表演，展示学习和保存阿伊努传统文化的成果。在北海道白老町还设有阿伊努民族博物馆。随着世界保护土著居民活动的发展，各国的土著居民和阿伊努人相互访问，加深交流。阿伊努人也增强了民族自豪感，在继承自身文化的同时，也向日本国内大力宣传阿伊努人的存在。

---

① 荒井源次郎、『アイヌの叫び』、北海道出版企画センター1984年版。

（二）俄罗斯的民族平等团结政策

俄罗斯民族政策的基本原则是：全体公民不分种族、民族、宗教信仰和语言，均享有人权和平等的公民权利；禁止按照社会、种族、民族、宗教信仰和语言特征限制公民权利；保持历史上业已形成的俄罗斯联邦国家的完整性；各联邦主体在与联邦国家权力机关的相应关系方面权利平等；根据俄联邦法律和国际法准则保障小民族的权利；每个公民有自由确定自己民族属性的权利；促进各民族语言文化的发展；和平解决民族矛盾和冲突；禁止从事破坏国家安全，挑起社会、种族、民族和宗教方面隔阂的活动；保护境外俄罗斯公民的利益和权利，根据国际法准则支持他们保持和发展本民族语言文化和风俗传统，加强与祖国的联系。

实施民族政策的主要任务是：（1）完善联邦制是实现民族政策的首要任务。目前完善联邦制的最佳方案既不是致力于共和国"省份化"，也不是边疆区和州"共和国化"，而是从实际情况出发仍然坚持民族区域原则和行政地区原则相结合；要真正实现各联邦主体在联邦国家权力机关体系中权利平等的原则，为各联邦主体提供实现社会、经济、政治、科学文化发展的权利平等原则和同等条件；通过联邦立法、联邦中央与各联邦主体签订条约和协议的方式，将联邦中央与联邦主体的国家权力机关的组织原则和协作分权原则加以具体化；采取政治、经济和法律措施以保障国家扶持各个地区发展，鼓励发挥各个地区的经济积极性。（2）在社会政治领域，通过发展和加强联邦关系的途径，逐步形成适合俄罗斯当前社会、经济和政治现实状况的国家体制，在法律、组织和物质上为保障各民族语言文化发展创造条件；防止发生族际冲突和与此有关的骚乱，坚决打击攻击性民族主义。（3）在社会经济领域，按照国家制定的地区发展政策，国家要尽力拉平各联邦主体的社会经济发展的条件；在劳动力过剩地区实行就业计划，采取措施促进落后地区的经济发展，解决俄罗斯中部地区和北高加索地区的发展；促进各联邦主体的地区经济合作协会的发展，使它们成为协调族际利益和民族文化发展的积极因素。（4）在精神文化领域，国家要促进俄罗斯精神文化统一思想、民族友谊和族际和谐思想的形成，培育和发展俄罗斯爱国主义情感，继承、发展和传播民族的历史和文化传统；把俄语作为全国性语言使用，并加强和完善其他民族普通学校教学工作；尊重民族传统、风俗和礼仪，支持宗教组织为和平的努力。（5）在国际外交领域，俄联邦要促进原苏联地区各国在新的基础上发展政治、经济和精神文化领域重新一体化进程，在独联体国家1994年签订的保障少数民族权利公约基础上，与这些国家共同采取措施保障居住在其境内的外来民族共同体的权利和利益，实施保护少数民族的国际公约；与这些国家签订合作协议和条约，以解决跨界民族问题，包括实施特殊的过渡性调节办法；在这些国家之间制定和实行解决难民和被迫移民问题的机制，促进各国在预防与和平解决冲突方面进行合作。

（三）蒙古国的民族宽容政策

12—14世纪，处在强盛期的蒙古民族曾与多个民族有过交集并统治过多个民族。蒙古统治者也曾按民族不同划分过等级和待遇。但从总体来说一般是采取较为宽容的民族政策和宗教政策。蒙古统治者对于其境内的哈萨克人一直是采取认同的政策。1917年，依照蒙古政教领袖博格多汗（第八世哲布尊丹巴呼图克图）发布的命令，居住在蒙古境内的哈萨克人成为自治蒙古的属民。1921年蒙古革命胜利后，居住在蒙古境内的哈萨克族成为蒙古平等、合法的一员。1924年，蒙古第一部宪法问世，该宪法明确规定"持有本国国籍的公民，不分种族、宗教信仰、性别，享有平等的权利"。

在20世纪40—80年代，蒙古国因民族构成较为单纯且少数民族人口所占比例较少，一直是推崇苏联的民族理论，照搬苏联的民族政策，形成了"各民族日益接近和实现完全统一和一致""形成各民族的历史共同体——蒙古民族"的理论。就民族政策而言，蒙古国一直奉行各民族不分种族、肤色，一律平等的政策，任何问题都按法律规定处理，有关少数民族方面的专门政策规定较少。

20世纪90年代以后，随着苏联解体和哈萨克斯坦国的建立，生活在蒙古境内的哈萨克族几十年来被淡化了的民族意识和宗教情感复活。面对当时国际国内现实，蒙古国政府意识到了民族问题的存在，对所发生的情况开始做出较为合乎实际的应对。一是在理论和政策上强调历史上版图划分原则，采取来去自由、协商解决一切的政策，坚决反对将蒙国古现有的版图划分出去的主张。二是强调各民族的公民权利平等，主张人权和公民权，而不提民族权利。同时，蒙古国还制定了发展西部地区经济的计划纲要，决定对其民族文化的发展给予支持。对于与伊斯兰教国家和国外的伊斯兰教组织及个人的交往、援助，采取一般不加干涉的政策。

蒙古国至今没有专门的民族政策机构，也没有专门的有关民族问题的法律。所谓的民族政策都是夹杂在一些法律规定中，按一般的法律和地区问题的政策性文件出台。

二、民族政策的失误与改进

(一) 日本

日本的强迫同化政策曾经饱受诟病。从明治政府起，日本对阿伊努人推行同化政策，忽视民族风俗习惯，抹杀民族特性，强迫实行同化。再加上大和人的民族歧视意识等因素，许多阿伊努人被迫隐藏起自己的民族身份。但从20世纪80年代起，日本政府开始认识到少数民族的价值，因而逐步采取了一些保护和发展阿伊努民族的政策，在经济、文化、教育等领域开展活动，并取得了一定成效。1997年，《北海道旧土人保护法》被废止，日本政府制定公布了《阿伊努文化振兴法》，规定中央及地方政府都有责任振兴阿伊努语言，发展阿伊努音乐、舞蹈、工艺等艺术。2008年，日本官方首次正式承认阿伊努人为北海道原住民。2019年，日本国会通过《阿伊努施策推进法》，首次在法律中写明阿伊努人是"原住民族"，创设了旨在维持与振兴其独有文化的补贴制度，但不承认其拥有土地资源权等原住民权利。2020年7月12日，首个以阿伊努人为主题的阿伊努国立文化设施"民族共生象征空间"在北海道南部白老町开业。以上措施对于尊重阿伊努人的民族自豪感，认可阿伊努族为一个民族，乃至最终消除民族歧视，都具有积极意义。

(二) 俄罗斯 (苏联)

苏联解体原因错综复杂，民族政策的失误对此也产生了深刻影响。对社会主义发展阶段和民族理论问题的超前性认识，是民族政策失误的总根源。民族问题上的政治性失误，经济体制和经济政策的弊端，一方面使民族主义情绪急剧滋长，另一方面严重削弱了民族团结的凝聚力。大俄罗斯主义思想的侵蚀，俄罗斯化政策的强制推行，对少数民族文化的压制和贬低，使各民族对联盟的离心力日益增强，并引起了少数民族的抵制和反抗。苏联解体后，苏联的主要继承者俄罗斯在吸取苏联民族政策失误教训的前提下，对国内各民族采取较为宽松的平等团结政策，在一定程度上缓和了民族冲突。但同时对于由民族问题而滋生的恐怖主义，俄罗斯采取了较为强硬的态度。

(三) 蒙古国

蒙古国因民族构成较为单纯且少数民族人口所占比例较少，所以在民族理论的研究和形成方面并没有进行多少工作，也未形成自己的民族理论。蒙古国一直推行民族不分种族、肤色一律平等的民族政策，不承认民族与国民在法律上的区别,任何问题都是按照一般的法律规定处理解决。所以,蒙古国极少有关于少数民族方面的政策规定。

20世纪90年代之后,蒙古国掀起了"民主改革"的浪潮,社会主义时期的政策方针均遭到否定,民族政策也同样遭到否定,蒙古国政府也承认忽略了少数民族和部族的问题。蒙古国结束社会主义时期之后,在许多实际问题中制定了较为明确的民族政策。

蒙古国政府对于国内跨境少数民族和跨境部族的问题及宗教问题给予了愈来愈多的关注,对少数民族的语言、文化、宗教信仰、风俗习惯和经济生活也给予了更多的保护和研究,这方面的法律措施正在得到进一步加强。由于蒙古国政府尊重哈萨克族人的民族感情、宗教信仰和人权自由,采取协商解决一切问题的政策,使得蒙古国哈萨克族人的问题得到了较好的解决。

第三节 东北亚国家的民族问题

一、日本民族问题

日本民族构成比较单纯,除少数阿伊努族人外,都是大和族人。大和族是日本的主体民族,而阿伊努族是日本最初的居民。占全日本人口99%的大和民族与人口不到2万的阿伊努族的关系也就成为日本突出的民族问题。

从15世纪起,随着大和族人大量移居北海道,阿伊努人和平稳定的生活开始被破坏。阿伊努族人为反对大和族人的压制,展开了一系列战争,但均以失败告终。特别是1789年战败后,被完全置于大和族人的统治之下。1869年政府设置"开拓使",这标志着"虾夷地"从异民族居住的"外地"转变为日本领土的一部分并接受直接统治。[①] 至此日本开始推行移民政策。政府制定了土地私有制度,鼓励有财力的公司或个人开垦土地,大量大和族人涌入北海道,30年中人口从12万增长到100万。大和民族在"日本是单一民族"思想的影响下,极力强制同化阿伊努人。阿伊努人虽然是日本国的成员,但因为同化政策的推行,长期以来的生活习惯受到

---

① 周菲菲:《日本构建"民族文明秩序"的逻辑冲突与矛盾心态——以近代博览会上的阿伊努人种展示为例》,《世界民族》2023年第5期,第81页。

禁止,作为"旧土人"被强行接受大和族人的生活习惯。政府曾多次下令,禁止他们长期以来形成的文身习惯。当然,大和民族并没有一意强行同化,而是采取了各种变相的同化政策,如通过抚育、统治、教导、教化和改俗等一系列措施意图把阿伊努人变成所谓的大和人。因为移民剧增、土地政策及狩猎的禁止等,阿伊努人的生活范围愈加缩小,生活更加贫困。并且,由于同化政策还遗失了许多民族文化。

到明治后期,从本州移居北海道的大和族人越来越多,"庞大的新移民继续对阿伊努人实行排斥政策,从之前的驱逐压制,转化为不可调和的歧视"。[①] 这种歧视现象到现在仍在持续,成为严重的社会问题。1899年制定的《北海道旧土人保护法》的主要目的虽然是为了救济阿伊努族人,并向其传授农业知识,但以"旧土人"之名把"阿伊努族人"和所谓的"大和族人"作了区别。

从20世纪60年代起日本政府开始重视民族问题,不断化解民族矛盾。为了提高阿伊努人的经济、社会地位,从1961年开始,北海道实施了包括改善阿伊努人生活环境、完善住宅情况、促进子弟就学等在内的多项措施,但成效并不明显。1974年,日本政府制定《同胞福利对策》,并在政府等机关的协助之下推行。为保存阿伊努族文化,除了调查文物及编制影像记录外,还建立了北海道道立阿伊努民族文化研究中心和阿伊努民族博物馆。为援助阿伊努族子弟进入高中、大学学习,政府完善了入学准备金、学习资金补助、贷款等制度。为稳定阿伊努人的生活及就业问题,政府为其创造就业机会,提供就业贷款,进行技能培训。为振兴产业,有计划地完善了农林渔业的生产基础及经营的现代化设施,对于中小规模的企业进行经营指导及金融支持。阿伊努人的生活状况日渐改善,但距平均水平仍有不小差距。

二、俄罗斯民族问题

作为历史上长期地跨欧亚两大洲的多民族国家,俄罗斯联邦是世界上民族成分最复杂、民族类型最多的国家之一。其中占全国人口80%的俄罗斯族人数最多,也是俄联邦的主体民族,20%左右的少数民族主要生活在偏远的自治区内。由于民族类型多样,各民族间差异较大,因此俄罗斯也

[①] 张海萌:《阿伊努历史与传统文化探析》,《黑龙江民族丛刊》2016年第3期,第168页。

第三章 民族

成为民族问题最为复杂的国家。

俄罗斯作为一个多民族的国家有其历史背景。几个世纪以来，一个由波罗的海－斯堪的纳维亚罗斯人在斯拉夫部落基础上建立的多民族国家生活在东欧平原上，这就是基辅罗斯。基辅罗斯不仅与草原民族作战，而且与其互通往来。莫斯科罗斯一开始建立在乌戈尔－芬兰的土地上，后来变成了俄罗斯，俄罗斯又成为俄罗斯帝国。这一切都是依靠不断扩张和推行强硬的俄罗斯化政策实现的。19世纪，俄罗斯帝国在一定程度上对民族边区推行俄罗斯化政策。帝国边区居民的民族特色不受重视，民族同化意味着少数民族的知识阶层对高雅俄罗斯文化的趋同。沙皇制度把所有接受东正教的人都视为俄罗斯人，沙皇专制时期的民族政策在很大程度上带有殖民性质。19世纪下半叶，沙皇制度转为对所有民族边区强制推行俄罗斯化政策，民族问题变得日益尖锐。20世纪初的革命事件重新激起了民族运动，促进了各族人民民族自觉意识的高涨。

苏维埃政权之所以能够基本保留俄罗斯的旧有边界，在很大程度上得益于对民族问题的创新性解决。然而，苏维埃的民族政策并不彻底，甚至自相矛盾。苏维埃民族政策的基础是国际主义思想，要想实现这一思想，又需要有民族存在。这样，民族政策的实施导致了两种截然相反的后果：一方面，有目的地唤醒了民族的自我意识，可以说一些民族的自我意识借此得以形成，但也因为各自治地区民族强烈的自我优越，使得民族隔阂难以化解。另一方面，一旦民族自觉感在一定程度上变得清晰明朗，就会被当作"小资产阶级的民族主义"遭到镇压。后来，这一体制平衡遭到破坏，一些自治（德意志自治、克里木鞑靼自治等）被取消，民族被迁出。政治迫害、唯意志论经济的发展、考虑欠周密的移民政策等，最终导致民族问题激化。民族问题导致俄罗斯族与非俄罗斯族之间、多年和平毗邻相处的不同民族之间矛盾激化。国内各地区开始爆发民族冲突、大屠杀和凶杀事件。纳戈尔诺－卡拉巴赫地区的冲突尤为激化，引发了亚美尼亚和阿塞拜疆之间一场真正的战争。

造成这些民族问题的原因有以下两点：首先是传统的大国沙文主义。在俄罗斯，大国沙文主义传统一直被认为是大民族主义的代名词，尽管当前俄罗斯政府采取了诸多措施防止大俄罗斯民族主义的泛滥，但这种传统文化心理仍不同程度地被广大民众所接受，并不断影响着各民族之间的关系。其次是苏联联邦体制残留的问题。苏联是一个联邦制国家，但它具有与其他国家不同的特性，这主要体现在其民族特性上。苏联是以民族而非地域为依据成立的联邦主体以及其他不同层次的自治实体，其加盟共和国主要是以主体民族的名称命名。这种联邦体制客观上不断强化了民族观念。外界以为苏联是一个国家，但其实在苏联国内，居民首先认同的是自己的民族属性。由于拥有高度的民族自治权利，各加盟共和国内的主体民族都不断强化自己的优势地位，这为民族分离主义运动提供了条件。

到苏联末期，大俄罗斯民族主义的持续膨胀成为最终导致东欧剧变和苏联解体的因素之一，民族矛盾也频频爆发，这些民族问题给新独立的俄罗斯带来更多困难和挑战。现俄罗斯联邦虽继承了苏联国家联邦体制的构成原则，但它还是与以往不同。首先，现俄罗斯联邦是由民族自治实体、地方自治实体组成，而苏联由加盟共和国组成。其次，现俄罗斯联邦政府更强调国家的统一性。最后，当前俄罗斯联邦政府采用地方自治方法，以此来替代以民族为特征的联邦制，这是淡化民族意识和维护国家统一的有效措施。

因此，与苏联政府相比，现俄罗斯联邦政府提出了更符合俄罗斯国情的民族政策，这有利于民族问题的解决。但这一政策在具体的落实、执行上却并未能取得预想的成效。当前俄罗斯民族问题的激化除了其国内因素之外，还包括一些直接的外部因素，诸如外国插手、国际宗教势力的影响等。因为某些西方国家不愿再见到一个强大的"第二个苏联"，所以这些西方国家会不择手段地遏制俄罗斯的发展，而民族问题就是一个突破口。

随着俄罗斯政局的逐步稳定、经济形势的好转，其民族危机已经缓和下来，但当前仍存在众多不稳定的因素。具体来看，首当其冲的就是车臣问题。受大国沙文主义的影响，加之对"好战成性"的山地人的不信任，苏联政府曾在少数民族政策上存在混乱和过激之举，屡次变更行政区域。同时"一刀切"式的农业集体化政策的推行，给高加索地区的农业生产带来极大破坏，强行民族大迁徙也加深了民族仇视。错误的民族政策给车臣等少数民族心理造成巨大伤害，深刻的历史和民族矛盾直接导致20世纪90年代爆发了两次车臣战争。2000年2月第二次车臣战争结束后，虽然俄罗斯控制了绝大部分车臣土地，获得了胜利，但车臣的恐怖活动依然猖獗，是威胁俄罗斯国家安全的巨大隐患。

三、蒙古国民族问题

蒙古国的民族构成以蒙古族为主，占总人口的90%以上。蒙古族内的十几个部族虽然在方言、风俗习惯和服饰上有所差别，但能自由交流。蒙古国民族问题主要表现在哈萨克族的迁徙问题上。

哈萨克族人自古以来就生活在中亚地区，即现在哈萨克斯坦地区的游牧民族，蒙古的哈萨克属于古代哈萨克的克烈部落。到了17世纪，漠西蒙古准噶尔部开始壮大，随着自身实力的不断增强，1635年西蒙古建立准格尔汗国，并分别于1710—1711年、1717—1718年、1722—1723年向邻近的哈萨克人发动进攻，加剧了哈萨克人原本处于分散、没有统一政权的分裂状态，并掠夺了他们的牲畜和土地。由于上述原因及哈萨克封建主之间的斗争，大约从1723年开始，克烈部从故乡向现在的新疆阿尔泰地区迁徙。1758年，准格尔汗国被清朝消灭之后，哈萨克人于18世纪70年代迁往该地区定居。哈萨克族是个逐水草而居的游牧民族，为了寻找更好的草场，大约从1864年开始，哈萨克人从阿尔泰山以西迁徙到了蒙古的科布多边区，即现在的巴彦乌勒盖省地区并定居下来。1917年，蒙古的哈萨克人依照博格多汗的命令成为自治蒙古的属民并成为现今蒙古合法、平等的一员。哈萨克族信仰伊斯兰教，而居住在蒙古地区的哈萨克接受伊斯兰教较晚。从19世纪末开始，伊斯兰教才传入蒙古哈萨克人的精神生活并给他们以积极影响。蒙古的哈萨克人通过商人购得伊斯兰教典籍进行学习，伊斯兰教制度成为他们生活方式、信仰、世界观、习俗等不可分割的一部分。从1921年革命之前到20世纪50年代末期，在巴彦乌勒盖省的土地上大约有14座清真寺和五六所宗教学校，形成了这里宗教礼拜和教学的中心。蒙古哈萨克人最后一次朝圣是在1926年。20世纪50年代初，蒙古人民革命党和政府从经济、政治、思想意识等方面，对寺庙和喇嘛开始采取强制性的解决措施，这一政策同样涉及哈萨克人的伊斯兰教信仰。当时逮捕并杀害了具有宗教信仰的毛拉（非阿拉伯人血统的穆斯林）们，使本来就稀少的清真寺和宗教学校丧失了自己的组织者，并逐渐消失。

20世纪80年代末至90年代初，随着东欧剧变和苏联解体，蒙古国的"民主运动"也一浪高过一浪。由此，蒙古国的政治体制、经济结构和社会文化均发生了重大变化，随之而来的是严重的经济危机和社会动荡。领导蒙古70年之久的蒙古人民革命党宣布放弃共产主义理论，《蒙古人民共和国政党法》的颁布结束了蒙古70年的一党统治，蒙古国从此迈入多党制的时代。经济方面由社会主义的计划经济体制向市场经济体制过渡，社会文化生活也由单一的社会主义文化向多元文化发展。但是，由于蒙古国的经济发展水平有限且政策法规出台仓促等原因，蒙古国的经济发生危机，政局产生动荡，经济持续滑坡。苏联解体和经互会的解散，中断了蒙古国同这些成员国家长期形成的、相对固定的经济关系，导致蒙古国经济雪上加霜。

随着政局动荡和经济危机的加剧，各种文化思潮也涌入蒙古国，多种宗教和流派乘虚而入，而20世纪80年代末席卷东欧、苏联的泛民主、泛自由化、该民族主义的浪潮也波及蒙古国，带来的问题之一就是居住在蒙古西部边疆的哈萨克人的民族问题。苏联解体后，哈萨克民族建立了历史上第一个统一国家，为巩固新的政权，哈萨克斯坦政府号召居住在各国的哈萨克斯坦人回归哈萨克斯坦。针对蒙古国内部发生剧变这一特殊时期，哈萨克斯坦制定并实施了一系列吸收境外哈萨克人的政策措施。蒙古国的哈萨克人向哈萨克斯坦迁徙正是从1991年苏联解体、哈萨克斯坦建国之后开始的。先是居住在乌兰巴托等大中城市的一些知识分子因不满生活水平下降、社会地位不高、失业等生活现状而离开，而后则是以劳务输出的方式进行有组织的大规模迁徙。1992年1月12日，哈萨克斯坦总统纳扎尔巴耶夫向全世界哈萨克人发出邀请，欢迎哈萨克人回到哈萨克斯坦国定居生活。这一召唤极大地鼓舞了蒙古国境内的哈萨克人，大批牧民纷纷携家带口，通过俄罗斯游牧迁移至哈萨克斯坦。

迁居哈萨克斯坦者，有些得到了哈萨克斯坦方面的热情接待和安置，找到了合适的工作，适应了新的生活环境而安顿下来。而有些则没有那么幸运，他们由于哈萨克斯坦国的接待安置工作开展不力、寻找不到合适工作岗位、生活无着落、水土不服、思念亲属等原因而陆续返回蒙古国的故乡。这些人的返回使盲目迁徙者受到冲击，迁徙人数骤然减少，从而使巴彦乌勒盖省的人口从1994年开始回升，达到了8.64万人，到1997年时已达到9.41万人。

这种民族迁徙还造成了部分哈萨克族人的双重国籍问题。有些迁徙到哈萨克斯坦的人在未退出蒙古国籍的情况下，要求加入哈萨克斯坦国籍。而蒙古宪法规定蒙古公民只能选择一个国籍。对此，双方虽然达成了共识，但还未彻底解决这一问题。

造成哈萨克族迁徙、导致蒙古国产生民族问题的原因主要有政策性因素、宗教性因素、经济因素和国际环境因素等几个方面。

第一，由于蒙古民族构成较为单一，蒙古国历届政府对于民族理论和民族政策方面的研究和落实不尽如人意，有些政策措施没有考虑到少数民族的感情和利益，使得一些中央或外省派去的领导干部没能把握好民族政策关，伤害了少数民族的感情。

第二，20世纪30年代之后，受共产国际和蒙古人民革命党自身信仰的影响，蒙古国的伊斯兰教也与喇嘛教一样受到限制。这一时期，蒙古国哈萨克人与伊斯兰教各国及其宗教政策和影响处于隔绝状态，这就使得民族特征淡化。加之因生产和建设的需要，有些哈萨克人迁往大城市和工业农牧业生产区，居住到蒙古各地与异族通婚，使得民族同化过程加快。蒙古族和哈萨克族虽然同属于游牧民族，但在语言和宗教方面有很大的差异。哈萨克语属突厥语族语言，哈萨克族信仰伊斯兰教，有较为集中的聚居区域，这些特征在社会主义时期不同程度地遭到破坏。哈萨克语只是哈萨克牧民的日常用语，只有极少数的中小学开设哈萨克语课程，而大学课程均是以蒙古语和俄语开设的，地方的公务也不使用哈萨克语，这就使得许多蒙古国的哈萨克人不能流利地使用哈萨克语。一些知识分子和老年人为自己的民族文化能否长期存在表示怀疑和忧虑。改革开放则使得哈萨克人的民族情绪和宗教热情得以复苏，这也是大迁徙的一个原因。

第三，蒙古国哈萨克人的经济、生活现状不能令人满意。苏联的解体和经互会的解散，对于实行经济一体化的蒙古国经济产生了重大影响。随着改革的深入，蒙古国经济陷入危机。物资短缺，物价上涨，失业增多，贫困加剧，使地处边远地区且经济文化相对落后的哈萨克族聚居区的人民生活更是雪上加霜。西部省份甚至停止供电好几年，使得生产、教学和生活都无法正常进行，失业人口和贫困人口相对中部地区更加严重。1991年底，失业率占劳动力人口的17%。边疆省份经济发展不平衡，少数民族地区的经济文化落后，人民生活水平低下，使得少数民族的不满情绪加剧，这也是哈萨克族迫不得已迁徙的重要原因。

第四，受国际大气候的影响，民族主义的旋风也刮入了蒙古国。蒙古国与苏联和东欧国家在政治、经济、社会文化方面的联系一直很密切，那里的一点风吹草动都会对蒙古社会有所影响。随着苏联泛民主、泛自由化、泛民族主义的旋风越刮越猛，蒙古国国内的少数民族也对社会主义时期的民族问题和民族政策提出了质疑，有些极端分子甚至提出了要求巴彦乌勒盖独立或将巴彦乌勒盖省并入哈萨克斯坦的要求。这些极少数人的不切实际的要求并没有形成气候，但哈萨克斯坦的独立给蒙古国的哈萨克人以极大鼓舞，他们纷纷涌向哈萨克斯坦去实现自己的梦想。

东北亚民族问题之所以有如此强劲的势头，因为东北亚各国仍然体现着较强的国家角色，从任何单一的角度研究民族问题只会导致民族主义情绪高涨，民族关系恶化。

东北亚概论

在心理层面，民族主义具有狭隘性和排他性，影响着民族间以及国家间问题的解决。在政治层面，民族利益的差异造成东北亚民族的交织和多变。基于对国家利益的认知和判断，民族主义中包含着我族优越意识和集体忧患意识。因此，国家利益的冲突便会显示在民族问题上。如韩日独岛（日本称竹岛）争端、俄日北方四岛（俄罗斯称南千岛群岛）争端等，这类问题在东北亚地区数不胜数。因此，在解决东北亚民族问题时，可以从民族心理和政治、文化方面着手。"东北亚诸民族若想今后和平相处，互惠互利，首先必须清算历史，消除隔阂，建立起可信赖和经得起考验的东北亚民族关系。"[①] 同时，合理定位国家决策者的民族利益意识，有利于东北亚问题化解共同意识的形成。要加强民族文化交流，努力培育并形成"东北亚观念"，消除东北亚信任缺失问题；弱化既有的军事同盟关系，整合区域安全认同，缓和东北亚的安全问题。

综上，东北亚民族问题虽然复杂，但只要东北亚国家摒弃狭隘的民族利己主义，树立区域生存发展的集体观念，正确处理好国家民族利益与区域整体利益，就会给解决东北亚民族问题创造一个有利的环境。

---

① 孙春日：《东北亚诸民族跨国流动的历史景观与话语对峙——以我国东北地区为例》，《延边大学学报（社会科学版）》2014年第4期，第11页。

第四章

宗　教

第一节　日本宗教

一、宗教概述

日本是一个多宗教并存的国家，日本民族也是一个多宗教信仰的民族。日本人可以同时信仰两种乃至多种宗教，因而信教人口往往多于其自然人口。在日本，无论是传统的神道教（以下简称神道）、佛教、基督教等教派，还是现代社会新兴的宗教教派，都是在日本社会的不同历史条件下产生和发展起来的。各种宗教活动带着宗教文化的印记渗透于日本社会的各个层面。

早在绳文时代（距今1万年），日本就存在着万物有灵的泛神信仰，并盛行巫术和咒术。在弥生时代，随着农耕社会的确立与农耕生活共同体的形成，开始产生了以保佑农耕生产顺利进行为中心内容、祭祀自然神（地域神）和祖先神的原始神道。进入古坟时代，神道的天神、地祇、人灵逐渐系列化，开始形成神社神道。5世纪大和朝廷统一日本后，在神道中形成了以天皇氏族神为中心的一套天神地祇系列和礼仪，皇室神道成为神社神道的核心。

6世纪初，佛教传入日本。至奈良时代，佛教因受到国家的保护而得到较大发展。平安时代，日本创立了天台宗和真言宗。天台宗主张"一切众生皆有佛性"，即所有的人都有成佛的可能性，为佛教的本土化开辟了道路。进入镰仓时代，净土宗、净土真宗、禅宗、日莲宗、时宗等新佛教相继创立，日本佛教迎来了全盛期。

16世纪，伴随欧洲文化的传播，基督教传入日本。但是，德川幕府为了确保统治而实行锁国政策，尊崇儒学为官方意识形态，残酷镇压基督教，也导致佛教逐渐衰微，神道则与儒学相结合，由此出现了"儒学神道"。

明治维新以后，明治政府出于加强国家统一和富国强兵的需要，定神道为国教，强令神佛分离，引发了明治初年的"废佛毁释"运动。此后，随着日本逐步对外扩大侵略战争，神道成为对内从精神上控制国民、对外为侵略战争服务的工具。

二战后，日本废止了国家神道，实行政教分离，神道恢复为一般宗教的地位。

1945年8月，日本战败宣布投降，随后美军以"盟军"名义占领日本，并推进民主化改革。1945年10月，盟军总部发布《废除对政治、民权及信教自由的限制》的指令（简称为《人权指令》），确立了信仰自由的原则。同年12月，又发布《神道指令》。该指令确立了政教分离的原则；明确神道教今后可作为民间的一种宗教继续存在；停止国家从政治和经济上对神道的任何支持；废除一切公立的神道教育机构和研究机构等。1946年元旦，天皇发布《人间宣言》诏书，承认天皇是凡人而非"万世一系的现人神"。1947年5月，佛教、神道教、基督教三教领导人发表联合声明，对配合侵略战争的种种行为表示深深的忏悔和自责。

此后，宪法及各项法令条规的制定与实施，为战后日本塑造了一个信教自由与政教分离的环境。

1947年实施的《日本国宪法》第20条规定："对任何人的信教自由都给予保障。任何宗教团体都不得从国家接受特权和行使政治上的权利，对任何人都不得强制其参加宗教上的行为、庆祝典礼、礼仪或活动，国家及其机关都不得进行宗教教育及其他任何宗教活动。"1951年，日本国会通过了《宗教法人法》，更加具体地规定了宗教法人的性质、活动范围、权利、义务等制度。《宗教法人法》开宗明义地阐明："必须在一切国政中保障宪法中的信教自由原则。从而，本法之全部规定均不可理解为对个人、团体，在基于宪法保障的自由基础上传教、举行仪式等宗教行为的限制。"立法宗旨在于"为使宗教团体拥有并经营礼拜设施及其他财产，以及保障为达到此目的的业务经营而赋予宗教团体以法律上的能力"。该法的实施，为处理当代日本的宗教事务确立了行之有效的基础，给裁决宗教纠纷和各类宗教团体诉讼提供了法律准绳。

上述宗教法制的建立与完善，不仅保障了广大日本国民的信教自由，而且为各宗教派别创造了并行平等发展的环境。《宗教法人法》颁布实施后，从神社神道、传统佛教、基督教中分离出来的单立法人达742个。面对战后日本经济社会的迅猛发展，各宗教派别进行了新的分化、改组和发展。根据日本文化厅2023年发布的《宗教年鉴》，截至2022年底，日本全国共有宗教团体21万余个，宗教法人17万余个，宗教信徒约1.6亿余人。其中，神道教徒有约 8400 万人（51.5%），神道系团体 8.6 万余个（40.9%），神道系法人 8.4 万余个（47.1%）；佛教徒约 7000 万人以上（43.4%），佛教系团体 8.4 万余个（40%），佛教系法人 7.6 万余个（42.9%）；基督教徒约 126 万人（0.8%），基督教系团体 0.8 万余个（3.8%），基督教系法人 0.4 万余个（2.7%）；其余数十种小众教派信徒加起来总共 700 万人（4.3%），宗教团体约 3 万个（14.2%），法人约 1.3 万余个（7.4%）。

二、神道

神道是在日本民族固有信仰基础上发展起来的宗教，产生于日本传统文化的土壤之中，但又受到外来文化的深刻影响。在漫长的发展历史中，神道是日本信徒最广的宗教，其信徒几乎囊括全体国民，这些信徒分别与设在各地的神社或教会保持着某种松散或密切的联系。一般根据这些神社等组织的性质将神道分为两类，即神社神道和教派神道。前者以尊崇皇祖神天照大神为主要内容，以各地神社为主要祭祀场所；后者是明治维新前后产生的十三派神道，各派有教祖，不以某一神社为活动中心。

神道的产生，最早可以从绳文时代原始人的自然崇拜、祖先崇拜和象征生命源泉与丰产的女性偶像崇拜，以及祭祀活动中发现端倪。至弥生时代，日本社会上已经出现了铁器和农耕，随之出现祈求丰收的祈年祭、地域神、祖先神及共同体的氏神，原始的神道正是在这些敬神祭祀活动的基础上产生的。进入古坟时代，神道的天神、地祇、人灵趋于完整化与系列化，神道的祭祀场所也由临时性房屋逐渐固定为社、宫、祠等建筑物内，由此开始形成所谓的"神社神道"。大和政权统一日本之后，在神道中形成了以天皇家氏族神为中心的天神地祇系列和祭祀仪式，皇室神道（伊势神宫）成为神社神道的核心。根据 701 年颁布的《大宝律令》和 718 年颁布的《养老令》，规定在中央国家机构中设置神祇官，管理神祇、祭祀及祝部、神户的名籍，总揽神社行政大纲。律令中还区分了祭礼之轻重、神社之等级差别。这些标志着神祇制度的确立与神社神道的最终形成。

神道在其发展过程中受到外来文化特别是佛教和儒学的巨大影响。

奈良时代，佛教由于受到国家的支持和保护而得到很大发展。受佛教的影响，神道中出现了在神社内建立寺院（神宫寺）、在寺院中建立神社（镇守神社）的所谓"神佛融合"现象。在理论上，兴起于平安中期的"本地垂迹说"便是"神佛融合"理论的最初尝试。它把佛置于"本地"

和"本源"的位置,而把神道诸神视为佛的"垂迹"或"显化",后来发展到不同的神都有各自相应的本地佛。其中,佛教天台宗与真言宗凭借理论优势,率先把神道组合到自己的学理框架中,分别创立"山王神道"和"两部神道"。然而,神道进化与发展的趋势,必然是要形成自身的独立地位。至镰仓时代后期,伊势神宫的神官否定了以前佛主神从的"本地垂迹说",形成了独自的神道理论,创立了以神为主、以佛为从的"伊势神道"。室町时代,吉田兼俱继承了反本地垂迹说,创立了以神道为中心、结合儒学和佛教的"唯一神道",他自称为神祇的首领长,控制了全国一半以上的神社。

江户时代是神道理论的大发展时期,其突出特征是利用备受统治者推崇的儒学来丰富神道理论,并相继产生了"度会神道""理学神道""垂加神道"等儒学神道。它们均持有更加鲜明的排佛立场,积极主动地借用儒家思想特别是朱子学来奠定神道的哲学基础。进入江户时代中期以后,日本又出现了排斥儒佛影响、提倡恢复古道的"复古神道"(国学神道)。它反对神道依附任何外来宗教,反对用佛儒二教解释神道,主张依据日本古典《古事记》及《日本书纪》来探明"真正的日本精神",推广"纯神道"。

明治新政府成立后,为了利用神道作为恢复皇室权力和统一国家的工具,强制推行"神佛分离"政策。1868年,神祇事务局发出"别当、社僧复饰令",通告各神社的所有社僧(在神社内执行佛事的僧人)与别当(社僧中级别最高者)一律蓄发净衣,从事供神工作。同年,太政官下达"撤除神佛二教混淆令",命凡以佛像为神体的神社,须从速更换。在一系列"神佛分离"法令的鼓动下,全国各地发生了大规模的"废佛毁释"运动。

继"神佛分离"之后,明治政府着力进行以伊势神宫为定点的序列化重组,相继推出一系列涉及神社存在、神社经济、神社制度及神社神职的新举措,以此构建国家神道体制。1869年,明治天皇亲谒伊势神宫,此后又三次前往神宫参拜,派出自己的代表"祭主"坐镇神宫,负责祭祀、侍奉天照大神,并把其作为一种体制固定下来。1870年颁布《大教宣布之诏》,定神道为国教,制定了"身行敬神爱国""心明天理人道""奉戴皇上并遵守皇旨"三条教则,建立了"祭政一致"的"国家神道"。1872年神祇省通令所有神社要按皇室祭祀的模式举行祈年祭,以此为发端,通过颁布一系列通令或敕令,多次调整神社祭祀的样式,添加皇室祭祀的内容和要求。1889年颁布日本帝国宪法,明文规定了国家神道作为超宗教的国家祭祀，凌驾于其他宗教之上。

在日本近现代化过程中，国家神道兼具政治与宗教的双重性，是统治阶层构建近代天皇制的意识形态基础，并成为统治和控制国民、为侵略战争服务的工具。其中，1869 年，遵照明治天皇"彰显为国捐躯者永世功勋"的敕旨，在东京九段创建招魂社，后于 1879 年改称为"靖国神社"。1890 年颁布的《教育敕语》，强调日本是皇祖神天照大神所造之国的特殊国体，树立了天皇的精神权威，并成为神化天皇的纲领性文件。把神国日本观念引申到对外事务上，就是臭名昭著的"八纮一宇"侵略思想，即建立以日本为中心、以神道为意识形态的世界新秩序的侵略理论。自 1931 年日本发动侵华战争以来，国家神道的天皇崇拜、皇权至上的思想也发展到巅峰。它鼓吹天皇中心、抛弃自我、把一切奉献给皇国的"天皇一元"价值观，强迫国民遥拜伊势神宫与皇居，参拜神社。同时，天皇及天皇制政府颁布的国策诏书与官方文件中，也无不渗透着"八纮一宇"的侵略扩张思想。1942 年，日本全国七大神宫联袂举行盛大的"降伏敌国"祈祷仪式，把神国日本和"八纮一宇"侵略思想推向新的狂热。

日本战败投降后，其国家神道体制也解体灭亡，神道恢复了一般宗教的地位和性质。1946 年，作为民间法人的神社神道团体——大日本神祇会、皇室研究所、神宫奉斋会经协商共同设立了非国营的宗教法人——神社本厅。神社本厅是统管全国神社的中心机关，以奉天皇祖神天照大神为主神的伊势神宫为本宗，并在全国都道府县设有支部（即神社厅）。根据 2023 年日本文化厅发布的《宗教年鉴》，截至 2022 年 12 月底，日本共有神社 80709 所。

在当代日本社会，神道主要作为伦理价值观和礼仪的重要组成部分而规范着国民社会的行为，其对日本民族和社会的影响也是全方位的。首先，神道影响了日本人的价值观，如神国主义、尽忠报国的道德观念强化了日本人的民族认同感和国家认同感。其次，神道对天皇制度和皇室礼仪也具有深远影响。再次在农业生产和商业经营中，神道教的避灾求福、追求实际利益的观念影响深远。最后，神道也广泛影响到民间信仰，尤其是各种节日祭典。

三、佛教

佛教由中国经朝鲜半岛传入日本，经历了漫长的民族化过程，最终发展成日本民族的佛教。

4世纪，中国佛教传入朝鲜半岛。据《上宫圣德法王帝说》等书记载，538（一说552）年，百济圣明王派使者进献金铜佛像一尊以及幡盖、经论等，从此佛教正式传入日本。

早在6世纪末至7世纪初，主持推古朝朝政的圣德太子（574—622年）十分推崇佛教，提倡"笃敬三宝"（即佛、法、僧），并在各地修建了包括法隆寺在内的众多寺院。随后，大化改新又使佛教有了新发展。大化元年，日本下诏兴隆佛法，任命僧旻、慧云等十僧"教导众僧"，主持兴隆佛教。在奈良时代，佛教在日本受到国家保护，有了进一步的发展。当时，国家兴办的最著名的佛教事业就是兴建东大寺和国分寺。其中，东大寺由圣武天皇发愿兴建，称"总国分寺"。各国（一般比今天的县略小）在国都建国分寺，设置僧尼，规定按期诵读各种"护国经典"。天皇想借此提高中央朝廷的神威，以加强中央集权，并想通过僧尼的诵经祈祷活动来保佑国家平安、社会富庶。这一时期，日本向中国派遣的遣隋使、遣唐使中有许多人是前去学习佛教经典的僧人。中国的鉴真和尚（688—763年）六次东渡日本，在奈良建立了唐招提寺，对奈良佛教的发展作出了重要贡献。至奈良时代末期，由于佛教与政治之间的关系过于密切，僧侣染指政治的现象突出。

进入平安时代，朝廷开始严格监督寺院和僧侣，力图刷新佛教。公元804年，日本高僧最澄（767—822年）与空海（774—835年）随遣唐使一起到中国学习。最澄到天台山、越州等地学习佛教，并于805年携带230部佛经返回日本。807年，最澄奏请天皇同意创立了天台宗。空海经福州到西安，在青龙寺师从惠果和尚学习真言宗秘法，回国后在日本创立了真言宗。在天皇朝廷的支持下，天台宗和真言宗成为平安时代日本佛教的主流。

在镰仓时代，为满足新兴武士阶层及一般民众的信仰需求，一些日本学僧对佛教经典进行新的诠释和发挥，并结合日本传统文化习俗开创了带有民族特色的新佛教宗派：如源空（1133—1212年）创立的净土宗，亲鸾（1173—1262年）创立的净土真宗，一遍（1239—1289年）创立的时宗，日莲（1222—1282年）创立的日莲宗，以及在幕府直接支持下由中日禅僧陆续从中国传入的禅宗流派——临济宗、曹洞宗等。这些新宗教宣扬不需要高深学问和严格长期修行便可在死后去往极乐净土，具有简易修行的特点，从而使佛教在日本日益普及，实现了佛教的日本民族化。进入室町时代以后，天台宗和真言宗等传统佛教由于朝廷势力没落等原因进一步走向衰落，而临济宗、曹洞宗、日莲宗等新佛教则因为得到武士、农民和工商业者的信仰有了很大发展，并成为日本佛教的主流。

在诸侯割据的战国时期（1467—1568年），各地诸多佛教寺院被焚毁，但禅宗迅速普及全国，并对日本文化发展产生了深远影响。在连年战争中，部分佛教宗派拥有众多信徒与强大武装，它们与地方大名（封建武装领主）或对抗，或联合，彼此间展开激烈战斗。1590年丰臣秀吉统一全国后，下令收回寺院大部分领地，解散各佛教宗派武装，并制定要僧人守戒、专心修行的法令，再次将佛教纳入国家统一管辖之下。

江户时代，德川幕府在强化中央集权统治体制过程中，通过为佛教诸宗和大寺制定法规的方式将佛教纳入其统治体制内，并利用佛教为其封建等级制度服务。1601—1616年，幕府陆续向佛教各宗派及诸大寺下达"法度"，对出家手续、主持资格、本末关系、寺檀关系、寺院领地等作出详尽规定。特别是本末体制的确立，加强了佛教各宗派的组织严密性和宗派自觉意识，对日本民族佛教特色的最后形成也产生了极为深远的影响。此外，1654年，中国的隐元禅师（1592—1673年）应邀到达日本，在京都创黄檗宗，与临济宗、曹洞宗并立成为日本禅宗三大派系。但是，至江户时代后期，由于儒学、国学和洋学的发达以及教育的普及，佛教势力难以有新的发展，民众佛教信仰有所减退。

明治维新以后，日本政府的"神佛分离"政策以及社会上的"废佛毁释"运动，给佛教以沉重打击。例如，1869年，萨摩藩下令废佛，废除藩内1066所寺院，令2964名僧侣还俗，佛徒生活难以为继。此后，由于"废佛毁释"运动引发的剧烈社会动荡，明治政府逐渐认识到佛教深邃的哲学思想体系及久远的社会影响，放弃了明治初年的"抑佛"方针，转而采取怀柔、利用的政策。佛教终于重新获得政府认可的"正统宗教之一翼"的"合法地位"，并逐渐恢复了对日本近代社会的影响力。在日本政府频频发动的对外侵略战争过程中，佛教团体大多采取迎合国家主义潮流、支持军国主义对外侵略的态度，教化国民协助战争，再次成为御用宗教的一翼。1941年太平洋战争爆发后，佛教界多次举行"佛教徒后方为国效劳大会""强化军队救援事业大会"等，佛教亦被纳入为法西斯战争服务的体制。

二战结束后，佛教各宗为从困境中迅速崛起，相继展开了以"复兴"为口号的重建教团活动。在日本战败后的最初几年，由于社会经济的混乱和正在实施的民主改革的双重作用，寺院经济非常困难。20世纪50年代后期,乘日本经济高速增长之机,佛教经济开始呈回升势头。20世纪60年代以后,寺院以营利为目的的收益事业渐渐明朗化,不仅在法律上得到承认,也被一般社会舆论所认可。同时,超越宗派界限,实现同一目标下的统一与合作,逐步成为日本佛教各宗的共同追求,并于1954年成立了佛教界的统一联合体——全日本佛教会。全日本佛教会以传统佛教中的60个宗派为主体,下属团体达100多个。截至2022年12月,日本共有佛教寺院等设施76634处,包括天台宗系、真言宗系、净土宗系、禅宗系、日莲宗系等主要宗派。

四、基督教

1549年,耶稣会传教士圣方济各·沙勿略携带《圣经》从印度的果阿来到日本南部的鹿儿岛,这是基督教传入日本的发端。此后,耶稣会、方济各会等基督教教派的传教士源源不断地从菲律宾、印度等地来到日本,在各地设立教堂、修道院、学校、医院等设施,在大举传教的同时也将西洋绘画、音乐、建筑、医疗技术以及地理知识等带入日本,促使民众接触到欧洲文化。1582年,日本基督教信徒达15万人,大小教堂200余座,形成了以九州、京都为中心的广大布教区。至1605年,日本的基督教徒已经猛增至70余万人,成为一股重要的社会力量。

然而,基督教的传入,动摇了幕府以儒教为主体的意识形态统治体系。江户幕府认为基督教的宗教思想不利于日本身份秩序和封建体制的维持,渐渐加强镇压,并最终加以禁止。1587年,当时执掌政权的丰臣秀吉发布"禁教令",禁止天主教在日本的传播,并对天主教徒进行了残酷镇压。继之执政的德川幕府对天主教采取了更加严厉的禁止政策,甚至不惜为此于1635年颁布"锁国令"关上国门。尽管许多天主教徒对此进行了激烈反抗,1637年还在九州肥前地区爆发了持续数月的岛原起义,但最后还是被德川幕府镇压下去。1639年,德川幕府又下达一道"锁国令",禁止包括基督教在内的西方文化传入日本,从而导致此后200年间基督教在日本未见发展。

19世纪中叶,在欧美炮舰政策威胁下,德川幕府被迫宣布废除"锁国令"。1859年,美国圣公会传教士来日本传教,成为新教传入日本的发端。1861年,俄罗斯东正教祭司尼古拉进入日本传教。1865年,法国传教士将天主教重新传入日本,向全国派遣巡回传教士开展布教活动。1889年颁布的明治宪法规定"宗教自由",使得基督教各派在明治时代的日本有了很大发展。1891年，梵蒂冈把日本划分为若干教区，在东京设大主教，各教区设代理主教。这一时期，基督教各派边扩建教堂、发展信徒，边从事教育事业，力求在日本民众中扩大影响。在当代日本，诸如同志社大学、立教大学、明治学院大学、青山学院大学等著名私立大学的前身都是19世纪后期建立的基督教系统学校。

在日本对外发动侵略战争期间，依据1940年颁布的《宗教团体法》，基督教各派被统一在日本天主公教和日本基督教团两大团体内。由于日本军国主义扶植国家神道，基督教各派在法西斯高压统治下也唯有俯首听命于国家神道，正常的宗教活动受到压制与破坏。

战后初期，按照美国占领军"日本基督教化"的意图，外国传教士纷纷来日传教，日本国内基督教各派在其援助下重新展开活跃的社会文化活动，在救济灾民方面发挥了积极作用。此后，基督教势力得到较为平稳的发展。在日本社会中，基督教徒往往基于宗教意义上的良知，关心社会热点，重视和平运动，且与国外宗教团体保持密切交流。

五、新兴宗教

新兴宗教，是指在新的历史条件下产生的思想信仰、教义教规、组织制度、宗教行为等迥然有别于传统宗教的信仰团体。日本是世界新兴宗教运动的重要发源地，战后日本特定的历史环境为新兴宗教的崛起创造了良好条件。

日本的新兴宗教肇始于19世纪初期，以如来教（1802年）为开端，随之出现了天理教（1838年）、本门佛立宗（1857年）、金光教（1859年）等一批传统宗教派别之外的先驱教团，揭开了日本历史上新兴宗教运动的序幕，并于20世纪初期一度取得较大发展。

二战结束后，新兴宗教重新呈现出迅猛发展势头，社会感召力与影响力凸显，逐步占据了日本宗教运动的主流。

战后初期，随着国家神道体制的崩溃和政教分离体制的建立，战时屡受压制的主要教团迅速走出困境，重振教势。例如，灵友会发挥战时未受重创、组织网络完好的优势而先声夺人，1948年会员发展到30万户，1949年增至70万户，成为20世纪40年代末日本新兴宗教的佼佼者。另外，各种名目的新宗教团体也纷纷涌现，数目剧增。1947年，日本全国702个宗教法人中有207个新宗教组织。到1951年，规模不一的新兴宗教团体达到720个。这一时期亦被称为"群小教团滥立"时期。

20世纪50—60年代是战后日本新兴宗教发展的极盛期。伴随着经济高速增长、工业化的迅速推进与社会阶层结构的变迁，一些新兴教派以现世主义的说教和合理的组织形式，大量吸引到城市谋生、工资微薄的劳动者入教，迅速发展成为城市型教团。其中，从1959年至1970年的11年间，立正佼成会的信徒人数从40万户跃增至97.3万户，城市人口占到总体的71%。日莲正宗的创价学会在1960年池田大作接任第三代会长后，平均每年以16.4%的速度增长，到1972年已拥有会员759万户。立正佼成会与创价学会均堪称这一时期新兴宗教发展的代表。

20世纪70年代，新兴宗教的发展速度放缓，进入平稳发展时期。进入20世纪80年代以后，日本社会又涌现出许多小型新兴教团，其教名标新立异，教义光怪陆离，被称为"新新宗教"。这些"新新宗教"的教徒以受过高等教育的年轻人居多，且教义表现出非常强烈的对超自然灵力的信仰，具有小团体性和闭塞倾向。例如，岐阜市的"神之里"初建于1981年，只有信徒250人，几乎没有教典与教义，维系教团的纽带就是对教主矢井清胜的个人迷信。

据1995年4月7日《读卖新闻》报道，日本每年约增加100个宗教法人，已达到18.4万。其中有总括性的教团410个，所属法人17.7万个，单立法人约5900个。在新增加的宗教法人中有不少便属于"新新宗教"。

战后日本新兴宗教崛起的原因是多方面的，包括现世主义的教理、完善的组织建构、多样化的传教手段等因素在内。

目前，日本新兴宗教大致可分为以下四大系统：（1）佛教系统新兴宗教。这类教团人数众多，以创价学会、灵友会、立正佼成会、佛所护念会等为代表，均是现代社会中举足轻重的超大型教团。（2）神道系统新兴宗教。这类教团在新兴宗教中占较大比例，以黑住教、金光教、大本教、出云大社教等为代表，信徒人数均在10万人以上。（3）新创教派。这类教团是将原始信仰糅合多种宗教理念而独创的新兴宗教，包括天理教、PL教团、世界救世教、生长之家、灵波之光教会等在内。（4）由国外传入的新兴宗教。这类教团包括统一教会（韩国）、耶稣基督末世圣徒教会（美国）、罗摩克里希纳教会（印度）、天道总天坛（中国台湾）等在内。在日本，新兴宗教的联合体是成立于1951年的"新日本宗教团体联合会"，原有88个加盟团体，后经组织整顿，至1991年加盟教团为66个，信徒人数1300万。

与传统宗教相比，本着为社会服务的宗旨，新兴宗教通过开办学校、医院、福利慈善机构等途径，更加积极地、多方位地融入社会。以教育为例，新兴宗教的教学机构承担着维系宗教传授和进行普通文化教育的双重功能。其中，创立于1971年的创价大学，既是一座面向社会实施综合教育的高等院校，也是从事人文科学研究的重要阵地，其对社会的积极作用是不言而喻的。并且，随着国力增强，新兴宗教教徒的参政意识、国际意识等现代观念素质也在不断增强。例如，1961年11月，创价学会成立"公明政治联盟"，后于1964年改组为公明党。在创价学会的鼎力支持下，公明党成为当今日本政坛的一支重要执政力量。每当大选来临之际，立正佼成会、世界救世教等也都是自由民主党（以下简称自民党）的忠实"票田"。另外，日本新兴宗教还具有走向世界、立足世界的鲜明意识，亚洲、美国、巴西成为战后新兴宗教向海外发展的首选目标，且在大洋洲、欧洲与非洲的一些国家也有一定影响。

整体来看，战后日本新兴宗教发展正常，但不可否认其中也存在良莠不齐的现象。特别是20世纪80年代以来兴起的"新新宗教"，在个别教团内部的确混杂着反人性、逆人类文明进步潮流而动的邪教因素。例如，1989年8月获得宗教法人认可的"奥姆真理教"，于1995年3月20日在交通高峰时间用毒气沙林杀害东京地铁中的上班市民，瞬间造成11人死亡、5000余人受伤的恶性事件，震惊日本与全世界。"奥姆真理教"等邪教组织在日本的发展，从侧面反映出当代青年人对自我和人生价值的迷失，乃至丧失人生的意义感。

2022年8月，日本首相岸田文雄改组后的内阁正式启动，他要求所有新内阁成员都必须检讨和报告自己与统一教的关系。起源便是因为前首相安倍晋三遇袭身亡后，自民党和统一教的关系受到日本舆论的强烈关注。日本宪法虽然规定政教分离，但日本政党和宗教组织之间却相互借力、相互推动、相互影响。在日本内政以及外交政策的塑造方面，宗教发挥了重要作用。

第二节　韩国宗教

一、韩国的宗教政策

韩国自古以来深受儒家文化、佛教文化等熏陶，后在西方文化的影响下基督教又迅速传播。在特殊的自然风土、历史环境、社会生产方式、政治制度等因素影响下，韩国成为一个传统宗教与新兴宗教并存的多宗教国家。

（一）韩国宗教政策的目标

1948年韩国建立之初，便确立了宗教信仰自由、政教分离的政策。韩国宪法规定：国民享有信仰宗教的自由，不承认国教的存在，主张宗教应与政治分离。韩国文化体育观光部在《2002年文化政策白皮书》中关于"宗教政策的方向"部分提出：宗教行政必须忠实于所规定的宗教自由及其限界的宪法精神。宪法所保障的宗教自由大致分为"信仰的自由"和"传、布教的自由"。韩国政府不仅对宗教团体或个人纯粹的信仰活动不加干涉，也不为宗教间的平衡性而给予支援，但是传、布教等功能则必须在社会规范许可的范围之内得到保障。可见，韩国对宗教自由既给予保障，又加以限制，是保障和限制的统一。

《2002年文化政策白皮书》中提出制定宗教政策的最终目标，就是为了"努力创造条件，预防宗教矛盾，实现宗教和睦，以保证国民之团结"。宗教行政的基本目标在于发展健康的宗教文化，充分发挥宗教自身原有的社会功能，扩大宗教的正面功能，缩小宗教的负面功能。韩国政府明确规定："对宗教活动的支援必须限定在宗教界活动具有有利于国家社会之发展、国民之和睦、统一基础之形成等社会文化意义的情况。"

（二）韩国宗教管理的法规体系

为保证国民信仰自由和政教分离的原则，规范各宗教团体的行为，解决宗教矛盾纠纷，维护社会秩序，韩国政府制定了一系列宗教法规。如《传统寺刹保存法》和《传统寺刹法施行令》，《乡校财产法》和《乡校财产法施行令》，《文化公报部所管非营利法人设立和监督条例》《社团法人章程准则》和《财团法人章程准则》等。同时，韩国在制定民法、刑法、刑事诉讼法、民事诉讼法、社会团体登记法、教育法、集会和示威法、特别消费税法等各种部门法律时，对涉及本部门的宗教事务也都作出了明确规定。

在行政职权划分层面，韩国规定：由文化体育观光部直接指导监督《关于行政权限的委任及委托的规定》第28条所规定的13个宗教法人，其他宗教法人则分别由市、道监督指导。活动范围地跨3个以上特别市、广域市、道的宗教法人，其设立许可和取消以及有关目的、名称、事务所所在地变更等事宜，均由文化体育观光部负责，其余事项由法人所在市、道知事负责。

（三）韩国宗教管理的具体措施

为实现韩国宗教政策的目标，落实有关宗教政策的制度规定，韩国文化体育观光部采取多项行政措施来提高宗教事务的服务管理质量。

第一，出版有关宗教法人、传统寺刹、乡校财产管理的《宗教行政便览》，建立体系完备的宗教行政系统。

第二，加强对宗教法人的指导监督，以举办专题研讨会、讲座等形式增进宗教法人相关者之间的联系。围绕一些宗教未决问题和社会热点问题，组织各宗团、教团进行协商、对话。

第三，实施宗教"申闻鼓"（朝鲜时代的百姓鸣冤鼓）制度，解决跟宗教有关的各种民怨事件、宗教教理和与税金有关的事件、宗教内部纠纷和宗教违反公共道德事件等。

第四，组织和资助各种宗教文化活动，包括"大韩民国宗教艺术节""宗教青年文化节""宗教文化遗址对话巡礼""宗教新闻舆论界人士讨论会""比邻宗教文化理解讲座""宗团教役者对话野营""纪念'三一节'全民族手拉手运动"等。

第五，保护传统宗教文化遗产。到2024年1月，韩国共指定982个寺刹为传统寺刹，并对之进行了修缮和特殊管理。

第六，加强传统文化的传承及礼仪教育，援助成均馆以及全国各地乡校开设忠孝讲习班，传授传统伦理和人性教育。为2.2万余名60岁以上老人举办"耆老宴"。投资建立"成均馆儒道研修院"，以继承传统儒教文化。

第七，增进国际宗教交流。文化体育观光部提供经费，向海外派遣宣教士、布教士。

二、韩国宗教的特点

（一）多元并存、和平共处

韩国是一个多宗教国家。既有传统的世界性宗教——儒教和佛教，也有近代传入的基督教和伊斯兰教，还有朝鲜民族重新解析后创立的新宗教，如东学（天道教）、圆佛教、大倧教、甑山教等，更有堪称历史最为悠久的巫教（萨满教）。这些宗教相互影响，多元并存，对韩国人的精神世界产生了巨大影响。根据韩国文化体育观光部（以下简称文体部）发布的《2018年韩国宗教现状》，截至2015年12月，韩国共有1181个宗教法人。其中基督新教有633个，佛教353个，天主教118个，儒教38个，其他宗教39个。总体来看，韩国不同宗教之间相互排斥的特点并不十分明显，基本能够做到多元并存，以至于在韩国的宗教节日中，既有纪念檀君王俭的开天节和纪念释迦牟尼的佛诞日，又有纪念耶稣基督的圣诞节和纪念儒家始祖的祭孔仪式。

基于韩国国民性格的角度，韩国不同宗教和平共存的原因在于：一是与韩国人所具有的宽容、调和的心态有关。韩国最古老的宗教是萨满教，相信各类神灵都具有不同的属性和功能，它们地位平等，没有统属关系，没有等级差别，也没有主宰。受此影响，韩国文化对外来宗教往往抱以开放、吸收、包容、调和的态度。二是受非先验的现世主义思维的影响。韩国人对待外来文化倾向于采取相对主义的态度，认为不同的宗教都各有其不同的价值，就像不同的神灵各有其作用一样，不认为哪种宗教具有绝对的价值或哪种宗教必须居于统治地位。另外，朝鲜民族非常注重实际，倾向于把宗教作为解决实际问题的补充手段，因而使不同宗教均保持着各自的文化特征和功能。三是超越宗教意识的民族认同意识。韩国人有着很强的民族认同意识，不管其信仰什么宗教，属于哪个宗教团体，这种共休戚、共存亡、共荣辱、共命运的民族认同意识都不可取代，并在多宗教的社会中发挥着凝聚和协调作用，把分属于不同宗教的人结合成一体，是不同宗教之间稳定、和谐关系的根本保障。

（二）信徒规模庞大、结构复杂

第一，韩国信教人数总体规模庞大，覆盖各个年龄段。据韩国知名舆论调查机构——韩国调查《2022年宗教意识调查》结果显示，韩国国民中50%的人具有宗教信仰，在宗教人口中，新教徒占20%，佛教徒占17%，天主教徒占11%，其他宗教占2%。从性别来看，女性信教人口（54%）多于男性（45%）；从年龄结构来看，年龄越大，信教人口比率越高，其中60岁以上人口中的66%、50多岁人口中的53%、40多岁人口中的33%、30多岁人口中的38%、18~29岁人口中的31%为宗教人士。

第二，信教人数增长幅度较快。根据《2018年韩国宗教现状》来看，从1985年开始，韩国宗教人口不断增加，从1998年到2004年增长率达到4.2%，突破了1986年到1998年的3.8%增长率的记录。1985年韩国宗教人口为1720万人，2005年则达到2497万人。2015年起呈减少趋势，为2155万人，占韩国人口总数的43.9%。

第三，信教的对象多元复杂。根据《2018年韩国宗教现状》来看，2015年韩国总人口为4905万人，其中佛教徒约762万人，占信徒总数的

35.35%、占人口总数的15.53%；新教徒约968万人，占信徒总数的44.89%，占人口总数的19.73%；天主教徒约389万人，占信徒总数的18.05%，占人口总数的7.93%；儒教信徒约7.6万人，占信徒总数的0.35%，占人口总数的0.15%；圆佛教徒约8.4万人，占信徒总数的0.39%，占人口总数的0.17%；天道教徒约6.6万人，占信徒总数的0.31%，占人口总数的0.13%；大巡真理会教徒约4.1万人，占信徒总数的0.19%，占人口总数的0.08%；大倧教徒约0.3万人，占信徒总数的0.01%，占人口总数的0.01%；其他教徒约9.8万人，占信徒总数的0.46%，占人口总数的0.2%。

第四，韩国民众信教原因各异。1997年韩国盖洛普所做的《韩国人的宗教和宗教意识调查》显示，韩国人信教的最大原因是"为了寻找心灵的宁静"。在调查新教徒信奉新教的理由时发现，首先是为救援与永生的占45.5%，其次是为了寻找心灵平安的占37.2%，再次是他人的推荐占7.6%，最后是为健康、财务等方面的祝福与保佑占7.1%。相比之下，佛教徒与天主教徒的70%以上表示为了寻求心灵平安而信奉宗教。此外，也有数据调查了无宗教者不信教的原因。首先是平时工作忙的人占16.9%，其次是不觉得有信教必要性者占20.2%，最后是对宗教无任何信任感的人占9.7%。但是无宗教者中的23%又表示未来有皈依宗教的打算。

第五，存在同时信奉多种宗教的现象。韩国学者曾做过一次调查，结果显示，在被调查中，有91%的人实际上生活在儒教信念影响下的实践性的儒教徒；49.3%是实践性的佛教徒；36.3%是实践性的基督教徒。如果把其他宗教的实践性宗教人口包括在内，韩国的宗教信徒大大超过人口总数。这表明，部分韩国人像日本人一样，同时信仰两种乃至多种宗教。

（三）宗教介入政治的现象日益严重

历史上，宗教与韩国政治紧密相连。例如，20世纪初的"三一运动"，20世纪70年代的反独裁人权运动，80年代的民主化运动、民族统一运动，90年代的环境保护运动、金融危机后的经济复苏运动等，许多宗教团体都曾表明各自的态度并参与其中。目前，由于信奉宗教的人口众多，所以一方面宗教团体对政治的影响越来越大，另一方面宗教也日益成为政治家不能忽略的问题。从目前来看，宗教因素在韩国政府的政策制定和政党选举中发挥着巨大作用。

在韩国，佛教、新教、天主教三大宗教对社会各个方面起着巨大影响。如果候选人要当选，势必要考虑到三大宗教的相关因素，而政治现实也验证了这一点。例如，韩国前总统金泳三是基督教徒，金大中和卢武铉则是天主教徒。值得一提的是，金泳三在竞选总统期间，为争取佛教选民，但又不能改变信仰，结果便由其当教会执事的夫人到国内大寺庙皈依佛教。同样，前总统李明博在韩国盼望教会担任长老，夫人金润玉则于2001年皈依佛教，被外界解读为此举也是为了帮丈夫拉票。韩国基督教总联合会会长曾在2019年发表"文在寅总统下台宣言"，此后又在全国各地多次组织巡回集会，公开表示支持自由韩国党，并以短信、网站等多种形式让信徒募捐，搞政治献金。2020年在新冠疫情严峻且政府禁止集会时，韩国一些宗教团体依然动员信徒强行在首尔光化门集会，公开反对文在寅政府，并演变为政治游行。韩国现任总统尹锡悦和夫人金建希在整个大选期间以及当选以后，则被爆出诸多与巫教（萨满教）行为相关的争议，多方指证称尹锡悦夫妇与多名巫教相关人士一直保持着密切的私人关系，金建希还曾多次向巫教人士寻求有关事业发展、感情生活等的建议。

三、韩国的主要宗教

如前所述，韩国是一个宗教多元共存的国家。为解读这些宗教之间的关系及其在韩国文化中的地位，有学者提出三层同心圆模式。该观点认为：萨满教是韩国固有宗教，对韩国文化的影响居于最核心位置，影响了韩国人最基本的思维方式。儒教、佛教居于第二层，它们虽然是外来宗教，但早已与萨满教共同构成了韩国文化的传统部分，对韩国人的伦理道德规范和人生观具有明显影响。基督教新教和天主教则位于最外层，一直未能摆脱掉外来宗教的形象，尚停留在国家的政治制度、社会组织等外围层面上，还没有渗透到韩国的人伦关系里。打个比方，我们可以把韩国人的意识结构比作像表面包裹着一层糖衣的药丸，那么基督教只不过是那层甜的外皮；把这层外皮稍微剥开，里面满满的全是受儒教和佛教影响的思想、习惯和人生观等；透过这个层面再往下挖掘，就会到达韩国人意识构造的核心，即萨满教。

（一）萨满教

萨满教在新石器时代传到朝鲜半岛，是半岛最早的民俗宗教。萨满教的信仰基础是万物有灵论，相信所有事物皆有灵魂，而巫师可以与之沟通，是阴阳两界的媒介，能够祛灾治病，并通过音乐、歌舞、咒语等宗教仪式安抚和祈求神灵庇护。

韩国萨满教信徒信仰的神灵众多，总共有273位神灵，包括地神、水神、山神、天神、将军神、国王神、佛教神、道教神等类型。韩国萨满教的基本思想是人类的生死祸福和兴亡盛衰并非由人类自身掌控,而是被神灵左右。因此人们为了能打动神灵而不惜重金请巫师作法,期望通过法术祈求神灵能给予他们内心的平静、健康、财富、长寿。

在韩国,女性巫师多于男性巫师。前者通常被称为菩萨、万神、巫婆、仙客,后者则被称为法师、博数、觋等。韩国巫师大体分为因神灵附体而患有"巫病"的"降神巫"和继承家业的"世袭巫"两种。

现在韩国设有巫教团体"敬信会"(全称为"大韩胜共敬信联合会"),据2017年的统计数据,敬信会和韩国巫俗人士协会已拥有会员约30万人,推测加上非会员可达到50万人,如果再加上与各类巫俗信仰协会相关的非正式会员,巫师和巫俗相关人士大概约有100万人左右。[1]

现代韩国社会普遍将萨满教或巫师视为卑贱、低等的迷信。但许多人在面临诸如高考、求职等重大事情时,经常找算命先生占卜、作法以及请符等;在农村,村民常祭祀山神、土地神、龙神等,祈求神灵保佑,降雨祛灾,五谷丰登;另外,就像作法的巫师在神灵附体后会进入忘我境界而尽情歌舞一样,现代韩国人在娱乐和工作中也表现出相同的一幕,即在韩国人的意识深处,流动着萨满教式的自由奔放的血液。萨满教在潜移默化地全面而深刻地影响着韩国民众的生活和思维方式。

(二)佛教

大韩民国成立后,佛教在韩国迅速发展,在民众的社会文化中占据着举足轻重的位置。佛教主张的"因果报应""自业自得""前世因缘""前世修来的福"等观念,使信徒在遇到挫折、面临不幸时,可以从中寻求心灵慰藉。1954年,由李承晚监护成立"韩国佛教信徒协会"。1968年实行军宗僧制度。[2] 1970年以后,韩国佛教不断探索如何适应现代化工业社会变化的问题。自1975年起,阴历四月初八释迦牟尼诞辰日成为国家固定的节假日,即佛诞日。面对基督教和天主教信徒日益增多的形势,佛教也不断进行改革:如通过大学、印刷品和广播媒体宣传和普及佛教教义、佛教仪式以及佛教术语;在佛教仪式上使用"赞佛歌",使人们像熟知基督教

---

[1] "100 만 명 넘어섰다는 무당과 역술인, 10 년 새 배로 늘었다는데…", 조선일보, 2017 년 11 월 26 일, https://www.chosun.com/site/data/html_dir/2017/11/24/2017112402043.html.

[2] 即在军中设军僧,组成法友会。

圣歌一样熟悉"赞佛歌";编写通俗易懂能供广大信徒阅读的大众化经典等。

韩国佛教的主要宗派有曹溪宗、太古宗、天台宗、法华宗、华严宗、净土宗、弥勒宗等。根据《2018年韩国宗教现状》,截至2018年,韩国佛教有教团482个、财团法人110个、社团法人243个、寺院967所、海外宣教师593人,出版定期刊物212(报纸58加期刊154)种,开办大专院校7所、中学15所、社会福利设施152所。曹溪宗在各宗派中是影响最大的一个,其总部设在首尔,地方有24个分部。曹溪宗拥有自己的佛教报纸,出版了《佛光》等杂志,还成立了译经院,把《大藏经》译成韩文推广,开展佛教大众化运动。曹溪宗还拥有系统的教育机构,如位于首尔的东国大学和僧伽大学。

现今,佛教已成为韩国三大宗教之一,对韩国的社会、政治、文化、思想、教育等所有领域都产生着巨大影响。

(三)基督教

近半个世纪以来,韩国基督教发展异常迅速,不仅教徒数量超过了韩国传统第一大宗教佛教,也展开了规模庞大的海外传教计划,其海外传教士数量已经仅次于美国位居世界第二。根据《2018年韩国宗教现状》,约有28%的韩国人为基督徒,新教和天主教信徒加起来占到韩国宗教人口总数的63%。从人员构成看,基督教信徒中知识分子、青年比较多,信仰程度略高于其他传统宗教,同海外有关团体有着较密切的联系。

1. 天主教

"8·15"光复后,韩国天主教迎来发展的新时期。主要活动有:创办《京乡新闻》等教会刊物,成立圣神大学,培养神职人员;开展慈善事业,安抚孤儿、老人和残疾人等。朝鲜战争结束后,来韩国的天主教救济团和传教士的数量有所增加。1962年,天主教成立韩国教会主教团,建立教阶制度,同年又得到梵蒂冈公会议批准,开始用韩国语做弥撒。1968年,在罗马倍得鲁大教堂,为在"丙寅迫害"中罹难的近10000名朝鲜信徒中的24人举行了宣福礼。1969年汉城大教区的金寿焕大主教被任命为枢机卿。从20世纪80年代后期开始,韩国天主教继续致力于自身的革新和发展。1984年在韩国天主教成立200周年之际,罗马教皇约翰·保罗二世访韩并亲自为103名殉教者举行了谥圣仪式。1989年第44次世界圣体大会在汉城举行。

目前韩国天主教发展稳定,是继新教、佛教之后的第三大宗教。根据

《2018年韩国宗教现状》统计，韩国天主教有宣教团体 19 个、财团法人 95 个、社团法人 23 个，定期刊物 48 种，在海外有宣教师 237 人，创办大专院校 1 所、中学 30 所、医院 224 所、社会事业机关 97 所。

2. 基督教新教

"8·15"光复后，基督教新教在韩国获得新的发展。当时活跃在政治领域的官员们大部分信仰新教，特别是李承晚政权麾下的官员和政治家大都具有新教背景。新教也因此与政治结下不解之缘，并获得许多特权。

1960 年以后，韩国企业界、知识界有很多人皈依新教。1964 年，延世大学开设了具有联合机关性质的联合神学研究生院。1966 年，新教与天主教在长老教的草洞教会首度联合举行了礼拜。1971 年复活节之际，天主教与新教联合出版了共同翻译的《圣经新约》，1977 年又出版了《圣经联合译本》。20 世纪 80 年代以后，新教信徒人数猛增。如 1985 年的信教人数为 648 万余人，而到 1999 年则发展为 1869 万余人。据《2018 年韩国宗教现状》统计，韩国新教有财团法人 196 个、社团法人 437 个、出版定期刊物 561（报纸 189 加期刊 372）种、海外宣教师 28584 人；开办大专院校 23 所、中学 133 所、医院 196 所（医疗机构 102 所加临终关怀机构团体 94 所）。

现在韩国最大的基督教新教教派，是源于美国灵恩派、活跃在世界各地的五旬节教派。韩国大概有 6 万余所教堂，仅首尔一地就有 1 万多所，全亚洲最大的 5 个新教教堂都在首尔。在首尔市的汝矣岛上有一个号称全世界最大的教会——纯福音教会，据说其信徒达 60 万之众。该建筑物内可同时容纳上万人参加礼拜，在专为外国人准备的座席上还配有同声传译装置，可同时播放中、英、日等多国语言。

据不完全统计，当今韩国有 160 多个新教教派、近 60000 个教会，还有 1100 多个天主教会，这些惊人的数字使得现代韩国成了最基督教化的非西方国家。

(四) 儒教

儒教是继承、发扬中国古代孔子的思想，注重伦理道德的宗教。根据汉字传入朝鲜半岛的时间，可大概推定儒教传入的时间为战国时代末期或汉朝初期。但是目前学界普遍认为儒教正式、大规模地传入朝鲜半岛是在汉四郡设置之后。327 年，随着名为"太学"的儒教教育机关的设立，儒教得到快速发展。新罗统一半岛后，曾派遣学者代表团到中国唐朝研习儒教，并带回大量有关文献。这个时期著名的儒教学者是薛聪和崔致远。薛聪利用"吏读"文字解读儒学经典，为儒教的本土化作出了巨大贡献。崔致远12岁时到唐朝留学，并在科举中及第，作为朝鲜儒教学者名扬中国。

高丽时代，由于太祖实施崇佛政策，儒教在相当一段时间内萎靡不振，直到992年才设立国子监（国家设立的最高学府）。后又采用中国的科举考试制度，鼓励人们学习儒家经典。文宗年间，崔冲设立九斋教授学徒，这可以说是朝鲜私学的起源。但是后来由于武官的跋扈以及连年战乱，儒教在长达240年的时间里再次陷入停滞状态。此后率先确立儒教基础的学者是郑道传，他通过《佛氏杂辨》等论著排斥佛教，主张崇尚儒教。

朝鲜王朝时期采用儒教思想作为统治意识形态，并在教育、礼仪、行政管理方面推行一套儒学系统，将儒教奉为至尊。朝鲜王朝中期，有关人类心灵的人性问题成为儒教研究的焦点，退溪和栗谷的思想是这一时期的中心思想。这一时期也是朝鲜历史上儒教在学术性方面发展最旺盛的时期，程朱理学成为纵贯朝鲜王朝500年的统治思想。

19世纪西方基督教文化的渗透动摇了朝鲜传统的儒教文化。兴宣大院君（高宗的生父）奉行闭关自守政策，镇压西教，维护儒教，但终归失败，接踵而来的是政变、事变迭起，帝国主义列强乘虚而入。在此国难当头的严峻时刻，崔益铉、杨麟锡等爱国儒臣组织义兵，反对日本帝国主义侵略。同时，深受儒家教育的爱国知识分子朴殷植等人提出"儒教求新论"的口号，主张改革儒教，开发民智，伸张民权。1910年日本吞并朝鲜之后，儒教政治体制几乎突然消失，继而出现的是日本殖民主义者所宣扬的皇道儒学。朝鲜总督更将举世闻名的儒学最高学府——成均馆降格为一所普通经学院。

1945年8月15日光复后不久，韩国儒生立即召开全国儒道会，选举金昌淑为委员长，并恢复成均馆的名誉，成立新型高等学府成均馆大学。现在，成均馆仍在每年春秋两季举行奠孔大典。韩国虽无有组织的儒教教会，但是存在不少儒教社团。如首尔有成均馆，地方有多所乡校，还有儒道会、青年儒林会、妇女儒林会、儒教学会等全国性组织。这些社团讲授儒教教义，宣传忠孝节义，定期举行祭孔祭祖仪式。截至2018年，韩国有儒教财团法人17个、社团法人21个、教职人员2153人、信徒47万余人、乡校255所，出版定期刊物5种。

儒教以人性本善，即"仁"为其思想核心，主张人道主义，其仁义思想曾经是古代朝鲜社会的共同价值标准。在当今韩国社会，儒教对朝鲜民族的伦理体系、生活方式、行为礼仪和价值观念依然有着深远影响。具体来说，儒教的"忠、孝、节、义"观以及"五常""五伦"仍然是社会关系的基础观念。韩国人的很多礼俗都来自儒教，无论是婚丧嫁娶、待人接物，乃至日常生活，无不渗透着儒教的影响。现在韩国仍有学校开设儒教课程。

根据盖洛普调查，如果问韩国人"信奉哪种宗教"，一般只有2%的人会回答是儒教。但是如果把前面的问题换作"想践行类似孝的儒教思想吗"，90%以上的人的回答是肯定的，因而绝大部分的韩国人都应该算是实践主义的儒教徒。就像鱼儿离不开水一样，韩国人的生活中从来没有，也不能够离开儒教思想。具有2500多年漫长历史的儒教可能是韩国传统宗教中给予韩国人最现实、最实际的影响的宗教。

四、新兴宗教

自进入19世纪末期以来，朝鲜半岛相继出现了数百个新兴宗教，迎来一个崭新的宗教时代。据圆光大学宗教问题研究所调查的结果，目前韩国的新兴宗教有350余个，其系谱可以分为12大类，即东学系、甑山系、檀君系、南学系、觉世道系、儒教系、佛教系等。其中迄今仍活跃在韩国社会、比较引人注目并且被认为是揭开了韩国精神史新篇章的新兴宗教有天道教、甑山教、大倧教、圆佛教等。

（一）天道教

天道教由水云大神师崔济愚于1860年创立，是朝鲜半岛新兴民族宗教的嚆矢。

天道教综合儒教、佛教和道教教理，创立了自己的教义——"人乃天"。它认为人内心有神灵，侍神于人自身，养天、觉天，即可达到"人乃天"的境地。按照天理和天命修行，人心和天心就会联为一体。这种"将神奉于人自身"的"侍天主"思想是其最核心的宗教思想。天道教主张扬弃个人或社会的片面价值，以人为本，领悟个人即社会、社会即个人的个全一体；主张以精神开辟和民族开辟，实现自由平等与和平幸福。其宗教目的是在个人方面能"道成德立"，即自我修炼成功之意；在社会方面要"辅国安民，布德天下，广济苍生，建设人间天国"。

天道教的宗教行为包括修行和信仰两种。天道教徒应践行的修行和信仰的方法是"五款"，即"咒文""清水""侍日""诚米""祈祷"等。

天道教的经典有水云大神师著述的《东经大全》和《龙潭遗词》，此外还有第二代教主崔时亨所著的《海月神师法说》和第三代教主孙秉熙的《义菴圣师法说》。

为区别于被称为"西学"的天主教，水云大神师创立之初称其为"东学"。但是奉儒学为国策的朝鲜当局视"东学"为异端，将水云大神师处以死刑。继承水云大神师的海月神师崔时亨继续布教。1892年，东学教徒发起大规模的教主申冤运动，要求宣布水云大神师无罪和信仰自由，遭到镇压。这次教主申冤运动是朝鲜半岛最早由大众参与的和平民主示威运动，后来发展成为"斥洋斥倭"的反对威胁朝鲜的外国势力运动，接着又很快演变成东学党起义（史称甲午农民战争，是朝鲜历史上规模最大的农民运动），崔时亨及信徒40万人遇难。1904年，朝鲜发生甲申开化革命运动，东学教徒组织进步会举行游行示威，要求改革政府，整顿军政。1905年，东学第三代教主义菴圣师孙秉熙将东学正式改名为天道教。1906年在汉城设立天道教中央总部，同时又在各郡设立教区，由此天道教已具备了近代宗教体系。在日本殖民统治朝鲜期间，天道教致力于抗日救国，先后组织或发动"三一运动"、吾心党运动，反抗日本的残酷统治。到1944年8月，天道教有信徒9.3万余人。

"8·15"光复后，韩国天道教获得了新的生机。1955年，制定了实行教领制的新教宪。1958年，资助发行学术刊物《韩国思想》。1971年水云会馆落成。20世纪80年代出版了《天道教入门》《天道教百年略史》等著作。1984年建立了民族统一研究会。20世纪80年代末期以后，天道教开展了修道炼性、布德教化、建立大学、研究教理教史、恢复新风尚等一系列重要活动。截至2018年，韩国天道教有财团法人1个、宗学院1所、教区93个、修道院8所、教职人员1794人、信徒30万人。

天道教的基本组织是包和接，代表机关是天道教中央总部，实行以众议制为基础的民主中央集权制。中央总部的最高决议机关是每3年召开一次的全国大议员大会，在大会上选出一个教领作为行政和精神领袖来代表天道教。地方设教区和直接传教室，逢侍日（周日）教徒按照教区定期在教堂集会举行侍日式，教徒之间彼此以"同德"相称。

天道教下辖的部门团体有青年会、妇女会、宗学院、东学民族统一会等，发行《新人间》和《天道教月报》两份月刊。其中《新人间》是韩国所有杂志中历史最为悠久的一个。

(二) 圆佛教

圆佛教是由佛教派生出来的新兴宗教，由少太山朴重彬于1916年4月

28日创立。圆佛教定这天为"大觉开教节",又叫"圆佛教诞生日",而1916年则成为圆佛教纪元的元年。

少太山主张摒弃施舍、化缘等活动,标榜"生活佛教",并在大悟之后从信徒中选出9位骨干,建立"储蓄协会",开展"废除虚礼、打破迷信、禁酒戒烟、勤俭储蓄、共同劳动"等形式的新生活运动。1918年进行围海造田的防堰工程。1919年8月21日,举行"白纸血印"的法印圣事,这一天也被定为圆佛教的"法认节"。1924年,少太山以"佛法研究会"之名成立了圆佛教的门户。被日本殖民统治者称为"朝鲜的甘地"的少太山于1943年圆寂。之后鼎山宋奎被拥戴为第二代宗法师。1947年宋奎改"佛法研究会"为"圆佛教",逐步扩大教化、教育、慈善事业。1953年召开第一届圣业奉赞大会。1962年鼎山圆寂,大山金大举成为第三任宗法师。1971年圆佛教举行创教55周年纪念大会。1991年召开少太山大宗师100周年诞辰的纪念会。到了2018年,圆佛教迎来第15代宗法师田山金主圆的时代,并继续发展壮大。

圆佛教的教政系统以教团的最高领袖宗法师为中心,由首位团会、中央教议会、教政委员会和教政院等构成。其基本教理是把宇宙和人生的根本秩序统称为法身佛一圆相,把一圆相的真理当作信仰对象和修行标准,通过"四恩四要"的信仰和"三学八条"的修行,培养完满的人格并建设广大无量的极乐世界。基本教理口号为"物质既已开辟,精神亦需开辟""处处佛像,事事佛供""无时禅,无处禅""动静如一""灵肉双全""佛法是生活,生活是佛法""理事并行"。典籍有《正典》《大宗经》《佛祖要经》《礼典》《世典》《法语》《圆佛教教史》《圆佛教圣歌》八部,统称为《圆佛教全书》。圆佛教徒分为在家教徒和出家教徒两类,出家教徒中女性占80%以上之多。

截至2018年,韩国圆佛教有教堂535所、教职人员2015人、信徒123万余人,有财团法人和社团法人5个,在海外有宣教士125人、教堂65所,开办大专院校1所、中学8所、医疗机构37所、社会事业机关14所。在韩国,圆佛教已经成长为一个颇有影响力的成熟的组织,并且逐步走向体系化。

(三)甑山教

甑山教由姜一淳(号甑山)于1902年创建,主张"后天开辟",即在朝鲜半岛建设新的理想世界,是具有代表性的本土自创宗教之一。姜一淳宣扬自己握有天、地、人三界大权,为拯救民众而化身为金山寺弥勒佛降临凡间。1909年，姜一淳去世。两年后，姜一淳的遗孀高夫人组建了仙道教（太乙教），后车京石更教名为普天教。1919年，车京石在全国范围内设立了名为"60方主"的教区，拥有数百万信徒。1921年，车京石举行天祭，登基为天子。日本占领时期，甑山教教团曾一度发展到百余个，但在1938年总督府下达非法宗教取缔令之后，这些教团纷纷覆灭或转入地下。

"8·15"光复后，主张各自正统性的甑山教教团如雨后春笋般纷纷冒出。20世纪60年代，甑山教开展自我整顿和裁撤精简工作。20世纪70年代以后，随着韩国学研究的活跃，甑山教因保存了韩国精神文化遗产而开始受到学术界的关注。《甑山思想研究》自1975年开始创刊发行。1974年，甑山道场开始以大学街为中心开展传教活动。

在韩国的新兴宗教中，甑山系统的分派最为繁多。现在就有70余个教团并存，主要教团有甑山教本部、太极道、大巡真理会、甑山真法会、甑山道等，其中大巡真理会是当今甑山教最大的教团。截至2018年，该教团拥有1000所教堂、3万余名教职人员以及800万名教徒。而另一主要教团甑山道的独特之处在于其是民族宗教中唯一致力于向在校大学生传教的宗教团体，在全国近60余所高校中都设有甑山道社团。

（四）大倧教

大倧教源于朝鲜民族起源神话，是以檀君为教祖、民族主义和保守主义色彩浓厚的本土宗教，又被称为桓俭教或檀君教。"大倧"为"天神"之意。大倧教的基本理念是奉檀君为国祖，宣扬民族自主性，弘扬"弘益人间、理化世界"的理念，信仰对象是造化神桓因、教化神桓雄、治化神桓俭的三神一体。其信仰可以归纳为"三真归一"和"三法修行"。

1909年朝鲜独立运动家罗喆重光大倧教。1910年，教徒人数增加到2万多名。为遏制大倧教，日本殖民当局于1915年出台总督府令第83号"宗教管制案"，宣布大倧教为非法团体，1916年罗喆殉教朝天。二世教主金献为躲避日寇镇压，于1917年将总本司移至中国的和龙县进行传道布教。这一时期金献撰写了阐明大倧教倧理的《神檀实纪》和《神檀民史》等书。同时期的大倧教著名人士还有辞让继任教统的徐一，他组织了以大倧教徒为中心的名为"重光团"的独立运动团体，"三一运动"后又组建了名为"北路军政署"的独立军部队，同时还撰写了《会三经》等诸多著作。1946年，三世教主尹世复把大倧教总本司迁回汉城，并致力于建立教堂、搜集教籍、创办学校、开展檀君殿奉安运动等活动，同时还废除了教统传授制，采纳了教统共和制（总典教制），自任第一届总典教。

信奉大倧教的主要杰出人物有民族主义史学家申采浩、朴殷植、李相龙等，国文学者有周时经、李克鲁、崔铉培等。韩国建国初期的内阁中，副总统、国务总理、文教部长官、国防部长官等6人均为大倧教徒。随着民众对固有民族文化愈来愈加关心，大倧教教团付出了不少努力，开展了一系列活动。如1971年出版发行了《大倧教重光60年史》，1984年在国立剧场举行开天节奉祝大祭典等。

到了现代，从指定开天节为公休日，到主张使用檀纪年号，以及将檀君奉为民族始祖并提倡宣扬以此为基础的历史观，还有让每所小学都供奉檀君像等，主导所有这一切的势力背后都有大倧教徒的存在。

大倧教教团中央设天真殿，供奉檀君神像，以总典教为最高领袖，守护天真殿。教团体系分为由总典教直接负责并监督的大一阁和教司机构、道院机构、研究编纂机构、元老机构、议会机构和教育机构等。仪式主要分为祭天仪式和一般仪式两大类。每年阴历十月三日（旧开天节）和大倧教创始日（阴历三月十五日）在江华岛摩尼山各举行一次祭天活动。

截至2018年，大倧教设财团法人1个，有教堂70所、教职人员100人、信徒1.5万人，出版刊物有月刊《大倧教报》。

五、其他宗教

（一）伊斯兰教

日本殖民统治时期，迁至中国东北的部分朝鲜人加入伊斯兰教。"8·15"光复后，这小部分人回到国内，成为在朝鲜半岛传播伊斯兰教的先驱。伊斯兰教在韩国的正式传播始于朝鲜战争期间作为联合国军参战的土耳其军队随军伊玛目（伊斯兰宗教的精神领袖）的布教。

1955年，韩国伊斯兰协会成立并选出了首位韩国伊玛目。1956年，韩国伊斯兰协会设立清真学院，实行义务教育。1961年，韩国政府承认韩国伊斯兰教协会为社会团体。1965年，"韩国伊斯兰教中央联合会"成立。1967年3月，"韩国伊斯兰教中央联合会"在韩国文教部以"财团法人韩国伊斯兰教"之名注册，成为合法教团，信徒人数达到7500人。同年6月，《韩国伊斯兰先驱》韩英双语杂志创刊。1976年5月，韩国第一座大型清真寺——汉城中央圣院建成。同年6月，中央圣院伊斯兰中心开设"阿拉伯语研修院"。同年7月，以《穆斯林入门》为第一期的17种伊斯兰传教手册韩文版创刊发行。此外，韩国伊斯兰教团还创办发行了《穆斯林周报》和《伊斯兰之声》。这一时期,由于韩国向中东地区开展劳务出口和建筑承包工程,不少韩国人到了阿拉伯国家,所以伊斯兰教信徒人数也迅速增长。自1983年起,在"世界穆斯林青年协会"的援助下,每年在韩国举办一次该协会的野营活动。2002年,经韩国政府批准,韩国中东协会成立。

在韩国,除少量的韩国穆斯林外,大部分穆斯林是南亚、中东、印度尼西亚和马来西亚在韩国的移民。截至2018年,伊斯兰教在韩国的规模已扩大到拥有18个伊斯兰圣院和60多个临时礼拜所,遍及釜山、安阳、光州、全州、大邱等各大城市,信徒约有15万人。但是韩国的伊斯兰教依然面临诸多困难,如与韩国人儒教传统的冲突,与现代男女平等思想之间的差异,以及礼拜仪式用语和教理的本土化等。

(二) 统一教

统一教是韩国基督教系的新兴宗教,由文鲜明于1954年在汉城创立,最初名称为"世界基督教统一神灵协会",后改名为"世界和平统一家庭联合会",简称为"统一教"。[①] 文鲜明被统一教信徒敬奉为"弥赛亚"(救世主)和"复临主"。

1957年,文鲜明著述《原理解说》一书,奠定了统一教的教理基础。文鲜明特别重视海外传教,他于1958年和1959年分别向日本和美国派出传教士,积极开展海外传教活动。20世纪60年代,文鲜明访问美国时会见了艾森豪威尔和尼克松。1972年以后,统一教在美国设立了世界传教总部。1988年以后,开始在韩国国内进行大规模传教活动。1990年,文鲜明访问莫斯科并与戈尔巴乔夫举行了单独会谈。1991年,访朝期间和金日成单独会晤,共同就经济合作、离散家属团聚等4项议题进行磋商,并发表了共同声明。2021年9月,在统一教下属团体"天轴和平联合"[②] 主办的"智库2022"成立仪式上,美国前总统特朗普、日本前首相安倍晋三、柬埔寨首相洪森、首尔市市长吴世勋等出席并发表演说。

据统一教透露,以2015年为准,韩国约有统一教信徒30万人,日本有60万人,菲律宾有12万人,刚果(金)有11万人,泰国有10万人,

---

[①] 德国、法国和中国认定其为邪教。
[②] 文鲜明与其夫人韩鹤子于2005年创建,总部在美国纽约,旨在"终结地球村纷争,实现和平世界"。

美国有10万人等，海外信徒达300万人，比韩国本土多10倍，甚至在韩国活动的统一教信徒的一半以上是日本女性。在世界195个国家设有传教本部和教会。①统一教已发展成为世界性的宗教，同时也是经济实力雄厚的国际财阀。通过"国际复兴团"这一传教后援组织，统一教不仅进行大量宗教活动，还涉足政治、经济、文化、学术、教育等诸多领域，开展多项事业活动。其中组织宗教家庭是统一教发展的重点，仅在1995年8月，文鲜明为弟子主持的婚礼就达36万对。

第三节 俄罗斯宗教

一、俄罗斯的宗教政策

俄罗斯是一个多民族国家，除占俄罗斯全国人口绝大多数的俄罗斯族之外，还有鞑靼人、乌克兰人、楚瓦什人、白俄罗斯人、车臣人和德意志人等百余个少数民族。各民族的语言、风俗、习惯存在差异，同时也有着不同的宗教信仰。2002年，俄罗斯联邦境内有东正教徒1.2亿人，穆斯林教徒2000万人，佛教徒90万人，天主教徒60万人，基督教徒30万人，犹太教徒23.4万人，还有1万名克利须那派教徒和1万名摩门教徒。2003年，俄罗斯有约2.1万个宗教团体，截至2006年，增加至22513个宗教组织，其中东正教会团体有1.1万多个。②

历史上，988年，基辅罗斯大公弗拉基米尔确定东正教为罗斯国教。17世纪中叶以前，东正教是俄国唯一合法的宗教组织。17世纪60年代俄罗斯宗教改革之后，俄国单一宗教体制开始崩溃。虽然东正教一直占据统治地位，但受到其他宗教的挑战。

十月革命后，苏维埃政权十分重视政教关系，1918年颁布了《关于教会同国家分离、学校同教会分离》的法令，以立法的形式确定了布尔什维克党宗教政策的基础，提出"教会与国家分离"。以后各部苏联宪法、俄罗斯联邦宪法中也都含有保障公民信仰自由、禁止利用宗教信仰挑起敌对

---

① "세계평화통일가정연합, 나무위키2024년 5월 7일, https://namu.wiki/w/%EC%84%B8%EA%B3%84%ED%8F%89%ED%99%94%ED%86%B5%EC%9D%BC%EA%B0%80%EC%A0%95%EC%97%B0%ED%95%A9.

② 李渤：《普京执政以来的俄罗斯政教关系》，《世界宗教文化》2017年第2期，第38—39页。

情绪与仇恨、实行教会同国家分离的条款。从斯大林时期起，苏联开始限制非正常的宗教活动，禁止宗教组织会议讨论政治、经济、教育、文化问题，禁止教会和宗教组织建造任何非宗教性设施。苏联共产党也通过一系列决议和中央文件，大力开展科学无神论宣传，使得包括东正教在内的各种宗教的影响力大为下降。

戈尔巴乔夫执政期间，苏联包括俄罗斯联邦对宗教的态度发生变化，政府对宗教实行开放政策。1988 年，戈尔巴乔夫同东正教大主教举行会晤。1990 年，制定并颁布了《关于信仰自由和宗教组织法》，以保障宗教活动自由，允许宗教团体拥有法人资格，允许宗教传播自由，允许宗教界人士进入苏维埃参政议政。1990 年，俄罗斯东正教会为纪念东正教传入俄罗斯，即罗斯受洗 1000 周年举行了盛大的庆典活动。由此，政府与宗教界的关系得到改善，宗教团体纷纷涌现，甚至出现了以宗教团体为主体的政党，如"俄罗斯基督教民主联盟""俄罗斯基督教民主运动"等。到 20 世纪 90 年代末，俄罗斯境内涌现出约 6000 个新教派，拥有约 30 万信众，还开办了几千所教育培训机构。苏联解体后，俄罗斯继续奉行宗教自由政策，对宗教界采取尊重、借重的态度。在一系列重要政治事件中，宗教界都显示出了自己的影响力：在 1992—1993 年俄罗斯立法权力机关与执行权力机关严重对立、对抗时期，宗教界特别是俄罗斯东正教会倡议双方保持克制，通过谈判协商解决纠纷；在 1991 年和 1996 年俄罗斯总统选举中，东正教牧首阿列克塞二世公开支持叶利钦，并号召教徒投票给叶利钦。而俄罗斯总统的就职仪式更带有宗教色彩，这虽然有一定的宣传因素，但毕竟显示了宗教地位的提高。叶利钦当选为总统后，在对待宗教和教会的问题上，秉承了苏联时期戈尔巴乔夫的思想，主张对宗教和教会要实行宽容的政策，他十分重视宗教，甚至亲自参加各种重大的宗教活动。普京执政后，积极倡导恢复东正教传统，发挥伊斯兰教、佛教和犹太教对国家强大的积极作用，力图使宗教与爱国主义相结合，构建统一的思想意识，增强国家凝聚力。同时，普京还力推俄罗斯政府出台一系列法律法规支持传统宗教的复兴，传统宗教则极力维护政府的权威，从而呈现出政教和谐的局面。

20 世纪 90 年代中后期，俄罗斯出台了一系列与宗教相关的法规政策，主要内容包括：

首先，确定政教分离政策。1993 年，俄罗斯通过《俄罗斯联邦宪法》，规定"俄罗斯联邦为非宗教国家。任何宗教均不得被规定为国家宗教或者必须信奉的宗教"。此外，俄罗斯宪法还强调，"国家保障每个公民的信仰自由"，"宗教组织与国家分离，各宗教组织在法律面前一律平等"。1997年9月，叶利钦签署《良心自由和宗教协会》联邦法，这是俄国历史上迄今为止最为详尽的一部宗教法，重申每个公民都有宗教信仰自由的权利，任何人和组织"不得予以干涉"，但同时也强调"宗教组织的行为和目的如与宪法相抵触，将不允许其成立和活动"。2002年2月，普京总统签署《俄罗斯联邦的传统宗教组织联邦法》，旨在保障公民宗教信仰自由的权利，巩固社会道德基础，促进国家和宗教组织之间关系的和谐稳定。

其次，规定了宗教组织的性质与职能。《良心自由和宗教协会》联邦法将宗教组织划分为两类：一是宗教小组，二是宗教团体。俄罗斯法律还规定："宗教小组有权举行祈祷及其他宗教仪式和典礼，以及对自己的信徒传授和进行宗教教育。"宗教小组"应将宗教小组的建立和活动起始通知给地方自治管理机构"。

再次，明确国家与宗教组织的关系。《良心自由和宗教协会》联邦法对于宗教组织的职能予以了明确界定：政府不能干预宗教组织的内部事务，宗教组织须"依照自己特殊的教阶和机构体制建立并从事自己的活动，按照自身的规定选拔、任命和撤换自己的人员"。"宗教组织同国家的分离并不限制宗教组织成员的权利，他们同其他公民权利平等。"与此同时，该法律也对宗教组织的职能有明确限制，如宗教组织"不能参加国家政权机构和地方自治管理机构的选举"，"不能参加政党和政治运动的活动，不向这些组织和活动提供物质和其他帮助"等。

最后，强调以宗教和睦促进社会的稳定与发展。《俄罗斯联邦宪法》第29条规定，禁止从事煽动社会、种族、民族或宗教仇视和敌对的宣传与鼓动。自1995年以来，俄罗斯先后设立了三个专门处理宗教问题的机构，即总统办公厅"宗教组织关系委员会"、杜马"社会和宗教组织事务委员会"、政府"宗教组织问题委员会"。这些机构的总体任务是建立各宗教对话机制，促进各宗教间的沟通与协商，和平解决棘手问题。2000年11月，俄罗斯宗教事务委员会、联邦事务部、俄罗斯联邦民族和一体化政策部共同举办了由各传统宗教（东正教、伊斯兰教、佛教和犹太教）精神领袖参加的宗教维护和平代表大会，与会者就俄罗斯的民族矛盾和宗教冲突问题进行了商讨。2001年5月，在俄罗斯东正教青年团体的代表大会上，俄罗斯联邦总统驻伏尔加河沿岸联邦区全权代表谢·基里延科作了题为《政教关系与东正教青年》的讲话。他呼吁俄罗斯东正教青年不应满足于东正教信仰的精神慰藉和慈善功能上，还要在现代企业经营中"尽显宗教伦理的力量"。

二、东正教

在古罗斯时代，古罗斯人的宗教信仰为多神教。由于对大自然的畏惧和敬仰之情，古罗斯人受万物有灵论思想的影响持续数个世纪。然而，随着古罗斯封建社会的发展，多神教信仰的弊端日益暴露出来，成为古罗斯文化和社会发展的绊脚石，继而迫使基辅罗斯寻找新的宗教信仰。

东正教，全称"东方正教"，是基督教三大教派之一。10世纪中叶，东正教从拜占庭正式传入基辅罗斯。以弗拉基米尔为首的一批王公贵族首先受洗入教，继而是广泛的平民阶层，东正教成为罗斯的国教。至11世纪末，基督教已传遍罗斯全境。教会内部确立了教阶制度，教会首脑为都主教或大主教，都主教府设在基辅。到14世纪，都主教府迁移到弗拉基米尔城，开展传教活动，发展东正教势力。15世纪下半叶，俄罗斯统一的封建君主专制制度已经形成，国家新的政治中心设在莫斯科，都主教府又转移到此。1448年，俄罗斯东正教会在莫斯科召开了东正教会议，首次自选俄罗斯人梁赞地区主教约纳任都主教。1453年，俄罗斯东正教会自封为东正教会的首脑，宣布莫斯科政权承袭自罗马帝国，是"新的世界基督教中心"。1589年，在沙皇的支持下，俄罗斯东正教会举行会议，正式建立教会牧首制，确定牧首为教会的最高领导。莫斯科都主教约夫当选为第一任"莫斯科和全俄东正教会"牧首。俄罗斯东正教会正式成为独立的自主教会。

鉴于东正教的经济和政治影响不断扩大，俄罗斯的统治者在利用它的同时，又试图限制其对王权的影响，进而把其约束在政权的管理之下。1721年，沙皇彼得一世公布的《宗教事务管理章程》规定，"教会活动限于精神方面，不得干预政治，不得插手世俗事务或仪式"，并废除牧首制，成立主教公会（由几名都主教组成的最高权力机构），以主教公会集体领导代替牧首一人掌权。管理主教公会者为国家官吏，被称为东正教事务管理局局长。由此，教会变成了沙皇政府的附庸。叶卡捷琳娜二世登上皇位后，提出主教们的职责是"管理教堂，履行圣礼，传经布道，保护信仰，进行祷告和禁欲"，而不是占有财富。

进入19世纪，俄国沙皇继续把东正教作为国教，对其采取扶植、保护、发展和利用的政策，把教会作为国家机器的一部分，使之为其统治服务。19世纪初出版的《俄罗斯帝国法律大全》指出：沙皇是宗教教义的最高捍卫者和保护人，也是笃信东正教、遵守教规的监护人。同时规定沙皇必须皈依于东正教，在举行加冕典礼时，沙皇要当众宣读东正教《信经》全文，以示忠于东正教教义。

基于这样的背景，东正教在俄罗斯一直保持着强大影响力。十月革命前，俄罗斯东正教会已经拥有7.8万座大小教堂、300多所神学院、1000多所修道院，约12万名神职人员、9万名修士、1.1亿名东正教徒。20世纪初到80年代，受多方面因素的影响，俄罗斯的东正教教会活动处于低潮。1914年全国共有东正教堂7.8万座，1966年只剩下7523座，1976年为7038座，而到1986年仅存6794座。

苏联解体后，俄罗斯出现了"宗教热"，东正教进入快速发展时期，主要表现在如下几个方面。第一，东正教被俄罗斯赋予了重要地位。1994年，俄罗斯国防部长格拉乔夫与东正教大牧首签署了一项联合声明，宣布俄联邦军队与东正教会携手合作，共同致力于军队的精神道德教育和爱国主义教育。并在军校中开设宗教历史课，军人工作委员会中设立了宗教事务处。1997年，俄联邦总统叶利钦签署《关于信仰自由和宗教组织》的法律，肯定东正教在俄罗斯精神和文化发展中的正面作用，并给予其国内宗教组织活动的优先权。普京上台后宣布："东正教会是俄罗斯社会的重要支柱。""在俄罗斯复兴的伟大事业中，东正教起着特殊的精神作用。"第二，东正教在俄罗斯形成了完整的组织体系。目前，东正教是俄罗斯第一大宗教。它由128个主教区组成，共管辖1.9万个教区和480所修道院。东正教会还建立了完备的神学教育体系，拥有神学院5所，附属神职中学26所，教区神职中学29所。第三，俄罗斯东正教徒人数大幅增加。1991年，苏联的东正教信徒约为5240万人，而到2007年，俄罗斯东正教信徒的数量已达到1亿人。据2008年2月的一次调查统计，在来自俄罗斯130个地区的1600名受调查者中，71%是东正教徒，5%是伊斯兰教徒，1%是天主教徒与基督教徒，佛教徒不到1%，无神论者占5%。2012年的一次国民调查显示超出82%的受访者自认为是东正教徒，尤其是俄罗斯的年轻人大多数认为自己是东正教信仰者。① 第四，教徒覆盖面广。俄罗斯的东正教徒除了3个斯拉夫民族（俄罗斯、乌克兰和白俄罗斯）的大多数人口

---

① 李渤：《普京执政以来的俄罗斯政教关系》，《世界宗教文化》2017年第2期，第39页。

以外，还包括俄罗斯的希腊人、格鲁吉亚人、摩尔多瓦人和奥塞梯人。另外，一些历史上曾经生活在俄罗斯境内的民族也信奉东正教，如芬兰-乌戈尔语族的莫尔多瓦人、乌德穆尔特人、马里人、科米人、汉特人、曼西人、维普斯人、卡累利阿人和谢图人，突厥语族的楚瓦什人、雅库特人、哈卡斯人、阿尔泰人、加告兹人和布里亚特人等。

值得注意的是，俄罗斯东正教的世俗化特征日益明显，教会积极参与俄罗斯的政治生活并主动配合国家的内外政策，为世俗政权提供有力的精神支持，更多地融入俄罗斯的现代化进程之中。1996年，由身为东正教徒的企业家倡议，在莫斯科举办了由教会人士、教徒和官员代表参加的题为"慈善事业是东正教会、企业家和国家在解决俄罗斯精神和社会问题中合作的基础"的圆桌会议，讨论东正教信仰在俄罗斯现实生活中的作用问题。之后不久，俄罗斯东正教企业家俱乐部也宣告成立。除此之外，东正教徒还发起"东正教青年团体"和"东正教兄弟会联盟"等社会组织。2000年出台了《俄罗斯东正教会的社会建构理论》，围绕战争、犯罪、家庭、生物伦理学、科教、国际关系、全球化和世俗化的态度等现实问题发表看法。另外，东正教会还就其在俄罗斯社会中的作用表态："全力支持国家的现代化建设，积极为俄罗斯的复兴献计献策。"值得一提的是，在苏-35战斗机准备出厂之前，俄方会举行传统宗教仪式，由东正教神父对其"开光"，播洒圣水，祝福它将来能"奋勇杀敌"。

作为俄罗斯的传统文化，东正教几乎贯穿俄罗斯文化发展的整个过程，对俄罗斯国家的形成与俄罗斯民族精神的确立，以及政治、经济的发展都起到了巨大作用。

三、伊斯兰教

伊斯兰教是俄罗斯境内仅次于东正教的第二大宗教，也是其亚洲部分的第一大宗教。9—10世纪，伊斯兰教传到高加索及中亚地区，后传入伏尔加河沿岸和卡马河下游地区。沙俄时期，沙皇政府为加强对少数民族的统治，强迫信奉伊斯兰教的少数民族改信东正教。叶卡捷琳娜二世统治时期调整了该政策。1789年，俄罗斯建立第一个伊斯兰教官方组织——奥伦堡伊斯兰教宗教会议，其目的是由国家任命穆斯林的神职人员，进一步控制影响俄罗斯境内外的穆斯林居民。该协会一直延续存在至1917年。

十月革命后，苏维埃政府发布《告俄罗斯和东方全体穆斯林劳动人民书》，强调"穆斯林的信仰和习惯、民族和文化机关都是自由和不可侵犯的"。

苏联初期，政府的伊斯兰政策比较积极，穆斯林居民也拥护支持苏联国家的建立。苏联中后期阶段，由于宗教政策的调整，大多数清真寺和穆斯林学校被关闭或者被破坏。到1991年，在苏维埃联邦社会主义共和国境内仅有两个穆斯林宗教管理机构，即位于乌法的苏联欧洲部分和西伯利亚的穆斯林宗教管理机构，以及位于马哈奇卡拉的北高加索的穆斯林宗教管理机构。

苏联解体后，伊斯兰教随着"宗教热"浪潮在俄罗斯迅速发展。据统计，1997年，俄罗斯境内有伊斯兰教中心43个、教区230个、学校约100所。除清真寺外，莫斯科还有众多民办的礼拜场所。许多街区的穆斯林自行结合，聚集在商店、礼堂和会议厅中举行集体礼拜。

根据俄罗斯某些官方和半官方的统计，目前俄罗斯境内信奉伊斯兰教的民族约有40个，穆斯林人口为1800万~2000万。俄罗斯穆斯林主要聚居在高加索、伏尔加河流域、乌拉尔和西西伯利亚地区，如鞑靼斯坦共和国、巴什基尔斯坦共和国、阿迪格共和国等。另外，在俄罗斯各联邦主体中几乎都散居着穆斯林，就连最偏远的堪察加半岛也生活着3万多名穆斯林。

根据俄罗斯联邦法律，国内的每一座清真寺都要隶属于当地一个穆斯林宗教机构，而该穆斯林宗教机构必须加入穆斯林宗教联合会，即中央穆斯林组织，同时必须保证最少要有三个地方穆斯林宗教机构隶属于中央穆斯林组织。截至2003年1月1日，俄罗斯联邦司法部登记注册的各类穆斯林宗教组织有3467个，其中包括50所宗教学校。规模和影响较大的伊斯兰教组织有3个，即俄罗斯穆斯林中央宗教局、穆夫提委员会及其联盟和北高加索穆斯林协调中心。

近年来，尽管俄罗斯人口总数在不断减少，信仰伊斯兰教的人口却在增加。在16个人口增长的民族中，绝大部分为信仰伊斯兰教的民族，如阿塞拜疆人、库梅克人、巴什基尔人、印古什人、列兹金人、车臣人、达尔金人、阿瓦尔人、卡巴尔达人、奥塞梯人、哈萨克人、鞑靼人。自1991年以来，俄罗斯清真寺的数量从300座增加到8000座，穆斯林宗教学校超过60所，在过去15年，俄罗斯的穆斯林人数增加了40%。俄罗斯社会调查机构列瓦达在2012年12月17日的统计数据表明，俄罗斯信奉伊斯兰教的居民数量占人口总数比重从2009年的4%上升到7%，而信奉东正教的人口数量从2009年的80%下降到74%。在这个背景下，莫斯科当局于2012

年底同意在不同行政区域划出 6 个地区建设清真寺。

四、佛教

在俄罗斯流行的佛教主要是 17 世纪由蒙藏地区传入的藏传佛教（俗称喇嘛教），为俄罗斯第三大宗教。

17 世纪中叶，佛教自西藏经蒙古传入西伯利亚。1712 年，西藏喇嘛阿旺·彭楚克率领 150 名喇嘛自蒙古到布里亚特传教，并于 1741 年建造了第一座扎仓——宗果尔扎仓。同年，沙俄女皇伊丽莎白颁布法令，宣布佛教为官方承认的宗教之一，同时免除喇嘛税赋，并为喇嘛向民众传播教义提供便利。至 1846 年，布里亚特建成 34 座佛教寺庙，同时印刷了大量藏文、蒙文佛教书籍。至 1897 年，外贝加尔地区佛教僧侣已达到 16.1658 万人，占当地居民的 80%。1917 年，卡尔梅克有 92 座佛教寺庙和 3 个佛学院。

20 世纪初，俄罗斯佛教掀起革新运动，提出民族宗教信仰自由的口号。1922 年召开了第一次佛教徒代表大会，并成立了中央佛教理事会。20 世纪 30 年代末开始，佛教遭到大规模镇压，寺院被破坏或关闭，教会组织不复存在。苏联卫国战争后期，佛教组织逐渐恢复活动。1946 年佛教界召开了战后第一次全国喇嘛和信教群众代表大会，正式成立了全国性佛教组织——苏联佛教徒中央宗教管理局，并通过了《苏联佛教僧侣（喇嘛）条例》和各项决议。

苏联解体后，佛教在俄罗斯得到一定程度的复兴。目前佛教信徒有 100 余万人，占俄人口总数的 1% 左右，集中在蒙古族聚集的布里亚特、图瓦和卡尔梅克共和国。此外，在俄罗斯其他地区的 14 个城市，还分布着 30 多个佛教区。其中，圣彼得堡有佛教区 8 个，莫斯科有 5 个。仅莫斯科市就拥有佛教徒约 1 万人，该地还成立了藏文化信息中心。俄罗斯佛教团体由教务会议选举的"佛教理事会"领导，中心设在布里亚特共和国首都乌兰乌德市伊沃尔金斯克喇嘛庙。

苏联解体前，俄罗斯佛教主要为藏传佛教的格鲁派。然而，近期俄罗斯出现了一些北传佛教中的中国、越南、日本等佛教派别。在藏传佛教中，也出现了格鲁派之外的宁玛派、噶举派和萨迦派，以及一些南传佛教派别。另外，俄罗斯佛教还产生了新的修习形式，即与寺院修习不同，一些来访的上师（佛学的老师）或僧人到不同派别的中小型学习小组中进行指导。此类更加世俗化的修习方式在俄罗斯传播速度较快。

目前，佛教受到了俄罗斯相关政府机构的重视。俄联邦成立前后，佛教在布里亚特、卡尔梅克、图瓦三个共和国重获官方宗教地位。1990年1月，图瓦登记了第一个佛教教区。1991年，图瓦开始重建佛教寺庙，青年喇嘛开始到布里亚特、蒙古、印度和泰国等地学习佛教。1995年，图瓦宣布佛教、萨满教和东正教同为官方宗教。1999年，在图瓦首都克孜勒成立了佛教徒行政中心和喇嘛管理局。布里亚特和卡尔梅克共和国也非常重视发展佛教。1991年，布里亚特共和国主办了"俄国官方承认佛教250周年"庆祝活动。1994年，卡尔梅可共和国以"草原法典"宣布本国为佛教共和国。2013年，布里亚特共和国专门拨款用于宗教建筑的建造、修缮和恢复。同年7月，俄罗斯决定，给予佛教及其他三种传统宗教进入学校及军队的官方许可。

五、其他宗教

（一）天主教

俄罗斯天主教包括罗马天主教和希腊天主教（亦称东仪天主教）两派。罗马天主教徒主要为俄罗斯境内的德意志人、波兰人和立陶宛人。苏联时期，希腊天主教徒主要集中在乌克兰。20世纪90年代初，俄罗斯的希腊天主教徒也开始建立自己的组织。目前，图拉、莫斯科和斯塔夫罗波尔等地都出现了希腊天主教组织。近年来，俄罗斯天主教组织的数量呈上升趋势。20世纪80年代末，俄罗斯境内有天主教区12个。1994年和1997年，分别增至128个和169个。俄罗斯天主教的行政中心设在莫斯科和新西伯利亚，分别管理天主教会的欧洲和亚洲部分。

（二）基督新教

在俄罗斯的基督新教中，最有影响的教派是路德教、浸礼会、基督复临安息会和福音五旬节会等。俄罗斯境内的路德教分欧洲和亚洲两个主教区，共管辖300个教区。欧洲主教区以莫斯科为中心，将俄欧部分约40个教区联合在一起。以鄂木斯克为中心的亚洲主教区教徒人数更多，它包括自乌拉尔至太平洋沿岸广大地区的250多个教区。1993年，俄罗斯的浸礼会包括994个教区，拥有教徒7.4万人。后来，受中亚和外高加索地区移民潮的影响，俄罗斯浸礼会的教徒数量明显增多。莫斯科是俄罗斯浸礼会的一个中心，这里有浸礼会教区9个、团体20个、教徒约5200人。1990年，俄罗斯有基督复临安息会教徒约8100人。1996年，该派教区已经达到294个，教徒为5.5万人。莫斯科、圣彼得堡、图拉、下诺夫哥罗德、顿河罗斯托夫、梁赞、新西伯利亚、伊尔库茨克、哈巴罗夫斯克以及摩尔曼斯克等地，都分布着基督复临安息会教区。俄罗斯的福音五旬节会产生于20世纪初，它是从美国传来的基督新教组织。目前，俄罗斯的福音五旬节会包括约400个教区，教徒人数超过6万人。较大的福音五旬节会教区设在克拉斯诺达尔边疆区、斯维尔德洛夫州和萨马拉州。

（三）亚美尼亚格列高利教会

亚美尼亚格列高利教会在教义和礼仪上同东正教十分接近。它是古代基督教的一个教会，506年脱离拜占庭而独立，其教会组织主要集中在亚美尼亚境内。1997年初，俄罗斯有亚美尼亚教会教区27个，它们主要分布在北高加索、克拉斯诺达尔边疆区、斯塔夫罗波尔边疆区和伏尔加河下游地区。

（四）旧礼仪派

俄罗斯还存在着历史上从东正教会中分离出去的旧礼仪派。目前旧礼仪派包括27个分支派别，拥有教徒200万人，较大的派别有教堂派、反教堂派、北方沿海派、救世派、费多谢耶夫派和云游派等。

（五）犹太教

犹太教是俄罗斯一个古老的宗教派别，在民族迁徙过程中传入俄国，已有数百年历史，是俄罗斯犹太人的民族宗教。俄罗斯有犹太教国际组织的代表处，还有犹太人同乡会组织。1992年注册成立一所犹太教学校。1993年，俄罗斯犹太教会获得从事宗教活动的自由。目前，俄罗斯境内有犹太教传统教区42个。此外，近年来俄罗斯还出现了一些犹太教改革教派。1996年，俄罗斯境内正式登记的犹太教改革派教区共有29个。

（六）萨满教

萨满教是西伯利亚土著民族的传统宗教。在广袤的西伯利亚地区，有两大语系的民族信奉萨满教，即阿尔泰突厥语系和阿尔泰蒙古语系。前者有阿尔泰人、特勒乌特人、库曼丁人等，后者有蒙古人、布里亚特人、卡尔梅克人等。萨满教不但举行祭祀神灵的宗教活动，还负有"驱邪治病"的使命。20世纪50—60年代中期，几乎每个村庄都有2~3个萨满，集体或以家庭为单位的祭祀活动屡见不鲜。近年来，由于俄罗斯宗教政策发生变化，萨满教得到一定发展。

（七）新兴宗教

据统计，在俄罗斯司法部注册的新兴宗教已经超过了100种。具体包括来自美国的摩门教、耶和华见证派和科学会，来自印度的克里希纳意识教派和萨哈扎——瑜伽教派，来自韩国的统一教会等，也有俄罗斯土生土长的,如白色兄弟会、白色荷花教派和阿纳斯塔西亚教派等。这些新兴宗教的信徒从几百人到几千人甚至几万人,规模不等。

第四节 蒙古国宗教

一、蒙古国的宗教政策

历史上,蒙古人在很长一段时期内一直信奉萨满教。此后,蒙古人又受到藏传佛教、伊斯兰教、基督教的不同影响。蒙古人民革命胜利后,信教人数逐渐减少。20世纪70—80年代,80%~85%的蒙古受访者表示无宗教信仰。1992年,蒙古国通过第四部宪法,规定"对于人,不得以其民族、种族、语言、肤色、年龄、性别、社会出身和地位财产的多寡、职业、职务、宗教信仰、思想观点、文化程度加以区别对待和歧视。每个人均享有法人资格"。"在蒙古国,国家尊重宗教,宗教崇尚国家。国家机关不得从事宗教活动,寺庙不得从事政治活动。国家与寺庙的关系以法律协调之。""公民享有宗教信仰与不信仰的自由。"在此之后,以佛教为主的宗教在蒙古国复兴。根据1994年对蒙古国9个省1800人进行的调查来看,有71.1%的人认为自己属于某个宗教。在信教的人群中,80%的人信仰佛教,10%的人信仰伊斯兰教,4.7%的人信仰基督教,其余的人信仰其他宗教。

蒙古国宗教复兴的原因除了其国内通过立法等手段推行政体改革之外,也与20世纪80年代掀起的新一轮世界性宗教热潮有关。蒙古国处于世界三大宗教的交汇处,无疑也受到世界性宗教热潮影响。在这个过程中,蒙古在佛教保持其主导地位的同时,宗教类型出现多元化的趋势。据2010年人口住房普查宗教信仰首次采集数据,15岁以上人口中宗教人口中65.6%,即成年人中每10人有6人有宗教信仰,其中佛教徒在宗教人口中的占比为86.2%,伊斯兰教徒占比为4.9%,基督教徒为3.5%,萨满教徒为占比4.7%,其他占比0.6%。另据2020年蒙古国人口与住房普查结果显示,15岁以上人口的59.5%有宗教信仰,其中宗教人口总数的87.1%信仰佛教,伊斯兰教徒占比5.4%,萨满教徒为4.2%,基督教徒为2.2%,其他占比1.1%。尽管大部分人信仰佛教,但15~19岁的青年人则大多数信仰基督教、伊斯兰教。且不同民族、部族的信仰情况各不相同,占84.7%的哈萨克人有宗教信仰,其中81.9%信仰伊斯兰教。这种多元化的宗教趋势直接影响着蒙古国的传统社会结构。

导致蒙古国出现多元宗教信仰的因素有两个：一是蒙古国民众根深蒂固的传统游牧习俗、传统价值观与社会转型时期产生的精神空虚相叠加，以及全球化浪潮对民众思想领域发生渗透等因素共同作用的结果；二是蒙古传统社会关系在社会转型时期变得日趋复杂，使该国处于传统社会、工业化社会、信息化社会以及现代社会等各类型混合体的过渡状态，导致当前在蒙古国出现了传统的游牧生产生活方式与城市化、工业化的"文明"生产生活方式融合交织并存的现象。

随着信教人数的增多，蒙古国国内宗教组织也越来越多。截至2020年，在蒙古国司法内务部及国家登记注册的宗教机构共410家，数量为1994年（24家）的17.1倍。其中佛教机构150家，教职人员1997人；基督教222家，教职人员938人；伊斯兰教27家，教职人员67人；其他宗教机构11家，教职人员29人。在蒙古国宗教组织增多的同时，也出现了许多问题，如不少宗教组织未经注册擅自建立非法寺庙、众多西方人员参与传教活动危害蒙古国国家安全、传统宗教与非传统宗教组织矛盾冲突增加、政教关系复杂，等等。

为了应对上述问题，蒙古议会在1993年制定《蒙古国国家与寺庙关系法》，并依据该法以及1994年颁布的总统第51号令，设立了隶属于总统的宗教事务顾问委员会。宗教事务顾问委员会成员包括国家相关政府机构高层官员，宗教学、科学、文化历史学领域著名学者，从事宗教仪轨、传统等领域研究的高僧大德以及有相关学术造诣的信众等人员。该机构可以在适当情况下对以下问题提出建议：国家与寺庙的关系；国家对宗教的政策；在确保人民团结的基础上协调各宗教间关系；维护公民宗教信仰自由的权利；宗教机构的对外关系；国家、寺庙与宗教的关系是否符合蒙古国法律与国家政策等。同年通过的《蒙古国国家安全构想》提出："寺庙的数量、位置、喇嘛的数目等，应置于政府的监督之下"，"政府要特别注意不同宗教之间的相互关系，防止发生冲突，寺庙的一切活动应在允许的范围内进行"。2001年，蒙古国第108号总统令制定了《宗教事务顾问委员会章程》，规定"宗教事务顾问委员会在处理国家、寺庙与宗教关系方面行使国家法律赋予的权力"。2012年，额勒贝格道尔吉再次颁布总统令，授意修订《蒙古国国家与寺庙关系法》，以应对蒙古国宗教活动无序化严重的情况。

二、蒙古国的传统宗教

学界一般将本国宗教信仰分为两大类：一是传统宗教，以藏传佛教、萨满教、伊斯兰教为代表；二是非传统宗教，包括天主教、东正教等一些基督教流派，如福音派、安提阿正教会、浸礼会、耶稣再生论派、摩门教、长老会等。传统宗教的特点是传入时间早，影响广泛，以寺院等形式存在。非传统宗教是指20世纪90年代以后传入的宗教，在短短的数十年时间内发展迅速，同时吸收年轻人的幅度较大。

（一）萨满教

萨满教形成于阶级社会产生前的新石器时代和青铜器时代，流行于以狩猎等为生的民族中，很适合蒙古游牧民族。

自原始社会后期至17世纪上半叶，蒙古人一直信奉萨满教。萨满教是融合了蒙古远古自然崇拜、图腾崇拜、祖先崇拜等多种信仰的产物，相信万物有灵和灵魂不灭，认为宇宙有上、中、下三界之分，上界为神灵所居，中界为人类，下界为魔鬼和祖先灵魂所居。而萨满则是人和鬼神之间的中介，并具有通神的特殊本领，兼任仪式主持人、卜者和医师为一身，可为人们消灾祈福。蒙古语称男萨满为"博"，女萨满为"巫达干"。萨满由于具有驱除邪恶力量的功能而受到人们的普遍欢迎。

13世纪初，萨满教在蒙古进入鼎盛时期，成为蒙古帝国的"国教"，受到蒙古族民众的普遍信仰。16—17世纪，格鲁派喇嘛教在蒙古各部封建主的大力支持下得以迅速传播，萨满教的主导宗教地位被取代。但时至今日，萨满教仍然在蒙古国有着相当影响，它与喇嘛教相互依存，成为一种混合性的宗教实践活动。作为蒙古国历史上的主要宗教信仰，萨满教丰富了蒙古族文化的内容，同时也使喀尔喀蒙古族的早期文化具有游牧民族文化和萨满教文化的双重特征。

1999年，国际萨满教研究会第5次会议在蒙古国举行。2012年，蒙古萨满联合会成立。目前蒙古国萨满教相关组织有10余个。

（二）佛教

佛教产生于印度，自7世纪传入中国西藏后，与青藏高原原有的苯教相融合，形成独具特色的藏传佛教。13—16世纪，藏传佛教传入蒙古高原。蒙古各部首领先后皈依，在政治上、经济上大力扶植佛教，并大量兴建寺庙。蒙古国从统治阶层到普通百姓，由信仰萨满教纷纷改信佛教，佛教成为支配蒙古民众精神世界和世俗生活的唯一宗教。20世纪前20年，佛教在蒙古处于统治地位，形成了完整的宗教社会体系。当时全国有佛教寺庙700余座，喇嘛10万人，占成年人口的45%。此后，佛教在蒙古国遭到人为的削弱和打击，其影响逐渐淡化。1961年，蒙古国佛教联盟成立，并于当年作为地区佛教中心，加入世界佛教徒联谊会。蒙古佛教联盟目前与30多个国家及宗教组织建立了联系。20世纪80年代，蒙古国政府投资修建图书馆，开展保护佛教寺院和研究佛教文化工作。20世纪90年代以后，佛教在蒙古国得到快速复兴。1990年，蒙古信徒联合会成立。该联合会提出要恢复、修缮各地方寺庙并向信徒开放，这标志着蒙古宗教组织的新生。1991年，蒙古佛教中心成立。该中心的职能是负责协调国家与寺庙间的关系，组织蒙古佛教的对外交往，统筹安排全国佛教组织问题，联络、协调与其他宗教的关系。蒙古佛教中心下辖的佛学院是培养佛教教职人员的基地。该学院除开设佛教史、佛教哲学、佛教仪轨、藏语、梵语等传统课程外，还开设了艺术和天文学等课程，同时派出人员赴海外留学。20世纪90年代以来，位于印度南部的果芒经学院成为培养蒙古喇嘛的最重要海外机构，很多喇嘛在此通过3~4年甚至10年的深造获得藏传佛教最高学位。另外，蒙古佛教中心还为俄罗斯的佛教机构培养人才，同英国等欧洲国家也有交流。蒙古国非常重视对寺庙的建设，现存的历史名寺庙有额尔德尼召寺、阿穆尔巴雅斯古楞特寺、甘丹寺、达什却楞寺等。

佛教在蒙古国的宗教中占据主导地位。2010年新通过的《蒙古国国家安全构想》规定："国家支持恢复和发展传统佛教文化，引导寺庙活动面向社会启迪思想，巩固国家团结、减少贫困、帮助受灾人民和保护环境。国家特别支持对承载着蒙古人民数百年精神遗产的佛教遗产文化的研究。"在此背景下，蒙古国政府决定恢复喇嘛的选举权，在军队设立喇嘛职位，推行蒙语诵经、媒体传教、推广佛教歌曲、在寺院举行婚礼等，以扩大藏传佛教的影响。此外，1990年还成立了以佛教徒为主的蒙古真正信教者联盟、蒙古人民党等宗教性政党。

蒙古国之所以突出佛教的主导地位，究其原因是将其视为"民族传统文化复兴"的重要契机和手段，认为藏传佛教体现了蒙古人民生活方式的基本特征，是历史文化传统的保持者与传承者。针对基督教等外来宗教在蒙古国迅速发展壮大、藏传佛教地位被削弱的现象，额勒贝格道尔吉总统决定整顿宗教，将"支持恢复和发展传统佛教文化"写入2010年《蒙古国国家安全构想》中。另外，佛教还在蒙古国国民社会生活中发挥了思想启蒙、情感慰藉、道德观念构建等重要作用。额勒贝格道尔吉曾表示，佛教上师节不仅只是诵经活动，而且应该净化、启蒙与团结全体蒙古民族的心灵，是"国家尊重宗教，宗教崇尚国家"这一宪法原则的重要体现；佛教在蒙古是使社会伦理道德规范形成的必要条件；佛教的慈悲、怜悯、追求和平非暴力等思想成为建立互相友爱、互相尊重的社会公共关系，形成充满人道与同情的"民主"社会的最重要因素；佛教思想为拯救迷信、犯罪提供了忏悔的途径和最终的希望。然而，目前蒙古国的佛教发展也面临着一些挑战，包括佛教人才相对匮乏、对佛教教义理解不够透彻、寺庙管理不够规范、受基督教等西方宗教冲击严重等问题。

蒙古国佛教徒的主要佛教活动：（1）白月节，即蒙古历法中的正月初一至十五，信徒到寺院里过节迎接新年、祈福吉祥。（2）佛诞节，即在阴历四月七日、八日和十五日纪念释迦牟尼佛诞辰、成道和涅槃的大法会。（3）绕寺节，俗称转弥勒佛节，阴历六月四日或十五日举行，历时两天，进行诵经、转经和祈愿。（4）燃灯节，藏历十月二十五日举行，是纪念藏传佛教格鲁派祖师宗喀巴大师的涅槃纪念日，寺内外燃灯供佛。

佛教在当今蒙古国国民文化习俗中根深蒂固。几百年来，佛教在蒙古人民的信仰中依然占有主要位置，佛教文化已渗透至蒙古民族的思想、生活等各方面，成为民族文化中不可分割的一部分。如蒙古国国家领导人每逢春节都要去该国佛教中心甘丹寺做法事；蒙古国民众的嫁娶、丧葬等重要人生仪式无一不在寺庙邀请喇嘛主持完成；牧民面临移营、生老病死等问题时，都要请喇嘛卜凶问吉。

（三）伊斯兰教

蒙古国境内的伊斯兰教属于逊尼派的哈乃斐教法学派，信奉该教的居民主要是聚居在巴彦乌列盖省的哈萨克民族，以及人数较少的霍屯等民族。1990年，蒙古穆斯林协会成立。1992年7月，该协会召开大会并改名为"蒙古伊斯兰教中心"。同年11月，巴彦乌列盖省首府乌列盖市修建的首座清真寺交付使用。1993年开始在乌列盖市建立伊斯兰教中学，过去的几年间，共有3000名名儿童接受了有关伊斯兰教祈祷经文、宗教法规方面的初级教育。

蒙古伊斯兰教中心日常工作包括让人们掌握伊斯兰教教理和文化，每年在乌列盖市及各城镇、县、区定期举办宗教教学活动，吸引数千名青少年参加学习。此外，蒙古伊斯兰教中心在保护穆斯林利益、恢复宗教传统等方面做了很多工作。如恢复穆斯林的传统节日、传统习俗、组织圣徒到麦加朝圣等。在蒙古国恢复传播伊斯兰教的过程中，穆斯林国家给予了很多支持。例如，土耳其和巴基斯坦等国家的宗教教师也长期或短期访蒙，参加宗教礼拜并进行指导咨询，或者提供资金支持。

三、蒙古国的非传统宗教

（一）基督教

蒙古人信奉基督教可追溯到 7 世纪，当时景教教士从波斯经中国到蒙古国传教。13 世纪，天主教方济各会、多明我会等前往蒙古传教。19 世纪，伦敦会传教士在布里亚特人中传教，并把《圣经》翻译成蒙文。后来，俄罗斯东正教也曾在蒙古国传播。1990 年 10 月起，蒙古基督教堂"世界之主教堂"于每周日开放。同年 12 月，蒙古圣经会建立，其与 50 多个国家的基督教协会建立了联系。1992 年，蒙古国与梵蒂冈建交，其教育部要求梵蒂冈派遣传教士来蒙重整教育制度。同年 7 月，圣母圣心会的传教士前往蒙古，接收了一所孤儿院，设立一所语言学校，并提出关心失业青年的计划。1993 年，亚洲主教团协会中央委员会通过决议接纳蒙古国为该会附属会员。

蒙古国境内的基督教除了在教堂等场合之外，还有一些来自"和平队""国际援助""友好邻邦协会""国际粮食援助协会"等机构、组织、基金会的成员以多种形式传教。截至 2020 年，蒙古国有 49.5% 的宗教场所在乌兰巴托，而全部宗教场所中的 54.1% 是基督教堂，其中位于乌兰巴托市的"阿门教堂""乌兰巴托礼拜集会"等集会场所开展活动达两三年之久。据非官方数据统计，2009 年蒙古国共有 40 万名基督徒，其中 90% 为年轻人。[①] 与佛教相对凝重、沉闷和单调的方式相比，蒙古基督教的传教方式比较世俗化。基督教教堂和聚集点分为集体和家庭组、成年人和青少年组、妇女和儿童组、大学生和中学生组等类别进行布道。传教形式包括派志愿者到乡下讲授圣经，散发宣传单、小册子、画册，放映电影等，有些组织甚至以金钱和物质利益吸引或以免费教授英语为名招收青少年参加。

蒙古基督教传教的内容包括讲授宗教礼拜规则、习俗意义，教唱赞美诗、歌曲，讲解耶稣的经历和《圣经》教义，同时给新皈依者介绍国际国内时事和信徒情况等。

---

① 黄莹：《蒙古国藏传佛教发展现状及其面临的问题》，《国际研究参考》2015 年第 9 期，第 30 页。

(二) 巴哈伊教

巴哈伊教由19世纪40年代产生于伊朗的伊斯兰教的一支——巴布教派演变而来。1991年，该教开始在蒙古国传播，1993年春召开了第一次会议，成立了协会并开展工作。1999年蒙古成立了巴哈伊教的分部，名为"蒙古发展中心"，以免费传授科学生活知识、免费发放蔬菜种子等方式发展成员。巴哈伊教提倡巴哈伊教徒和人民以兄弟相待，推崇人类的共同语言和统一宗教，教义以博爱为宗旨，认为这是民族、种族、国家和人们平等、团结的条件。

第五章

文化艺术

第一节 东北亚国家的文化多元性

一、三种文化类型

通常而言，东北亚文化可分为三种类型。一是儒佛文化。以中国文化为主体，先后进入朝鲜半岛和日本列岛，以及俄罗斯的远东和西伯利亚，且在此过程中完成了与当地文化的结合和融合，最终形成了东北亚的主体文化——儒佛文化。二是藏传佛教文化。印度佛教与中国西藏当地宗教结合形成藏传佛教，其中的一支经中国青海、内蒙古，进入蒙古国以及俄罗斯的西伯利亚，形成藏传佛教文化。三是俄罗斯亚洲部分的主体文化，它体现了俄罗斯人的主体文化——东正教文化从西向东在文化上的传播轨迹。

（一）儒佛文化

从文化渊源上讲，东北亚地区的中国、日本、韩国、朝鲜同属儒佛文化圈，它们有着共同的文化基础。儒家学说中的"仁、义、礼、智、信""天人合一"以及"中庸""和谐"等思想已经成为各民族的文化内核。即便西方文化在不断侵蚀和渗透，其主体价值观念仍没有发生根本性改变。

东北亚儒佛文化的同质性主要体现在三个方面。首先，汉字的广泛使用是东北亚文化最鲜明的特点，也是区别于亚洲其他区域的显著标志。汉字的推广和使用，使朝鲜半岛和日本进入有文字的历史，从而为该地区的文化建构起到至关重要的作用。其次，儒家思想对这一地区影响重大。在中国以及朝鲜半岛和日本，长期居于统治地位的意识形态是儒家思想，虽然在各国表现形态不一，但对社会生活各个领域的巨大影响是毋庸置疑的，直到今天仍然是社会秩序的重要基石。最后，是发源于印度并经由中国文化改造的中国化佛教。佛教传入中国后，经过中国文化的消化、改造，成为中国文化的重要组成部分，而后逐渐传播并渗透到朝鲜半岛和日本文化中。

1. 日本文化

日本人民在长期的生产劳动和社会生活实践中，创造了富有民族特色的文化形式，并不断汲取、借鉴其他民族的优秀文化成果，从而极大地丰富和发展了日本文化艺术。在中国隋唐时期，日本大量派遣使者来中国，许多留学生和僧人也都到中国学习文学艺术，这些都对日本的文学、书法、绘画、音乐、戏剧等产生了极其重要的影响，同时促进了中日之间的文化交流。直到9世纪以后，日本才逐步从对中国文化的模仿中摆脱出来，开始创造并形成自己独特的文化。明治维新之后，日本转向学习西方资本主义国家，随之而来的是大量西欧文化和文艺作品传入日本，深深影响了日本文化的发展。

虽然日本在历史上曾是崇尚儒学文化的国家，但由于各种客观因素，自身又有着独具特色的文化传统，因此日本文化与儒学文化比较起来有一定区别。日本文化可以说是不同文化的并存，甚至也可以说是混杂的多层文化。究其原因是日本人对不同文化具有较强的好奇心，排斥把原有文化连根拔掉，选择根据自身需要吸收外来文化。

中、日、韩三国原本同属儒佛文化圈，但近代以来在西方文化的强力冲击下，东北亚文化圈开始衰落并发生分裂。日本加入侵略中国的行列，并对朝鲜半岛进行殖民统治，造成东北亚各国之间的心灵裂痕，从而削弱了东北亚儒教文化圈的影响。二战后，日本并未对侵略战争进行深刻彻底的反省，从而造成东北亚各国对其不信任，影响了东北亚文化圈的恢复与发展。之后，日本"脱亚入欧"，试图从儒佛文化圈中挣脱出去。如今东北亚各国的文化走上了各自不同的发展道路，相互之间的文化共性被大大削弱。

2. 朝鲜半岛文化

朝鲜半岛文化是汉字文化圈中最接近中国的一部分。历史上中国文化从思想、制度到行为都传入了朝鲜半岛。儒学传入朝鲜半岛后对其政治、思想、伦理、教育和社会习俗等产生了重大影响。朝鲜半岛的文化思想是儒、释、道与其固有的民族思想、信仰，特别是萨满教相结合的产物，构成了传统文化的基础，并在现代社会活动中仍然起着至关重要的作用。

当今，韩国把国内外思想文化因素、制度文化因素有机结合起来，带动了经济的腾飞。其思想文化因素包括源于儒、释、道、萨满教和基督教等的权威主义、群体意识、家族集团主义、世俗主义等，这些文化因素深刻影响着韩国人的世界观、人生观、价值观和伦理道德观。1998年，韩国总统金大中提出"文化立国发展战略"，把文化产业作为21世纪国家经济发展的重点产业加以扶持，从而带动文化产业的蓬勃发展。而朝鲜则把主体思想作为立国之本和指导方针，主体思想是官方批准的唯一国家意识形态，也是唯一获准的信仰体系。值得一提的是，韩国和朝鲜都非常重视文化遗产的发掘、考证和保护工作。韩国从20世纪60年代开始，把文化遗产保护列为重要工作，目前已有十多项名列联合国教科文组织文化遗产名录。朝鲜民谣《阿里郎》2014年也被列入教科文组织人类非物质文化遗产名录，这是朝鲜文化首次入列人类非物质文化遗产名录。

（二）藏传佛教文化

佛教于公元前6世纪起源于印度，7世纪经尼泊尔传入西藏，并与当地的原始宗教——苯教相结合，形成了独具特色的藏传佛教（俗称喇嘛教）。藏传佛教自13—16世纪传入蒙古地区，经过历代蒙古可汗的大力扶植和几百年的发展，形成一种独特的文化心理结构。16世纪末，蒙古土默特万户首领阿勒坦汗引进藏传佛教的格鲁派（俗称黄教），之后藏传佛教在蒙古民间得到了广泛传播，逐渐渗透到人们生活的方方面面，出现了"家家供佛像，事事求喇嘛"的局面。

可以说，藏传佛教教义的核心来源于印度的佛教，但其祭祀礼仪等方面却具有浓厚的苯教色彩。苯教内容的融入，充实和丰富了藏传佛教的佛事活动，使藏传佛教更贴近现实，并深深扎根于信徒心中。藏传佛教在蒙古地区传播的过程中，逐渐渗透到人们的日常生活之中，使蒙古族民间习俗发生了巨大变化，其中对佛像的供奉礼拜、向喇嘛求助、丧葬礼俗、宗教节日活动以及建寺庙造佛像等宗教活动，成为蒙古族风俗习惯的重要内容。

藏传佛教中有消灾避难、除恶降魔，增长智慧、寿命、财富，实现愿望的内容及密法。在传教的过程中，这些内容及密法的传播对当时处于战争频发、社会动荡、生活贫困背景下的蒙古族人民显得特别重要，尤其是对那些渴望消除战乱、祈求美好生活的普通民众有强大的吸引力，同时也迎合了蒙古统治阶层安定社会、安抚民众的现实需求。从忽必烈到阿勒坦汗的自身皈依，可以看出蒙古皇族及其后裔对藏传佛教的虔诚信仰以及支持和鼓励，加之高僧们良好的道德修养、渊博的佛学知识和奋力弘法的奉献精神，促成了藏传佛教在蒙古地区传播和盛行。

俄罗斯的佛教以藏传佛教格鲁派信仰为主，大约在17世纪初由中国西藏和蒙古传入俄罗斯的布里亚特地区。原布里亚特蒙古部族信奉的是萨满教，佛教仅为蒙古部落贵族所信仰，后来牧民开始效仿，在民间传播开来，并逐步形成规模。出于安抚少数民族、稳定边疆的需要，沙皇俄国政府于1741年正式颁诏承认佛教为布里亚特的宗教信仰。其后佛教便从布里亚特地区传入伊尔库茨克、图瓦、卡尔梅克等蒙古部族聚居区。

（三）俄罗斯文化

俄罗斯文化是东北亚文化圈中唯一的非东方文化，也是加入最晚的一种文化类型。有记载的俄罗斯文化应该是从其接受拜占庭文化（即基督教文化）开始的，至今大约有1000年历史。虽然俄罗斯文化属于西方基督教文化的一个分支，但不是纯粹的西方基督教文化。俄罗斯文化起源于东正教，是介于东西方文化之间的一种独特的文化类型，也就是东正教文化。东正教在价值观、人生观、世界观等哲学要素和文字、音乐、建筑艺术等方面对俄罗斯民族产生了巨大影响。

真正的俄罗斯文化形成于金帐汗国对俄罗斯的统治结束之后。蒙古人对俄罗斯的统治给俄罗斯文化带来双重影响：一方面，一部分蒙古文化被带到了俄罗斯；另一方面，这种蒙古文化是一种相对落后的东方文化。随着俄罗斯国力的日趋强大，蒙古文化已经无法满足俄罗斯国家发展的需要。这时俄罗斯意识到要变得更加强大就必须摆脱落后文化的束缚，于是开始转向学习西方文化。

俄罗斯文化西化的过程始于16世纪，即摆脱金帐汗国统治之后，结束于1917年的十月革命。十月革命之前，西方文化的冲击最终导致了沙皇俄国寿终正寝。社会主义革命获得成功后，俄罗斯在文化上产生了优越感，但这种优越感随着苏联的解体而消失。俄罗斯重新审视西方文化，承认西方文化的先进性和对发展生产力的贡献。

俄罗斯文化有以下几个主要特征。第一，俄罗斯文化在其发展历程中受到了东西方文化的影响。它既不是纯粹的西方文化，也不是纯粹的东方文化，而是介于两者之间，且兼具两者文化特征的一种独立的文化体系。第二，从俄罗斯文化的内部结构来看，最鲜明的特征是"两极性"。这种两极性的产生：一方面是来自东西方的两种文化在俄罗斯碰撞和斗争的结果，另一方面是来自俄罗斯社会上、下层文化之间的分裂。第三，专制主义、国家至上、无个性的集体主义、强烈的宗教意识以及由此而产生的善良、诚实、人道、普世主义等，构成了俄罗斯文化的本质特征。俄罗斯人对国家、集体的服从，对国家和制度的忍耐精神，不论在历史上还是在现代都非常突出。

二、东北亚文化的发展

虽然东北亚地区在文化上存在共性，但是由于国家个体性的差异，各国在宗教信仰、意识形态、社会制度以及民族文化传统上有着较大的差别。中国所积极倡导和大力推进的和谐世界理念，就是倡导开放包容的精神，尊重文明、宗教、价值观的多样性。尊重文化的差异性、包容文化的多样性、保护文化的个性，是在和谐世界理念下中国奉行的最基本的文化战略。只有在区域内扩大文化交流，推进彼此沟通理解，才有避免冲突的可能，用协商的办法来解决地区间的问题，从而促进地区的和平稳定与繁荣。

构建东北亚文化共同体既非常必要，也异常艰难。与基督教传统占据统治地位的欧洲不同，东北亚这种文化上的多元性在一体化进程中成为不利的因素。尽管东北亚地区的主体文化在现代化转型的过程中受到西方文化冲击和挑战，加之自身因内部矛盾而出现了裂痕，曾出现过趋于解体的趋势。但是冷战结束后，随着东北亚经济的深入发展和区域安全合作进程的加快以及欧洲一体化、经济全球化等外在因素的刺激，东北亚文化交流融合及其外在张力也正逐步得到加深。

每个国家的文化都存在合理性，都是人类文明成果的组成部分。问题不在于文化的多元性或共同性本身，而是在于能否合理运用并有利于增进相互间的理解和合作，这就需要更高的政治能力和更成熟的文化。目前无论是东北亚还是整个亚洲，这一方面都比较滞后。近年来中、日、韩的文化学者达成一个共识：由于诸多因素的影响和制约，构建面向未来的东北亚文化共同体将是一个曲折和漫长的过程。但是在各国之间的文化交流中，不仅要努力从文化传统中寻求文化共性，也要尊重彼此的文化个性，这是构建文化共同体的基本前提。

第二节 东北亚国家的文学

一、日本文学

（一）古代文学

日本古代文学包括奈良时代和平安时代的文学。《古事纪》和《万叶集》是日本流传下来的、具有深远影响的两部最古老的文学作品。《古事纪》是一部散文作品，记录了古代英雄故事和传说。《万叶集》是日本现存最早的诗歌总集，共收入诗歌约4500首，表现了大化革新前后日本社会变革的面貌，成为奈良文学的顶峰。这一时期的和歌和短歌十分流行，905年编辑成的《古今和歌集》确立了日本短歌的基本形式。

《竹取物语》（811年）被公认为是日本第一部小说。11世纪初，女性文学家紫式部的作品《源氏物语》成为日本古代文学的代表作。《源氏物语》写于1001年，作品共有54卷，描写了贵族男女的爱情纠葛，展示了一幅10—11世纪贵族社会的生活画卷。这一时代的随笔、日记文学也很发达，清少纳言的《枕草子》描绘了11世纪贵族的日常生活，类似散文诗，具有很高的文学价值。

（二）中世、近世文学

中世、近世文学包括镰仓、室町和江户时代的文学。12世纪末，地方幕府贵族成为统治阶级。在幕府统治时期发生了许多重要的历史传奇故事，武士阶级的兴衰决定了这一时期的文学特征。《平家物语》（1223年左右）和《太平记》（14世纪中叶）是这一时期的代表作。《平家物语》描写了12世纪后期平氏一门从繁荣到灭亡的故事，贯穿着胜者必衰的佛教观。镰仓时期的著名诗集《新古今和歌集》以情感细腻的象征性表达著称。其后和歌诗坛出现了二条、京极、冷泉三家的长期对峙。室町时代，和歌衰落，连歌兴起，出现了宗砌、心敬、宗祇、宗长等杰出的连歌师。此外，镰仓时代的"五山文学"创造了中世汉文学的黄金时期。

江户文学始于17世纪，商业经济的发展带来社会结构的变化，町人阶级（市民阶层）成长起来。江户幕府时代文学的代表人物是井原西鹤和近松左卫门。井原西鹤的代表作是《好色一代男》，生动而又犀利地描绘了町人世界的状貌。江户戏剧的代表人物为近松门左卫门，他创作了很多木偶戏和歌舞伎的剧本，具有很高的文学价值。这一时期，俳句成为一种新的诗体，松尾芭蕉（1644—1694年）是当时最伟大的俳句诗人。俳句是以写生的方法，通过反映客观事物来体现作者情感的一种诗歌形式。擅长写俳句的人被称为"俳人"，中村汀女、星野立子、富安风生等都是著名的"俳人"。

（三）近代文学

近代文学是从明治维新到一战结束，即明治时代的文学。19世纪，大量西方文学作品被翻译为日文，各种文学思潮丰富了日本文学。这一时期的代表作主要有二叶亭四迷的写实主义长篇小说《浮云》，森鸥外的短篇小说《舞姬》，岛崎藤村的自然主义小说《破戒》，后来还有正宗白鸟的《向何处去》，以及德田秋声的《新家庭》等私小说。

明治末期，以森鸥外与夏目漱石为代表的反自然主义的作家与流派开始流行。森鸥外创作了长篇小说《青年》《雁》和历史小说《阿部一族》，夏目漱石创作了《我是猫》《三四郎》《从此以后》《门》等小说。新思潮派兴起于一战期间，代表作家作品有芥川龙之介的《罗生门》《鼻子》《河童》，以及菊池宽的《父归》等。一战后介绍到外国去的日本文学作品日益增多，如大佛次郎的《归乡》、三岛由纪夫的《金阁寺》以及谷崎润一郎的《虫》等。

（四）现代文学

现代文学是指一战结束后的大正后期、昭和及平成时期的文学。20世纪的日本文学深受西方文学影响，但它不是一部纯西方现代文学的变迁史，而是一部东西方文学的融合史。昭和初期文坛的主流是以叶山嘉树的《生活在海上的人们》，小林多喜二的《一九二八年三月十五日》《蟹工船》为代表的无产阶级文学派，与之对立的是以横光利一的《太阳》《机械》，川端康成的《伊豆的舞女》《雪国》等为代表的新感觉派。这一时期推理小说也开始蓬勃发展，如今日本已成为一个推理文学大国。

二战后初期阶段，民主主义文学发展很快，而后对战争采取批判态度的战后派作家纷纷登场。20世纪50年代，城市生活题材引起人们的注意，反传统道德的小说开始流行。20世纪70年代，内向文学①的代表作家阿部昭等人的作品对文坛的繁荣起了推动作用。在大众化文学中，井上靖将纯文学和通俗文学统一起来，创作了被称为"中间小说"的《斗牛》《冰壁》等。川端康成以《雪国》《千只鹤》和《古都》三部小说于1968年获得诺贝尔文学奖。1987年，村上春树的第五部长篇小说《挪威的森林》在日本畅销400万册，引起了广泛的"村上现象"，其作品少有日本战后阴郁沉重的文字气息。1994年，大江健三郎凭借《个人的体验》获得诺贝尔文学奖，现实主义文学重新受到重视。

进入21世纪，日本出现了以原爆文学②为发端的日本核文学、在日

---

① 内向文学起源于日本20世纪70年代初期，是一种现代主义文学流派。
② 原爆文学是二战后在日本文学界兴起的一股文学流派，该流派作品主要描述日本广岛和长崎原子弹爆炸以及原爆对日本人生活的影响。

文学①以及冲绳文学②。2011年，东日本大地震后，日本又出现了大量的震灾文学以及与福岛第一核电站相关的核电小说。进入2010年后，日本社会急剧右倾，言论自由被大幅打压。文学上出现了以抽象形式或连环画式的手法描写战争的作品，社会小说不触及导致不良社会现象的政治和权力，现代日本文学总体上变得缺乏批判精神。

二、朝鲜半岛文学

朝鲜半岛文学经历了古代文学、近代文学、现代文学、当代文学几个发展阶段。古代文学是从上古时期到19世纪中叶，包括上古至三国时期文学、统一新罗文学、高丽文学、朝鲜王朝文学。近代文学是以反帝、反封建为主要内容的资产阶级启蒙文学，大约从19世纪末至1919年"三一运动"为止。古代文学是在中国文学的影响下发展的，而近、现代文学更多是以日本为中介受到西方文学思潮的影响。现代文学的主流是无产阶级文学，主要活跃于20世纪20—30年代。1945年"8·15"光复后的当代文学包括韩国文学和朝鲜文学。

（一）古代文学

朝鲜半岛的古代文学由口头文学、汉文学以及国文文学③组成。朝鲜半岛文学始于民间口头文学，后来接受了中国的汉文而出现汉文学。朝鲜民族先是借用汉字来标记语言，后来创造出自己的文字，国文文学由此得到了稳定发展。汉文学发端于公元前后，直到16世纪都占据着绝对主导地位。口头文学和汉文学的发展一直持续到20世纪初的近代社会。国文文学与汉文学共存到19世纪，至20世纪初取代汉文学占据主导地位。

1. 口头文学

口头文学是口头传承的文学，一般没有固定的作者，与民众生活密切相关，带有民众文学的性质。朝鲜口头文学包括口传故事、民谣、巫歌等。口传故事是虚构出来的具有一定情节的故事，包括神话、传说和民间故事。

朝鲜半岛进入青铜器时代以后，一些部落形成了国家的雏形，建国神

---

① 在日文学是指日本殖民朝鲜半岛时期来到日本或被强行带到日本的朝鲜人主要用日语创作的文学作品的总称。
② 冲绳文学是指出生于冲绳的作家以及拥有冲绳生活经历的作家创作的作品。
③ 有韩国学者把用汉字记录下来的口头文学归入汉文学，把借汉字标记韩国语（朝鲜语）的乡札文学视为国文文学。

话应运而生。著名的古代神话有古朝鲜的《檀君神话》、新罗的《朴赫居世神话》、扶余的《解慕漱神话》和耽罗的《三姓神话》等。最古老的民间歌谣是汉译诗《龟旨歌》。传说大部分讲述人与人、人与事物之间的关系以及人们受到的挫折或悲惨命运,有具体的时间、地点并与具体的事物相联系。比如江原道高城郡的松池湖和儿媳岩的传说、全罗北道的义犬碑传说等。公元前后时期出现了大量的民间故事,一部分在中国史书中有记载,另一部分经过长期的口头传播用汉文记录下来。比如高丽僧人一然编辑的《三国遗事》就记录了大量的民间故事。收录民间故事的文献还有高丽末期的《破闲集》《栎翁稗说》,朝鲜王朝时期的《古今笑丛》《大东野乘》等。

民谣是民众在日常生活中吟唱的歌曲,是文学、音乐和韵律的综合艺术。朝鲜民族的民谣包括按照劳动节奏吟唱的劳动歌谣、以葬礼歌谣为主的仪式歌谣,以及描述婆家生活等的叙事民谣等。口传文学中巫歌最有民族特色,许多关于巫歌的资料至今仍完好保存,例如长篇的祝愿巫歌和数十种巫俗神话以及十多种巫剧依然在民间广为流传。

2. 汉文学

汉文学早在公元前后就已出现,至朝鲜三国时代有了长足发展。三国时代和统一新罗初期,朝鲜半岛汉文学主要受中国西汉、东汉以及六朝文学的影响。《黄鸟歌》是高句丽琉璃王于公元前17年所做的四言诗,是中国东北地方政权高句丽现传最古老的抒情汉诗。汉诗的大量创作始于统一新罗时期。统一新罗时期最著名的汉诗诗人是崔致远,其现存的作品有《桂苑笔耕集》《乡乐杂咏》等诗集。统一新罗时期的散文有人物传记、寓言、游记和殊异体散文,其中殊异体散文是一种传奇文学形式的散文。

高丽时期的文学成就超过了以往任何时期。高丽时期的散文有人物传记、假传体散文和诗话。假传体散文是把拟人化的动植物或其他事物设定为主人公,以传记的形式讲述其来历和生活。诗话是一种原始的、特殊的文艺批评或文艺理论。高丽时期还出现了被文学史家称为"稗说"的文学形式,这种文学形式最初主要是围绕着诗句叙述诗人的传闻轶事和诗句的来历,后来发展到杂录文人感兴趣的一切传闻故事。金富轼所编写的《三国史记》和一然所编写的《三国遗事》是有关古朝鲜、三国和统一新罗历史的重要文献,其中不少作品具有较高的文学价值。高丽时期的汉诗创作达到了相当繁荣的程度,出现了一大批诗人,最著名的是李奎报和李齐贤。李奎报的诗达到了现实主义文学新高度,李齐贤的长短句在文学史上也占有独特地位。

朝鲜王朝时期，汉文学仍被视为"正统"文学。这一时期中国明清小说对朝鲜半岛文学的影响颇深。朝鲜王朝时期可以称得上是汉诗的全盛时期，前期出现了黄真伊、许兰雪轩等女诗人，中期有权鞸、朴仁老等，后期涌现了一批出身微贱的委巷诗人①，晚期出现了流浪诗人金笠。小说在各种文学体裁中逐渐取得优势地位，金时习的《金鳌新话》是文学史上第一部传奇小说集。汉文小说家林悌、许筠，后期著名的实学派小说家朴趾源，创作了一系列以社会改革为题材的短篇小说，如《虎叱》《两班传》《许生传》等。17世纪是从中世纪走向近代的过渡时期，以朴趾源、丁若镛为代表的实学派以他们对社会的批判和讽刺精神构筑了新的汉文学。

3. 国文文学

国文文学始于乡歌。6世纪末，新罗流行借用汉字的音和义标记朝鲜语的"乡札标记法"，用这种标记法记录下来的诗歌叫"乡歌"。流传至今的共有25首，现存的朝鲜三国时代的乡歌有《薯童谣》《彗星歌》和《风谣》三首。其中《彗星歌》是朝鲜三国时代乡歌的代表作，是最早、最完整的十句体乡歌，十句体乡歌是朝鲜最早的民族定型诗歌。统一新罗时期是乡歌创作的全盛期，因主要创作者是僧人，乡歌文学也就具有了浓厚的佛教色彩。

高丽时期，两种新的国语诗歌体裁即景几体歌和时调开始出现，这对国文文学的发展具有重大意义。通过景几体歌和时调的创作，国文诗歌实现了革新。景几体歌是继十句体乡歌之后出现的一种民族定型诗，歌词末尾都重复"景几何如"或"景几果何如其"这一朝鲜语气词，故得名"景几体歌"。时调则是继乡歌和景几体歌之后出现的又一种民族定型诗歌，产生于13世纪末14世纪初，是朝鲜半岛中世纪最具代表性的民族定型诗，流行全20世纪初。

朝鲜王朝时期，训民正音②的创制为国文文学的发展拉开了序幕。15世纪初，乐章文学一度盛行，国文乐章有《龙飞御天歌》《月印千江之曲》

---

① 朝鲜王朝后期的中层人、胥吏出身的诗人，主张文学作品要反映中下层人的生活、思想和要求。
② 训民正音是1443年创制完成、1446年正式公布的符合朝鲜语音特点的文字标记体系，即韩文。

《释谱详节》等。由郑麟趾等所著的，歌颂中国帝王和朝鲜王朝业绩的长篇叙事诗《龙飞御天歌》是其中的代表作，也是训民正音创制后的第一篇国语诗歌。这一时期时调继续发展，代表作家为尹善道，其文集有《孤山遗稿》，杨士彦的时调《泰山歌》也广为传诵。朝鲜王朝时期还出现了一种新的长歌体裁——歌辞，代表作家是郑澈和朴仁老，其中郑澈的代表作有《关东别曲》《思美人曲》和《续美人曲》。朝鲜王朝中期经历了两次规模较大的战争，反映这两次战争的爱国主义小说有《壬辰录》《朴氏夫人传》《林庆业传》等。这一时期著名的国文小说还有许筠的《洪吉童传》，金万重的《九云梦》《谢氏南征记》等。其中《洪吉童传》是最早用国文写就的小说，讲述主人公成为一帮盗贼的头目，后来在岛上建立起一个没有阶级区分的社会的故事。朝鲜王朝后期，不少民间传说被民间艺人以说唱形式传播开来并整理成小说，代表作有《春香传》《沈清传》《兴夫传》。其中《春香传》是最优秀的古典文学著作之一，描述了艺妓之女春香与官宦子弟李梦龙的忠贞爱情故事。

17世纪，统治阶级虽然强化了捍卫新儒学理念和汉文学规范的意识，但仍然无法阻挡时代的发展。士大夫阶层的女性也开始成为国文文学的作家和读者，并发挥了重要作用。随着中间阶层以及市民阶层的形成，出现了对消遣文学的需求以及文学的商品化现象，这对小说的发展起到了积极的促进作用。17世纪以后，国文文学得到较大发展，达到与汉文学相抗衡的地步，由此进入了中世纪向近代的过渡时期。这一时期，小说创作变得非常活跃，汉文小说和国文小说相互竞争。国文小说的发展使国文文学领域进一步扩大，作品数量也随之大幅增加。18世纪朝鲜半岛文坛上出现了一位杰出的现实主义作家——朴趾源，他的现实主义文艺理论和小说创作在文学史上占有重要地位，主要作品有《热河日记》等。

（二）近代文学

朝鲜民族的近代文学始于1894年甲午中日战争以后。甲午更张改革[①]废除了朝鲜王朝运行500余年的科举制度，把国文作为通用文字。朝鲜民族是单一民族，方言差别又很小，因此能够顺利统一民族语言并加以标准化，从而在客观上促进了近代民族文学的振兴。近代文学受到西方以及日本、印度等国文学的影响，一大批世界名著被引进并翻译。在爱国新文化运动的推动下，新小说和新体诗开始出现，并受到世人关注。新小说具有

---

① 1894年朝鲜王朝进行的一系列近代化改革。

主题和题材的现实性、小说语言的口语化、叙述的客观性、创作方法上的启蒙现实主义等特点，代表性的作家作品有李人植的《血泪》、李海朝的《鬓上雪》等。日本殖民统治初期，李光洙的启蒙小说、申采浩的爱国主义小说以及描写殖民统治下知识分子的苦闷和彷徨的短篇小说等具有较大影响。这一时期的新体诗与自由诗更加接近，主要诗人有李光洙、申采浩、金亿等。廉想涉、玄镇健、罗稻香等都是中产阶层的后裔，在近代小说的创作上一马当先。李光洙、金东仁等市民阶层也对近代文学的形成起到了重要作用。

（三）现代文学

现代文学起源于20世纪初，短篇小说、散文、诗歌是20世纪上半期占据主体地位的文学体裁。这一时期，在外国文学的影响下出现了各种文学团体，其中新倾向派文学创作宣告了无产阶级文学的产生。新倾向派代表作家是崔曙海，其代表作《出走记》也是新倾向派小说的代表作。金素月、韩龙云和李相和是这个时期最著名的诗人。金素月是朝鲜半岛现代诗歌史上成就最高的民族诗人，创作有260首抒情诗。韩龙云是佛教界的爱国民族运动家，著有诗集《伊人的沉默》。李相和也是新倾向派文学最优秀的诗人。20世纪初至30年代前半期，无产阶级文学进入新的发展阶段，代表作家是李箕永和赵明熙。李箕永的代表作《故乡》在无产阶级文学发展史上具有里程碑意义。到了20世纪30年代后半期至40年代前半期，无产阶级文学陷入低潮，批判现实主义文学较为发达，纯文学进入发展阶段，同时也出现了现代主义文学。

（四）当代文学

1945年日本战败投降，朝鲜半岛迎来了民族解放，后经南北双方各自建立政府以及三年的朝鲜战争，形成了半岛长期分治的政治格局。"8·15"光复以后，韩国文学获得了新生，一批作家队伍活跃在文坛。20世纪50年代后半期，新一代作家在作品数量和反映现实方面都有较大突破，战争文学以及揭露社会弊病和阴暗面的暴露文学占据主导地位。这一时期的小说主要描绘战争给人们造成的沉重灾难、被扭曲的人生以及知识分子通过人道主义和伦理意识致力于寻求解决问题的突破口等，主要作家作品有孙昌涉的《雨天》、河瑾灿的《受难的二代》等，徐基源的短篇小说《深夜的拥抱》是韩国战后文学的代表作。

20世纪60年代，韩国的铁血政治与经济的畸形发展给青年一代造成了负面影响，这一点在金承钰的短篇小说代表作《汉城，1964年冬》中进行了细腻的刻画。此外，崔仁勋的《广场》、金承钰的《雾津纪行》等也是这一时期的代表作品。20世纪70年代，韩国进入产业化社会，作家关心的焦点集中于社会变动和人们意识结构的变化，出现了世态小说、历史小说、理念小说、战争小说、宗教小说等多种类型。最能代表这一时期小说发展成就的是李文求的《冠村随笔》，黄晳暎的《去森浦的路》《客地》，赵世熙的《矮人射出的小球》等。

20世纪80年代是韩国社会"保守与进步、局限与可能、阴暗与光明相交替"的时代，这一时期出现了"劳动者小说"，主要关注工业化社会的问题，代表作品有金南一的《波涛》等。与此同时，还出现了深刻描写韩国现代生活的作品，比如赵廷来的《太白山脉》、朴景利的《土地》等，后者被视为韩国当代文学史上具有里程碑意义的作品。随着社会经济的发展和人民生活水平的提高，文学创作持续繁荣。韩国有大量可供小说发表的报刊，许多日报逐日连载长篇小说，并颁发奖金很高的文学奖，以吸引读者的注意和活跃文学的发展。韩国有名的文学奖包括李箱文学奖、现代文学奖和东仁文学奖。李箱文学奖的奖励对象主要为中、短篇小说。曾获得李箱文学奖的申京淑的代表作为《钟声》《寻找母亲》。此外，殷熙耕的重要作品《搭讪》《二重奏》《鸟的礼物》，金仁淑的代表作《等待铜管乐队》，还有权知艺的《暴笑》都是比较优秀的文学作品。20世纪80年代以后，韩国文学一度进入低谷。韩国作为世界上网络通信最为发达的国家之一，开始出现了区别于传统小说形式的网络文学，同时在电视、多媒体等非文字形式的冲击下，文学如何适应当代高速度、快节奏的社会现实成了一个不可回避的问题。

进入21世纪以来，人们开始思考如何应对跨界文化融合和交流带来的问题，韩国自身的民族文化和传统重新得到人们的重视，韩国文学也迎合时代重新解读传统文化，对传统文化进行现代化的诠释。文学的专业界限和特点越来越淡化，现代的各种转型成为文学的主流。比如，古典文学作品《春香传》被改编成电影、电视剧、舞剧、歌剧等多种形式，创造出巨大的社会价值和经济价值。值得一提的是韩国女作家韩江的小说《素食主义者》荣获2016年国际布克奖，该作品被翻译为外文后受到广泛欢迎，这是韩国作家首次入围国际布克奖。2023年，韩江的小说《不做告别》获法国梅迪西斯文学奖外国小说奖，这是韩国作家首次获得这一奖项；2024年，《不做告别》又荣获第七届法国埃米尔·吉美亚洲文学奖。

三、俄罗斯文学

(一) 古代文学（11—17世纪）

俄罗斯古代文学产生于11世纪基辅罗斯时期，可以划分为基辅罗斯时期（11—12世纪）、蒙古人入侵和东北罗斯统一时期（13—15世纪）、莫斯科中央集权国家建立时期（16—17世纪）三个阶段。

俄罗斯文学的产生与基督教的输入是同一时期。988年，基辅罗斯接受基督教为国教，之后与西方基督教国家的关系日益紧密，罗斯文化也基本上沿着西方化方向发展。拜占庭的精神、艺术和知识大量传入罗斯，宗教文学大行其道。这一时期，最具代表性的作品是《俄罗斯编年序史》（又称《往年故事》）和《伊戈尔远征记》。长篇纪事《俄罗斯编年序史》追溯了罗斯国家的起源，涉及罗斯的历史、宗教、语言、艺术、地理、国际关系等多方面内容，是一部独具特色的俄罗斯古代重要文献。12世纪末无名诗人所著的英雄史诗《伊戈尔远征记》叙述了罗斯大公伊戈尔率兵征讨草原游牧民族兵败被俘的历史悲剧，是俄罗斯古代文学中最伟大的作品之一。

蒙古的占领及其长达240年的统治对罗斯社会和文化产生了深远影响。这一时期的文学作品内容多为记录著名战役的故事，例如反映罗斯军队抗击蒙古军队的《顿河左岸的故事》，其对后来俄罗斯爱国主义文学的发展有重要影响。13世纪出现了一些反映蒙古征服以及北方日耳曼骑士团和瑞典侵略的纪实体裁文学作品。

14—15世纪，罗斯与拜占庭以及南方斯拉夫各国的联系使得后者的文学作品源源不断地输入罗斯。新的知识、思想和艺术精神的输入成为罗斯文化复兴的重要因素。其中反映1380年库里科沃战争的叙事诗《顿河彼岸之战》和《马迈大战记》流传非常广泛。这一时期宗教劝谕性作品是非常重要的一种文学形式，主要反映了社会生活现实中的苦难、艰辛和不平等。游记作为一种特殊的文学体裁，在14世纪也有突出表现。如14世纪中叶，诺夫哥罗德人斯特凡的游记《旅行记》生动记载了君士坦丁堡之旅，反映了当时诺夫哥罗德人的艺术兴趣和修养。

16世纪，文学更加紧密地与农奴制度和专制制度联系起来。就内容和形式而言，歌颂君主、论证中央集权必要性的政论文章以及宣扬宗教、鼓吹东正教精神的圣徒传记占据了主要位置。在历史著作方面，《尼康编年史》汇集了罗斯建国以来至16世纪的大量史料。12册巨著《插图编年史》

则叙述了从创世以来到16世纪中叶的世界史以及罗斯建国以来的历史。

17世纪的文学是向新时期文学过渡的阶段。17世纪下半叶,出现了一批富有时代生活气息的中篇小说作品,反映了人们企图挣脱中世纪的束缚、追求个人幸福的美好愿望,以及对上层统治者不法行为的憎恶。被称为俄罗斯第一部小说的《萨瓦·格鲁津传》描写了一个普通人的内心世界和生活遭遇。17世纪下半叶的俄国文学中,最具代表性人物是西梅昂·波洛茨基,他创作了大量诗歌,不但丰富了俄罗斯诗歌的形式,而且使音节诗的体系趋于完善。西梅昂·波洛茨基的喜剧剧本《浪子回头金不换》和悲剧《尼布甲尼撒王》奠定了其俄罗斯戏剧鼻祖的地位。

(二) 18世纪文学

18世纪是一个社会思想和文化发生巨变的时期,俄国文学在质的方面开始有了显著提高,其社会作用也极大增强。18世纪30—50年代,古典主义兴起,并逐渐成为俄国文学的主流,代表人物是苏马罗科夫、罗蒙诺索夫等。其中罗蒙诺索夫是俄国伟大的学者、思想家、诗人,也是俄罗斯古典主义文学的奠基人。

18世纪末期,古典主义已不能满足表达更多社会内容的需求,于是现实主义、感伤主义等新的风格开始应运而生。利用讽刺手法抨击农奴制度和专制制度,是18世纪末俄国现实主义文学的一个特点。当时俄国出现了一个新的文学流派——感伤主义,其主要特点是推崇自然感情,注重人物的心理描写,代表人物是卡拉姆津,其代表作中篇小说《苦命的丽莎》被别林斯基称为"最早的出色的俄国小说"。俄国历史上第一位贵族革命家拉吉舍夫以感伤主义笔调写成了《从彼得堡到莫斯科旅行记》,其强烈的反专制、反农奴制的倾向对19世纪俄国文学产生了深刻影响。

18世纪下半期,戏剧家冯维辛是俄国现实主义文学的创始人,主要作品有《旅长》《纨绔子弟》,其中《纨绔子弟》是俄国文学史上第一部反映现实生活的讽刺喜剧。冯维辛的作品在艺术性和社会性方面的突出成就使其在俄国文学史上占有重要地位,被普希金称为"勇敢的讽刺之王"。

(三) 19世纪文学

19世纪的俄罗斯文坛涌现出一批具有世界影响的文学大师,产生了大量优秀作品。研究者们把从普希金到契诃夫的这一段时期称为"黄金时代",把19世纪末到20世纪20年代的这一段时期称为"白银时代"。

19世纪俄国文学随着解放运动的发展而发展,具有高度的思想性和战斗性。俄国作家中不乏革命者和解放运动的思想领袖。进步作家清楚地意识到作家在社会中所肩负的使命，他们以揭露社会黑暗、提出重大社会问题、描绘社会理想为己任。19世纪上半期是俄国解放运动的第一阶段，即贵族革命阶段，活跃在文坛上的基本是贵族作家。自19世纪30年代起，出现了以别林斯基为先驱的平民知识分子作家。在19世纪20年代之前，以感伤派为代表的贵族浪漫主义兴起。1812年俄法战争（卫国战争）后，民族意识高涨，形成了以普希金和十二月党人为代表的积极浪漫主义，在19世纪20年代前后的俄国文坛风靡一时。雷列耶夫是十二月党诗人中最杰出的代表，他的政治抒情诗《公民》最为出色。

普希金不仅是19世纪俄国浪漫主义文学的杰出代表，而且是俄国现实主义文学的奠基人，被称为"俄国文学之父""俄国诗歌的太阳"，其代表作《叶甫盖尼·奥涅金》是俄国第一部现实主义长篇小说。这部诗歌体的长篇小说对19世纪20年代的俄国生活进行了现实主义描写，真实地反映了那一时期俄国青年的苦闷、探求和觉醒的过程，提出了许多重要的社会问题。普希金的小说对果戈理、屠格涅夫、托尔斯泰等杰出作家都产生了重大影响。普希金的其他著名作品有《上尉的女儿》《波里斯·戈都诺夫》和《驿站长》等。《上尉的女儿》描写了18世纪普加乔夫领导的农民起义，是第一部描写农民斗争的俄罗斯现实主义作品，代表了普希金散文的最高成就。

莱蒙托夫继承了普希金的诗歌传统，是继普希金之后俄国19世纪著名诗人和小说家。他的著名诗歌有《诗人之死》《祖国》等，其长篇小说《当代英雄》是俄罗斯文学中第一部散文体的社会心理、哲理小说，是浪漫主义和现实主义相结合的典范。

19世纪40年代是俄国文学中的果戈理时代。果戈理是俄国19世纪最优秀的讽刺作家，是讽刺文学流派的开拓者、批判现实主义文学的奠基人之一，被誉为"俄国散文之父"。普希金则是俄国文学中的"诗歌之父"，二人被誉为俄国文学史上的双璧。果戈理的《狂人日记》和《外套》被认为是19世纪上半期俄国最著名的批判现实主义短篇小说，其代表作是讽刺喜剧《钦差大臣》和长篇小说《死魂灵》。《钦差大臣》这部作品是俄罗斯戏剧史上的里程碑，为俄国现实主义戏剧的发展开辟了道路。

在果戈理的影响下，19世纪40—50年代的俄国文坛涌现了一大批以批判农奴制专制现实为倾向的作家，形成了果戈理派，或称自然派，出现了俄罗斯文学史上的第一个创作高峰，尤其是小说创作更令世人瞩目。自然派以别林斯基为中心，以反农奴制为共同思想基础，《祖国纪事》和

《现代人》两本杂志是其重要阵地。著名的自然派作品有屠格涅夫的《猎人笔记》、冈察洛夫的《奥勃洛莫夫》、涅克拉索夫的长诗《谁在罗斯能过上好日子?》等。当时属于自然派的还有列夫·托尔斯泰、陀思妥耶夫斯基、赫尔岑等作家,其作品描写了俄罗斯的真实生活。自然派作家的创作活动构成了俄国解放运动的一部分。

19世纪下半期,俄国解放运动进入平民知识分子或资产阶级民主主义时期,出现了大批平民知识分子作家、革命民主主义作家,这一阶段俄罗斯批判现实主义文学对官僚地主的批判更加尖锐、深刻和全面。列夫·托尔斯泰是俄国文学史上最伟大的作家之一,其长篇巨著《战争与和平》《安娜·卡列尼娜》《复活》堪称世界文学史上的经典巨著。《安娜·卡列尼娜》是三部巨著中艺术性最为完整的一部,体现了列夫·托尔斯泰思想发展道路的过渡和转变,可以称之为代表作中的代表作。列夫·托尔斯泰是俄国文学中创作时间最长、作品数量最多、影响最深远、地位最崇高的作家,列宁称其是"俄国革命的镜子"。陀思妥耶夫斯基(1821—1888年)继承了果戈理的批判现实主义传统,撰写了《穷人》《罪与罚》《赌徒》《白痴》等长篇小说,被称为"新的果戈理"。屠格涅夫是贵族出身的作家,主张通过自上而下的改革废除农奴制,擅长描写社会运动和知识分子,著名作品有短篇小说《猎人日记》,长篇小说《罗亭》《前夜》《父与子》和《处女地》,以及中篇小说《初恋》。《父与子》以其生动的艺术形象和高度简洁的语言,在俄国乃至世界文学史上确立了无可替代的地位,被视为"俄罗斯文学中最浓缩、最紧凑的长篇小说"。

19世纪70—80年代,俄国文坛上涌现出了一批新的平民知识分子作家。车尔尼雪夫斯基继承别林斯基的传统,捍卫文学的批判作用,是俄国解放运动第二时期平民知识分子革命家的代表,其代表作长篇小说《怎么办》是革命民主主义文学中最辉煌的作品。19世纪90年代的俄国文学中出现了批判现实主义、现代派、无产阶级文学并存的局面,但批判现实主义仍是这一时期文学的主流。19世纪末和20世纪初,除了继续活跃在文坛上的托尔斯泰外,又涌现出了一批有影响力的新人新作,其中最杰出的代表是契诃夫,他是19世纪末期俄国杰出的批判现实主义作家,以撰写短篇小说和话剧剧本著称,短篇小说代表作有《小公务员之死》《变色龙》《第六病室》和《套中人》等,话剧佳作有《海鸥》《万尼亚舅舅》《三姊妹》和《樱桃园》等。

（四）20世纪文学

20世纪是俄罗斯文学精彩纷呈而又曲折发展的重要时期，是经典和大师辈出的时代。在20世纪文学的格局中，传统的现实主义和19世纪批判现实主义文学继续发展，无产阶级文学也快速成长起来。此外，一种涵盖了诸多流派和思潮的现代主义文学也在迅速崛起。

20世纪初的20年为俄国自由知识分子的文化复兴运动时代，是一个承上启下的时期，在文学领域涌现了一大批与19世纪"黄金时代"相比肩的大师。高尔基便是其中的杰出代表，也是苏联社会主义文学的奠基人，无产阶级艺术的最杰出代表。高尔斯的剧作《底层》和长篇小说《母亲》在欧洲无产阶级中家喻户晓，自传三部曲《童年》《在人间》《我的大学》是其前半生流浪生活和不屈精神的总结。高尔基的作品奠定了俄国无产阶级文学的基础，对绥拉菲莫维奇、杰米扬等一批无产阶级作家的思想和创作产生了重大影响。高尔基的作品从20世纪初开始被陆续介绍到中国，其文学创作和文学理论观点，对中国五四运动以后的新文学发展有着重要影响。

苏联文学（1922—1991年）是1917年十月社会主义革命的产物，继承和发扬了俄罗斯文学的传统。虽然经历了曲折的发展过程，但其"文艺必须遵循党性和人民性"的原则不变，形成了别具一格的社会主义现实主义的创作特点。20世纪20—40年代，苏联作家致力于反映社会变革中的人民生活，创作了许多优秀作品，比如高尔基的《我的大学》、马雅可夫斯基的长诗《列宁》、绥拉菲莫维奇的《铁流》、阿·托尔斯泰的《苦难的历程》三部曲、肖洛霍夫的《静静的顿河》、奥斯特洛夫斯基的《钢铁是怎样炼成的》等。卫国战争题材是苏联文学的一大特色，如肖洛霍夫的《他们为祖国而战》、法捷耶夫的《青年近卫军》、西蒙诺夫的《日日夜夜》、艾伦堡的《巴黎的陷落》等。叶赛宁是俄罗斯20世纪的杰出诗人，主要作品有诗集《黑影人》《安娜·斯涅金娜》等。勃洛克是20世纪初俄国象征主义诗歌最杰出的代表，长诗《十二个》是其代表作。马雅可夫斯基是苏维埃诗歌的奠基人，代表作有长诗《列宁》《好!》，戏剧作品有《臭虫》《澡堂》等。

赫鲁晓夫时期，一大批在斯大林时期受到批判的作家被恢复名誉，出现了"解冻文学"。戈尔巴乔夫时期，苏联文学界出现了第二次"解冻"，包括《圣经》在内的3000多种禁书开放。

(五) 苏联解体后的俄罗斯文学

自1991年底苏联解体以来,俄罗斯文学界处于"动荡和混乱"之中,文学创作出现了复杂局面。一方面是创作自由,没有了以前的制度制约;另一方面是实行市场经济,没有了国家的财政支持,一些有价值的作品由于种种原因而无法出版,同时作家也失去了受人尊敬的社会地位。进入21世纪,俄罗斯文学出现了所谓的"魔幻现实主义",采用将现实主义元素与幻想、怪诞、反乌托邦和新编历史相结合的叙事方式。此外,现实主义回归并重新活跃,作者和读者都回归理性现实,开始重新对历史、国家和个人进行反思。

尽管当代俄罗斯文学出现了动荡,但无论是写实还是虚构,无论是传统还是现代,仍延续着其固有的传统。一些老一代作家引导中青年作家,创作出了一批在思想内容上反映社会变革和社会变革中的个体感受的优秀作品,比如哈里托诺夫的《命运线》、阿克肖诺夫的《蛋黄》等。

苏联解体后俄罗斯文学发展的一个总体特征就是多元化。不仅以意识形态来划分派别,更以体裁、文体、创作方法、风格分成不同流派。从手法和体裁的多样性来看,当代俄罗斯文学大大超出了20世纪六七十年代的文学,形成当代俄罗斯文学体裁多样、题材广泛的特色。现实主义和后现实主义、现代主义和后现代主义、先锋派和后先锋派、超现实主义和后社会主义现实主义、印象主义、自然主义、结构主义等流派纷纷出现。

同时,除了传统的小说和散文,俄罗斯作家开始尝试文学写作的新形式,如电子书、博客等,这些新形式赋予了作家更多的自由度和表达空间。俄罗斯作家还开始与其他艺术形态合作,创作音乐小说等跨界文学作品。这种文学形式的多元化使得俄罗斯文学在艺术创作上更加活跃和多样化。俄罗斯文学的发展进入了一个新的历史阶段。

四、蒙古国文学

(一) 古代文学

蒙古文字出现得比较晚,其神话传说或是来自口头传说,或是融于英雄史诗、民间故事中,具有代表性的是关于蒙古族起源的传说《熔铁出山》,以及关于杜尔伯特祖先的神话《天女之惠》。萨满教的仪式歌作为一种传统的文学形式被广为流传,它是人民群众对自然万物的主宰神进行拜祭并祈求愿望实现的祝愿歌和祭祀歌,其内容与当时的生产劳动密切相关。

蒙古族的古代英雄史诗产生于原始社会末期，这种综合性民间艺术在阶级社会形成前后进入繁荣期。蒙古族英雄史诗偏重于浪漫主义幻想，具有代表性的有短篇史诗《三岁勇士古那干乌兰》、中篇史诗《喜热图蔑儿干》、长篇传记体史诗《江格尔》等。《蒙古秘史》是13世纪以来流传下来的蒙古最早的优秀古典文学作品，明朝洪武年间色目人火源洁和回族人马沙懿黑根据当时保存在元朝宫廷中的原本用汉字音译蒙古语，编成汉文音译本。《蒙古秘史》对后代有关蒙古历史、文学和语言的著作都产生了深刻影响。此外，蒙古文本《格萨尔传》是一部在蒙藏民族文化交流中产生的文学巨著，它在蒙藏两族民间流传的过程中形成了多个版本，引起了国内外学者的极大兴趣。《蒙古秘史》《江格尔》《格萨尔传》被称为蒙古文学的"三大高峰"。

（二）近代文学

近代蒙古文学，无论是民间文学或文人创作都在形式上趋于多样化，出现了许多崭新的体裁，历史演义、长篇小说、严整的格律诗以及文学批评等在汉文化的影响下有了新的发展。这一时期创作上的一个显著特点是模仿学习使用汉族的文学形式来描写蒙古族历史，反映现实生活。主要文学作品有尹湛纳希的《青史演义》、哈斯宝的《新译红楼梦回批》，此外还有古拉兰萨创作的爱国诗词、嘎莫拉的诗歌等。

（三）现代文学

1921年的人民革命和蒙古独立，为蒙古现代文学的产生和发展创造了条件。20世纪20年代末到30年代，在苏联文学的影响下，蒙古作家们开始尝试创作各种体裁的文学作品。革命歌曲的歌词、诗歌、故事体小说等成为蒙古国20世纪20年代文学的主要内容。纳楚克道尔吉、达木丁苏伦、宝音尼木赫等作家是这一时期蒙古现代文学的奠基者。其中纳楚克道尔吉创作的歌剧《三座山》是蒙古国第一部歌剧，成为蒙古国传统保留节目。达木丁苏伦创作的传记体诗《我的白发母亲》也是一部非常成功的优秀作品。

从二战结束到20世纪50年代末的这段时期是蒙古文学的初步发展阶段，作品数量和质量都得到明显提高，诗歌形式更加多样，作品题材不断拓宽。较为优秀的诗歌有僧格的《和平鸽》、拉哈姆苏伦的《栗色马》等，小说有巴达尔契的《香火》、嘎丹巴的《肥大的皮袄》、洛道伊丹巴的《我们的学校》等，特别是宾巴·仁亲的长篇小说《曙光》开创了现代长篇小说创作的先河。进入20世纪60年代后，蒙古文学有了显著发展，长篇小说创作空前繁荣,具有代表性的作家作品有纳姆达克的《动荡的年代》,巴特图拉格的《蔚蓝色的天空》,图德布的三部曲《山洪》《迁移与定居》《共和国元年》等。两个女剧作家奥云和乌达巴拉合写的剧本《瓶中之宝》反映了蒙古的工业建设,被认为是20世纪70年代的优秀剧作。从20世纪70年代中期起,作家队伍不断壮大,作品数量也在不断增加,但是缺少创新,蒙古文学进入缓慢发展阶段。

20世纪80年代中后期,蒙古社会转型和思想变化直接引起各种文学思潮的涌现和创作方法的多样化,打破了原来单一的社会主义文艺思想和现实主义创作方法的格局,从而蒙古文学表现出摆脱单一模式、向多样化发展的趋势。20世纪90年代的蒙古文学注重传承与创新,融合西方文学的创新和东方文学的传统,为21世纪初蒙古文学的现代转向奠定了基础。进入21世纪,蒙古文学呈现出多元、繁荣的态势,老作家们写出了更具历史厚重感和思想深度的作品,新锐青年作家们写出了与时俱进的艺术性很高的作品。具有代表性的作家作品有G.阿尤尔扎纳的《雪的小说》、额尔赫姆巴亚尔的《掌纹》等。蒙古文学发展呈现出基于传统文化融合现代化和世界化的态势。

此外,翻译文学在蒙古现代文学中具有重要地位。其中俄苏文学居首位,共翻译出版了500多位作家的600多部作品,像普希金、莱蒙托夫、托尔斯泰、果戈理等著名作家的代表作都有蒙古语译本。西方作家如莎士比亚、莫里哀、左拉,以及中国作家鲁迅、郭沫若、周立波、赵树理等人的代表作品也都有蒙古语译本。

第三节 东北亚国家的艺术

一、日本艺术

(一)音乐

日本音乐包括传统音乐和流行音乐两类,传统音乐包括雅乐以及用尺八、筝、三味线等乐器演奏的音乐。

雅乐主要源于中国唐代的宫廷音乐,在奈良时代由中国和朝鲜传入日本。9世纪末期,开始有左方乐和右方乐的区分,左方乐是唐乐,右方乐是高丽乐。12世纪,雅乐开始逐渐衰落,直到江户时代,雅乐方得到江户幕府第三代将军德川家光的扶植,被"红叶山乐人"带出低谷。明治天皇时期开始恢复宫廷典礼音乐，雅乐成为皇室宫廷专属音乐。大正时代（1912—1926年），日本在引进西方音乐的同时，开始着手研究本国的传统音乐，田边尚雄编写的《世界音乐全集·日本音乐集》精确记录了雅乐的乐谱，对于雅乐的保存和发展具有重要意义。

日本的主要乐器大多源自中国，并具有特殊的日本风格。尺八属于古代吹管笛箫类乐器的一种，因长度约为一尺八寸，故名"尺八"。尺八是日本民间主要的吹奏乐器，其音色圆润、柔美、深沉而含蓄，并略带凄凉之感。据传，日本东福寺禅僧觉心在中国通晓尺八吹奏之法后，回到日本将演奏方法传授给弟子。后来，觉心创立普化宗，传习尺八技艺，故称为"普化尺八"。14世纪末至15世纪中叶，普化尺八已经成为日本民间广泛使用的一种吹奏乐器。到了江户时代，普化尺八被江户幕府认定为普化宗的专用法器而禁止普通大众使用，普化宗的僧侣把尺八当作修身养性的法器。尺八既能吹奏古典乐曲，也能演奏现代乐曲，还经常与筝和三味线一起合奏，甚至还能与西洋管弦乐队、电子风琴等合作。

筝曲及筝在奈良时代作为雅乐及雅乐乐器从中国唐朝传到日本。唐代十三弦筝传入日本，先后演变为乐筝、筑筝、俗筝等日本传统乐器。12世纪80年代至15世纪60年代，筝曲在北九州地区的寺庙中流行，贤顺和尚创立了"筑紫筝"筝曲流派，后来被盲人八桥检校改造成深受大众喜爱的"俗筝"。八桥检校创作的《六段》等筝曲至今仍在演奏。筝除独奏之外，还经常和三味线、尺八合奏，这种合奏形式被日本人称为"三曲"。宫城道雄留下许多名曲，他创作的筝与尺八的二重奏曲《春之海》为现代名曲。现今筝曲的生田流、山田流两大流派依然活跃在民族乐坛。

"三味线"是大约在14世纪末期从中国元朝传入日本的一种弹拨乐器，主要用于伴奏。此外，琵琶在奈良时代从中国传入日本，后来在日本派生出乐琵琶、平家琵琶、盲僧琵琶、筑前琵琶、萨摩琵琶等诸多种类。

在日本还流传有数量众多的民族歌曲，包括端歌、小呗、长呗、民谣、演歌等。端歌有两种：一种相当于中国的"小调"，多用三弦伴奏；另一种是歌词较短、节拍自由多变的"声乐曲"。小呗也叫江户小曲。长呗有的类似于西方歌剧中的唱段，有的类似西方舞剧中的唱段，有的类似西方的歌曲。演歌则是一种演说的歌。

日本音乐从明治维新时期开始进入近现代发展阶段。日本积极汲取欧美音乐文化，形成传统音乐与"洋乐"并存的局面。20世纪20年代，宫城道雄等人发起"新日本音乐运动"，主张采用日本传统乐器，借鉴西欧古典音乐作曲技法来创作新曲，使传统音乐得到进一步发展。从20世纪50年代起，战后的日本音乐在创作、演奏、鉴赏、教育、研究等方面都有了很大发展，并涌现出一批新人。日本音乐界先后成立了现代音乐协会、音乐家俱乐部、演奏联盟、作曲家协会等行业组织，以维护音乐家的权益和保障音乐活动的开展。如今日本各地都有交响乐团，还有几十所音乐学校，培养出了一批优秀的演奏家和歌唱家。如小泽征尔就曾担任过多伦多交响乐团、旧金山交响乐团的指挥。日本现代音乐包括流行音乐、R&B、摇滚、舞曲、嘻哈和灵魂音乐。2021年，日本成为全球第二大音乐市场，市场总规模超过20亿美元。日本的音乐制作也具有世界一流水平。

（二）舞蹈

日本舞蹈包括古代舞乐、能乐、歌舞伎舞蹈、民俗舞等流行于各地的各类舞蹈。日本舞蹈起源于原始社会的祭祀祈祷活动，称为"神乐"，分为素面舞、假面舞两种表演形式，以及御神乐、里神乐两大类。至今犹存的"翁"和"三番叟"等祈祷舞保留了古代神乐的传统。雅乐也称"舞乐"，是日本的宫廷舞蹈。8世纪，中国的"舞乐"和"散乐"等舞蹈艺术传入日本，对宫廷舞蹈的形成产生了重要影响。奈良时期宫廷设立雅乐所，到了室町时代雅乐的传统中断，乐人四散。明治时期，乐人被宫内省乐部吸收，雅乐得以延续下来。雅乐舞蹈节奏缓慢，保留有"剑指""骑马蹲裆式"等动作，步法也很有特色。14世纪中叶，一种将歌、舞、乐、剧等结合在一起，反映武士阶层生活的"能乐"形成。10世纪后半期至11世纪，反映鬼、神、菩萨故事的"伎乐"逐渐兴起。伎乐是从中国吴地和西域传到日本的乐舞，对后来歌舞伎的产生和发展产生了较大影响。17世纪，著名女性表演家出云阿国成立艺能团体并创立歌舞伎。到了江户时代，歌舞伎中的舞蹈开始单独发展起来。

乡土气息浓郁的民间舞蹈活动场面也非常盛大。日本民间的传统节日和祭祀活动非常多，在这些活动中人们都身着传统服饰载歌载舞。其中盂兰盆节规模最大，而最吸引人的便是盂兰盆舞。盂兰盆舞的动作简单易学，主要是通过变换手势和姿势以及击掌等动作来表演。男女老幼身着鲜艳的传统服装，在盂兰盆舞曲和鼓点声中有节奏地翩翩起舞。各地村镇或公园在节日的晚上都要组织各种风格的民间集体舞蹈，如德岛市的阿波舞、岐阜县的郡上舞、东京都新宿区诹访神社的盆舞、岩手县戴着面具手执兵器的鬼剑舞、秋田县黑巾蒙面的西马内盆舞、冲绳县的鼓舞、熊本县头顶灯笼的山鹿灯笼舞，等等。

第五章　文化艺术

日本现代舞蹈大体上分为民族传统舞蹈、芭蕾舞和现代舞三类。大正时期，西方舞蹈传入日本，真正开始了新的舞蹈运动。1917年，藤荫静枝创立"藤荫会"，其在梅兰芳的昆曲《孽海记·思凡》的启发下，改编创作并演出日本舞蹈"思凡"，在日本产生了巨大影响。此后"花柳舞蹈研究会""珠实会""曙会"等新舞蹈组织相继成立，并诞生了一批新兴舞蹈家。目前，日本拥有全国性的舞蹈组织——日本舞蹈（传统舞蹈）协会，会员遍及全国各地。

进入21世纪后，理解和观赏歌舞伎的年轻观众越来越少。为此，歌舞伎的名角市川猿之助成立了"21世纪歌舞伎组"，在古典歌舞伎舞蹈的基础上进行改革和创新，吸收芭蕾舞和歌剧的精华，采用西洋乐器进行伴奏，目前各种各样的新作不断问世。为了继承和发展传统舞蹈事业，日本设立了舞蹈协会，每年除了举办协会公演、各流派联合新春舞蹈大赛和新作公演外，还面向儿童举办公演，面向普通群众举办讲习会。

（三）戏剧

日本戏剧分为古典剧和明治维新后受西方戏剧影响产生的近代剧两大类。古典剧中又有能、狂言、木偶净琉璃、歌舞伎等剧种。

日本最古老的剧种——能剧出现在13世纪，是宫廷祝典或各大寺院法会中仪式和宗教舞蹈综合演变的产物，后来经过文学的洗练加深了思想性。日本的古典"艺能"实行世代相传的"宗家制度"，均保持各自流派的艺风。"能"的流派形成于17世纪以后，共有观世流、宝生流、金春流、金刚流、喜多流五个流派。与"能"同时出现的"狂言"，兴起于民间，是一种即兴、简短的笑剧，现存剧目约有300出，其中最能表现"狂言"特色的是描写地主与奴仆矛盾的剧目。"狂言"的代表剧目有《二个大名》《武恶》《附子》《忘了布施》《爱哭的尼姑》《雷公》《争水的女婿》等。木偶净琉璃，简称为"净琉璃"，相当于木偶剧。净琉璃最早出现在16世纪室町时代，到了18世纪江户时代即已具有今天的形式。19世纪后半期，木偶净琉璃日渐衰落，只在京都有一个文乐座剧团。如今，净琉璃作为古典剧种被保留下来，在大阪的朝日座剧场和东京的国立剧场定期演出。歌舞伎起源于16世纪末至17世纪初，后来艺人将这种歌舞与戏剧结合起来，发展成为一种多场次的大型古典剧。歌舞伎在明治维新以前的日本戏剧中占压倒地位，是日本代表性的平民戏剧，也是传统艺术的集大成者。歌舞伎演员都是家系相承，主要有市川家、中村家、尾上家等。歌舞伎的舞台装置中，具有特色的是连贯舞台和观众席的"花道"和"旋转舞台",起到将演员与观众合为一体的效果。在历史上以写净琉璃和歌舞伎剧本闻名的日本作家近松门左卫门,被称为"日本的莎士比亚",其数十本净琉璃和歌舞伎剧作,成为日本文学史的宝贵遗产。一些歌舞伎演员不断磨炼演技,在日本拥有崇高的社会地位。

明治维新初期,部分西方的著名话剧搬上舞台,对日本新剧的兴起起到了启蒙作用。一战期间,在新剧运动的促进下,"白桦派"与"新思潮"的小说作家们也开始创作戏剧作品。如白桦派的武者小路实笃、新思潮派的山本有三等。日本无产阶级戏剧运动始于1926年爆发的共同印刷公司工人大罢工,这一期间出现了许多革命剧作家,其中有久板荣二郎、久保荣等。二战后,新剧又重新活跃起来。随着日本经济的发展,新剧已成为经常在大剧场上演、为广大观众所接受的重要剧种。如今日本戏剧的形式多样,包括话剧、现代木偶剧、歌剧、舞剧等。话剧在日本戏剧中占有重要地位,历史最悠久的三大剧团——文学座、俳优座和民艺剧团在话剧界起着主导作用。日本最著名的歌舞剧团"宝冢歌剧团"经常在各地演出,深受欢迎。

(四)建筑

日本的建筑大体上可分为佛教建筑、神社建筑、住宅建筑、城郭建筑和西洋建筑等。

538年,佛教传入日本,带来了佛教艺术的繁荣,从此日本逐渐开始大规模的佛教寺院建设,经过奈良、平安、藤原、镰仓到室町时代,寺院建设此起彼伏,经久不衰。日本寺院建筑虽然受到中国的影响,但是屋顶坡度小、屋檐深,优美的曲线、直线反差形成了日本特色。奈良附近的法隆寺建于607年,被认为是飞鸟时代建筑样式的典范。唐招提寺为律宗的总寺院,整个建筑被视为平安前期建筑的集大成者。醍醐寺、五重塔是平安时期建筑的精华和瑰宝。镰仓时代的建筑样式分为大佛样、禅宗样与和样三种类型,重建的东大寺是大佛样的代表,镰仓圆觉寺舍利殿被公认为禅宗样的代表,兴福寺是和样建筑样式的代表。

神社是日本祀奉自然神、祖先和英烈人物的建筑物,也是最有特色的日本建筑。神社实行造替制度,即每隔一定时期重建一次。神社有多种建筑式样,如以岛根县出云大社为代表的"大社造",以伊势神宫为代表的"神明造",此外还有"春日造""流造""八幡造""日吉造"等。日本神社约有十余万所,遍布全国,建造年代从古迄今从未中断。那些早期神社非常贴近朴实的民众生活,其建筑风格可以代表日本建筑的基本气质。

第五章 文化艺术

日本早期住宅多采用木架草顶，下部架空如干阑式建筑。平安时代贵族住宅采用"寝殿造"式样，到了镰仓时代，出于防御上的考虑，武士住宅的平面形式和内部分隔都很复杂，布局和外观富有变化。到了室町和桃山时期，书院造式住宅兴盛起来。由于商业的发展，各地以城堡为中心的"城下町"（集镇）兴起，市房、商家等世俗建筑有所发展。而茶道的流行，又促进了茶室建筑的发展，其中草庵式茶室最富有特色。16 世纪末到 17 世纪初，各地诸侯兴起了修建城堡望楼——"天守阁"之风。这种高层楼阁不仅能达到防御目的，还能起到炫耀和威慑的作用。著名的有犬山、姬路、松本、熊本、名古屋等天守阁。庭院建筑出现在室町时代，其代表首推金阁和银阁。银阁是京都慈照寺建筑群中最著名的一处，充分体现了日本的美学思想。金阁即京都鹿苑寺的舍利殿。桃山时期，非宗教建筑有了长足的飞跃，这一时期最有创造力的建筑为城郭。其中最杰出的代表是姬路城，被称为"日本第一名城"，远望如凝神静思的鸟，因此也被称为"白鹭城堡"。

日本建筑早在 1 世纪便形成了木构架、通透轻盈的基本特点。后来，中国的影响占据了主导地位。但是，日本建筑仍然具有鲜明的民族特色，除早期的神社外，日本的古代都城格局、庙宇宫殿等都维持着中国的型制。而后来住宅则几乎完全摆脱了中国影响，自成一格，结构方法、空间布局、装饰、艺术风格等都与中国大异其趣，其美学特征为尺度小、平易近人、精巧而素雅。

二战后的日本现代建筑可以分为三个时期，包括二战后恢复期、20 世纪 60 年代的改革创新期和 70 年代迄今的东西融合探索期。战后初期大量建造住宅，日本建筑界集中研究住宅、公共建筑和城市规划，为大规模建设奠定了基础。60 年代，日本经济和科学技术迅猛发展，建筑思潮非常活跃，提出了"新陈代谢"等新的建筑理论。由于建筑防震技术取得突破，1963 年日本取消了《建筑基准法》中关于建筑高度的限制，此后高层建筑得到发展。这一时期的重要建筑作品有东京义化会馆、东京代代木国立综合体育馆等。70 年代，日本从单纯学习西方转向东西方之间的融合交流，不少建筑师在继承传统的同时大胆创新，创作活动日益活跃。丹下健三设计的东京草月会馆新馆、矶崎新设计的群马县立近代美术馆等是这一时期的重要建筑作品。80 年代，建筑主体结构由混凝土结构转向钢结构，伊东丰雄设计的"银色小屋"、黑川纪章设计的国立文乐剧场等是这一时期重要的建筑作品。近年来，日本材料所蕴涵的生命力和表现力被重新认识并成为建筑创作的源泉之一。随着人类对自然的重视，设计师们更多考虑到亲近自然、减少对自然环境的负面影响等问题。

（五）绘画及其他

早期的日本美术主要是佛教美术，至今还保留在各个寺院中的壁画、佛像和雕塑上。飞鸟时代，来自中国的画工传播了先进的中国绘画。奈良时代起，受唐朝绘画的影响产生了唐绘，平安中期开始出现大和绘。大和绘笔法朴素、色彩艳丽，常用于室内装饰，逐渐形成日本独有的画法和风格，东山魁夷、平山郁夫等是著名的大和绘画家。镰仓至室町时代，南宋水墨画传入日本，雪舟将其发展为民族化的汉画。随后的安土桃山时代是一个过渡时期，狩野派吸收大和绘与汉画的优点，创作出金碧辉煌的障屏画。江户时代，受明清水墨画影响产生了池大雅、与谢芜村等一批画家。德川时代，以铃木春信、喜多川歌麿、葛饰北斋、安藤广重为代表的一批画家创作出大众喜闻乐见的风俗版画——浮世绘。浮世绘的版画题材广泛，具有鲜明的民族特色。明治维新后，日本积极吸收欧美现代文化，日本艺术中西方的影响随处可见。20世纪初，留学法国的黑田清辉在回国后致力于传播西方美术样式，被称为"日本西洋画之父"。随着日本发动对亚洲国家的侵略战争，大批美术团体解散或被迫停止活动。战后美国文化侵袭，日本成为西方艺术的流行之地，出现了反传统倾向和现代主义倾向。如今西方艺术形式和日本传统风格并存，两者取长补短，相得益彰。

当今日本人对艺术事业仍表现出浓厚的兴趣，绘画和素描成为广大民众的业余爱好。各大城市每年多次举办艺术展览，其中最引人注目的是一年一度的综合性日本艺术展览会——"日展"，在"日展"展出作品是最高的艺术荣誉之一。此外，日本注重国际艺术交流，除了"东京隔年展"的日本国际艺术展览会外，在东京和京都两年一次的国际版画展览也闻名海内外。

日本的书道，即日本书法，具有悠久的历史传统，与中国书法的历史渊源很深。早在3世纪汉字传入日本的同时，中国的书法也传入日本。目前，日本的"书法教室"数量非常庞大，书法在日本人中具有广泛的影响力，是日本人喜爱的一种艺术形式。流行的书法形式主要有汉字书法和假名书法两种。

花道，即插花，是日本特有的一种传统艺术，起源于佛教的供花，在公元前6世纪末随佛教传入日本，到12世纪演变为花卉造型的鉴赏艺术，至江户时代被命名为"花道"。它包含着一种精神上的修养，广泛渗透到普通民众之中。受到西方文化的影响，日本花道又产生了表现自我意识的"自由花"和表现传统技艺的"格花"，并有各种流派。目前日本花道有池坊、小浣流和草月会三大流派。

茶道也是日本一种具有悠久历史的古典艺术。饮茶之风早在8世纪就从中国传入日本，15世纪形成茶道。宾客入座后，由主持仪式的茶师按一定的规格点茶、沏茶，并依次传递给客人品茗。喝茶时通常先赏玩茶碗，然后再慢慢饮茶。饮茶的方式有轮饮和单饮两种。

二、朝鲜半岛艺术

朝鲜半岛古代的艺术创作与中国、日本的起源相同，但形成了自己独特的风格。中国艺术品的特点是高雅脱俗，日本艺术品充满装饰色彩，而朝鲜半岛艺术品的魅力在于单纯、朴素且自然流畅。

朝鲜半岛的艺术形式丰富多彩，包括美术、雕塑、音乐、舞蹈、电影、戏剧等。此外，还有大量的民间艺术，有的是为了满足宗教仪式的需要，有的是驱妖避邪的守护神，有的用来装饰家具、日用品，有的则是长寿、幸福的象征。

（一）音乐

朝鲜民族以喜爱音乐和舞蹈著称，其音乐大体可分为"传统音乐"和"西洋音乐"两大类。

传统音乐分为"正乐"和"俗乐"两类。正乐也叫"雅乐"，包括"唐乐""乡乐"和儒教礼乐。唐乐是指中国唐宋两朝的世俗音乐，进入朝鲜半岛后变成了宫廷音乐和儒教礼乐，如今每年春秋两季，韩国成均馆大学都会在唐乐声中举行祭孔大典。乡乐是朝鲜三国时代传承至高丽时代的传统祭礼音乐。俗乐是民间流行的轻快而活泼的各种音乐，包括萨满音乐、佛教音乐、民歌、农乐、散调。[①] 朝鲜半岛的民族乐器中既有伽倻琴、玄鹤琴等传统乐器，也有二弦琴、笛子、箫、铙钹等从中国改造过来的乐器。

通常认为西方音乐是在19世纪末由传教士以圣歌等教堂音乐形式传入朝鲜半岛，但在日本殖民统治时期，传统民歌构成音乐的主流。朝鲜战争后，韩国音乐界接触到现代音乐创作技巧。20世纪70年代出现了一些重要的音乐家，如小提琴手郑京和、姜东锡、金永旭，钢琴家韩东

---

① 用伽倻琴、玄鹤琴、短箫等各种乐器演奏的器乐独奏。

一、白建宇，歌唱家崔铉洙等都在世界现代音乐舞台上获得过奖项，受到较高评价。韩国擅长吸收外来音乐与舞蹈，并与本国文化结合而推陈出新。1978年，韩国出现了一支被称作"四物"的敲击乐队，在传统音乐与现代音乐之间找到了结合点，在全国巡回演出并取得巨大成功。一些艺术家在致力于发扬传统音乐的同时，注重探索与西方艺术形式的结合，创作了丰富的、具有韩国文化特色的音乐。20世纪七八十年代以前，韩国的本土流行音乐主要是以Trot（韩国演歌）、民谣为主，20世纪90年代出现了R&B、PoP、Hip-Hop、Ballad等各种曲风。20世纪90年代中后期，Dance（舞曲音乐）开始风靡韩国，H.O.T被称为韩国现代流行音乐史上影响最大的组合。如今，K-pop已经成为韩国流行音乐的标志性符号，自成一派，拥有了自己的风格，融合了舞曲、现代、嘻哈、蓝调、电子等音乐形式。

（二）**舞蹈**

朝鲜半岛的传统舞蹈包括宫廷舞、民俗舞、仪式舞等。许多传统舞蹈都被改编为适合现代舞台演出的形式，成为国内外观众喜爱的文艺节目。

宫廷舞蹈中具有代表性的是处容舞、鹤舞、剑舞等。处容舞原来是一种独舞，后来成为双人舞、四人舞，每个舞者都戴着棕色假面具，分别穿上蓝、白、红、黑、黄色服装，代表五个方向即四个方位基点（北、南、东、西）和中心，其伴奏音乐是一种萨满教歌，通常新年前在宫廷表演，为的是祛除邪恶。鹤舞融合了宫廷舞中很多舞蹈风格，是古典和创新的结合体，相比较剑舞和处容舞更有特色。鹤舞的起源与朝鲜先民鸟图腾崇拜有关，与儒家的清高、道家的神仙思想分不开，这些因素交织、融合在一起，遂形成崇鹤的特有审美情趣，并在民间舞蹈中展示出来。剑舞自古就广为流传，其种类和技法丰富多彩，代表性的剑舞种类有长剑舞和短剑舞。朝鲜革命舞蹈《骑兵队舞》发展了剑舞的特点，将剑术动作和舞姿很好地结合起来。

民俗舞蹈随着生产力的提高和工商业的发展而发展，最具有代表性的是假面舞、农乐舞、太平舞、闲良舞、羌羌水月来等。京畿道杨州郡维杨里的假面舞剧团至今保留着浓厚的传统色彩，是朝鲜民族的文化瑰宝。假面具可用木头、葫芦、纸或兽皮制作，演员们具有非常强的即兴表演能力，他们相互戏谑，吸引观众回答问题，并有节奏地鼓掌，时而还一起吟唱带有讽刺意味的迭歌。凤山假面舞为黄海北道凤山一带流传的民俗舞蹈，在主题思想和艺术性方面具有进步性，富有人民性，一直流传至今。与农耕生活密切联系的农乐舞是最古老的舞蹈之一，这种舞蹈表现出惊人的力量和气势。如今的朝鲜，每逢民俗节日或合作农场的年终分配时节，到处都响起欢快明朗的农乐舞乐曲声。太平舞源于古代贵族社会，最早是为了祭祀、祈福和仪式活动而进行的。太平舞的舞蹈节奏通常较为缓慢平静，以展现舞者的内心宁静和情感表达。舞者的身体动作通常是流线型的，流畅而优美，舞者通过身体的起伏、扩张和收缩，表达出情感和意象。闲良是指没有一定官职、整天吃喝玩乐的贵族，闲良舞原本是用舞蹈表现闲良和僧侣诱惑女人的舞剧，后来发展成为对闲良风月生活的讽刺，以"虎步、鹤臂、柳手"等风格特点著称。羌羌水月来是全罗南道海边流传的一种女性舞蹈，其动作由慢到快，从顺时针方向到逆时针方向，旋转速度越来越快，直到高潮。此外，民俗舞中还有 20 世纪创作的长鼓舞、扇子舞等。黄海南道延白平原地区农民编排的民俗舞蹈《延白农乐舞》传至朝鲜全国各地，逐渐发展成音乐舞蹈艺术作品，受到高度赞赏。

仪式舞包括萨满教、佛教和儒教等宗教的仪式舞蹈。其中萨满教的仪式舞最为发达，几乎渗透到所有仪式中；儒教中的舞蹈最少，并在某种程度上压制了舞蹈的发展；而比较宽容的佛教则对舞蹈的发展发挥了积极影响。佛教仪式中的舞蹈有铜钹舞、法鼓舞、蝴蝶舞等。

（三）戏剧

朝鲜半岛的戏剧源于史前时代的宗教仪式，包括假面剧、木偶戏、曲艺、唱剧、话剧五类。

假面剧形式不拘一格，在乐队的伴奏下进行歌舞、对话，内容有讽刺僧侣破戒败俗的、有戏弄封建官员无能的、有描写夫妻纠纷的、有同情平民困苦的，等等，通常在农历正月新年、四月佛教燃灯节、五月端午节、八月中秋节等节日里演出。在朝鲜半岛流传至今的假面剧有 13 部。其中京畿道的山台剧根据王室主管假面剧的官职名称命名，全部由男演员表演，演员在传统乐器伴奏下进行表演。山台剧在朝鲜王朝时期成为朝廷的正式庆祝活动之一，后来演变为平民的一种娱乐活动。庆尚北道河回地区的河回剧在阴历正月初二演出。庆尚南道的假面剧是由五个小丑表演的戏剧，被称为"五广大剧"，也叫"五方将军"，即守卫北方、南方、东方、西方和中央阵地的将军。

木偶戏起源于中世纪，以"流浪演戏团"形式流传到现在。盘索里是朝鲜民族独特的曲艺形式，大多数为两人表演。一人敲鼓，配合唱腔，一人以唱为主，说唱结合，用歌声、说白、身体动作和作为道具的一把扇子，出演有多种人物出场的情节复杂的大型作品，起源于18世纪，到19世纪已形成12种唱调，流传至今的还有"春香歌""兴夫歌""沈清歌""赤壁歌""水宫歌"等。现在韩国的新剧种中，一种是由唱剧和西方现代歌剧结合创新而来的新唱剧，主要表演历史传统剧目；一种是新派剧，即原有民族剧种和日本新派剧种结合产生的剧种；还有一种是话剧，也称为新剧。朝鲜半岛的现代话剧始于1908年，在第一座现代剧场——圆觉社演出了多幕话剧《银世界》。20世纪70年代后期，韩国出现许多既演韩语话剧，又演翻译的西方剧本的小剧团。近年来，韩国还出现许多小剧院和微型剧院，这样的设计大幅缩短了舞台与观众的距离。

韩国拥有大量不同档次和类型的文化设施，人们通过这些文化设施能参观各种展览、观看各种文艺演出。韩国最大的文化中心——世宗文化会馆建于1978年，其主要剧场可以容纳4000名观众。国立剧院拥有世界级的设备，包括舞台和声光设备。韩国文艺中心则主要用来进行戏剧和舞蹈演出。

（四）绘画

大概在4世纪，朝鲜半岛开始出现绘画艺术。其中半岛北部地区受中国的影响，形成强劲有力和富于节奏感的绘画风格，并在其古坟壁画上得到充分体现。百济王国则融合来自北部地区和中国南朝艺术的影响，形成了优美细腻的风格。统一新罗时代具有代表性的艺术家是率居，其作品逼真又充满灵气。高丽时代绘画题材和风格比较多样化，作画的不仅是绘画院的画家，还有僧侣、王室成员和贵族。绘画的题材包括肖像、山水、花鸟、树木等。

朝鲜王朝时期绘画取得了显著发展。其中初期（1392—1550年）最重要的画家是安坚、姜希颜，他们研究中国画风格，并在作品中成功地形成了朝鲜风格。后来这种风格不断发展，到16世纪形成了一种具有朝鲜色彩和技巧的山水画传统。中期（1550—1700年）绘画仍欣欣向荣，特别是动物画普遍流行。到了朝鲜王朝晚期（1700—1850年），中国南派画风格大受青睐，郑敾及其追随者采纳并改造了中国南派的技巧，用于朝鲜山水画。金弘道、申润福在中国画技法的基础上创造出了表现本民族现实生活的新风格。尤其是申润福以各种真实的感情和鲜艳柔和的色彩表现了爱情场景和女性形象，增添了浪漫情趣。到了19世纪末和20世纪初，尤其是在1910年被日本兼并之后，朝鲜半岛绘画的传统风格便开始逐渐衰落。

1968年前后，韩国出现了新的一代艺术家——"四一九"一代，即在1960年"四一九"革命后接受高等教育的一代，其共同思想是抵制传统，并表现出抽象派的倾向。20世纪60年代以来，引导韩国绘画潮流的主要是抽象主义。20世纪80年代的"现实与发言小组"标志着绘画运动的开始，他们选择绘画作为视觉语言来表达意见，达到揭露社会弊病的目的，是世界范围的"新绘画"趋势在韩国的表现。

（五）建筑和雕塑

朝鲜民族追求生活与自然的和谐，自然环境被认为是最重要的因素，这一思想充分体现在建筑规划和建房地点的选择上。房舍通常为背山面南，房前有水流经过，建造房屋的时候尽力避免破坏自然地形地貌。

19世纪末期，西方建筑的影响开始出现在朝鲜半岛。明洞天主教堂建于1898年，是哥特式建筑的代表；贞洞圣公会教堂建于1916年，为罗马式建筑。日本殖民统治时期遗留下来的日本总督府则是西方建筑与日本建筑的融合。20世纪30年代，朝鲜半岛建筑史上重要的人物——朴吉龙和朴东镇从西方建筑师那里学习了新思想、新技术，如今的和信百货公司大楼就是由朴吉龙设计的，高丽大学主楼则是由朴东镇设计。朝鲜战争结束后，两位年轻的建筑师——金重业、金寿根学成归国后，韩国建筑得以博采众长，不断发展起来。

佛教的传入带动了雕塑艺术的发展。统一新罗时代的石窟庵为当时雕塑艺术的杰作，石窟庵圆顶大殿里的释迦牟尼本尊佛像堪称朝鲜民族雕塑艺术的巅峰。高丽王国宣称自己是佛教国家，因此高丽时代雕塑中的佛像数量极多，其中许多佛像艺术质量极高，光州的铁佛、开泰寺的石佛、文殊寺的金铜佛和凤林寺的木佛是保存下来的高丽时代雕塑精品。

1919年通常被视为朝鲜半岛现代雕塑艺术的开始。当时朝鲜半岛正处于日本殖民统治之下，在学术和文化领域都处于极度停滞状态。现代雕塑历史上著名的艺术家金复镇1919年进入东京美术学校接受西方雕塑艺术培训，成为第一个接受西方雕塑艺术培训者。20世纪50年代末，韩国雕塑界的现实主义和抽象主义两派之间的对立冲突不断加剧。20世纪60—70年代，随着政治和社会的变化以及经济的迅速发展，雕塑艺术也得到了显著发展。目前韩国建有多个雕塑公园，其中最有名的是设在奥林匹克公园内的雕塑公园。

三、俄罗斯艺术

俄罗斯民族在悠久的历史进程中创造了灿烂的文化艺术，造就了一大批世界著名的艺术大师,诞生了大量伟大的艺术作品,在世界文艺史上占有举足轻重的地位。

18世纪以前,俄罗斯的艺术深受古希腊和拜占庭艺术的影响,民族特点不够鲜明。从18世纪至20世纪,俄罗斯社会经历了深刻的社会变革,文化艺术发展也波澜起伏,其中19世纪是俄罗斯近代民族艺术发展的"黄金时期"。19世纪末20世纪初,受欧洲文艺思潮的影响,俄罗斯呈现出复杂、多元的局面。苏联解体之后,俄罗斯社会发生了巨大变化,俄罗斯人的自我意识和怀旧意识增强。进入21世纪,俄罗斯艺术形成多元化格局,呈现出生机勃勃的发展势头。

(一)音乐

俄罗斯的音乐历史悠久而辉煌,可追溯到遥远的古代。古罗斯音乐产生于9世纪至10世纪,当时基本上都是宗教音乐。18世纪开始,音乐逐渐从宗教走向世俗社会,成为俄罗斯人日常生活的重要组成部分。1709年,作曲家季托夫组织的世俗音乐会演奏《欢庆吧,俄罗斯大地》,标志着俄罗斯世俗音乐发展的开始。18世纪中叶,受意大利的影响,俄罗斯歌剧迅速发展。18世纪60—70年代,俄罗斯民歌得到广泛传播和发展。20世纪80年代,以民歌为基础把音乐剧、歌曲与对话融为一体的喜歌剧发展起来。

19世纪以来,在社会发展的影响下,俄国音乐艺术达到了空前繁荣,涌现出许多出类拔萃的作曲家。格林卡是俄国古典音乐的奠基人、俄国民族乐派的创始人,被誉为"俄罗斯音乐之父",他创作的歌剧《伊万·苏萨宁》和《鲁斯兰与柳德米拉》获得了极大成功。19世纪60—70年代,俄国音乐突飞猛进,其标志是出现了作曲家集体"强力五人集团",他们倡导现实主义,坚持俄罗斯音乐发展的民族化道路,其思想和音乐创作在俄罗斯音乐史上产生了巨大影响。在"强力五人集团"享誉乐坛的同时,俄罗斯历史上最伟大的作曲家、俄罗斯民族音乐与西欧古典音乐的集大成者——柴可夫斯基得到世人关注,他一生共创作了近300部作品,包括10部歌剧、3部芭蕾舞剧和6部交响乐,为后人留下了大量的音乐精品,成为古往今来最负盛名的俄罗斯音乐家。十月革命以后,俄罗斯音乐进入了一个新的发展时期。肖斯塔科维奇是苏联时代最有名的音乐家,他长期担任苏联作曲家协会主席,为苏联的音乐事业发展作出了重要贡献。20世纪50—70年代,随着"解冻"时期的开始,音乐家们打破旧框架的束缚,加强与国外的联系和交往,大胆探索新的艺术道路。20世纪的俄罗斯音乐在继承传统的基础上有所创新，在反映社会现实生活、加强音乐与民众的联系方面有了长足进步。俄罗斯除了向世界推出一批杰出的作曲家外，还出现了许多优秀的歌唱家和演奏家。

进入21世纪以来，许多流行艺术家取得了突破，推动流行音乐快速发展。双人女子歌唱组合"t. A. T. u."是俄罗斯最成功的流行乐队，她们的几首单曲和专辑登上了多国音乐榜单的首位。女子三人组合Serebro（白银组合）是在欧洲市场以外最受欢迎的俄罗斯组合之一。随着摇滚乐的发展，摇滚音乐媒体变得十分流行，其中宣传经典摇滚和流行朋克的纳什电台是俄罗斯摇滚音乐电台，旨在推广俄罗斯摇滚乐队。21世纪10年代俄罗斯嘻哈音乐兴起，有的艺术家还在互联网上发起说唱大战。

（二）戏剧

俄国的戏剧出现在17世纪下半期，此前尚处于萌芽状态，只有民间艺人的演出和宗教仪式的某些表演活动。彼得大帝在1702年建造了国家剧院，为戏剧的发展创造了条件。18世纪中叶，俄国古典主义剧作家苏马罗科夫的作品在彼得堡公演后，人们对戏剧的兴趣越来越高，全国许多城市都纷纷建造剧院、组织剧团、编演戏剧。"俄国戏剧之父"沃尔科夫于1752年率雅罗斯拉夫剧团到彼得堡公演，获得很大成功。从此，俄罗斯的戏剧演出逐渐成为职业性活动。

19世纪60—80年代，俄国戏剧出现了伟大的剧作家——奥斯特罗夫斯基，他创作了《大雷雨》《火热的心》《没有嫁妆的新娘》《白雪公主》等优秀剧本。谢德林、屠格涅夫、托尔斯泰等著名作家也为戏剧舞台的繁荣作出了贡献。现实主义戏剧艺术的发展离不开斯坦尼斯拉夫斯基和丹钦科两位著名导演和戏剧艺术理论家的活动，他们创建的莫斯科艺术剧院成为俄国戏剧艺术的中心。莫斯科艺术剧院追求舞台艺术的创新，在此上演的剧目具有较高的思想性和艺术性，契诃夫和高尔基的革新话剧在这里最先演出。后来，果戈理、奥斯特罗夫斯基、列夫托尔斯泰的作品也被搬上舞台。20世纪末俄罗斯社会文化的多元化决定了戏剧美学的多元化，世纪之交的剧作家们探索全新的艺术表现形式，这一时期的戏剧作品继承并突破了戏剧传统，流派纷呈，体裁杂糅。

（三）绘画

14—15世纪是罗斯圣像画发展的全盛时期，圣像画不再仅仅被供奉于教堂和修道院里，也进入了寻常百姓家中。直到17世纪末，圣像画通常是室内墙上的唯一装饰，其质量和数量是一个家庭的经济状况和社会地位的反映。经过几个世纪的发展，罗斯圣像画形成了独特风格，具有强烈的民族和地区色彩，并出现了多种圣像画流派。在这种威严肃穆的宗教艺术中，开始流露出亲和的感情色彩，基督、圣母和圣徒们的形象更加接近于普通人，画面也更加富于动态，鲁布廖夫、费奥凡、季奥尼西等是当时著名的圣像画大师。

17世纪，俄国的绘画开始摆脱中世纪圣像画艺术的束缚，试图真实和准确地表现现实生活和客观世界。这种倾向在莫斯科画家西蒙·乌沙科夫的作品中得到了充分体现。18世纪的绘画艺术突出表现在具有现实主义风格的肖像画，列维茨基是其中最优秀的代表，他克服了18世纪贵族艺术的浮华铺张，开创了肖像画创作的新风潮。

19世纪初叶，现实主义逐渐占据主导地位，绘画题材也逐渐向世俗生活转移。这一时期出现了风俗画的奠基人魏涅齐安诺夫。同时由于解放运动的影响，揭露农奴制腐败的内容成为这一时期绘画的重要主题。费多托夫是俄罗斯绘画艺术中批判现实主义的奠基人，以油画《少校求婚》成名。

19世纪60年代，传统的绘画题材和艺术风格受到了挑战，一批青年艺术家开始追求民主主义的美学观点和批判现实主义的创作原则。1870年，由现实主义画家米亚索耶多夫发起组织了"巡回展览协会"，主张面向生活，联系人民，力求真实、朴素、自然。19世纪末至20世纪初，巡回展览画派日趋衰弱。20世纪初的俄国画坛空前活跃，欧洲现代绘画艺术影响的结果得到充分展现，印象派、原始派、立体派、未来派、表现派等并存，各种思潮、理论和主张层出不穷，出现了夏加尔、康定斯基、马列维奇等具有世界影响的画家。

19世纪末叶，艺术家们继承了费多托夫具有鲜明批判现实主义精神的绘画传统，将注意力放在表现俄国社会现实和引起人们普遍关注的重大主题上。这一时期的绘画具有明显的文学特征，风俗画得到空前发展，肖像画创作进入高峰期。

19世纪末20世纪初，随着西方文艺新思潮的涌入，现实主义传统面临着激烈竞争。列维坦是19世纪末最杰出的俄罗斯风景画大师，涅斯捷罗夫则是卓有成就的现实主义风俗画家，而谢罗夫是享有盛誉的现实主义肖像画大师。在西方各种艺术思潮的影响下，俄国美术界出现了不少新的流派。象征主义对俄国绘画艺术的影响在弗鲁别里的创作中得到了明显的表现。康定斯基则是俄国抽象派绘画的创始人之一。20世纪初期，俄国画家创立了两个抽象主义艺术流派——射线主义和至上主义,其中拉里奥诺夫和冈察罗娃创立了射线主义,而马列维奇创立了一种采用纯几何形体的抽象艺术流派——至上主义。

十月革命把俄国的绘画艺术带入了一个新阶段。20世纪30年代以后,确立了社会主义现实主义的创作方法,约甘松、普拉斯托夫、格拉西莫夫等画家创作了一批现实主义作品。20世纪60—70年代以来,一些苏联老画家继承俄罗斯绘画传统,创作了大量现实主义作品。21世纪以来,俄罗斯绘画逐渐呈现出多元化发展趋势。多种媒介工具给绘画提供了多种可能性,科技让绘画变得多元,作品以更加轻松的方式呈现给观赏者。但是不论科学技术与艺术文化怎样发展,俄罗斯绘画仍然保持着独立的绘画精神和艺术品格。

(四) 建筑

俄罗斯的建筑与绘画和雕塑密切相关,气势磅礴,风格突出,在世界建筑史上占有重要地位。

随着基督教的传入,拜占庭的优秀建筑艺术进入基辅罗斯,从此以后教堂建筑成为体现各时期建筑艺术的主要标志。12世纪建成的德米特里大教堂和圣母节教堂在俄罗斯建筑史上占据着重要的位置。德米特里大教堂的雕刻被称为"石头上的史诗",而圣母节教堂被认为是古代罗斯建筑文化中的精品。13—15世纪,古罗斯的建筑艺术重新兴旺发展起来,首都莫斯科首先进行了大规模的建设,1326年建成的莫斯科乌斯宾斯教堂是这一时期建筑的杰出代表。克里姆林宫自14世纪开始修建。伊凡三世自15世纪开始扩建克里姆林卫城,将意大利文艺复兴时期的建筑成果融入莫斯科的建筑设计中,为后来的城市发展奠定了基础。17世纪是俄罗斯的传统艺术与新的艺术风格交迭更替的时代,起初传统的木结构占有重要地位,17世纪中叶石结构建筑流行起来,还出现了混合式建筑。17世纪末,教堂建筑逐渐形成了独具一格的"莫斯科巴洛克"建筑风格,莫斯科郊外的菲力圣母节教堂和乌波拉村的救主教堂就是其中的最佳范例。"莫斯科巴洛克"风格的形成,表明俄国中世纪建筑的结束和18世纪建筑的开始。

18世纪以来,具有巴洛克艺术和罗可科艺术特征的西式建筑是这一时期俄国建筑的总体特征。圣彼得堡的东宫和夏宫是18世纪中叶俄国巴洛克式建筑艺术的杰出代表。18世纪后期,巴洛克风格逐渐被古典主义替代,俄国建筑师们开始考虑城市的总体规划,追求建筑物与城市的整体建筑规模和风格协调一致，并出现了一批优秀的建筑师，其中最突出的是莫斯科建筑三杰——博韦、日利亚尔迪和格里戈利耶夫。博韦是俄罗斯帝国风格建筑的代表人物，设计建造了莫斯科大剧院和小剧院等著名建筑。

19世纪末20世纪初，俄国建筑艺术更加快速发展，形成了古典主义和现代建筑风格有机结合的新俄国风格。舍赫捷利设计的莫斯科雅罗斯拉夫火车站是20世纪初俄罗斯建筑风格的典型之作。十月革命后，俄罗斯建筑进入一个新的历史发展时期，特别是20世纪30年代以来，苏联建筑发展迅猛，其中莫斯科地铁堪称建筑艺术与雕塑艺术的完美结合。奥斯塔金诺电视发射塔是欧洲最高的独立式建筑，也是俄罗斯建筑史上的一个壮举。20世纪90年代以来，随着苏联解体，俄罗斯建筑在经受了短暂的震动和沉寂之后，又开始活跃起来。莫斯科新修建的俯首山纪念建筑群，把纪念碑、群雕作品和博物馆有机结合起来，给人带来强大的震撼。现今的俄罗斯建筑在保持传统风格的基础上，建筑材料有所创新，一些个性化的建筑不断增多，新型建筑与传统建筑互相映衬，增添了城市的魅力。

四、蒙古国艺术

（一）音乐和舞蹈

蒙古民族能歌善舞，其音乐文化有着悠久的历史。蒙古的民间音乐以与游牧生活相联系的民歌和说唱为主。蒙古民歌根据其音乐特点分为长调歌曲和短调歌曲两种。前者具有自由的节奏和长气息，速度缓慢，音域宽广；后者则具有非常规整的节奏和轻快的速度。蒙古国常用的乐器是马头琴、四胡、三弦、蒙古筝以及笛子等。蒙古器乐的特点是柔和、安静，上述乐器中马头琴是最具代表性的乐器，音乐低沉柔美，音量不大，表现力丰富。

蒙古人民革命胜利后，蒙古国政府高度重视民间歌舞艺术的挖掘和发展，于1922年成立了最初的文艺机构——阿拉坦布拉格俱乐部。杜格尔扎布是蒙古著名的作曲家和歌唱家，也是蒙古现代音乐艺术的奠基人。20世纪40年代，涌现出达姆丁苏伦、莫尔道尔吉、道尔吉等一批著名作曲家。他们继承蒙古民歌的优秀传统，创作了大量的政治歌曲和抒情歌曲。20世纪50—60年代，鲁布桑沙拉布、达拉姆扎德等人创作的歌曲取材广，曲调优美，具有大众化的特点。20世纪70年代后，巴达格齐格、米格玛苏伦、达希哲格巴、朝德勒、图门扎尔嘎勒等人创作了许多脍炙人口的歌曲。

舞蹈艺术在蒙古文化艺术中占有重要地位。早在12世纪，蒙古族流行一种叫"蹋歌"的舞蹈，元朝宫廷出现了以良好祝愿为内容的花样集体舞。曾经风靡一时的元朝皇家舞蹈——天魔舞，是吸收其他民族舞蹈的优点而成。蒙古舞蹈的传统节目有马刀舞、安代舞、盅碗舞等，节奏欢快，舞步轻盈。1930年，在蒙古音乐话剧院设立了由十多人组成的舞蹈小组，成为蒙古第一家专业舞蹈艺术团体。蒙古舞蹈艺术不仅成为蒙古文化艺术的一个重要组成部分，而且走向世界，在世界青年联欢节上多次获得金质奖和银质奖。

（二）戏剧

蒙古国戏剧艺术分为话剧、歌剧、舞剧等种类。1922年，蒙古国青年团临时中央附设的戏剧小组自编自演了话剧《三多大臣》，拉开了蒙古现代戏剧发展的序幕。20世纪20年代和30年代初，蒙古国戏剧以历史题材为主；从20世纪30年代末开始，蒙古国话剧舞台上演了一批以巩固和壮大民主政权以及蒙苏人民友谊和军事、战争为题材的戏剧；20世纪50年代后，随着剧作家们努力反映现实生活的创作风格的形成，蒙古话剧舞台上出现了一批抨击社会现状、鞭挞旧习俗和不道德行为，以及歌颂新人新事、揭示劳动人民美好品德的剧作。

纳楚克道尔吉的优秀剧作《三座山》是蒙古国第一部歌剧，同时也奠定了蒙古国现代戏剧的发展基础。剧本讲述革命前一对恋人的爱情悲剧，描绘了旧社会贫困牧民的悲惨遭遇，揭露了社会的黑暗。在蒙古歌剧的发展中，达姆丁苏伦先后创作了《斗争》《阿穆尔撒纳》《难以忘记的四十三天》等歌剧，这些剧作人物鲜明，曲调动听，具有突出的时代感和地方特色。

蒙古国戏剧艺术中，舞剧是最年轻的，它从舞蹈中分离出来成为独立的艺术种类也只有几十年的历史。20世纪60年代，上演了蒙古第一部舞剧——扎米扬的独幕舞剧《我们的合作社》。蒙古国戏剧界在演出本国剧目的同时，还上演了大批外国戏剧和经典剧目。20世纪50年代，蒙古曾演出过中国歌剧《白毛女》、话剧《战斗中成长》等。

（三）绘画

蒙古国画家创作的一个特点是注意外形和内心世界的多种变化关系，并且非常注意线条和色彩的运用。蒙古国画家及其作品有文献可考证的是在元代，元代在"祇应司"下设有"画局"，聚集了不少蒙古国画家。

蒙古国油画创作可以追溯到20世纪初。沙拉夫被称为"蒙古国第一位油画家"，他把古老的绘画传统同新的造型方法结合在一起，起到了承前启后的作用。后来，出现了革命历史画家雅达木苏伦和乔伊道格。20世纪50年代以后，蒙古油画逐渐出现不同的创作风格，其中最主要的一种是蒙古画法，代表画家玛尼巴达尔是沙拉夫的学生，其代表作有《苏赫巴托肖像》《乔巴山肖像》。画家森格朝黑奥从事历史画、风俗画和肖像画创作，他恢复了几乎失传的民族绘画方法——凝固法。恩赫金、蒙赫金兄弟是蒙古当代最杰出的绘画艺术家，他们将西方绘画原理巧妙地运用到蒙古绘画题材中，其作品表现了对美与力量的追求，对自然和谐的认同，具有浓郁的蒙古传统文化特点。

（四）雕刻和建筑

蒙古民族的雕刻艺术相当精湛，石雕、木雕、骨雕工艺均有民族特色，尤其善于利用身边易得的材料雕刻成美观实用的器皿。随着历史的发展，蒙古民族的雕刻艺术逐渐融进了外国雕塑艺术家的精湛技术。在元代，因崇尚喇嘛教，密宗的雕塑艺术一度盛行，到了明清时期雕刻艺术有了很大发展，规划城（今呼和浩特）五塔寺就是一座雕刻艺术品。20世纪70年代以来，作为城市建筑的重要组成部分，蒙古雕刻事业迅速发展。著名雕塑家有乔伊姆博尔，其代表作是乌兰巴托中心广场上的"苏赫巴托纪念碑"。此外，雕塑家占布的代表作为"斯大林肖像"。

蒙古建筑大体分为城市建筑和农牧区建筑两类。古代蒙古人因游牧生活的需要经常迁徙，所以牧区的蒙古包都是可以拆卸的，其建筑艺术主要表现在毡帐的结构和内外部的装饰上。以挂毡画为主要装饰品，挂毡描绘的多是蒙古叙事诗中经常提到的鸟类和动物形象。13世纪随着城市建设的发展，蒙古地区的宫殿、邸宅、园亭、寺院、佛塔等建筑逐渐增加。额尔德尼昭寺又名光显寺，是1586年在哈拉和林废墟上建立的第一座寺庙，是蒙古国的第一个佛教中心。由于在政治、文化、宗教等方面有着广泛的联系和交往，中国中原、中国西藏和印度等地的建筑艺术对蒙古国的建筑艺术产生了很大影响。首都乌兰巴托的主要建筑有政府大厦、国立大学、公众图书馆、大剧院等。以建筑物为主体的综合艺术得到一定发展，1981年建成的列宁博物馆有大型组雕和大幅的绘画作品，蒙古人民大呼拉尔会议厅的建筑装饰也具有特色。

第四节　东北亚国家的习俗和礼仪

一、东北亚国家的习俗

(一) 日本习俗

1. 服饰

日本的传统服饰称为"和服"。和服是江户时代的正式服装，是在仿照中国隋唐服饰的基础上改造而成。和服具有如下几个特点。

首先，和服为平面剪裁，在量体裁衣方面比较自由。和服可以在腰间调节尺寸，体型不同的人即使穿着同一尺寸的和服，也很少给人以衣不合体的印象。其次，透气功能强，适合日本温暖湿润的气候。和服比较宽松，衣服上的透气孔有8处之多，袖、襟均能自由开合。最后，和服种类繁多，花色、质地和式样变化万千。通常根据性别、场合、年龄等穿着不同种类的和服。男式和服以黑色或蓝色为主色，款式较少，腰带细，附属品简单。女式和服以红色或白色为主，腰带很宽，附属品多。

腰带是妇女表现服装的重要手段，和服不用纽扣，原来起固定作用的腰带后来发展为一种装饰品。腰带的质料、花样、打结方法也不断变化。比较广泛使用的一种打结方法叫"太鼓结"，在后腰打结处的腰带内垫有一个软木或布做的芯子，看去像个方盒子。

各种和服在款式和穿着方式上的细微差异能够反映衣着者的身份、年龄、社会阶层。其中女性和服的区别主要表现在袖子上。和服袖子大致分为留袖和振袖两大类。已婚妇女多穿留袖和服。所谓留袖，即袖子相对较短，又可分为黑留袖和色留袖两种。黑留袖是黑色的留袖，往往点缀有精致的花纹，是中年妇女在庆典中的正式礼服；色留袖是彩色的留袖，为各种聚会服饰。振袖就是长袖，是未婚青年女性的传统服装。

和服虽然基本上由直线构成，缺少对人体曲线的展示，但它具有庄重、宁静的气质。穿和服时要掌握必要的礼法，对言谈举止有严格要求。在明治维新以前有严格的服制，将军、大名、高级武士、中下级武士的服装各不相同，后来贵族力量衰落，服制也逐渐有名无实。到了现代，和服作为一种礼服，主要在新年参拜、新年聚会、成人节、毕业典礼、婚礼以及其他重要的庆典和正式聚会上穿着，一些上了年纪的人至今还保留着穿和服的习惯。

明治维新后,和服逐渐被西服所代替,现在日本男子除特定职业的人以外,在公共场所都穿西装,西式的职业装成了公司雇员的标准装束。职业妇女也经常穿西服。大多数幼儿、儿童、少年去学校必须穿戴统一的"制服",长大以后进入公司、机关也必须统一着装。人们非常重视服饰的社会性,地位、身份、职业不同,服装必须有所区别,衣服在日常生活中与礼节紧密相连。

2. 饮食

日本人以大米为主食,蔬菜和海产品为副食。日式菜肴清淡且多凉菜,很多菜都保持着新鲜的原味,多与米饭和日本酒相配合,其选料和烹调技法十分精致。

从古代起,日本料理就具有"五味、五色、五法料理"的特征。"五味"就是甜、酸、辣、苦、咸,"五色"就是白、黄、红、蓝、黑,"五法"就是生、煮、烧、炸、蒸。传统的日本料理大致有以下几种:膳料理是其他传统料理的基础,仅有少部分流传至今,是按照室町时代武士门第的礼法,以待客为基础形成的料理,也是冠婚丧祭等的礼节性料理。茶怀石是茶道中在没有上茶前的简单料理,以蔬菜为主,也叫怀石料理。会席料理是一种不受拘束的宴会料理,现在日本料理店提供的宴席料理大多是折中料理。还有一种是不用鱼贝类和肉类,只有大豆加工品、蔬菜、海草等植物性食品为原料的所谓"修行料理"。

日本酒即清酒,酒精度为15%～16%(Vol),用大米酿造而成,可以温热后饮用。日本还有烧酒,是用番薯、大麦、蔗糖等原材料制成,与伏特加有些类似,一般为三四十度。此外日本人还喜爱喝啤酒、威士忌和葡萄酒。日本人经常在下班后,与上司或同事去喝酒,一个晚上要换好几个地方轮番畅饮。

自古以来日本就有吃生食的习惯。日本料理以生鱼片最为著名。生鱼片不仅有鱼肉,还包括虾类和贝类。有的切成片后再摆放成原来鱼的样子,也有的把鱼肉片切下后过一下凉水,使鱼肉紧缩,更有嚼头。吃生鱼片必须以芥末和酱油作佐料。生鱼片盘中点缀着白萝卜丝、海草、紫苏花,体现出日本人亲近自然的饮食文化。

寿司是日本料理中独具特色的一种食品。按其制作方法可分为生寿司、熟寿司、压寿司、握寿司、散寿司、棒寿司、卷寿司、鲫鱼寿司等。其中鲫鱼寿司最具代表性,它是以鲫鱼、米饭和精盐为原料,经过几个月的腌渍和发酵制成。寿司的主要原料有米以及包卷寿司的海苔、紫菜、蛋卷皮、豆腐皮等，还有各种鱼、蟹、贝、煎蛋、蔬菜等馅料。此外，纳豆也是一种具有民族特色的食品，以特殊方法腌制而成，具有丰富的营养价值。

随着社会的快速发展，传统饮食逐渐发生变化，中餐和西餐传入日本，越来越为日本人所喜爱。美式快餐、汉堡包、意大利面条，已部分替代了饭团。速冻食品受到主妇们的欢迎，饺子、锅贴、包子、面条等中国食物得到孩子们的喜爱。日本社会节奏快，通常早餐简单，午餐比较随便，而晚餐却极为丰盛。男人们上班一般中午不在家用餐，所以不少家庭早餐为西式，中餐为中式，晚餐则为传统日式。

3. 住宅

日本人的住宅分为日式住宅和西式住宅两种，城市以后者居多，农村以前者居多。日式住宅一般是木制平房，利于抗震、防风、防潮。在传统日式住宅中，人们进屋需脱鞋，地板上铺有草席（即"榻榻米"），屋内有坐垫。日本人乐于在铺有木材或席子等天然材料的地面上赤脚行走，或是盘腿屈膝无拘无束地交谈。白天用小台桌写字、看书、吃饭，晚上铺被子休息。日式住宅房间虽小，但住宅内部由于收纳巧妙，显得十分宽敞。房间内有壁龛，用来挂画和陈设花瓶等装饰物。日式住宅还通常利用隔扇移门来追求一种有间隔而又不完全封闭的起居空间。日本四季分明，人们对季节的变化非常敏感。日式住宅善于把室外的景物纳入视野之内，或者建造充满自然情趣的庭院。

战后的一代日本人由于受西方文化的影响，生活起居方式逐渐西方化。20世纪20年代以后流行的"文化住宅"是一种"和洋折衷"的建筑，即在日式房子的基础上加上西式餐厅和会客厅。现在日本人的城市住宅受到西方模式的影响，引入西洋风格于现代住宅之中，有的虽然看上去样式是西式，但在内部仍将房间的一部分做成和室，保留"榻榻米"风格。还有的家庭在和室还摆放沙发和床。但那些单门独院的住宅仍很好地保留了传统风格，房屋内的构造、陈设仍根据"榻榻米"上的生活来设置，房屋外观主要是保留了屋顶的模式以及横向拉闭门窗等。

随着日本经济的快速发展，房屋价格节节攀升，银行贷款利息近年来大幅度提高，而个人收入的增加幅度大大低于房价和地价的上涨。许多日本人辛辛苦苦积攒的钱用来分期付款，因为住房远离市区，每天都要花费大量时间通勤。

（二）朝鲜半岛习俗

1. 服饰

朝鲜半岛在悠久的历史中形成了具有本民族特色的服饰习俗。首先，传统服装多样而且优雅，人们可以按照年龄选择适当的式样和颜色。其次，衣服的衣料质地和色泽随着季节变化而变化。如妇女夏天穿细夏布衣，春秋为夹袄，冬天为棉袄。春天多是鲜艳的颜色，夏天多为清爽的颜色，秋天多为明快的颜色，冬天多选择深色。最后，注重保持衣着的整洁与端庄。如给衣服镶边，在易脏易磨损的部位镶上不同颜色的布饰，就是为了保持衣服干净耐穿。此外还有穿围裙的风俗。

传统女装有袄、裤子、裙子和外衣（袍）。袄短小贴身，裙子肥大飘逸，形成了传统女装的基本特点，其颜色鲜艳，装束优雅，符合朝鲜民族的情趣。女袄按照季节分为单袄、夹袄和棉袄等。过去，女袄的穿着有身份高低之别，主要表现在衣料的质量和色彩方面。裙子分长裙和筒裙。婚前女性穿筒裙，长及小腿，腰间有许多细褶。婚后妇女穿长裙，长及脚跟。女子佩戴多种饰品，如发簪、耳环、项链、戒指等，传统服饰还有相应的佩饰，如精美的香囊、流苏等，一般系在袄的飘带或裙子上。

男装有袄、裤子、坎肩、长袍等。男袄也有领子、前襟、领边和袄带，但是比女袄长而肥。裤子肥大，裤腿用带子系在脚踝处。坎肩套在袄外，颜色花纹比较丰富。此外还有童装，其中具有代表性的是把红、黄、蓝、绿等颜色的布条像彩虹一样拼起来做成袖子，一般在周岁生日或节日时穿着。

随着社会的发展，朝鲜民族的衣着风格和款式变得多样化、现代化。如今的韩国人在正式场合通常穿西服，只有在春节、中秋节等传统节日以及婚礼、花甲宴席等重要活动的时候穿着传统服饰。西式服装占据市场主流，人们对很多传统服装也进行了一定的改造，在传统服装的基础上进行改良的"生活韩服"不仅穿着方便，而且容易清洗。

2. 饮食

朝鲜民族的主食是米饭，此外还有粥、糕饼、面条等。饭有大米饭、糯米饭、杂粮饭、五谷饭（大米、小豆、大麦、小米、高粱等）、黄豆饭、小豆饭、药饭等。药饭是在蒸好的米饭里加上香油、蜂蜜和白糖后搅匀，再加上大枣、栗子和酱油蒸制而成，因为蜂蜜有一定药效，所以叫药饭。药饭色、香、味俱全，又富有营养，多在正月十五食用。面条是人们喜欢吃的主食之一，尤其是在喜宴上不可缺少。平壤冷面以味道鲜美、营养丰富闻名于世。糕饼多在节日和红白喜事时食用。糕饼按照原料分为粉制和米制,按照制作方法有蒸、煮、打、炸等。糯米糕是把糯米蒸熟后经过敲打再撒上豆粉或芝麻制成,中秋节吃的松饼是把白米粉用热水和好,擀成薄片包上馅,捏成半月形,垫上松针蒸制而成。

  副食有汤、酱、泡菜等。汤类中有的汤水较多、食材较少,比如海带汤、豆芽汤等;有的食材较多、汤水较少,比如炖泡菜、大酱汤;还有一种熬制时间较长,比如牛杂汤、参鸡汤等。酱富含蛋白质,营养价值高,又是重要的调味料,可以做成美味的汤和炖菜,是朝鲜民族饮食中不可缺少的重要副食品,包括酱油、大酱、辣椒酱、清曲酱等。其中辣椒酱是一种特色酱,其原料有糯米粉、酱饼子粉、盐、辣椒粉、水等。泡菜以白菜、萝卜等为基本原料,加上辣椒面、蒜、葱、生姜、苹果、梨等发酵制成。泡菜大致可以分为过冬泡菜和临时吃的泡菜。过冬泡菜有腌整棵白菜、白腌泡菜、腌萝卜片、腌整个萝卜等。临时吃的泡菜有很多种,可以用各种蔬菜来做。腌制泡菜是朝鲜民族一年中的大事,其中腌整棵白菜最为普遍,方法是把洗净的白菜用盐水腌渍后用清水冲洗,再把调料均匀涂抹在每一片菜叶上。过去,人们将泡菜储藏于瓦缸之中埋入地下以保留其风味,如今有了智能化的泡菜冰箱,腌制工序大大简化。除此以外,副食还有素菜、灌肠、烤肉串、其他腌制品等。

  具有代表性的传统点心有麦芽糖、油蜜果、蘸糖果、茶食、熟果、正果(蜜饯)等。传统饮料中,具有代表性的有酒、果汁水、水正果(加柿饼的生姜水)、蜜糯水等。酒可以分为浊酒、清酒和烧酒三类。相互敬酒时有换酒杯的习惯,表示亲近与信任的关系。韩国的烧酒通常只有二十几度,常喝的有真露酒、梅子酒、百岁酒等。在朝鲜,平壤出产的甘红露、平安南道出产的碧香酒、黄海道出产的梨姜膏、开城地区出产的高丽人参酒等都是名牌酒。

  朝鲜民族形成了独特的饮食生活习俗。在家里宴请时,宾主一般都是围坐在一张矮腿方桌周围。摆饭桌时,为了食用方便,饭碗放在左,汤碗放在右,有汤的菜放在近处,不含汤的菜放在较远处,调料放在中间,匙筷放在右边。

  如今,朝鲜民族的饮食风俗发生了巨大变化。年轻人喜欢在较高的立式餐桌上用餐,年长者还是喜欢盘坐在较矮的餐桌边用餐。酱类对韩国人饮食习惯有很大的影响,随着现代生活节奏加快,越来越多的家庭不再亲手制作,而是从市场上购买大酱。西式快餐以及世界各地的风味饮食越来越多,朝鲜半岛的饮食也步入现代化。

3. 住宅

朝鲜民族盖房的步骤包括选房址、打房基、搭骨架、盖屋顶、砌墙壁、铺火炕等。打房基的工作非常吃力,自古以来就有互助合作的风尚。火炕是传统房屋的一个重要特点,能够均匀地烧暖整个炕面,热气停留在炕道的时间长。火炕不仅能够去除炕面的潮气,而且能够提高房间的利用率。如今城市的取暖条件非常好,一般家庭在炕面安装管子用热水暖炕,既方便又干净。

传统住宅包括内部房间和外部庭院两部分。内部房间主要包括内房、厅房、对面房、厢房等。内房是主妇的卧室,保管着家庭的贵重物品和各房间的钥匙。厅房没有火炕,地上铺有木板,这里通常是家庭进行祭祀的地方,夏季炎热,可以在此乘凉。对面房隔着厅房与内房相对,一般由家中的成年子女或老人居住。厢房为男主人的卧室,也可以用来会客,女人和孩子们一般不能随便进出。人们在炕上生活,所以炕上一般糊油纸或铺垫子。厨房是制作食物和放置厨具的地方,同时又具有烧火炕取暖的功能,是住宅的主要组成部分之一。此外还有保管生产工具等杂物的库房、碾房、牲口圈等。上层社会的住宅由几处独立的建筑物构成,一处归妇女和孩子居住,一处归家中男子和宾客使用,还有一处给仆人居住,住宅之外建有围墙,家祠建在住宅后面。

20世纪60年代以来,韩国的西方公寓式建筑逐渐普及。随着城市化的发展,城市人口所占比重逐渐升高,公寓住户的比例也在不断上升。如今大部分的城市居民都居住在混凝土或砖瓦结构的房子或高层公寓内,但是仍然有很多传统住宅散布在乡村地区。韩国的住房租赁制度很独特,除了月租方式外,还有一种是先付一笔相当于房价50%~70%的押金,合同期满再全额退回押金。

(三) 俄罗斯习俗

1. 服饰

俄罗斯民族的传统服装丰富多彩。妇女的服装色彩艳丽,北部地区妇女在衬衣外面罩无袖长裙,南方妇女则穿毛织裙子。男子身穿领口和下摆都绣花的偏领衬衫,在衬衣外面系一根腰带,穿瘦腿裤,俄罗斯民间舞蹈的着装即以这种服饰为主。

"鲁巴哈"是一种传统女装,类似长袖连衣裙。在不同地区,鲁巴哈的款式、颜色、图案、装饰也不同。南部地区的鲁巴哈式样简单,领口有点缀，下半部为直筒裙式；北部地区的鲁巴哈腰身修长，衣袖宽松。斯摩棱斯克地区以白色为主基调，袖管为蝴蝶式。瓦洛尼什地区则以绣花图案服装著称，图案颜色热烈活泼。"萨拉范"是一年四季都可以穿的女士连衣裙，类似太阳裙或沙滩裙。萨拉范的面料有手工蜡染布、粗麻布、印花布等，衣服上饰有绣花、补花、丝带。冬季穿的萨拉范用粗毛、厚呢、毛皮制成，如今夏季还有不少人穿这种传统服装。

"淑巴"即皮大衣，是男子冬季必需的御寒服装。淑巴主要用羊皮制成，直到羽绒服出现才打破了淑巴的垄断地位。新式淑巴花纹漂亮，款式新颖，颜色丰富。罗蒙诺夫是俄罗斯淑巴的主要生产地之一，有300多年的历史。

俄罗斯妇女喜欢戴头饰，头饰有发箍或发带，发箍有镶珍珠的、花环式的、普通木制的。高级的发带上面镶有宝石等贵重物品，最普通的头饰为亚麻手绢。已婚女子戴头饰时要将辫子盘在头上或披在头巾、帽子里，未婚女子戴头饰时辫子露在外面。服装以长而大为美，男子外衣可长过膝盖，袖口的一侧几乎着地。女人的披肩、裙子也是如此。在冬天，男女穿的长袍、大氅宽大飘逸，凸显其身份的高贵。十月革命后，服装的等级差别消失，服装与思想观念紧密联系在一起。苏维埃建立政权之初，水兵服成为当时的流行服饰。后来的"列宁装""斯大林装"都曾在俄罗斯流行。

现在俄罗斯人的穿衣风格整洁、高雅。俄罗斯妇女有一年四季穿裙子的传统，冬季气候寒冷，常常内穿薄呢衣裙，外套皮大衣或加厚呢大衣；春秋两季多穿薄呢大衣和风衣；夏季穿着各色各样的薄衣裙。俄罗斯人观看演出、参加晚会时习惯穿正装，男士身着西服，系领带或领结；女士身穿各色晚礼服，佩戴珠宝首饰和精致手包，显得雍容华贵。20世纪90年代以后，随着贸易往来的增加，俄罗斯人的服装款式变得更加多样，牛仔服装、休闲服和运动装也被越来越多的人所接受。20世纪末以来，俄罗斯的时装文化逐渐兴盛起来，被誉为俄罗斯时装设计第一人的扎依米夫，其时装设计蕴含着对俄罗斯文化的回归和向往，作品频频在国际上获奖。

2. 饮食

俄罗斯人以面包为主食，分为白面包和黑面包两类，黑面包由黑麦粉制成，营养价值高。土豆是"第二面包"，其消费量与粮食制品相当，特别是在苏联时期，土豆更是普通人一年四季的家常菜。

除了面包和土豆，俄罗斯人的一日三餐还有牛肉、猪肉、羊肉、牛奶、蔬菜、黄油、乳酪等。俄罗斯人从小就摄取大量肉奶蛋，所以普遍体魄健壮。早餐比较简单，一般是面包抹上黄油，夹奶酪香肠，再配上果酱和牛奶。午餐有热汤、热菜、面包、色拉、果汁。汤有罗宋汤（红菜汤）、白菜汤、蘑菇汤等。热菜多是猪肉、牛排、炸鸡、烧牛肉或煎鱼，配上土豆、包菜或甜菜。晚饭通常比较丰盛，先上香肠、火腿肉、蔬菜和酸黄瓜等凉菜，再上热菜。晚餐后喝茶，吃点心或冰激凌。因为俄罗斯夏短冬长，时令蔬菜和水果少，不宜储存，因此俄罗斯妇女擅长制作各种罐头菜和果酱。每年8—9月女主人就开始做过冬准备，她们腌酸黄瓜，把西红柿、柿子椒、大蒜、西葫芦等用盐水浸泡并密封，把各种水果做成果酱，把装满果菜的瓶子存放在储藏室里。苏联解体后，西方的快餐食品涌入俄罗斯，这在某种程度上改变了俄罗斯人的饮食习惯。

俄罗斯人喜爱喝酒，女士们一般喜欢喝香槟酒和果酒，男士们则偏爱伏特加。市场上出售的伏特加酒精度多为42%（Vol），其中比较常见的有首都牌、莫斯科牌、水晶牌。用粮食酿成的伏特加，清冽劲爽。俄罗斯人饮酒非常豪爽，习惯用大杯子喝，第一杯通常要喝干。俄罗斯大部分地区冬季漫长，严寒干燥，饮酒是御寒方法之一。作为饮酒大国，酗酒给俄罗斯带来很多社会问题，反酗酒运动曾经如火如荼地开展。俄罗斯人有饮茶的习惯，他们偏爱红茶，喜欢在茶里放糖或蜂蜜，还要搭配甜点。俄罗斯人夏季常喝一种由面包干发酵酿制而成的名为"格瓦斯"的清凉饮料。此外，苹果汁、葡萄汁、梨水、酸奶也是俄罗斯人喜爱的饮料。

俄式大餐不仅保持了自己的民族特色，还吸收了各国饮食中的精华，因此闻名世界。16世纪意大利的厨艺传入俄国，冰激凌、面条和其他面食也传入俄国。17—18世纪，德国、法国、荷兰、瑞典等国的厨师在宫廷传授烹饪技艺。19世纪初，俄国又吸收了中亚和中东的一些饮食文化。到了19世纪末，俄国菜式在吸收各国精华的基础上，加上自身的特点，逐渐形成了自己的风格。

3. 住宅

俄罗斯森林资源丰富，所以传统住宅的主要建筑材料为木材。俄式传统木屋每户一院，由木房、储藏室、地窖、菜园组成。木房屋顶为"人"字形斜坡，便于积雪下滑。木房地下有半层，既可以防潮保温，又可以储存食物。屋内木板铺地，有起居室、卧室、餐厅和厨房。院子用木栅栏围住，院内果树芳香，菜园翠绿。传统住宅中还有炉子和上座。炉子既可以取暖，又可以烧饭。上座专供贵客使用，上面供有神像。如今多数农民住进了几户合住的两层住宅，在住宅旁边还开辟有种植蔬菜的土地。

莫斯科二环以内的老城区，多是建于100多年前的达官贵人的邸宅，一栋栋四五层楼房临街而建，每栋楼各具艺术特色，整条大街风格协调、色彩和谐。每户的窗框雕饰精美，阳台为大理石立柱或大力神托举。每层有5—7间厅室，厅室之间有回廊甬道相通。室内宽敞明亮，枝形吊灯、瓷釉、壁炉、滚边流苏窗帘、浮雕镀金天花板等陈设富丽堂皇。这些贵族邸宅在十月革命后得到较好的保护，现在多为博物馆或纪念馆。

20世纪50年代，为尽快缓解住房困难，赫鲁晓夫下令建造大量火柴盒式的五层简易楼房，多为两间一套，并配有厨房和卫生间，人称"赫鲁晓夫居民楼"。20世纪80年代以后，一幢幢住宅小区拔地而起，高层公寓楼鳞次栉比，住宅小区内各种公共服务设施非常齐全。20世纪90年代，在急剧的社会变革中，俄罗斯社会阶层贫富差距拉大，私人住宅和豪华住宅不断扩张。进入21世纪后，在经济强劲增长期间，一些大规模的住宅项目在不少新兴地区出现。

（四）蒙古国习俗

1. 服饰

蒙古服饰适应北方游猎生活特点而形成，反映了本民族的文化特色。蒙古人的传统服饰是穿蒙古袍、束腰带、穿蒙古靴、戴护耳帽。蒙古人偏爱对比强烈、光鲜亮丽的红、绿、蓝等颜色，富有的人则穿锦缎制成的橘黄色外袍。妇女穿的蒙古袍的领口、袖口、衣边上缝有的绸缎装饰较多，两侧有开口。穿蒙古袍骑马放牧不仅能护膝防寒，夜晚还能当被子盖。穿蒙古袍必须束腰带，无论男女都喜欢扎鲜艳的腰带。腰带是身上重要的装饰物，在骑马时还能保持腰部的稳定，冬天保暖，夏季防蚊虫。男子腰带上挂蒙古刀和烟袋，女子则挂银饰和针线包等。蒙古高原气候寒冷，以游牧为主，马上活动时间长，因此其服饰具有较强的防寒作用，同时也便于骑乘，长袍、坎肩、皮帽、皮靴是首选服饰。圆顶或尖顶雁尾毛皮护耳帽是蒙古人最喜欢的防寒帽。靴子做工精细，男女都爱穿高筒皮靴，牧区喜欢穿牛皮靴和高腰马靴。如今蒙古袍逐步成为节日或重要社交场合穿着的礼服，牧区的老人仍旧穿着传统的蒙古袍。

2. 饮食

蒙古人的食物包括奶食、肉食、谷物、饮料四种。奶食色白，蒙古人尚白，以白色为吉祥，称奶食为白食。奶食品有奶酪、奶豆腐、奶干、奶皮、奶粉、白油、黄油等。蒙古人称肉食为红食，肉食品以牛羊肉为主，肉食品的吃法有手扒羊肉、烤全羊、整羊背子、涮羊肉、羊肉串、肉干等。谷物有炒米、面食等。炒米可以用于泡奶茶、做羊肉稀粥或干饭，还可以做干粮，不需要煮就能食用。面食包括面条、包子、饺子等。饮料除了奶茶、红茶，还有马奶酒、酸奶等。蒙古人的饮食分夏季和冬季，夏季为4—10月，主要食物为奶制品，肉食相对较少。而到了11月至次年3月，肉食相对较多，以应对严寒。

蒙古人一般一日三餐，即两茶一饭。炒米和奶茶是家常便饭，早、午饭一般食用炒米和奶茶。晚饭有肉面、鲜奶面、白奶油面、面饼、肉馅饼、包子、饺子等。随着外来饮食文化影响的扩大，蒙古人的饮食结构也有所改变，许多人开始食用鸡、鸭、鱼、蛋等。蒙古人还逐步改变了吃肉的传统方法，搭配各种蔬菜，增加了煎、炒、烹、炸、炖等烹饪方法。蒙古国首都乌兰巴托有许多饭店都经营欧式西餐，普通家庭的饭桌上也增加了色拉、面包、黄油、果酱等食品。

3. 住宅

蒙古包是圆形的毛毡幕帐，搬迁搭建十分方便，防风保暖，适合游牧。蒙古包由木栅、撑杆、包门、顶圈、衬毡、套毡及皮绳、鬃绳等部件构成。把木栅和包门连接起来形成圆形墙架，撑杆和顶圈构成顶部的伞形骨架，再用皮绳、鬃绳把各部分牢牢捆扎在一起，并在内外铺上毡子就可搭建完成。蒙古包冬季搭在背风暖和处，夏季搭在凉爽通风处。包顶不积雪，也不存水。包顶上有通风口，可耸立炉筒，也可当天窗透光取暖。蒙古包的门通常向南或向东南开。门上通常有窗户，现在有的还安装了玻璃。近年来，蒙古人的居住条件发生了很大变化，蒙古包内增添了地床、桌椅以及各种家用电器。大多数牧户定居下来，住进了土木建筑或砖瓦水泥结构的房屋。但是夏季游牧时，还是在蒙古包中居住。

二、东北亚国家的礼仪

(一) 日本礼仪

1. 生活礼仪

日本以"礼仪之邦"著称，礼节烦琐，讲究细节。日本的生活礼仪包括电话礼仪、信函礼仪、拜访礼仪、饮食礼仪、馈赠礼仪等。

平时人们见面总要互致问候，最常用的问候是"您好""再见""拜托您了""请多关照"，问候同时伴随有不同深度的鞠躬。日本人在交谈时一般不涉及年龄、职业、收入、家庭等个人隐私，根据场合需要还要脱帽鞠躬。初次见面通常互换名片，因此不带名片是一种失礼行为。互致名片时要行鞠躬礼,并双手递接名片,认真阅读。如果是商业谈判,最好向会见的每个人都递送名片,并接受名片,以示友好和尊重。在日本,向外人介绍多位客人时,要先从地位低的人开始,会见日本人的时候也是如此。

到日本人家里做客要预先和主人约定时间,通常要准备一定的礼品,应尽量准时到达,衣着要得体。日本人不习惯握手,除非上级向下级、女士向男士伸出手时才可以握手。日本人通常不习惯客人参观自己的住房,特别忌讳男子闯入厨房。

饮食礼仪包括吃饭、喝汤不要出响声,不能用手握着筷子,不能用筷子戳食物,不能舔筷子,不能乱翻拣食物等。吃饭时也不能大声说话和笑,最忌讳的是打喷嚏。吃饭前念祈祷词,感谢上天的恩赐,吃完饭后再一次表示感谢。客人回到自己的住所要打电话告诉对方,表示已经安全返回,并再次表达感谢,过一段时间再遇到主人时仍不要忘记再次致谢。无论是探亲访友还是出席宴会,日本人都要随身携带相应的礼品,并且要掌握好分寸,既不能过重,也不能过轻。一般性的拜访,带上些包装食品比较合适。日本人对礼品讲究包装,接受礼品的人一般都要回赠礼品。日本人送礼喜送单数。

2. 婚礼

现在日本的婚礼是传统与现代相结合,形式多样。结婚仪式有神前结婚式、教会结婚式、佛前结婚式、人前结婚式,但最多的是神前结婚式。

在日本人的婚礼仪式中,最大众化的婚礼是神前婚礼,即在神社举行的婚礼。程序包括新郎新娘及亲友按照一定的顺序入场、净身仪式、献馔之仪、奏上祝词、交杯酒、交换戒指、新郎宣读誓词、供奉神木、亲属共饮神酒、主婚人祝词、退场等。新娘的婚礼服是白色丝绸和服,象征新生活的开始。新娘的头发挽起来,脸都用脂粉抹得雪白,头戴一块白盖头和面纱。新娘脱掉白色礼服后换上绣有吉祥图案的华丽礼服,然后再换上另一套未婚少女穿的深色和服,象征少女时代结束。新郎一般穿黑色丝绸和服,手持白色折扇,脚穿白色便鞋。

基督教婚礼通常是在教堂举行的基督教信徒的结婚仪式,要接受牧师的忠告,非常格式化,现在也在一般的饭店举行。信仰佛教的家庭举行佛前婚礼,一般在寺院举行,请僧侣作为主婚人,程序包括诵经、宣誓、授予念珠、烧香、交杯仪式等。人前结婚式是在宾馆、饭店等公共场合举行的婚礼。婚礼上,新郎新娘向来宾表示欢迎,客人们依次向新郎新娘致贺词,新郎新娘要向哺育自己成长的父母告别。婚礼结束时,新郎新娘欢送客人并向来宾回赠礼物。回赠礼物后，进行"三三九度"仪式，即新郎新娘用三对酒杯对饮三次酒，每杯三次饮完，这种"三三九度"仪式来自神前婚礼。

日本的彩礼因地域不同而各异，如今在百货公司就可以买到已配置好的五品、七品、九品包装彩礼。日本传统的彩礼是七品，分别是白扇、白麻线、海带、鲣鱼干、干鱿鱼、柳樽、彩礼钱，各自有不同的象征意义。

3. 丧礼

日本是一个非常重视丧葬礼仪的国家，至今还沿袭着传统的丧葬礼仪。日本丧礼多数按照佛教方式举行，葬礼前夜称"守夜"，请来和尚念经，请僧人给死者赐戒名。亲友在祭坛前合掌鞠躬并上香，向死者告别。次日举行告别仪式，过去曾把遗体告别与葬礼分在两天举行，现在大多都安排在一天。告别仪式结束后，遗体在亲属的护送下送到火葬场。坟墓一般都属于寺院，如今土地昂贵，所以一般在公共墓地的纳骨堂存放遗骨。按照佛教仪式，一般要举行一周忌、三周忌、七周忌和年祭等法事，盂兰盆节和春秋换季时要扫墓。

（二）朝鲜半岛礼仪

朝鲜半岛深受儒家伦理道德体系的影响。儒家的道德礼仪体系以家庭为基础，尊老敬长是家庭道德礼仪的基础，尽管现在已经渐渐趋向简化、淡化，但仍然是朝鲜民族日常行为的规范准则。朝鲜民族一生中有很多重大的礼仪。主要包括出生礼、女子年满15岁的笄礼、男子20岁的加冠礼、婚礼、60岁的花甲祝寿礼、丧礼、祭礼等。

1. 生活礼仪

朝鲜半岛也是礼仪之邦，儒教文化中的"长幼有序""男尊女卑"观念已经深深植根于朝鲜民族的日常生活。

人们见面时一般互相鞠躬。初次见面，哪怕比自己年龄小，地位比自己低也多用敬语和尊称，一般不直呼对方的名字。同姓之间首先要打听对方和自己是否是同一个氏族，如果是还要搞清楚辈分关系。面对众人讲话时，即便是国家总统也要用敬语。

厚待客人也是朝鲜民族的礼节。同客人一起吃饭时，主人要先拿起筷子劝客人吃，把好的菜尽量放在客人面前让其多吃。在客人放下筷子之前，主人不能放下筷子。在送礼物时，无论礼物的轻重都要精心包装，代表着诚意。收到礼物后喜欢当面打开看，当着客人的面欣赏。做客时进门要脱掉鞋子，并且把鞋子摆放整齐，鞋头向内，不能向外。走访亲友时不穿袜子或袜子有破洞都是不礼貌的行为。入座时要盘腿席地而坐,不能伸直腿或叉开腿。做客要做好喝酒的准备,如果双方谈得投机,他们会有礼貌地频频劝酒,如果客人再三推辞,就会引起主人的不快。

在饮食生活中也非常讲究礼节,吃饭时不能敲响匙筷,不能发出碗碟相碰的声响,不能大声说话。吃饭时不能端起饭碗,左手一般放在桌子下面。打喷嚏时要表示歉意,剔牙要用手或餐巾盖住嘴。在家庭中,要先给长辈盛饭、汤、菜。吃饭时,长辈拿起筷子后,晚辈才能拿筷子。晚辈在长辈面前喝酒,通常要侧过身子去喝,表示对长辈的尊敬。长辈倒酒时要跪坐着双手去接。喝酒时要按照身份地位的高低或年龄、辈分的长幼顺序敬酒、鞠躬、祝词。

2. 婚礼

朝鲜民族的传统婚礼有"六礼"之说,即议婚、纳采、纳期、纳币、大礼、于归。议婚指男女双方家人了解对方的情况,并由男方家提亲。婚事决定后,男方家将新郎的生辰八字送到女方家正式求婚,称为"纳采"。女方家把新郎和新娘的生辰八字相对照后择好日期,并通知男方,称为纳期。男方送彩礼到女方家称为"纳币"或"送礼箱"。结婚典礼分为女家婚礼和男家婚礼,新郎先到岳家举行婚礼,新娘再到男方家举行婚礼。在岳家的婚礼称为大礼,程序包括奠雁、交杯、给新郎摆大桌用餐。奠雁礼是新郎带着木制鸿雁到岳家敬献给岳母的一种仪式,人们认为鸿雁雌雄成双、十分和睦,就把它当作和睦、贞节的象征。新娘随新郎到婆家称为于归,在男方家的婚礼程序有伴娘照顾新娘用餐、祠堂跪拜礼、新娘拜见公婆礼。旧时为了帮助亲邻的婚事,人们还结成了叫"婚需契"的独特组织,由有婚龄子女的数家父母组成,其成员出份子共同备办婚礼。

传统婚礼烦琐而费财,因此韩国政府于1973年公布了《家庭礼仪法》等法令以推行新的婚姻礼仪。现在婚俗已有了很大改变,大体上是自由恋爱,或由亲朋介绍后恋爱订婚。如今"纳采"也称为订婚仪式,受到城市中上阶层的重视。婚礼一般也分为两种形式。一种是传统婚礼,但程序大大简化;另一种近于西方婚礼,多在教堂和婚礼礼堂按照西方的程序进行。婚礼之后新郎新娘换上传统服装,向双方父母分别行礼。男方父母还要向新娘抛枣,新娘则用韩服的前襟来接,接得多表示能早生贵子。结婚典礼之后举行酒宴招待来宾。现在也有人在家中、饭店、工作单位或郊外举行婚礼,还有的采取旅行结婚方式。蜜月旅行通常选择去国外,国内的首选地是风景如画的济州岛。

3. 丧礼

朝鲜民族的传统丧礼程序大致包括初终、入殓、送葬、凶祭等。死者死亡后要招魂，并通知亲朋好友。给死者沐浴更衣称为"入殓"，然后亲属穿戴丧服进行祭奠并迎接凭吊客。传统丧礼遵循"五服"，五服是指根据死者家属、亲戚跟死者的辈分关系分成"渐衰、再衰、大功、小功、缌麻"五种等级。亲戚、朋友、街坊给丧主送粮食、现金等作为赙仪，也有送红豆粥的习俗。在丧家伴宿的习俗原来是为了减轻他们失去亲人的寂寞和独孤之感，后来演变为摆酒席宴请吊客。现在一般是三日葬或五日葬。传统一般是土葬，定下墓地和落葬日后发丧，其中还有"出殡祭""路祭""平土祭"等仪式。在服丧的 3 年期内举行的祭礼称为"凶祭"，包括初虞祭、三虞祭、小祥、大祥等。

随着社会的发展，普通家庭通常没有足够的空间举行丧礼，越来越多的韩国人选择在医院的丧礼厅委托丧葬公司举办丧礼仪式。当然，丧礼程序根据每个人的宗教信仰不同而各不相同。

（三）俄罗斯礼仪

1. 生活礼仪

俄罗斯人非常讲究绅士风度，去剧院看节目，男女都穿戴整齐。公共场所干净整齐，秩序井然，遵从"女士、儿童、老人优先"等行为准则。俄罗斯注重礼节，经常使用礼貌语言。见面时习惯接吻和拥抱，长辈一般吻晚辈的脸颊或额头，晚辈则吻长辈的脸颊。同许多欧洲国家一样，俄罗斯也有用面包和盐迎接贵客的习惯。在欢迎尊贵的客人时，美丽的姑娘会献上圆面包和盐，宾客掰下一小块撒上盐品尝并表示感谢。这种礼仪反映到日常生活中，就是去做客时一定要吃面包。见面时握手一定要等女方先伸手，不能问女方的年龄。

在俄罗斯人的交往中，初次见面时要称其名或父名，不能称其姓。有职务、学衔、军衔的要在姓名后加上。赞语使用要恰当，一般不对对方的身体状况进行恭维，所以听不到"你身体真好"这样的话，可以说"你非常年轻"。俄罗斯人去别人家做客时常常自带拖鞋，因为到别人家后一般要换鞋才能进去，而主人家可能难以准备足够的拖鞋。俄罗斯人酷爱鲜花，所以无论是做客还是年节送礼，都离不开鲜花，通常赠送单数，只有在有人去世时才送双数的鲜花。

此外，俄罗斯人的用餐礼仪比较复杂，各种饮食的食用方法也有一定的规矩。比如吃煮鸡蛋时，先用匙将鸡蛋的大头敲开，剥下这一部分的蛋壳，然后用小匙挖着吃，不能拿鸡蛋在桌上敲碎。

2. 婚礼

俄罗斯现行法律规定，年满18岁的男女可以结婚。由于政府鼓励生育，俄罗斯青年男女一般结婚较早，20多岁时已经有了孩子。

根据传统的俄罗斯婚俗，男方的父母或媒人去女方家提亲，如果女方家同意，即为定亲。婚礼那天，由新郎和男方亲友组成的迎亲队伍一起到女方家迎亲，在新娘家门口，迎新队伍被一群少年拦住索要"买路钱"，主婚人将糖果撒向人群。新郎在新娘双亲的陪同下进屋与新娘见面，随后新郎新娘在教堂举行证婚仪式，在神像前接受神父的祝福并交换信物。仪式完毕，由男方家宴请宾客。两位新人各掰下一小块面包，蘸一点盐敬献父母。然后再掰下一块塞进对方嘴里，表示夫妻恩爱。婚后，新婚夫妇和客人来到娘家，丈母娘要宴请新女婿。

20世纪90年代以来，俄罗斯婚礼省去了许多传统的烦琐礼节。每个城市都有专门的"结婚登记宫"，亦称"幸福宫"，可在此举行庄严而隆重的婚礼。新郎新娘一般在星期五乘坐装饰着红（象征多子多福）、蓝（象征男孩）、粉（象征女孩）三色飘带和气球的婚车来到幸福宫，新人步入婚礼厅时，扩音器播放柴可夫斯基《第一钢琴协奏曲》，幸福宫的负责人举行一个简短的登记仪式，两位新人在结婚登记表上签名并交换戒指。在施特劳斯的圆舞曲中，亲朋好友打开香槟、捧出糖果表示庆贺。然后，新人到无名烈士墓敬献鲜花。在俄罗斯，几乎每座城市的每座村庄都会有二战烈士纪念碑或烈士墓，纪念碑上密密麻麻地写着烈士的名字。随着社会的变迁和物质生活的提高，俄罗斯青年的婚礼也融入了现代社会的许多元素，但是许多俄罗斯青年不忘父辈们的传统，都会在人生最甜蜜的时刻去烈士墓献上一束圣洁的鲜花，缅怀那些为国捐躯的英雄，这是对今天幸福生活的珍惜，也是对未来梦想的憧憬。婚车还会到莫斯科河畔麻雀山上的观景台，新郎新娘在观景台远眺并合影留念，然后乘车返回家里或到餐厅，举行隆重而热烈的婚宴。1992年以来，根据东正教的习俗，复活节后的第一周成为举行婚礼的最佳时期，这时候，麻雀山的观景台周围总是停满了各式各样的婚车。

3. 丧礼

按照俄罗斯传统习俗，一般人在死后的第3天下葬。死后的40天内，死者亲属和好友要为死者祷告，以祈求死者得以升入天堂。因为俄罗斯人认为去世40天后，灵魂即将到上帝面前排队听候安排。现代葬礼的程序包括向遗体告别、送灵柩、举行追悼会，然后送葬去墓地，沿途吹奏肖邦的《葬礼进行曲》。到墓地后，举行入穴仪式，亲属作诀别发言，乐队奏肖斯塔科维奇的《安魂曲》。按照东正教习俗，每人往墓穴抛洒一把黄土，然后立碑。城市大多火葬，农村则为土葬。

复活节是俄罗斯人扫墓的日子。俄罗斯人认为，死去的亲人会在复活节这天复生，来参加家庭聚会。前来扫墓的人在坟墓上摆上煮熟的红鸡蛋、专为复活节烘焙的圆柱形大甜面包、糕点和水果等食品。莫斯科至少有十几个大的公墓，其中莫斯科河畔的新圣女公墓安葬国家和政府领导人以及社会名流，瓦甘科夫公墓里最著名的是诗人叶赛宁和歌唱家维索茨基的墓地，他们深受俄罗斯人爱戴，凭吊者络绎不绝。

（四）蒙古国礼仪

1. 生活礼仪

蒙古人热情好客，牧民对来客都热情相待。如果来客是长辈，主人要戴帽子出门向长辈请安。客人进帐篷后，主人即便不在，也可以自取饮食。蒙古人外出做客，一般不空着手，多数会准备些酒、奶豆腐、点心等礼物。蒙古人与客人见面时，喜欢拿出自己珍爱的鼻烟壶让客人嗅闻。蒙古人见面一般不先问对方的身体如何，而是先问牲畜是否平安。蒙古人有敬酒的习俗，唱敬酒歌、致敬酒词。主人还要给客人敬茶、敬烟、敬哈达。蒙古的天蓝色哈达是象征吉祥的礼物，献哈达时将其折叠，双手捧举过头，折缝向着接受者，献完后请安。蒙古人有尊老爱幼的优良传统，对老人有一套表示尊敬的习俗。蒙古包以西为尊，长辈或长者必须请坐于西边，长辈讲话，晚辈不能乱插话。晚辈外出回来，要向长辈请安。

2. 婚礼

蒙古牧区男女过去一般在 16～19 岁结婚，现在家庭法规定年满 18 周岁的男女公民才能结婚。结婚仪式虽然各地有所不同，但基本程序类似，一般包括订婚、迎亲、送亲、典礼等程序。青年男女结婚通常要选吉日，男方要给女方家送彩礼，女方家也要准备陪嫁。通常情况下，先在娘家设宴庆贺接亲一天，第二天在新郎家大摆酒宴。婚礼开始由主婚人致新婚祝词，新郎、新娘互拜。之后，由老歌手唱祝酒歌，来宾均举杯道喜；接着新郎、新娘向来客各敬两杯酒，以表谢意。当酒兴正浓时，双方歌手对唱，一直对唱到婚礼结束。蒙古人结婚禁忌闹洞房，婚宴往往要持续两三天，女方送亲者往往还要陪住数日。

现在，这种婚礼习俗逐步被在婚礼宫举行的集体婚礼所取代。在乌兰巴托，新人通常要去苏赫巴托广场的政府大厦国家宫拍婚纱照，去宅三山上的苏蒙烈士纪念碑忆苦思甜，去甘丹寺祈求佛祖保佑子孙满堂。

3. 丧礼

蒙古人的丧葬仪式在一定程度上受到其他民族和宗教的影响。一般来说，蒙古民族的丧礼仪式比较纯朴节俭，多具有宗教色彩。在丧礼期间一般穿素服，停止娱乐。妇女一般不去送葬。人死后要进行祭祀，以示哀悼。蒙古人多实行土葬，藏传佛教传入蒙古国后开始有了火葬的习俗，在草原牧区还存在着天葬的野葬方式。如今随着社会发展，一些带有宗教色彩的丧葬活动如念经等逐渐减少，在城镇逐渐习惯于送火葬场火化。丧礼过后，要为亲友们摆殡席。城市中一般举行追悼会，以缅怀死者，寄托人们的哀思。

第六章

教育科技

第一节 东北亚国家的教育概况

一、日本教育

(一) 日本教育概说

日本在历史上是一个非常重视教育的国家。自标志着日本进入封建社会的大化革新（645年）开始，日本正式设官治学，除了向中国派遣留学生外，还仿照中国唐朝的教育制度，建立其贵族教育制度。日本现代教育肇始于江户时代，德川幕府通过面向庶民的寺子屋、面向武士阶层的藩校等教育机构教化民众，即便是普通民众，包括女性，都有接受基本识字教育的机会。民众受教育程度的提高，为日本社会加速推进资本主义提供了良好的人力资源保障。明治维新之后，日本结束了260年闭关锁国的历史，仅用50年左右的时间就走完了西方资本主义国家200年才走完的道路。19世纪末，日本已经快速发展成为新兴资本主义国家。究其原因，教育的普及是日本资本主义发展的保证。明治维新之后，日本明确树立了教育立国的方针，积极引进吸收外国的先进文化，为日本快速资本主义化打下了坚实的基础。二战后，日本政府基于1947年施行的《日本国宪法》精神，通过数次教育改革，逐步完善了教育理念和教育制度，确立了当代教育体制。经过战后70多年的建设和发展，日本教育已达到世界先进水平。

(二) 日本的教育改革

明治维新以后，日本政府更加重视国民教育，1872年颁布《学制令》，完成了日本教育史上第一次重大改革。1890年，明治天皇颁布了以忠诚于天皇为教育主导原则的《教育敕语》，该敕语成为二战前日本指导学校教育工作的准则。

二战后的日本教育改革可分为五个阶段。

第一个阶段：1945—1952年，是战后教育重建阶段。在驻日美军的监督下，日本逐步推进非军事化、民主化与重建国家的进程，而教育改革是日本民主化的重要一环。1948年6月，日本政府废除了《教育敕语》，大规模推进以民主化与机会平等为核心的教育改革。本次教育改革的基本内容包括：

第一，1947年，日本政府以法律形式颁布《教育基本法》和《学校教育法》，这两个纲领性法规为战后的日本教育制度提供了基本原则。从此，日本开始实行"六、三、三、四"的新学制，即小学六年、初中三年、高中三年、大学四年。之后短期大学相继成立，学制为两年，并规定实施小学六年、初中三年的九年制义务教育。这两部法规奠定了日本新学制的基础。

第二，废除旧的中央集权的教育领导体制，实行地方分权制。中央有文部科学省作为全国指导教育机关，各都道府县（日本的行政区划）通过选举成立教育委员会，指导地方的教育实施。文部科学省主管日本全国学术、文化及教育行政事务，设有生涯学习局、初等中等教育局、教育助成局、高等教育局、高等教育局私学部、学术国际局、体育局、附属相关机构、文化厅等下属机构。教育委员会是掌管地方教育行政的中心机关。各都道府县设有相对应的教育委员会，在市町村（日本最底层的地方行政单位）同样也设有教育委员会。除大学、私立学校以及教育行政事务分别由国家或都道府县的行政领导负责管理外，其他一切教育行政事务均由教育委员会管理。

第三，1949年5月，日本《教员许可法》颁布实施，对有志成为教职员者的学历等要求进行了详细规定。这一制度对日本战后师资建设发挥了重要指导作用。

经过上述一系列改革，日本的教育从质和量两方面得到了大幅提高。1950年，日本九年制义务教育的入学率达到99.2%，高中入学率达到42.5%。

第二阶段：1952—1971年，是经济发展阶段的教育改革。这段时期内，日本经济高速发展，人才需求巨大，民众对教育的热情高涨。1970年，高中入学率猛增到82.1%。日本的高等教育也得到了充分发展。1955年，四年制大学数量为228所，到1970年增至383所。教育的发展，无疑成为日本经济、社会和文化发展强有力的推进力。伴随着高学历人群的增加与大学入学率的提高，教育多样化成为一种内在驱动力，不断促进学校的改革和教育的发展。

第三阶段：1971—1984年，是经济稳定阶段的教育改革。教育立国的政策在日本战后经济复兴中屡创奇迹，日本也因此成为世界经济大国和科技大国，同时人们对教育寄予了更加深切的期望。1975年，高中入学率已达92%，大学与短期大学入学率达到38%。1976年创设专修学校制度，1979年开始实施国立大学共通一次考试①制度。

第四阶段：是始于1984年的临时教育审议会召开之后的教育改革。日本开始重视个性教育，推进终身学习体系，制定方案应对教育的国际化、信息化，并支持家庭教育。

第五阶段：是始于2000年的教育改革国民会议召开之后的教育改革。旨在努力使教育适应新时代，培养人性丰富的日本人，发动全社会齐心协力促进教育振兴。

综上所述，20世纪70年代之后，日本教育发生了质的改变，在此期间教育改革的主要侧重点可总结为以下四个方面。

1. 教育的科技化与数字化

当今世界正处于高度信息化的时代，而日本更是一个科技大国、信息大国。在这样的时代背景下，如何顺应世界潮流，培养出适合高速发展的信息化社会急需的合格人才，成为检验日本教育体制是否成功的重要标志。教育需要科技化、信息化，教材、教学内容、教学方法、教学设备、教学手段等也都需要高科技化、信息化。1991年，日本已经有41%的小学、75%的初中和99%的高中设置了计算机课程。培养符合信息时代发展要求的信息化人才，成为此期间教育改革的重点之一。

近年来，随着人工智能、虚拟现实和物联网等新技术的高速发展，日本在第五期《科学技术基本计划》中提出了"超智能时代"（Society 5.0）的发展理念，希望凭借信息技术和科技创新，助力教育数字化转型，进而实现全社会的数字化变革。

2008年7月，日本内阁通过《教育振兴基本计划》，提出到2010年，日本要实现100%的学校局域网维护率和超高速互联网连接率，构建覆盖全国所有学校的校园网络。2017年，为改变日本教育数字化在实践层面应用不足的状况，文部科学省出台《今后学校信息环境改革发展方针》，并制定了《面向教育数字化改革的五年计划（2018—2022年度）》。

2020年以来，日本为适应新的数字化应用环境，将《科学技术基本

---

① 全称为"国公立大学共通第一次学力考试"，至1989年共实施了11次，1990年改称为"大学入学中心考试"。

法》修订为《科学技术创新基本法》，提出将构建增强学生探究能力和可持续学习能力的人才培养体系，在初中和高中教育阶段开展 STEAM 教育，并进一步落实"GIGA 学校构想"，全面推进教育数字化转型，打造出位居世界教育前沿的"令和时代的日式学校教育"。

日本政府于 2021 年 9 月成立了"数字厅"。作为教育数字化转型的领导核心，2022 年数字厅联合总务省、文部科学省、经济产业省共同发布《教育数据利用路线图》，提出了强化教育大数据利用、实现数据赋能教育的具体实施举措，包括整体架构、机构和部门分工、平台管理、标准建设等多个方面，为日本开展教育大数据治理和利用提供了蓝本。

2. 教育的国际化

为了树立世界大国地位，培养国民的国际意识，推动与世界各国的国际交流，教育的国际化成为此期间教育改革的一个重要指针。日本政府明确指出，教育的国际化，就是不仅要培养国民对日本传统文化的理解，还要帮助国民以宽容多元的视角看待世界其他国家。只有从小培养国际化视角，将来才有可能适应国际化社会的要求，成为国际化人才。

3. 教育的终身化

随着经济的发展和社会的进步，学校教育已经远远不能满足社会人才的需求，这就要求整个社会从以学校为中心的教育体制转型为以学校为引领的终身学习体系。1987 年，日本文部科学省成立"终身学习局"，并在 1990 年 6 月通过了《终身学习振兴法》。"活到老，学到老"的终身教育理念在日本深入人心。

4. 教育的多样化和个性化

日本是个集体主义至上的国家。明治以来的日本教育改革也一直遵循培养标准化、统一化的人才的基准。这种做法在日本经济成长期曾经起到了非常重要的作用。但是，伴随着整个社会的多元化趋势，整齐划一的教育思想开始落后于时代。为了培养面向 21 世纪的优秀人才，日本政府开始注重培养学生的个性与创造性，注重教育的多样化，建立多元化的教育评价机制，加大个性化教育投入力度。以多样化的教育模式和数字化手段，最大程度地发挥每个人的潜力，实现个性化教学和共生社会。

（三）日本的学校教育

二战后，日本参考美国的教育制度，建立起了自己的教育体系。日本学校教育分为学前教育、初等教育、中等教育、高等教育四个阶段，学制为小学六年、初中三年、高中三年、大学四年，其中小学到初中为九年义务教育。另外，短期大学二年，硕士课程二年，博士课程三年。日本现行的学制结构为：学前教育、小学、初中、高中、高等专科学校、大学、短期大学、广播电视大学、特殊教育学校、专修学校以及不受文部科学省管辖的职业训练学校等。

学前教育机构分为文部科学省管辖的幼儿园和厚生省管辖的保育所两种。其主要目的是保育幼儿，促进幼儿的身心发展。

在义务教育阶段，各学校根据学习指导要领制定教学内容的基本框架、各学科教育目标和内容。义务教育阶段的基本教育方针为：根据学生的成长阶段，制定相应的学习目标，培养学生的文化素养与精神意志；重视培养学生的学习欲望和社会适应能力及创造力；在加强培养学生基础学科知识的同时，注重保护学生的个体性；在重视传承日本传统文化的同时，注重吸收国外的先进文化知识。义务教育阶段的课程由学科、道德、特别活动（小组活动、班级活动、兴趣班活动等）三部分组成。小学阶段每节课45分钟，中学阶段每节课50分钟。另外，初中课程包括必修课与选修课两类。

根据课程设置情况，高中分为普通高中和职业高中两种。普通高中的课程设置同样根据学习指导要领来制定，分为学习科目和特别活动两部分。学习科目同样有必修课和选修课两种。必修课包括国语、历史、地理、政治、数学、物理、化学、体育、艺术、家庭等。特别活动包括小组活动、班级活动、学生会活动等。职业高中面向进行特定领域内职业选择的学生，提供职业教育和相关的专门教育，专业大体包括农业、工业、商业、水产、家庭、护理、料理、体育、音乐、美术、英语等。1994年开始创立了综合学科，以适应多种职业需要。

高等教育层次和类型繁多。不仅有研究生院、大学本科、短期大学和高等专门学校等多个层次，还包括大学、专修学校、大学函授、夜校等多种类型，并分为国立、私立、公立等。著名的国立综合大学有东京大学、京都大学等，著名的私立大学有早稻田大学、庆应义塾大学等。高中毕业生或者接受过十二年正规教育者方可进入大学或短期大学学习。报考各类大学的学生，都要经过该校的考核选拔。各大学根据学生高中毕业学校所提供的调查书、学力检查成绩、小论文、面试、实际技能的成绩，决定是否录取。学力检查相当于学业水平考试，每年1月统一实施。2月之后各大学开始自主录取考试。大学课程分为必修、选修和自由课。各大学自行决定必修学分，修业年限为四年以上，学分修满者方可毕业，获得学士学位。短期大学修学年限为二年以上，学分修满者可获得准学士学位，亦可申请编入大学继续深造。

高等专门学校的入学要求和高中相同。其中，国立高等专门学校实行统一的入学考试，公立和私立学校则单独进行入学考试。修业五年以上，修满学分者授予准学士学位，并可申请编入大学继续深造。研究生院分为硕士课程和博士课程两种。硕士课程一般学制为两年，最短一年，顺利毕业者获得硕士学位。博士课程一般学制为五年，最短三年，课程结束后获得博士学位。硕博士毕业者都需接受相应的论文审查，通过者方可毕业。

（四）日本的社会教育

社会教育是日本教育的重要组成部分，函授、夜校、广播、电视教育等较为普遍。二战后，在日本教育民主化改革的影响下，日本政府在发展学校教育的同时，广泛开展社会教育，配合终身教育的理念，为国民提供形式多样的学习机会，形成了日本战后教育的一大亮点。

1946年和1950年，美国两次派遣考察团赴日，针对当时日本教育界的现状进行调研，并整理成报告书，对日本的教育内容、教育思想和教育管理提出了指导性意见。1947年，日本制定公布的《教育基本法》中，明确规定了教育目的、教育方针及教育机会均等原则等内容，并且设立"社会教育"专门条款，规定"社会教育"的概念为"家庭教育、劳动场所以及其他社会上所开展的教育活动，应该得到国家及各自治体的鼓励"。在《日本国宪法》和《教育基本法》精神的指导下，日本政府又相继颁布了《社会教育法》《图书馆法》《博物馆法》《青年学级振兴法》等有关社会教育的法案，为日本社会教育的健康发展提供了坚实的法律保障。

《社会教育法》秉承了《日本国宪法》和《教育基本法》的基本理念，为保障日本国民在学校教育以外领域接受教育的权利，促进国民自身发展和建立民主国家而制定，是日本战后有关社会教育的基本大法。《社会教育法》的制定公布，标志着日本战后的社会教育从理念上得到确立，且在本质上发生了根本转变，从战前以教化和动员为主的社会教育，转变为国民的自我教育和相互教育，国民真正成为社会教育的主体。

1. 公民馆与社会教育

日本著名社会教育理论家和实践家小川利夫曾经说过："公民馆的历史就是社会教育的历史。"公民馆，顾名思义就是综合性的公民学校。二战后初期，日本政府将农村作为公民馆的根据地，帮助农民恢复生产、安定生活、提高知识和文化修养。据统计，1949年《社会教育法》公布前后，几乎各方面的人群都在不同程度地通过公民馆接受教育。在《社会教育法》中还专门围绕公民馆的目的、活动内容、运营方针、设施规模等事项做出了具体规定。

20世纪60年代，日本经济获得了飞速发展，加快了日本城市化与工业化进程。公民馆也随之从农村走向城市。1963年，文部省社会教育局下发了《发展中的社会与公民馆运营》一文，描绘了社会发展进程中作为综合教育和文化中心的公民馆形象。公民馆逐渐适应日本社会的发展，变成集公民自由聚集和交流于一体的学习和文化的殿堂。都市型公民馆是日本经济高度发展、民主运动不断高涨的产物，是日本国民真正成为学习的主人的教育、学习、文化机构。

2. 成人学校

日本的成人学校开办于20世纪50年代，在日本战后初期的社会教育中占有比较重要的地位。成人学校主要面向因各种原因没能升入高中的青少年和成人，课程设置以知识学习和陶冶情操为主要目的。20世纪60年代以后，成人学校开始走下坡路，主要原因是社会上出现了众多的职业培训机构，克服了成人学校缺乏正规职业技术教育的弊病。此后，成人学校进入转型期，学生以女性和中老年居多，学习内容转为以兴趣、教养、休闲为主。

3. 青年职业学校

青年职业学校是日本二战后培养劳动青少年的重要教育形式，主要面向相当于后期中等教育年龄的青少年群体。它具有成人教育的性质，但同时又是青少年集体活动的场所。1953年8月，为了解决当时青年职业学校经费困难、师资不足的困境，日本政府制定颁布了《青年职业学校振兴法》，将青年职业学校法治化，以促进其发展。随后，文部省以及各都道府县的教育委员会开始了各种研究活动，努力普及和发展青年职业学校。截至1955年，日本全国各地青年职业学校的开设率超过80%，平均每一个区市町村约开设5所青年职业学校。这些职业学校主要依托公民馆，学习有关青年实际生活的内容。这种情况持续到1955年开始改变，由于产业结构的变化和高中升学率的提高，学校的数量逐年递减。

池田内阁时期，日本政府发表了"国民收入倍增计划"。针对这一计划，日本政府又制定了一系列关于青少年劳动教育的具体政策。文部省成立了"青少年教育制度研究会"，提出了开设义务制青年学校的设想，学习内容侧重于职业、技能方面的知识。相比于以往的青年职业学校，青学校所教授内容的职业性更强。1963 年，文部省发布了《1963 年度劳动青年学校运营补助要领》，具体规定了劳动青年学校的性质、目的、课程等主要内容。但由于此类学校的资金问题以及培养人才的限制性，20 世纪 70 年代之后，这类学校逐渐销声匿迹。

综上所述，日本二战后的社会教育活动，一方面反映了社会教育政策与学校教育政策、劳动教育政策的相互作用与补充，另一方面反映出民主主义理念在日本社会的普及以及国民主体性与自主性的确立。

（五）终身教育理念的确立

20 世纪 60 年代，日本作为亚洲最早接触终身教育理念的国家，开始在教育活动中导入相应的政策和措施，提出在终身教育理念的指导下，改变日本社会原有的学校教育和社会教育。此后，日本教育正式进入终身教育的时代。与之对应，各项教育政策也在终身教育的理念下展开。

1981 年，日本中央教育审议会发表了名为《关于终身教育》的报告，提出"终身教育的基本理念是要重新制定教育制度，以确保每个国民拥有充实的人生，持续一生开展学习"。随后，内阁直属的临时教育审议会在 1984—1987 年，连续四次发布了与终身教育有关的报告，明确提出改变以往僵硬的教育政策，向体系化的终身教育转型的方针。这四个报告指出了在终身教育理念下教育改革的方向与原则，证明了终身学习的理念在此阶段教育改革中占有指导性地位。1990 年 6 月，为继承上述四个报告的精神，完善终身学习的策略体制，日本政府颁布了《关于完善为振兴终身学习的策略体制的法律》（简称《终身学习振兴法》）。该法律明确了有关终身教育和学习方面的政策关注点、各都道府县的任务、地方振兴终身学习的基本设想，提出成立由内阁文部大臣任命的 27 名教育方面的专家组成的终身学习审议会，各地方也要成立相应的终身学习审议会，努力完善各类协作机制等问题。《终身学习振兴法》为日本国民广泛开展终身化的各种学习活动提供了制度保障。2006 年 12 月公布的《教育基本法（修改法）》，正式加入了"终身教育理念""家庭教育""学校、家庭以及地区社会间的相互合作"条款，提出在学校、家庭、社会等各方面的相互作用下共同开展终身教育的必要性。至此，家庭教育、学校教育、社会教育共同构成了终身教育体系。

在终身教育理念的倡导下，日本产业界明确提出：企业应当负有促进人才自我成长的社会使命。终身教育的理念成为日本各大学向社会开放的主要动力，极大地改善了以往社会教育与大学教育脱节的情况。终身教理念同时还带动了民办教育文化产业与非营利性市民文化团体的兴起与发展。可以说，终身教育理念的确立，对日本国民素质的提高与传统文化的传承起到了重要作用，为日本国家软实力的建设奠定了坚实的基础。

（六）日本教育存在的问题

二战后，日本各界致力于确立机会平等的教育理念，国民教育水平得到极大提高，为日本社会和经济发展提供了人才保障。但是，近些年来，特别是泡沫经济崩溃造成日本经济发展进入低迷期，少子化、老龄化问题日趋严重，社会价值观念的变化等因素的存在，都对日本教育产生了一定影响。日本教育面临着以下几方面的问题。

第一，从家庭教育与子女抚养的角度来看：子女的教育多由母亲负责，父亲承担的责任比较少，子女教育中父亲的缺席对孩子的性格成长影响较大。因为父亲的缺失，家庭教育的社会功能无法得到完善。加上小家庭化的普遍，子女数量的减少，导致孩子们的社会经验不足，社会交往能力减弱。

第二，从中小学的教育现状来看：越来越多的学生缺少学习动力，厌学情绪明显；有的学生不仅成绩不理想，而且拒绝上学；学生与学生之间的欺凌现象严重，导致有些被欺负的学生出现不良精神症状甚至自杀的情况；少年犯罪者增加，德育教育情况堪忧；教师负担比较重；政府的教育投资减少，学校设施老化。

第三，从高等教育与职业教育的角度来看：学生两极分化的趋势日益明显，学习积极性低下者比比皆是；高等教育机构高昂的学费也成为沉重的家庭负担之一。

第四，从地区教育与终身教育的角度来看：拘泥于年龄限制的教育制度和就职体系阻碍了社会教育的普及与提高；经济水平欠发达地区的教育体制亟待改善；教育委员会的作用没有得到充分发挥。

尽管日本教育依然存在一些问题，但是其先进的教育理念和优良的教育质量依然值得学习和借鉴。

二、韩国教育

（一）韩国教育概况

韩国是一个非常重视教育的国家，教师拥有很高的社会地位，受到全社会的敬重。韩国有句古语——即使是老师的影子也不能踩，这句话生动形象地反映出韩国人自古以来尊师重教的传统。在大学里，学生跟随教授走路，不能离得太近，因为学生不能踩到老师的影子；教授进入学生自习室，学生要全体起立敬礼；系主任的职责是为教师们服务，资金权、用人权、晋级权，都由教授委员会负责。另外，韩国教师的工资待遇和社会待遇也得到了很好的保障。

韩国教育行政机构由中央政府的教育部[①]、9道7市的16个教育厅和各区教育室三级组成。教育部主要负责科学及公众教育政策方针的制定和执行，各道、市教育厅主要负责学龄前及中小学教育行政。教育厅与当地政府是并行的，强调教育的独立性。教育厅主要负责人为教育监，教育监通过民选产生，副教育监由教育部任命。

教育是韩国从经济废墟中崛起的决定性因素，同时教育在韩国也被称为促进经济发展的第二经济，被韩国国民视为实现自我和促进社会进步的手段。1948年大韩民国成立以后，韩国政府制定了教育先行的国家发展战略，致力于建立现代化的教育体系。韩国宪法中关于教育的论述包括：所有国民均享有受教育的权利；所有国民对其所保护的子女负有使其受到法律规定的教育的义务；义务教育为免费教育；教育的自主性、专门性、中立性及大学的自律性受到法律的保障；提倡学校教育与终身教育并重的教育体制。1949年12月，韩国制定了《教育法》，规定了教育的基本理念、目的和方针，以及国家和地方自治团体关于教育的基本义务等。1953年起实行小学六年制义务教育。20世纪70年代初，制定了"教育立国、科技兴邦"的发展战略，推行"巩固初等义务教育、普及中等教育、提高高等教育、加强职业技术教育"的方针。1984年，韩国政府公布的新修订的《教育法》中规定，韩国所有国民都有接受六年初等教育和三年中等教育的权利。韩国初、中等义务教育的实施呈现出明显地向偏远贫穷地区和家庭倾斜的特征，按地区、分时段逐步展开，首先从经济困难地区和偏远地区开始。2004年，韩国普及了九年制义务教育。2004年1月，韩国通过了《幼儿教育法案》，决定将学龄前儿童教育纳入公共教育体系。2007年开始，所有年满5周岁的儿童都可以免费接受幼儿园学前教育。《幼儿教育法案》同时还规定向低收入家庭提供教育补助金，增设全日制托儿所，切实加强全社会的幼儿教育事业。将幼儿教育纳入义务教育体系，表现了韩国政府在教育方面走在了世界教育发展的前列。2019年11月，韩国教育部宣布废除精英高中，统一转为普通高中，以消除入学不平等问题。2021

---

① 历史上也曾称为"文教部""教育人力资源部""教育科学技术部"。

年起，韩国高中阶段施行免费教育。

　　长期以来，韩国一直是教育投入比例最高的国家之一，2023年教育预算约96.3万亿韩元，较2022年增长14.4%。历届韩国政府都十分重视教育的改革和发展，不断完善教育体系和制度，适时更新教育手段和内容，为韩国的经济及科技发展培养了大量人才。同时，韩国政府还大力鼓励私人投资教育事业，这也是韩国教育的特色之一。积极的教育投资保证了韩国教育事业的发展，保证了国民素质的提高，保证了韩国经济增长所需要的丰富的人力资源。据调查，韩国是世界识字人口比率最高的国家之一。2014年5月，在英国培生集团实施的"全球教育强国"调查中，韩国综合排名世界第一位。2021年，据联合国经济合作与发展组织的调查结果显示，2020年韩国成人（25~64岁）中接受高等教育的比率为50.7%，在经济合作与发展组织成员国中居第四位，青年层（25~34岁）的高等教育完成率为69.8%，位居经济合作与发展组织成员国首位。

　　每年由瑞士洛桑国际管理发展学院（IMD）公布的《世界竞争力年度报告》中，韩国整体教育竞争力逐年上升。2023年的《世界竞争力年度报告》显示，韩国在纳入评价对象的64个经济体中名列第28位。其中，设施建设评价指标方面，科研设施上升至第二位，教育设施上升为第26位。此外，韩国在世界大学排名、最佳留学国家等榜单中均取得了不错的成绩。例如，QS世界大学排名中，韩国有40所大学上榜。著名留学网站educations.com公布的2023年最佳留学国家榜单中，韩国位列第10名。2023年，约有16.7万名国际学生在韩国攻读学位课程，是十年前的2倍多。韩国教育部宣布：计划到2027年将这一数字翻一番，达到30万名，将韩国在全球留学市场的份额从2%提高到3%，跻身世界前十，成为世界十大留学强国之一。

（二）韩国的教育体制

　　韩国的学制采用"六、三、三、四"的阶梯式学制，即小学六年，初、高中各为三年，大学四年，另外还有幼儿教育和终身教育等。小学一年级到高中一年级的十年为国民共同基本教育时间，高中二、三年级为以选修课程为主的教育时间。小学一年级到高中一年级的课程主要由基本课程、兴趣活动、特别活动构成。小学基本课程由国语、道德、社会、算术、科学、实践、体育、音乐、美术、外语（英语）等组成；兴趣活动的课程，小学主要以创意课为主；特别活动课程由自治活动、适应活动、开发活动、社会服务活动等组成。到了初中阶段，基本课程由国语、道德、社会、数学、科学、技术·家政、体育、音乐、美术、外语（英语）组成；实践课以技术·家政为主；兴趣活动的课程，主要有汉字、信息、环境、生活外语（德语、法语、西班牙语、汉语、日语、俄罗斯语、阿拉伯语）等；特别活动课程由自治活动、适应活动、开发活动、社会服务活动等组成。进入高中阶段之后，以普通高中为例，普通选修课程由国语、道德、社会、数学、科学、技术·家政、体育、音乐、美术、外语（英语）、汉字、教养组成；特别活动课程由自治活动、适应活动、开发活动、社会服务活动等组成。

除普通高中外，韩国还有一种实业类高中，包括农业高中、工业高中、商业高中、水产高中、海洋高中、实业高中、综合高中等。实业类高中的课程与普通高中课程不同。其中商业高中主要面向女生，工业高中主要面向男生。

韩国学生完成高中课程后，可以通过参加高考，即韩国的大学修学能力考试，选择进入高等院校深造。通常情况下韩国高考在每年11月中旬举行。考试科目包括语文、数学、英语、韩国史及探索（社会·科学·职业）、第二外语/汉文五科。如果考试成绩达到了录取分数线，考生还要在次年的1—2月参加报考大学组织的复试，只有通过了复试才能最终获得大学的录取资格。韩国的高等院校包括一般大学、产业大学、教育大学、专科大学、广播通信大学、技术大学等。韩国所有的高等教育机构都在教育部的管理之下。

韩国的一般大学共有200所左右，学制为四年。医学、中医学、牙科大学的学制为六年。大部分大学规定一个学期最多修业学分为24分，毕业时所需的最少学分为140分。各个大学按照自己的内部情况，规定修业学分以及毕业时所需的最少学分、每个学期基本要修的学分或最少学分、特殊学分的修业方法及限制条件、修业预科所需的学分等。教育课程分为基础科目和专业科目，两种科目又分为选修科目和必修科目。

韩国历史最为悠久的大学是成均馆大学，其历史可以追溯到1398年成立的朝鲜王朝最高学府成均馆。首尔大学、高丽大学和延世大学这三所著名高校在韩国很有影响。三所高校的英文首字母组合起来为"SKY"（天空），因此也被称作韩国高等教育的"一片天"或"天空联盟"。另外，韩国科学技术院和浦项工科大学在国际上也享有很高的声誉。梨花女子大学则继承了韩国女性教育的精神与传统。

除一般大学外，韩国还有学制为2~3年的专科大学。专科大学创办于

1978年。随着产业化加速,对技术人员的需求大增,各类专科大学应运而生。专科大学的办学宗旨在于培养理论和实用技术双全的中级技术人员。专科大学的教育课程有工学、农学、水产学、护理学、家庭经济学、社会福利工作学、艺能、体能等。按照专业不同,学制分为2~3年不等。其中护理学系、临床病理学系、物理治疗系、作业疗法系、牙科卫生系、放射线系、水产学系、工学系等的学制为三年,其余的为两年。随着经济的快速发展,为了培养企业所必需的技术人才,在专科学院里除了开设理论课外,还着重教授实用技术。近年来,大学毕业生进入专科学院,学习以计算机、漫画等实用技术教育课程的事例不断增多。

(三) 韩国的汉字教育

3世纪左右,汉字传入朝鲜半岛。在此之前,朝鲜民族并没有自己的文字。汉字在传入后的1000多年中,一直是朝鲜半岛上唯一的书写文字。1446年,李氏朝鲜的世宗颁布了朝鲜半岛最早的表音文字——"训民正音"(韩文)。但是,由于中华文化的影响巨大,此后的400多年时间里,占据朝鲜半岛主流文字的仍是汉字。1945年,随着日本殖民的结束,朝鲜半岛的一些学者提出凡爱国者应全部使用韩文。1948年大韩民国成立后,文字争论持续不断,被称为"60年文字战争"。1971年,韩国政府推动韩文教育,废除汉字,从此进入完全使用韩文的当前模式。

如今,在年轻人中,汉字已经显得比较陌生。韩国古代很多书籍大多是用汉字撰写,年轻一代已经很难理解其中内容。半个多世纪以来,由于"韩文专用"的错误文字政策,韩国不可避免地陷入了文化危机。为此,韩国一些有识之士担忧,韩国传统文化的精髓将会日渐流失。一向主张加强汉字教育、韩文和汉字并用的社团法人——全国汉字教育推进总联合会,联合韩国各界有识之士,呼吁韩国政府敦促在小学正规教育过程中实施汉字教育。该联合会提出:在小学正规教育过程中,应让学生分阶段学习汉字;不应将汉字视为外语;汉字应和韩文一起被视为"国字"来教育。对此,主张韩文专用的韩文学会首先表示了强烈反对,认为恢复汉字教育将是韩国的一大倒退。这种意见在年轻人中比较流行。很多人认为,与其花时间来学习汉字,还不如学习英语。韩国民间对自己的语言和文字非常骄傲和自豪,甚至设立专门的"韩文节"。汉字教育与韩国的民族主义情绪密切联系在一起。

但是,韩文是表音文字,人们很多情况下需要汉字的帮助,才能准确理解上下文的意义。韩语中多数词汇来源于汉字,即汉字词占很大比例,很多成语、典故也只有通过汉字才能完全理解。如果不懂汉字,那就无法阅读古典文学,查阅古代朝鲜的书目,对理解现代法律文书都会有很大影响。鉴于此,2014年韩国教育部表示正在考虑恢复汉字教育,计划从2018年开始小学三年级及以上年级的道德或社会课教材将实行韩汉对照,即同时标记韩文和汉字。该提案一公布,立即引发了社会各界的激烈讨论,舆论对此各执一词。有人认为韩文单词中一半以上是汉字词,恢复汉字教育有助于学生对汉字词含义的正确理解,对学习有益;部分反对意见认为,恢复汉字教育只是增加了学生的学习负担和家庭教育开支。民间韩文团体也明确对此表示反对,认为恢复汉字教育可能会引起学生的语言混乱。2017年12月,教科书汉字标记政策在一片争论声中悄然被废除。韩国的汉字教育将何去何从,依然值得关注。

(四)韩国教育存在的问题

多年来,韩国教育取得了显著成效,有力推动了国家的发展,但仍然面临许多亟待解决的关键性问题,如高考竞争激烈、教育与劳动力市场不匹配、学生幸福感低等。韩国人对自己的教育体制非常矛盾、非常纠结,他们一方面对本国基础教育水准极度自负;另一方面对高等教育的国际竞争力又十分焦虑。2013年,韩国教育科学技术部部长李周浩接受美国《时代》周刊采访时说:"你们美国人看到了韩国教育体系的光明一面。但韩国人并不快乐。"韩国《朝鲜日报》记者苏·金对英国《每日电讯报》说:"韩国教育无法生产天才。我们没有诺贝尔奖得主,但我们有很多三星中层经理。"

韩国与中国一样,都是深受儒家伦理影响的东方国家,有重视教育的传统。一方面认为,再苦不能苦孩子、再穷不能穷教育;另一方面,学历至上主义的观念深入人心。在中国广为诟病的填鸭式教学、死记硬背式学习、题海战术、一考定终身、片面追求名校学历、哑巴英语等弊病,在韩国同样司空见惯,甚至比中国有过之而无不及。据调查,韩国学生平均每天学习13个小时,普通高中生每晚只睡5.5个小时,以便确保有足够的时间学习。正规课堂外,很多家长会花钱让孩子上私人补习班,以便在考试中取得理想成绩。如今,已成企业化规模的补习班被称为韩国教育体系的支柱。根据韩国教育部与统计局的数据,2022年韩国小初高中生的课外补习率高达78.3%,韩国家庭在私立教育上全国年总花费高达26万亿韩元(约合人民币1444亿元),比2021年增加了10%。美国宾夕法尼亚大学的研究表明,韩国是家庭在教育上花费最多的国家,许多韩国家庭近一半的收入花在补习班和著名补习班附近的学区房上。在首尔,大批无法进入名牌大学的学生,会在复读阶段花一整年参加补习班。一些著名的高考补习班甚至供不应求。因为对于韩国年轻人来讲,进入名牌大学,意味着拥有了进入一流企业的通行证。补习班的盛行导致了教育不均等造成的阶层分化现象日益严重。根据韩国《朝鲜日报》发布的统计数据,2021 年,韩国高中毕业生的大学升学率为 73.7%。在经济合作与发展组织国家之中,这一比例远高于美国(51%)、英国(57%)等其他一些发达国家。然而,其中只有 2% 的学生进入了名牌大学,并且几乎都来自私立学校。

20 世纪 60 年代以来,韩国政府针对韩国教育中出现片面追求升学率、学生课业负担过重等种种问题,采取了各种措施进行解决。1974 年,韩国提出教育平均化政策,口号是"公共教育正常化,减少私教育费""教育让大多数人满意"。其具体做法是:教育统一化,强调教育的整齐划一性。每个阶段所有的学生使用统一的教科书,取消公立学校与私立学校之分,取消初、高中入学考试,废除重点学校,中小学生根据居住地就近入学。一年一度的高考由教育部统一命题,划定录取分数线,各名牌高校再根据自己的情况,确定新生录取分数线,等等。为了消灭教育不公现象,卢武铉执政时期还提出"三不"政策,即不允许高校开展自主招生;不允许韩国高中分等级,不允许按照升学率进行排名;不允许私人捐款入学。为了抑制私人补习班的疯狂,韩国政府正在以更严厉的措施禁止补习班。韩国教育部还努力推广教育广播系统,让低收入家庭的孩子可以通过电视讲座或互联网学习。为了改变一考定终身的弊病,韩国从 2008 年起实行高考"内申制",即高校录取新生时,除高考成绩外,更多地要参考考生在高中时的学习成绩。2023 年 6 月,韩国教育部宣布,计划取消高考中的"杀手级试题",即超高难度考题,以打破私立教育的恶性循环。[①] 以上种种措施,都在一定程度上缓解了韩国精英教育与平民教育的矛盾。

但教育平均化政策推行几十年以来,并非每届政府都不折不扣地贯彻实行,拥护者和批评者比例相当。拥护方认为,该政策对防止基于教育不平等导致的社会两极分化有积极的作用。批评方则认为,教育平均化政策剥夺了学生选择教育的权利,人为拉平学生天赋的优劣差距,是用标准化教育扼杀学生个性化,一定程度上导致了学好学坏一个样、学习无用论的抬头。卢武铉政府时期坚决反对所谓精英教育,尤其反对重点大学垄断优

---

① 在 2023 年 11 月 16 日举行的韩国高考中,虽未出"杀手级试题",但难度未减。

秀生源。2008年李明博政府上台后，则主张大胆推进教育体制改革，建议从平均化的教育体系转变为以自主、竞争和效率为基础的教育体系，培养符合全球化时代的国际型人才。2013年朴槿惠政府上台后，以"幸福教育，培养创造性人才"为教育政策目标，强调社会公正和机会均等原则。2017年文在寅政府上台后，强调教育平均化政策，认为韩国教育面临信任危机，教育已经沦落为继承父母地位和特权的手段，提出要全面进行教育制度改革，大幅改善大专院校选拔学生时的综合审核制度，废除精英教育基地，即私立高中、国际高中、外国语高中等。2022年上台的尹锡悦政府则主张"教育也应该成为市场竞争的一部分"，无形中助长了课外教育市场的复兴。

（五）韩国面向未来的教育改革

近年来，为适应快速变化的科技社会，韩国开始规划面向未来的教育变革。在基础教育领域，形成了以未来课程、未来教师、未来学校和未来教育安全网为抓手的教育局面。

1. 适应新技术新需求的未来课程

自1954年实施国家课程之后，韩国政府每5~10年都会修订一次国家课程方案。2020年，韩国政府开始计划开发适应未来教育变革的新版国家课程。新版国家课程旨在培养具有包容性和创造力的未来社会领导者，帮助学生提高应对未来社会变化的能力，主要内容包括全球化背景下的公民教育和国际教育、数字化时代的数字知识教育和人工智能教育以及面向碳中和社会的生态转型教育等。新版国家课程草案已于2022年8月推出，2024年率先在小学阶段实施，2025年将在初中和高中阶段实施。

2023年，韩国教育部宣布，从2025年开始获得人工智能（AI）赋能的数字教科书将进入中小学课堂，以满足学生"个性化学习"的需求。韩国试图通过在所有公立学校教室采用人工智能技术来改变教育系统的模式。韩国政府在2019年就宣布推出"人工智能国家战略"，2021年又制定了《中小学人工智能教育内容标准》。该标准建议，中小学阶段的人工智能教育课程需要包含三个方面的内容：一是"理解人工智能"；二是"人工智能的原理与应用"；三是"人工智能的社会影响"。

可以说，韩国不仅是目前世界上第一个在基础教育中引入人工智能技术的国家，更开启了一个基于人工智能技术的系统性的教育改革。

2. 持续学习不断升级的未来教师

为了适应不断变化的教育环境，韩国政府正在设计升级版的职前教师培养体系，以全面提高未来教师的适应能力和多学科教学能力。

为重点培养职前教师的数字化能力，2020年韩国政府投资33亿韩元在实施职前教师培养的高等教育机构中建立了10个未来教育中心，2021年又增建18个。未来教育中心拥有配备齐全的在线教育基础设施，如在线课堂实验室等，以便职前教师更好地发展数字化知识和技能。

同时，韩国政府也在完善在职教师专业发展体系，提高教师作为终身学习者的能力。目前，该体系主要包含三个关键组成部分：一是职业培训，全体教师需要参加线上、线下或混合形式的职业培训课程，以不断丰富专业知识与技能。二是资格培训，主要为那些想要晋升为教师主管、副校长和校长的教师提供培训。三是特殊培训，如学术休假、攻读学位、海外学习等，以满足教师个人的特殊发展需求。

为提升在职教师开展人工智能教育的能力，2020年9月，韩国政府启动了"人工智能融合教育能力提升支持计划"，每年选拔1000名在职教师参加三年制人工智能教育硕士学位项目，并资助50%的学费。该计划2025年时会将选拔规模扩大到5000名在职教师。

3. 绿色智慧灵活创新的未来学校

为了创建面向未来、生态友好的学校环境，2021年2月，韩国政府启动了"绿色智慧未来学校计划"。该计划的第一阶段主要实施学校改造，预计1400所学校中2835栋楼龄超过40年的学校建筑将被改建成新的智慧环保建筑，并将每年减少19万吨二氧化碳排放量。该计划将于2026年启动第二阶段，最终目标是创建一个学生可以随时随地进行各种学习体验且低碳环保的学校环境。

2021年，韩国政府启动了"学校空间创新计划"，旨在深入变革学校教与学的环境。韩国教育部与地方教育办公室、学校、专家团队合作，基于以下思路重新打造学校空间：一是创新空间设计，将当前高效统一的学校空间设计成灵活、能够发展学生创造力和跨学科思维能力的学校空间。二是平衡空间功能，将当前仅以学习为功能取向的学校空间改造成平衡学习、娱乐与休息的学校空间。三是转变空间设计视角，将以建设者为中心转变为更加关注包括学生和教师在内的学校空间使用者的体验。

4. 公平普惠的未来教育安全网

为确保全体学生达到基础水平以上的学业成绩，韩国政府多措并举。一是课堂上的支持，即课堂上安排两名额外的辅导教师对基础水平以下的学生进行专门辅导。二是学校内的支持，即校内组建一支专家团队，为基础水平以下的学生提供有针对性的支持服务。三是学校外的支持，即成立校外专业的"学习诊所"，为在校无法解决学业困难的学生提供强化支持。

此外，2020年，韩国政府出台了《基础学业成绩诊断与干预制度》，以诊断学生学业成绩不佳的原因，为学生提供应该如何取得学业进步的指导。与该制度相配套，韩国政府会派遣经过专门培训的教师到校，提供进一步帮助。2021年4月，韩国政府还创建了国家基础教育支持中心，期望通过加强中央和地方政府与学校的联系和合作，为学业成绩不佳的学生提供有效的学业提升支持。

低收入家庭学生、多元文化背景学生、边远地区学生等弱势学生群体的学习问题，一直受到韩国政府的关注。为支持残障学生，韩国政府专门建立了"残障学生在线教室平台""残障学生远程学习基础设施项目"，以支持课程开发和更多以体验为重点的学习活动。

为确保上述方案有效落实，2021年6月，韩国教育部专门成立了未来教育部门，并承诺通过上述建设方案，重点达成如下未来教育成就：第一，到2027年，全体公民都具备数字化和人工智能的知识与能力，能够适应新的数字化社会；培养100万名数字化人才，进一步提升国家竞争力。第二，使教育更加公平，能够支持全体学生的成长与进步。第三，教育的公共属性得到提升，政府将承担更多的教育责任，有效减轻家庭负担。

三、俄罗斯教育

（一）俄罗斯教育简史

俄罗斯历史上曾经是个文化教育水平比较落后的国家，最初只有以培养农工、手工匠人、武士和术士为目的的家庭教育，直到中世纪时期才建立初级教育体系。1714年彼得一世下令设立计算学校，1725年设立圣彼得堡科学院，附设一所大学和一所中学。1755年，在学者米·罗蒙诺索夫的倡议下，创建了莫斯科大学。18世纪到19世纪中期，俄罗斯基本上建立了欧式教育体系。十月革命后，苏维埃政权大力采取措施提高民众教育水平，开办了不分阶层等级的劳动中小学。1917年，人民委员会批准成立国家教育委员会取代革命前的国民教育部，所有与宗教有关的教会、教区类学校也都归教育人民委员会管辖。1923—1924学年，教育委员会颁发了综合性的苏维埃学校教学大纲，把学校里必须学习的全部知识分为自然、劳动和人类社会知识三个单元。1934年，苏维埃政府在全国基本普及四年小学义务教育,在城市则基本普及七年义务教育。在此过程中,全国的扫盲工作也取得显著进展。20 世纪 30 年代末,苏联就基本消灭了文盲,并普及了初等教育。1939 年,在全国 9~49 岁的人群中,识字人数占 87.4%。20 世纪 40 年代,苏联引入男女分校制,还为年轻人开办了青年工人学校。至 20 世纪 50 年代,男女分校制被取消。1952 年在全国范围内基本普及了七年制义务教育,1958 年出台了完全中等教育的决议,1959 年起实行八年制义务教育。1973 年 7 月,苏联最高苏维埃通过了《苏联和各加盟共和国国民教育立法纲要》,用法律形式把历次教育改革的成果固化下来。1976 年起全面推行中等义务教育。20 世纪 80 年代末,苏联国民识字率接近100%,接受高等教育的人数比例也名列世界前茅。

1991 年苏联解体之后,1992 年俄罗斯修订了《俄罗斯联邦教育法》,规定公民受教育的机会均等,所有公民都可以免费接受普通初等和中等教育。中等教育结束后,若考试通过,可免费接受高等教育以及大学后续职业教育。2007 年 2 月,俄罗斯联邦把全国统一的高考正式列入教育法中。自 2007 年 9 月起,俄罗斯联邦开始实行十一年制义务教育。从 2009 年起,全国高考统一考试被列入正式章程并在俄罗斯全域内推行。2010 年 1 月,俄罗斯联邦宣布,从当年 9 月 1 日新学年开始,进行中小学十二年制义务教育的试点改革。在义务教育阶段,国家免收学费,并免费为学生提供教科书,课间免费提供一份热餐。

经过苏联和俄罗斯联邦政府的多年努力,俄罗斯已经成为世界上国民受教育程度最高的国家之一。俄罗斯国立高等教育机构在校生的数字居于世界领先位置。教育的飞速发展,极大地提高了俄罗斯的国民素质,成为俄罗斯社会发展的潜在推动力。

(二) 俄罗斯的教育体系

俄罗斯联邦从苏联继承了体系齐全、内容丰富的教育制度,学校数量众多且质量优良。俄罗斯学术界不仅较为完整地保存了苏联遗留下来的教育制度的精髓,而且根据时代的需求以及未来前景,不断加以更新完善。

根据 2013 年 9 月 1 日起开始实施的新版《俄罗斯联邦教育法》,俄罗斯的教育体系主要包括学前教育、基础教育、职业教育、高等教育和补充教育五个部分。

1. 学前教育

俄罗斯将学前教育也纳入了普通教育。幼儿园是独立的教育机构,正常招收 3~5 岁儿童。2016 年底,幼儿园排队入园的问题已经解决,3—7

岁儿童入园率基本达到100%。除传统的幼儿园教育外，俄罗斯还建有学龄前儿童个性化教育家长帮助、支持中心，就儿童教育问题免费为家长提供教育心理帮助。

2. 基础教育

基础教育包括初级基础教育（1~4年级，年龄为6岁半~11岁）、基本基础教育（5~9年级，年龄为11~16岁）、完全基础教育（10~11年级，年龄为16~18岁）。俄罗斯的基础教育均要遵循标准，即相应学段的《基本教育纲要》。当前，俄罗斯共有4万余所市立和国立基础教育机构，以及700余所私立学校。私立学校出现于20世纪80年代末期，可以享受一定的国家补助。

3. 职业教育

俄罗斯职业教育分为四个层次：初等职业教育、中等职业教育、高等职业教育和大学后职业教育。截至2020年，俄罗斯联邦拥有3600余所职业教育机构，有800余所高等教育机构设有中等职业教育课程班。

实施职业教育的学校有三种：（1）职业技术学校：修业1~2年，培养从事最简单工种的工人。（2）中等职业技术学校：修业3~4年，培养熟练技工，同时接受完全基础教育。近年来，中等职业技术学校有取代职业技术学校的趋势。（3）技术学校：修业1~2年，培养掌握复杂技能的工人和初级技术员。技术学校开设的专业达1100种，以适应国民经济生产的各个部门需要。

4. 高等教育

俄罗斯高等教育由大学、学院及其他高等学校实施，主要任务是培养有专业理论知识和实际技能的专业型人才。根据《俄罗斯联邦教育法》，俄罗斯联邦的高等教育采取四年本科和二年硕士、三年博士的方式。教育形式分为面授、面授·函授（夜校）、函授及自学等几种形式，采用日间教育、夜间教育和函授教育（不脱产学习），学习年限为5~6年，仅大和函授延长一年。日校、夜校和函授教育采用基本相同的教学计划，毕业生享受同等待遇。夜间教育和函授教育一直是俄罗斯发展高等教育的重要途径。日校招收35岁以下具有完全中学教育程度的青年，而夜校和函授不受年龄的限制。招生办法主要是通过考试，也可以免试或只考部分科目。大学毕业需通过国家考试或毕业论文答辩（设计），合格者授予毕业证书。研究生也属于高等教育的范畴。研究生由高等学校或科研机关所设的研究生部培养，修业三年，不脱产学习的修业四年，通过基本课程考试后撰写论文，通过论文答辩者可以取得副博士学位。在目前的俄罗斯，博士学位不属于高等教育的范畴。取得博士学位者必须在工作中有卓有成绩，对专业知识有深入的研究并通过博士论文答辩，由国家最高学位评定委员会决定授予。

俄罗斯高等教育机构分为三种类型：综合性大学、专科院校和研究院。这些院校负责实施专科和本科专业教育课程。其中得到俄联邦政府重点支持的高校共41所，分三个层次：2所享有高度自治权的联邦政府直属高校——莫斯科国立大学和圣彼得堡国立大学；10所联邦大学；29所国家研究型大学。

俄罗斯联邦政府为支持高等教育的改革和发展，制定、颁布、批准、实施了一系列有关教育的法律、条例和优惠政策，确定了高等教育、高等院校的法律地位和国家高等教育标准，以稳定教师队伍，提高教育质量，确保俄罗斯高等教育在世界上的先进地位，并以法律形式规定，国家每年从年度财政预算中，按不低于联邦预算3%的比例对高等教育进行财政拨款，以保证国家对高等教育的投入，促进高等教育的发展。

目前，俄罗斯接受高等教育的人数居世界前列，但还存在一些问题，主要表现为：俄罗斯高等院校的地域分布不均衡，大部分高等院校地处俄罗斯欧洲部分的中心地带和西北部；低收入家庭与农村地区的中学毕业生进入一流大学比较难；中学毕业生的知识水平与大学入学考试的水平脱节；大学硬件设施老化落后；大学毕业生用非所学、毕业即失业的现象比较明显；高校、研究机构与企业的整合度较低等。

5. 补充教育

补充教育是俄罗斯教育体系的重要特色，是国家教育体系的有机组成部分。俄罗斯补充教育政策由教育科学部统一制定，补充教育经费由政府财政负担。1992年的《俄罗斯联邦教育法》将起源于苏联时期的校外教育正式更名为补充教育。2014年9月，俄联邦政府颁布政府令，批准俄联邦《发展儿童补充教育纲要》。目前，全俄罗斯每座城市每个居民点都有从事补充教育的各种实验站、中心、学校、少年之家、少年宫，涉及科技、体育、艺术、旅游、生态生物、军事、爱国主义等100多门课程。还有一些另外的渠道，如教育机构、学术机构、孤儿教育机构、医疗康复机构等。补充教育分为面授、函授、职业培训学习等多种学习方式。俄罗斯基础教育各年级学生每天必修课程结束时间为下午15点，学生参加补充教育的时间为15点之后。补充教育和基础教育共同构成了一个完整的教育空间，在天才儿童和创新人才培养中发挥了不可替代的作用。

(三) 俄罗斯的教育改革

20世纪80年代中期，苏联的教育体系开始由国家独办向国家与社会共办转变。苏联解体之后，俄联邦政府重新颁布了《教育法》和《高等职业以及大学后续职业教育法》，重新界定教育机构的法律地位，各级各类教育机构获得了办学自主权和学术自由。新颁布的《教育法》对教育机构的创办、管理、认证等问题都进行了规定。教育机构的创办按照一般程序采用注册制，而后向联邦教育管理机构申请开展教育活动的许可证。联邦教育主管部门组织专家评审委员会进行鉴定，通过鉴定的教育机构方可获得办学许可证。此外，教育机构还必须获得联邦教育主管机关对专业和课程的认证。《教育法》规定，获得第一次认证的学校此后每五年进行一次认证。通过认证的专业，方可颁发国家正式文凭。

1992年以前，苏联绝大部分都是国立大学，只有极少数私立高等教育机构存在。1992年以后，俄罗斯开始实行国立与私立大专院校并举的教育体制，各类私立高校得到蓬勃发展。现在，俄罗斯有国立、地方和非国立（私立）三种类型的高等学校。非国立学校由国立教育机构与社会团体或基金会共同体创办，或与高等学校联办，主要集中在俄罗斯中心地区。在俄罗斯的教育结构中，国家和地方政府仍然是办学主体。

俄罗斯政府1992年修订的《教育法》规定，国家保证俄罗斯公民通过高考竞争在国立高等院校中免费接受高等教育。1996年颁布的《俄罗斯联邦高等职业教育和高校后职业教育法》重申了《教育法》的上述规定；同时提出，国立大学在完成国家下达的招生计划之外，可以自行决定招收自费生的规模和学费水平。目前，俄罗斯高等院校正在扩大收费教育的比例。2003年9月，俄罗斯政府正式签署了《博洛尼亚宣言》，加入欧洲高等教育博洛尼亚进程，并进行了一系列实质性改革。同年11月，俄罗斯政府正式颁布《俄罗斯联邦大学法》，这是俄罗斯联邦政府第一部针对高等教育活动的联邦法律。2008年，俄罗斯政府联邦政府决定建立联邦大学和国家研究型大学，在远东国立大学的基础上创立远东联邦大学。俄罗斯教育中长期发展纲要方案：《教育与创新经济的发展：2009年至2012年采用现代教育模式纲要的目标和任务》与《俄罗斯联邦高等职业教育机构（高校）类型条例》对新型大学的概念进行了重新界定：联邦大学是达到世界水平、具有产学研一体化功能的大学，旨在解决地缘政治任务和满足大型跨区域投资项目的人才需求，是区域技术创新的领军者；国家研究型大学旨在保障国内经济稳定和竞争力的基础技术平台需求的人力资源；地方大学旨在实施多专业教育大纲，保证为俄罗斯联邦的社会经济发展提供专业人才；学院主要实施文凭教育。

苏联解体后，在市场经济模式下，俄罗斯高校在办学理念、教育体系、教学管理等方面发生了深刻变革。近年来，俄罗斯高等教育改革的一个重要方面是高等教育学制结构和学位制度的改革，也就是与国际通行做法接轨，实现与世界上多数国家实行的高教体制一体化，变传统的单一高等教育学制结构为现行的多层次高等教育学制结构，以便参与国际教育劳务市场上的竞争，并适应国内推行私有化和市场经济后对各种不同类型人才的需求。

俄罗斯现行的多层次高等教育学制结构分为四个阶段。

第一阶段：不完全高等教育。由高等院校按照基础职业教育大纲实施，学制二年，学生毕业后可获得不完全高等教育毕业证书。

第二阶段：基础高等教育。由高等院校按照基础职业教育大纲在第一阶段不完全高等教育后实施的基础高等教育，学制二年。学生毕业后可获得高等教育毕业证书，以及相应专业的学士学位。学士学位的高等教育仅限于人文、社会经济、理科等专业。

第三阶段：完全高等教育。学制二年。由高等院校按照两种类型——硕士学位教育和专家资格教育的基础专业教育大纲实施。硕士学位教育是在学士学位教育的基础上再接受专业培养（包括科研或教学实习），学制二年。经考核合格，学生可获得高等教育毕业证书，以及相应专业的硕士学位。专家资格教育，学制不超过五年。按规定修完专家资格教育全部课程，并且考核合格的学生，可以获得高等教育毕业证书和专家资格证书。

第四阶段：大学后职业教育。包括研究生教育及继续教育。

研究生教育由高等学校或科研机关所设的研究生部实施，获硕士学位或专家资格证书的高等院校毕业生可以报考研究生，学制二年。学业结束后，还可以选择继续攻读副博士学位，学制三年。获副博士学位者有资格报考博士研究生，博士学位教育的学制一般为三年。现阶段是俄罗斯高等教育的过渡时期，苏联时期保存下来的旧体制即专家资格证书—科学副博士—科学博士，与新体制即学士—硕士—博士学位并存。不但不同的学校之间采用不同的学位制度，甚至在同一所学校的不同专业之间，也颁发新旧两种不同的学位制度。

（四）俄罗斯教育存在的主要问题

苏联解体后，随着西方思潮大量涌入，俄罗斯的教育体制也面临着诸多问题与挑战，包括教育经费不合理、教师资源流失、学习内容与时代脱节等问题。其中，经费投入不足是俄罗斯教育面临的根本问题。

俄罗斯作为世界上教育经费预算较低的国家之一，教育经费短缺成为制约其教育发展的短板。《俄罗斯联邦教育法》虽然明确规定，国家每年从联邦财政预算中按照一定比例对教育系统进行财政拨款，但实际上由于近年来俄罗斯经济不景气，财政拨款经常出现不能按时到位的情况。国家教育拨款与维持教育系统的正常运转相距甚远。随着市场经济的发展，俄罗斯开始出现了不少私立学校。这些私立学校的出现，满足了那些有一定经济实力家庭的学生接受高等教育的需求，在客观上也减轻了一些国家教育的负担，但并不能从根本上改变教育资源匮乏的局面。

另外，由于教育投资有限，造成教师资源的流失。绝大部分师范学院的学生都不愿意毕业后从事教育工作，教育系统出现严重的师资短缺，教师人才流失严重。这成为困扰俄罗斯教育发展的一大因素，直接影响着教育质量的提高。

不仅如此，俄罗斯高等教育中与现实脱节的教育结构，以及领导任免机制，也成为俄罗斯高等教育发展的瓶颈。由于缺乏经费支援，国家提出的政令、口号易流于空洞，各种行政命令不适应当今市场经济的需要，缺少现实保障，导致国家对高等教育机关的管理流于形式。苏联时代的行政管理命令机制的阴影，至今依然桎梏着市场经济条件下教育体系的正常发展。

总之，要想完善全球化时代俄罗斯的教育体制，俄罗斯政府需要在发展本国经济的基础上，加大对各级教育机构的投入，制定长远的教育发展战略，努力使教育发展适合社会新发展的需要。2018年，俄罗斯出台由10个联邦级项目组成的《俄罗斯国家教育方案》，计划于2024年前完成，其主要目标是提高俄罗斯教育的国际竞争力，使俄罗斯的普通教育跻身世界前10名；其重要内容是更新教育内容，提供必须的当代教育硬件设施，培养骨干教师，形成积极的管理机制。同时，发展补充教育，通过奥林匹克竞赛促进人工智能人才成长，并加快完善人才培养质量监测机制，旨在支持教育优先领域发展，全面提高人才培养质量和办学效益，使教育适应时代新要求。

四、蒙古国教育

(一) 蒙古国教育基本情况

1921年前，蒙古国的教育水平非常落后，全国上下没有一所正规的学校，教育形式以家庭教育、官吏教育和寺庙教育为主，全国文盲率高达99.1%。1924年建国以后，在经济基础极其薄弱、宗教干涉、民众不知教育为何物、游牧生活不利于教育等各种不利情况下，蒙古国政府以苏联为榜样，采取各种有力措施，大力发展教育事业，积极推动各级、各类教育形式的发展。经过多年的努力，蒙古国建立起了多层次、多类型的教育体系，教育水平得到很大提高。如今，蒙古国非常重视教育，实行国家普及免费普通教育制，教育事业在不断发展，已经基本消除文盲。同时，针对国情，蒙古国政府积极同联合国教科文组织合作，向所有牧民提供流动教育。蒙古国政府一直注重教育投资，虽然面临经济危机和预算紧张等问题，但对教育的投入一直占国家总预算的20%左右。值得一提的是，蒙古国的女性教育取得了令人印象深刻的成果。2005年，成人女性的文盲率从历史上的64%下降到2.5%，在大学中近70%的大学生是女生。2010年，蒙古国的平均识字率达到97.4%，高于世界平均水平，其中女性识字率（97.9%）甚至高于男性识字率（96.9%），这在亚洲国家里也是鲜有的。2017年，蒙古国成年人识字率达到98%，在参与调查的全球187个国家中排名第11位。

回顾蒙古国教育发展的历史，从1921年蒙古人民革命胜利至今，大致经历了四个时期。

第一个时期是1921—1939年，为蒙古国成立后教育体系初建时期。在当时教育基础与经济基础都极其薄弱的情况下，初等教育、中等教育、职业教育、师范教育与全民扫盲教育同时展开。第二个时期是20世纪40—60年代，随着社会主义建设的进行，相对完整的教育体系开始在蒙古国建成。初等教育基本达到了全民普及，中等教育在省会城市得到发展，蒙古国立大学建成，技术教育与师范教育协调发展，扫盲教育达到高潮。第三个时期是20世纪60—80年代末，随着社会主义经济建设的发展，教育体系得到进一步完善。在苏联教育模式的影响下，初等教育、中等教育体系得到调整，高等教育得到扩充，技术教育与师范教育得到提升，扫盲教育基本结束。第四个时期是20世纪90年代之后，随着民主化改革的深入，蒙古国的教育体系得到了进一步调整与发展。私立教育兴起，大学数量迅速增加，大学教育质量有所下降，中等技术教育日趋没落，导致技术型工人出现供不应求的情况。

教育科学部[①]是蒙古国14个政府部门之一，负责教育和科技工作。部内设科技高等教育政策协调局和中小学教育政策协调局，主管全国的教育工作，检查和指导全国各省、市教育局、教育单位、教育科研单位的工作。截至2023年12月，蒙古国有全日制普通教育学校近800所，63所专业培训中心。全国共有高校113所，其中公立高校16所，主要有国立大学、科学技术大学、教育大学等；私立高校92所，主要有伊赫扎萨克大学、奥特根腾格尔大学等。5所为国外高校分校。根据政府间文化教育科学合作协定，蒙古国与50多个国家交换留学生。蒙古国政府对大学生提供奖学金和其他财政支持。根据政府之间的双边协议，蒙古国还向一些国家的高等院校公派留学生，接受国家贷款以及无偿援助留学的研究生和博士生人数在不断增加。其中有不少蒙古大学生在中国各省、自治区、直辖市的大学深造留学。

（二）蒙古国的教育体系

目前，蒙古国已经形成了学前教育、基础教育、高等教育、职业教育、成人教育等学段齐全完备、覆盖全面的现代教育体系。

蒙古国幼儿园学制为四年，分为小班、中班、大班、学前班，儿童2岁即可入园小班。学前教育的学习内容包括语言沟通、活动健康、音乐、手工艺术、数学、自然与社会等六个板块。2018—2019学年，蒙古国共有1435所幼儿园运营，其中公立幼儿园889所，民办幼儿园546所，共覆盖儿童26万余名。[②]

蒙古国基础教育包括小学（五年）、初中（四年）和高中（三年）三个阶段，学制为十二年一贯制，涵盖人口年龄6—17岁，完整接受12年基础教育的高中毕业生可以获得"完全中等教育学历"。2004年以前，蒙古国基础教育学制均为十年，入学年龄为8岁。为与国际接轨，实行基础教育制度一体化，自2004年开始，蒙古国开始推行基础教育学制改革。2004—2007年，将基础教育调整为十一年制，入学年龄调整为7岁。2007

---

① 2020年7月，蒙古国国家大呼拉尔举行全体会议，通过"14个部、1个办"的新政府机构设置方案，新增"文化部"，原"教育科学文化与体育部"更名为"教育科学部"。

② 刘迪南、黄莹：《蒙古国文化教育研究》，外语教学与研究出版社2021年版，第101页。

年，基础教育学制改为十二年制，至2014—2015学年全面完成向十二年学制的过渡。截至2017—2018学年，蒙古国共有798所基础教育学校，其中652所为公立学校，146所为民办学校。

蒙古国基础教育重视传承民族传统文化、关注学生性别比、关注未成年人健康教育，但也存在学制改革复杂、政策文件更新频繁、城乡儿童受教育机会不均等、牧区教学资源严重不足、师生教学与课业压力较大等问题。

蒙古国高等教育是在完全中等教育的基础上进行的专业教育，在学历和培养层次上包括学历教育（专科生）、本科生、硕士研究生和博士研究生。虽然高校录取方式多元化，但高等学校招生全国统一考试仍是蒙古国高中升学的主要方式。2014—2018年的平均录取率是81%，女生录取率高于男生。2018—2019学年，获得学历教育的学生占总数的0.2%，本科生占82.8%，硕士占14.3%，博士占2.7%。[1]

蒙古国的职业教育培训机构类型包括中等职业教育学院、高等职业教育学院、高等院校与隶属于工厂的培训中心。截至2020年6月，蒙古国共有职业教育培训机构80所，覆盖建筑、道路建设、采矿、金融等15个领域的192个专业，在校生总人数为4万余人。

蒙古国的成人教育包括扫盲教育、同等学力教育，以及其他类型教育，如生活技能教育、家庭教育、公民教育、道德教育、美育等。

在全球化和科技快速发展的今天，蒙古国正积极推进教育改革和转型，以适应21世纪和第四次工业革命的挑战。

（三）蒙古国的最高学府——蒙古国立大学

蒙古国立大学系蒙古国最高学府，也是蒙古国科技、教学的中心，于1942年10月在苏联的帮助下成立，本部坐落于首都乌兰巴托。成立之初，蒙古国立大学只设有教育、医学和兽医三个系，先后有400多名苏联大学教授和讲师客座任教。1958年，动物兽医系从该校分出，成立农牧业学院。1961年，医学系又从该校分出，成立医科大学。1969年，蒙古国立大学新设立了科技大学和俄罗斯语言教育学院，并于1982年独立成校。蒙古国立大学在蒙古高等教育方面一直起着主导作用。该校自建校以来培养的毕业生约占全国知识分子的1/3，现有数千名该校毕业生在政府各部门工

---

[1] 刘迪南、黄莹：《蒙古国文化教育研究》，外语教学与研究出版社2021年版，第171页。

作，并担任各种领导职务。目前该校设有生物学、化学和地理地质学三个系，下设数学与计算机、物理与电子学、信息技术、蒙古语言与文化、外国语言与文化、社会科学、国际关系、经济、法律九个学院，共80多个专业，并在科布多、扎布汗和鄂尔浑省设有分校。该校现有在校生近万人，还有来自俄、中、韩、日等二十多个国家的留学生在该校学习。现在该校的外语文化学院、蒙文文化学院和国际关系学院都开设有汉语专业。蒙古国立大学与中国的北京大学、内蒙古大学等建立了密切的校际关系。

（四）蒙古国的中文教育

中蒙两国教育交流始于1952年。多年来，两国在教育领域的交流与合作不断深入。2015年4月，两国教育部门签署了《关于合作设立中蒙交流专项奖学金项目备忘录》，进一步推进双方在教育领域的合作。截至2022年，蒙古国在华留学生约有1.4万人。在与蒙古国毗邻的中国内蒙古自治区，双方的教育交流更加频繁。蒙古国首个"汉语角"启动仪式于2015年9月在蒙古科技大学举行，这是中国在全球设立的首批50个"汉语角"中的最后一个，也是在蒙古国境内设立的唯一一个"汉语角"。该"汉语角"的设置，旨在为蒙古国日益增多的汉语学习者创造便利的学习环境。随着越来越多的蒙古国青少年选择学习汉语，社会各界对中国图书的需求也在不断增加，蒙古国的中文教育呈现出蓬勃发展之势。

从1957年到现在，蒙古国的中文教育已走过了半个多世纪的历程，大体上可以分为三个阶段：1957—1965年为初创阶段。1957年，蒙古国立大学外语系首次开设了中文课程，培养了蒙古国最早的一批中文人才。1964年，第一所由华侨华人开办的学校成立。1965年，由于政治原因，中文教育被迫停止。20世纪70年代—90年代末为恢复和发展阶段。从1973年开始，中文教育逐步恢复，经过20世纪80年代的挫折和停顿后，中文教育再度兴起和发展。20世纪90年代末到现在可称为蓬勃发展阶段。随着中国国际地位的迅速提升以及国际影响力的日益扩大，特别是中蒙友好交往的不断加深，越来越多的蒙古民众想更直接地了解中国、认识中国。根据蒙古国国家统计局的数据，中国多年来一直是蒙古国最大的贸易伙伴国、最大的出口目的国和第二大进口来源国。中国还是蒙古国最大的投资国，在蒙的中资企业已超过1000家。随着两国在经贸领域合作的扩大和人员往来的大量增加，蒙古国需要更多懂中文的人才。同时，中国文化的魅力，大大刺激了蒙古国民众的好奇心。学好中文，能够找到一份好工作，是蒙古国华裔子女学中文的一大现实原因。在中国留学的蒙古留学生，学成回国后竞争力得到提升，就业机会也随之增多。除此之外，教育政策、旅游、签证、学费等方面的因素也促成了蒙古中文教育的蓬勃发展。在政府的政策支持与鼓励下，蒙古中文教育事业进入黄金期。中文教育在蒙古整个教育体系中的地位得到明显提高，在学校规模、学生数量、师资力量、课程设置、教材设备等方面都发生了较大变化和改善。近年来，中国有关部门通过派遣志愿者及中文教师，提供教材和教学设备，举办教师访问团、汉语研修班，组织青少年夏令营、汉语知识竞赛等方式对蒙古中文教育提供了多方面的帮助。

目前，蒙古国有20多所中小学和30多所高校开设中文课程，这些学校主要集中在首都乌兰巴托，在此学中文的人数占全国学习中文总人数的50%以上。虽然进行中文教学的高校数目多于中小学，但中小学生中学习中文的人数很多。国立高校学中文的人数比私立高校少，而国立中小学学中文的人数又比私立中小学的人数多。其中旅蒙华侨友谊学校具有40多年历史，是最早开设中文课程的学校。育才中学最早由华侨和当地人合办。这两所学校现在是乌兰巴托最大的两所中文学校，吸收了半数以上的当地中小学生学习中文，选用的教材基本上是中国义务教育阶段的语文教材。

在蒙古国的高校中，从事中文教学的教师多为蒙古人，中国教师比较缺乏，且教师资格良莠不齐，受过专业中文教育训练的专职中国教师比较少，兼职教师占大多数。2005年中国向蒙古国派出第一批汉语教师志愿者。2007年，由蒙古国立大学和中国山东大学合作建立了第一所孔子学院。

尽管现在蒙古国的中文教育正处于历史上难得的黄金期，但是依然面临着诸多困难。首先是师资不足及优秀师资力量缺乏的问题。蒙古国除了国立大学和两所最大的中文学校的师资数量相对比较充足、师资质量较好之外，私立学校尤其是私立中小学的中文师资缺口都很大。不过，与师资数量相比，师资的质量更令人堪忧。绝大多数教师的教学理念和教学方法亟待改进：填鸭式教学影响了学生的学习兴趣；语言情景教学的缺失，造成了哑巴式中文教育比比皆是；教学法研究的薄弱，造成了课程设置缺乏科学性。其次，教材问题也是影响蒙古国中文教育质量的原因之一。教材老化，不适应时代要求，教材品种单一，自编讲义占大多数等情况，极大地影响了教育水平和学生中文水平的提高。

第六章 教育科技

第二节 东北亚国家的科技成就

一、日本科技概况

日本自明治维新以来，一直秉承教育立国、科技立国的理念。其现代科技发展历程可以追溯到19世纪末的江户时代末期。当时日本面临着外部压力和内部危机，为了强化国家实力和应对外部威胁，日本政府开始推动科技变革，引进欧美的科技和文化。随着明治维新的到来，日本全面开启了现代化进程，科技发展进入了一个新的阶段。政府开始大力引进西方的科技和文化，并派遣大量的留学生到欧美国家学习科学技术、医学、农学等知识。此外，还招募了大量的外国专家，协助日本国内的现代化建设和科技发展。在20世纪初期，日本政府开始大力推进现代化产业，重点发展冶金、机械、纺织、化学等行业。在二战后，日本经济迅速恢复并实现高速增长，这使得日本的科技实力也得到了显著提升。在此过程中，电子工业、汽车工业、精密机械制造业和信息技术产业得到了快速发展，为日本经济的崛起打下了坚实基础。1968年，日本成为世界科技经济第二大国。如今，作为世界上最先进的科技国家之一，日本的科技实力在电子工业、汽车工业、精密机械制造、信息技术产业、宇宙开发技术、核能源利用技术、新材料及生物技术等领域处于世界领先地位，拥有众多国际知名的科技公司和研究机构。日本还是人工智能、机器人、虚拟现实等新兴技术的研究和应用领域的先行者，为世界科技发展作出了重要贡献。美国国家专利局的上述科技领域的专利申请数中，日本位列中国、美国之后，排名第三。这也是日本科技创新能力的一个重要指标。日本每年的科研经费约占GDP的3.59%。2021年，日本年度科技开发预算为8.2万亿日元，位居世界第三；科研人员达到60多万人，拥有富士、索尼、丰田、本田、日产、三菱、任天堂等国际著名企业，以及松下、佳能、富士通、日立、爱普生、东芝等国际知名品牌。

在电子工业和汽车产业领域，与世界其他国家相比，日本的电子产品占据国际市场的大半江山，日本的电子工业一直处于技术创新的前沿。在电视、音响、相机、计算机、手机、电子游戏等领域，日本企业几乎都处于行业的领导地位，为人类的科技进步作出了重要贡献。日本汽车工业是日本现代工业的另一个支柱产业之一，也是全球汽车市场上的重要竞争者之一。其中，丰田、本田、尼桑等企业成为日本汽车业的代表性品牌。日本汽车企业不断创新和改进，开发出了各种高效、环保、安全的汽车产品。例如，丰田公司引领了混合动力技术的发展，成为全球混合动力汽车的领导者。本田公司则成功地发展出了 VTEC、i-VTEC 等技术，推动了汽车动力系统的升级。

精密机械制造业是日本现代工业的另一支柱产业，也是世界精密机械制造业的重要组成部分。日本是世界上生产精密机床最多的国家之一。2019 年，其精密机床行业产值高达 1.8 万亿日元，占全球市场份额的 24.4%。日本的精密机床行业以丰田、小松、川崎、安川等公司为主导，在金属切削机床、金属成型机床和机器人领域处于世界领先地位。

日本信息技术产业是日本现代工业的又一个重要支柱产业，也是在国际信息技术领域的重要竞争者。在 20 世纪 80 年代和 90 年代，日本的信息技术产业得到了进一步的发展，出现了一批以索尼、松下、日立、NEC 等为代表的全球知名企业。这些企业成功推出了一系列领先的电子产品，例如电视、音响、半导体、计算机等，其中一些产品成为市场的主导品牌。在 21 世纪初期，随着其他国家的快速发展，如中国、韩国、印度等，日本的信息技术产业出现了一定困难和挑战，面临严峻的竞争压力。

在宇宙太空的研究开发方面，日本是继苏联、美国、法国之后，世界上第四个成功发射人造卫星的国家。如今在航空工业及宇宙开发等方面，日本依然拥有强大的科研开发能力。日本宇宙航空研究开发机构（JAXA）主要进行宇宙研究、火箭及人造卫星的研发等工作。迄今为止，JAXA 已经成功开发了各种火箭。其中 H2B 大型火箭由三菱重工制造，是使用液氧和液氢为推进剂的二级式火箭，也是目前日本最大型的火箭。小行星探测是深空探测器的另一方面，日本在这一领域也拥有傲人的科技能力。其中隼鸟号（第 20 号科学卫星 MUSES-C）是 JAXA 的小行星探测计划，这项计划的主要目的是将隼鸟号探测器送往小行星 25143 采集小行星样本并将采集到的样本送回地球。

在核能源的开发与利用方面，为摆脱长期以来能源主要依靠进口的不利局面，日本政府从 1973 年开始将核能发电作为重点研发领域。截至 2008 年，日本共拥有 7 座核能发电站，为日本提供了 34.5% 的供电量。但这一状况在 2011 年的"3·11"大地震之后有所改变。

日本在材料学研究方面也是一枝独秀。资源贫乏是日本发展材料学研究的最初动力。材料学的水平极大程度决定了一个国家的最高新科技水平。日本是目前世界上唯一能制造第五代单晶材料的国家。而在全球的碳纤维生产厂家中，日本的东丽、东邦和三菱三家公司，代表着目前世界上的最先进水平。

高科技的发展，离不开人才的培养。一直以高科技塑造国家形象的日本，也是亚洲荣获诺贝尔奖人数最多的国家。1949年，京都大学教授汤川秀树荣获诺贝尔物理学奖，曾经极大地感染了当时的日本人。截至2023年，日本共有25人次（含2名日裔）在化学、物理、生物学等方面（不包括文学奖与和平奖）获得诺贝尔奖，其获奖人数远远高于亚洲其他国家，在全世界也位居前列。进入21世纪后，自然科学三大奖项中，日本以20人的成绩仅次于美国，位居世界第二。这也从另一个方面证明了日本强大的科研开发能力。

科学技术进步是社会经济发展的推进力。随着经济全球化进程的不断加快，人力资源成为时代第一资源，人才安全已成为世界各国提高竞争实力、增强创新能力和保持可持续发展的基本条件。日本政府围绕科技人才的培养与使用，就教育体制改革、科技体制改革、公务员制度改革、社会保障制度改革和分配制度改革等提出了一系列积极而切实的政策建议，而这也成为新时代日本科技人才的发展战略。

二、韩国科技概况

半个世纪以前，韩国还是一个贫穷的农业国家。2005年，韩国人均GDP达到1.5万美元，也跻身世界十大经济体之一。高速发展的经济，离不开强有力的科学技术能力的支撑。

回顾韩国科技发展之路，大体经历了20世纪六七十年代的"模仿阶段"、80年代初的"国际化阶段"，以及90年代以来的"创新阶段"三个时期。20世纪60年代，面对国家科技水平落后的局面，韩国政府选择了一条从引进走向模仿的发展道路。当时的韩国政府积极制订了科学技术振兴计划，创设了各类科学技术行政机构和研究所，编订了各种科学技术制度和法令，下大力培养科研人才，推动科技发展和产业升级。为促进企业的技术活动，政府制定了《技术开发促进法》，在金融和税制两方面支持重化工业和出口导向型企业的发展，设立了大德科技园区和一批研究所。20世纪80年代，新的科技革命在世界兴起，高技术产业迅速发展，韩国科技面临新的挑战，韩国政府提出了"尖端科技立国"的国家战略，重点发展技术密集型和知识密集型高技术产业。20世纪90年代以来，为加快发展新技术和知识密集型产业，韩国政府投入巨资大力扶持发展信息技术等十大尖端技术产业。如今韩国的多种产业已形成很强的国际竞争力。进入21世纪之后，为了实现"第二次科技立国"战略，韩国正努力向创新主导型增长模式转型。经过几十年的辛勤培育，韩国在汽车、半导体、高速铁路、核电站等项目上都拥有了世界领先技术，并且成功地将知识产权转化为生产力，继续推动韩国的产业革命。

韩国的科技创新能力培养，不是被动地自上而下，而是主动地自下而上。在韩国，企业是创新的主体，企业经营者深刻意识到如果缺乏自主知识产权，就不会得到政府的支持，更不会得到民众的信赖和欢迎。因此，在韩国拥有自主的品牌，成为创业者最原始的动力。如今韩国企业的科技竞争力已进入全球前五强。

如今的韩国，是一个信息技术领域的领先者，其在硬件、软件和网络技术等方面都有着重要的创新和发展。韩国的信息技术企业如三星、LG等已经成为全球知名品牌，其产品在全球范围内广泛应用，尤其在智能手机、平板电脑、电视等消费电子领域具有重要地位。另外，韩国在半导体领域的技术也是全球领先。三星电子是全球最大的半导体制造商之一，其半导体业务在全球范围内占据重要地位。此外，SK海力士、LG化学等企业也在半导体领域有着重要的地位。根据联合国贸易和发展会议（UNCTAD）的数据，2023年，韩国在全球半导体市场的份额达到了21%，位居世界第一。韩国的汽车技术也全球领先，汽车企业如现代、起亚等在全球范围内占有重要地位。这些汽车企业在技术研发、品质管理等方面都有着重要的创新和发展，其产品在全球范围内享有良好的口碑和市场份额。同样，韩国的航空航天技术也位居全球前列，航空航天企业如现代重工、韩国航空宇宙、韩国航空工业等在技术研发、生产制造等方面均有着重要的创新和发展，其产品在全球范围内具有重要的竞争力。

总之，韩国作为一个新兴的工业化国家，其科技创新和科技发展的速度吸引了全世界的关注。在"科技立国"发展战略的指引下，韩国政府的研发投入近年来持续增长，为韩国科技发展提供了重要支撑。在"教育立国"发展战略的指引下，韩国高等教育迅猛发展，陆续创建了大批科研机构，为韩国科技创新培养了大批的生力军。同时，各类企业都注重知识产权保护，大力促进国外科技成果的引进、吸收和科技成果的转化，同时也为新兴的创意产业和高技术行业提供了良好的创新环境。正在不断发展壮大的区域集群，是韩国科技创新的重要源泉。韩国已经成为世界科技创新版图上一颗闪亮的明星。

三、俄罗斯科技概况

苏联解体后,俄罗斯继承了其60%~70%的科技实力。在其后的国家体制全面转轨过程中,动荡的政局和衰退的经济,严重制约了俄罗斯科学技术的发展。大量科技人才流失,科研队伍老化,资金短缺,直接导致了科技规模的缩小和科研能力的下降,无数科研项目因此搁浅。随着经济状况日益改善,俄罗斯政府越来越认识到科技人才培养的重要性,并随之采取了一系列政策,从而控制人才流失。俄罗斯科研队伍逐渐稳定,科研工作逐步恢复。

如今的俄罗斯,拥有着一支强大的科技队伍、数量众多的科研机构和雄厚的科研基础实力,总体研发水平仍属世界一流;同时还拥有领先世界的基础科学研究和优势独具的高新技术开发能力。在计算机技术开发领域,继1999年研制开发出运算速度达到每秒2300亿次的超级计算机之后,俄罗斯科学家又于2000年研制出世界上体积最小、速度最快、功率最强的微处理器E2K,性能超过所有国外同类产品;在微电子和毫微电子、电光绘图新工艺、化学、天体物理、分子生物、气象、高温超导等领域取得的成果,都具有世界先进水平;在航空航天技术、新材料技术等12~17项技术领域,可以同西方发达国家一争高低;在当今世界决定发达国家实力的100项突破性技术中,俄罗斯有17~20项具有世界领先水平。

俄罗斯充分继承了苏联的数理科学研究优势,并将其广泛应用于力学、飞机制造、火箭技术、喷漆技术等方面。今天的俄罗斯,拥有世界一流的运载火箭技术,它的运载火箭以型号齐全、安全性能高而闻名于世。航天领域是俄罗斯引以自豪的领域,拥有一整套从事军民两用航天、火箭技术研究以及开发和批量生产的科研生产体系,目前在该领域占据霸主地位。俄罗斯具有世界领先的载人飞船和深空探测技术,制造了世界上第一颗人造地球卫星。俄罗斯是世界上能够全面掌握空间站制造、发射和回收技术的国家之一,"和平"号空间站是人类空间技术领域的骄傲,是当时世界上体积最大的空间站,虽然"和平"号空间站已经于2001年3月完成了自己的历史使命光荣退役,但是在其坠落过程中,它的所有碎片成功、安全地坠入预定的南太平洋海域。俄罗斯航天专家精确的计算、丰富的经验、完美的控制,再次向世人证明了俄罗斯航天技术的世界领先水平。俄罗斯的卫星总体设计技术、登月飞行技术和空间飞行器系统技术、载人飞船部件、卫星和飞船材料抗高速粒子撞击技术、空间材料加工技术等，均居世界前列。在核能领域，俄罗斯在核开采和加工方面积累了多年的经验，其浓缩铀离心分离技术世界领先。

但是近年来，俄罗斯的科技发展出现衰退趋势，尤其是在电子信息技术方面已落后于西方发达国家。究其原因，不外乎政府支持投入不足、科技人才流失严重、科研机构体制僵化、缺乏国际合作等几个方面。

综上所述，当今俄罗斯在诸多重要领域的科研实力可见一斑，其作为科技强国的地位不容小觑。同时，也要清醒地认识到，俄罗斯已经不是原来的世界领先的科技强国，其衰落的现状和原因，值得警惕。

四、蒙古国科技概况

与东北亚地区的其他国家相比，蒙古国的科技水平相对比较薄弱。由于经济发展水平的限制，蒙古国对科技研发的资金投入相对较少，科研设备和仪器比较落后，科研水平不高。蒙古国的科研工作紧紧围绕国民经济活动展开，其重点发展领域有能源、农牧业、选矿及与农业有关的轻工部门，如生物、新材料、新能源（风能、太阳能、沼气能）、电网技术、采矿设备、畜产品、农产品加工技术等。目前，蒙古国正处于经济转型阶段，初步建立了市场经济体制，但仍不完善。

对于人才和市场有限的内陆国蒙古国来说，在世界经济全球化的今天，提高经济增长率，提高人民生活水平和质量，都需要科学技术的支撑。只有科技创新，才能带来科技进步，才能开发出符合世界市场需求的产品，才能最终促进国民经济的发展。只有从整体上推进，才能使本国在现有体制的基础上，构建起功能齐全、符合国民经济发展需求和国际竞争需要的创新体系。为此，根据自身的发展需要，蒙古国适时提出了建立其科技创新体系的计划。其核心是要构建有利于提高蒙古国科技创新能力、促进科技与经济紧密结合的体系，其主要功能是知识创新、技术创新、知识传播和知识应用。国家创新体系是蒙古国经济实现可持续发展的引擎和保证，是培养造就高素质人才，提高综合国力的核心所在。

蒙古国的国家创新战略的演化大体上可以分为三个阶段：

第一阶段是基础建设阶段（1921—1990年），其主要特征是建立健全科学研究机构，培养各类科学研究人才。这一时期，蒙古国成立了科学院，制订了国家科技发展计划，如"五年科技发展规划"等。此时的国家创新模式主要由政府主导和直接控制，相应的组织系统按照功能和行政隶属关系严格分工，创新战略由各级政府制定。政府是资源的投入主体，资源严格按政府计划配置，创新的执行者或组织者完全是为了完成政府任务而进行所谓的科技创新，其利益与现实成果脱节，同时也不承担创新失败的风险和责任。

第二阶段是转型阶段（1990—2003年）。随着蒙古国经济转型的推进，这一阶段主要表现是政府开始探索国家创新系统的改革方向和政策。在这一时期，国家先后出台了一系列的法律，如国家科学技术法、技术转移法、专利法等。这一时期，科研经费依然大多以国家科技计划的形式出现，由政府工作人员进行科研经费的管理和配置。

第三阶段是国家技术创新系统的攻坚阶段（2003年至今）。科研单位逐步实行经济上单独核算、自负盈亏，但大学科研单位的费用仍由国家负担。蒙古国教育部负责全国的科技工作，指导和协调科研活动，制定科技政策。蒙古科学院是蒙古国的主要科研机构，直接领导15个科研院所，间接监督全国50多个科研院所。科研活动主要集中于应用研究领域。同时，为了迎接21世纪世界高新技术革命的浪潮，蒙古国也像许多国家一样首次兴办了科技园，提出构建面向知识经济时代的国家创新体系的目标。2003年，蒙古国与韩国合作的第一家名为"信息技术园"的科技企业孵化器诞生。如今，科技企业孵化器工作已经成为推进蒙古国高新技术产业化和创新体系建设的一个热点。大多数科技企业孵化器的功能日益健全和多样化，从早期单纯提供孵化场地和物业服务，扩大到包括协助科技企业编制商业计划书、进行工商注册、开拓市场、培训人才等方面，构建了多层次、全方位的创新服务体系。

与世界上的发达国家相比，蒙古国还有很大的差距。但是，蒙古国从国家层面上对科技创新体系进行的一系列科学的组织管理和调控，必将促进其综合国力的可持续发展和提升。

第七章

政 治

从政治角度看,历史文化传统造就了东北亚地区汇集着不同的意识形态,这里既有最大的社会主义国家,也有资本主义国家,以及从最大社会主义国家转向资本主义的国家。从政治制度来看,东北亚国家的政治制度较为复杂多样。从国家政权的阶级本质即国体来看,东北亚既有实行资本主义制度的国家,又有实行社会主义制度的国家。从国家政权的组织形式即政体来看,这一地区既有君主立宪制国家,又有民主共和制国家。从国家结构形式来看,这里既有联邦制国家,又有单一制国家。从政府体制的类型来看,这里既有实行总统制的国家又有实行内阁制的国家。有些国家虽然国体相同,但政体却不一样。有些国家即便是国体与政体都相似,但国家结构形式却不尽相同,比如有些国家虽然都实行总统制,但总统权力的大小及其与议会、政府的关系等却存在很大差异。

第一节 日本政治

一、政治制度

根据《日本国宪法》的规定,当代日本实行象征天皇制,在立法、司法、行政三权分立原则的基础上建立了议会内阁制,并实行地方自治制度。

(一)宪法

宪法是国家的根本大法,它对一国政治、经济、军事等方面的根本制度与基本原则作出规定。《日本国宪法》是在日本战败后推行民主化改革的进程中制定的。1946 年 11 月,《日本国宪法》(又称"和平宪法"或"战后宪法")正式对外公布。1947 年 5 月,新宪法开始施行。《日本国宪法》全文 103 条,由前言以及天皇、放弃战争、国民的权利和义务、国会、内阁、司法、财政、地方自治、修订、最高法规、补则 11 章组成,奉行"国民主权、基本人权、和平主义"三大基本原理,规定了国家政治制度。

第一，推行象征天皇制，强调主权在民，扩大国民的基本权利与自由。《日本国宪法》在前言中提出："兹宣布主权属于国民，并制定本宪法。国政源于国民的严肃信托，其权威来自国民，其权力由国民的代表行使，其福利由国民享受。这是人类普遍的原理，本宪法即以此原理为根据。"《日本国宪法》第1条明确规定："天皇是日本国的象征，是日本国民整体的象征。"在压缩天皇权力的同时，新宪法用了将近1/3的篇幅来规定日本国民享有的广泛权利。《日本国宪法》规定的国民权利可以基本分为八类：基本人权、平等权、财产权、参政权、生存权、自由权、人身自由权、要求赔偿权。

第二，放弃战争，否认交战权。《日本国宪法》区别于其他国家宪法的最大特色就是第9条规定放弃战争、否认战争权，因此又被称作"和平宪法"。

宪法第9条规定如下："日本国民真诚希求基于正义与秩序的国际和平，永远放弃以国权发动的战争、武力威胁或武力行使作为解决国际争端的手段。为达到前项目的，不保持陆海空军及其他战争力量，不承认国家的交战权。"宪法第9条是使日本不再威胁世界和平和安全的有力措施。同时，也反映出广大日本人民期盼和平、维护世界和平的愿望和决心。

第三，按照"三权分立"原则实行议会内阁制。《日本国宪法》采用欧美国家普遍实行的三权分立原则和英国式的议会内阁制。该宪法的第4~8章，对日本国家政权的组织形式作了明确规定。该宪法确立了国会在国家权力结构中的最高地位，并将行政权力赋予内阁，还规定了司法的独立性。

《日本国宪法》自制定实施以来，凭借其"民主"精神内涵以及和平主义特色受到了众多渴望民主、热爱和平的日本民众的欢迎和拥护，至今仍未进行过修改。但与此同时，日本国内始终存在着极力要求修宪的政治暗流。所谓"修宪"，实际上也就是修改《日本国宪法》第9条，使日本实现国家地位"正常化"并重新建立军队，在武装力量的使用上摆脱原有"弃战条款"的限制。

（二）天皇制

天皇制在日本由来已久，是日本政治制度的最大特色。二战后，作为民主化改革的产物，日本实行象征天皇制。天皇及天皇制在战后日本政治社会生活中占有重要地位。

《日本国宪法》在第1章中就详细阐述了天皇的法律地位和政治权力。

依据该宪法规定，天皇成为象征性存在，即"日本国"和"日本国民整体"的象征，而无关于国政的权能，其国事行为只能依据内阁的建议和承认。从法律上对天皇政治权力的剥夺与象征意义的肯定，这在日本历史上是前所未有的。

关于天皇皇位的继承问题，《日本国宪法》第2条规定："皇位世袭，根据国会议决的皇室典范的规定继承之。"1947年1月制定的《皇室典范》规定：皇位由皇族血统的男系男子世袭继承。皇位继承的顺序如下：（1）皇长子；（2）皇长孙；（3）皇长子的其他子孙；（4）皇次子及其子孙；（5）其他的皇子孙；（6）皇兄弟及其子孙；（7）皇伯叔父及其子孙；（8）如无以上适当人选，则传位于最亲近的皇族。皇位继承的原因只能是天皇驾崩，天皇生前不许退位。

尽管《日本国宪法》规定天皇仅仅具有"象征"作用，但天皇在日本社会生活中具有巨大影响力，发挥着十分重要的作用。第一，天皇的"超然"地位有利于日本政局稳定。例如，早在战后重建初期，1946年2月19日，昭和天皇视察了位于神奈川县川崎市的昭和电工川崎工厂。此后，直至1954年8月，昭和天皇的视察足迹遍及冲绳之外的日本列岛，行程33000千米。在巡幸过程中，他鼓励日本人民把战败的痛苦转变成重建日本的建设动力，为稳定局势发展发挥了积极作用。第二，天皇的"象征"地位有利于日本外交展开。参加政府的外交活动，是天皇所行国事的重要内容，通常被媒体称作"皇室外交"。由于日本政府的刻意安排，天皇在外交活动中总是以国家元首的形象出现。外国政府高级官员访日，受到的最高礼遇就是会见天皇。第三，天皇的"崇高"地位有利于日本社会统合。基于世袭制基础上的日本天皇，通过历史性、传统性人格发挥着统合社会的作用。同时，具有悠久传统的日本文化与信仰，也使得大多数民众对天皇持支持态度，怀有崇敬之情。除国民自觉以外，日本政府还注重通过法制化手段，充分发挥天皇对日本社会的统合作用。

（三）国会制度

国会制度是日本政治制度的核心部分之一。国会是日本最高权力和唯一立法机关，由众、参两院组成，具备较为完善的组织机构、议事规则及各项职权。

众议院定员为465名，任期为4年，首相有权解散众议院，在提前解散众议院时，其任期在期满前结束。参议院定员为245名，任期为6年，每3年改选半数，但内阁不能提前解散参议院。在权力上，众议院优于参议院。每年1~6月召开通常国会，会期150天。其他时间可根据需要召开临时国会和特别国会。凡年满20周岁的男女国民均享有选举国会议员的权利，凡年满25周岁的男女国民均享有被选举为众议院议员的权利，凡年满30周岁的男女国民均享有被选举为参议院议员的权利。

日本国会实行委员会制。委员会在各自的职权范围内，对预算、条约、法律案等议案以及请愿事项进行专业性的详细审查。日本国会的权限按照其性质大致可以分为以下几类：立法权，即制定和修改法律；财政权，即审议通过国家的预、决算以及其他财政议案；审批对外条约权；提议修宪权；提名内阁总理大臣权；等等。

在国会权能中，最重要的是立法权。国会作为"国家的唯一立法机关"而制定法律。日本国会具体的立法程序是：提出法案→法案委托给委员会→委员会审议法案→全体会议审议→公布法律。

（四）内阁制度

内阁制度是日本国家行政制度的核心，内阁是日本的中央政府、国家最高行政机构。在议会内阁制下，内阁作为国会信任的最高行政机构，其组织机构实行府省制（原省厅制），拥有广泛的行政职权，并拥有对全国各级行政部门的指挥监督权。

日本的内阁由总理大臣（首相）和负责各省厅的国务大臣组成。《日本国宪法》第67条规定："内阁总理大臣经国会决议在国会议员中提名。此项提名较其他一切议案优先进行。众议院与参议院对提名作出不同决议时，根据法律规定举行两院协议会亦不能得出一致意见时，或在众议院作出提名的决议后，除国会休会期间不计外，在10日以内参议院仍不作出提名决议时，即以众议院的决议作为国会决议。"内阁的产生与存在均须得到国会的承认，也只有在众议院内占议席半数以上的政党方能单独组阁。按照惯例，众议院内多数党领袖一般是内阁总理大臣的当然候选人。

二战后，日本内阁根据1948年《国家行政组织法》的有关规定曾设立了12个行政省，分别是：外务省、大藏省、通产省、法务省、文部省、厚生省、农林水产省、劳动省、自治省、邮政省、运输省、建设省。2001年1月6日，新的中央省厅体制正式开始运行，原有的12个行政省在和其他厅、委合并重组之后形成了新的10个行政省。2007年1月9日，原有的防卫厅升格为防卫省，成为日本内阁第11个行政省。目前，日本内阁结构为1府12省厅。其中1府为以首相为首的内阁府，12省厅包括以各国务大臣为首的总务省、法务省、外务省、财务省、文部科学省、厚生劳动省、农林水产省、经济产业省、国土交通省、环境省、防卫省、国家公安委员会（警察厅）。

（五）司法制度

司法制度是规范司法活动的所有规定的总称，包括司法机关的构成、诉讼程序、审级制度、律师辩护制度等。作为三权之一的司法权及司法制度，是日本国家权力及政治制度的主要组成部分。

在日本，司法机关主要包括审判机关（法院和法官）和检察机关。司法权属于最高法院及下属各级法院，采用"四级三审制"。其中最高法院为终审法院，审理违宪和其他重大案件。高等法院负责二审，全国共设八所。各都、道、府、县均设地方法院一所（北海道设四所），负责一审。各级法院之间审判程序和审理过程中都是彼此独立的，没有上下级的指导监督关系。仅仅是按照审级关系，上级法院的裁决对下级法院具有约束力。全国各地还设有简易法院和家庭法院，负责民事及不超过罚款刑罚的刑事诉讼。最高法院院长由内阁提名，天皇任命，14名法官由内阁任命，需接受国民投票审查。其他各级法院法官由最高法院提名，内阁任命，任期10年，可连任。各级法官非经正式弹劾，不得罢免。

日本检察机构与四级法院相对应，分为最高检察厅、高等检察厅、地方检察厅、区（镇）检察厅。检察官分为检事总长（总检察长）、次长检事、检事长（高等检察厅长）、检事（地方检察厅长称检事正）、副检事等。检事长以上官员由内阁任命。法务大臣对检事总长有指挥权。

（六）地方自治制度

1947年5月起《日本国宪法》与《地方自治法》同时施行，地方自治得到制度性保障。其中，《日本国宪法》设有专门章节（第8章）来阐述地方自治，《地方自治法》也对地方自治制度进行了统一的综合性规定。据此，都、道、府、县和市町村均被定位为"地方公共团体"，确立了由居民直接选举产生首长和议会的机制。

日本属于单一制国家。从行政区划上看，全国共划分为47个一级行政区：即1都（东京都）、1道（北海道）、2府（京都府、大阪府）以及43个县。在一级行政区中又下设市、町、村等二级行政区，也就是基础的地方自治体。其中，各都、道、府、县的办事机构称为"厅"，即"都厅""道厅""府厅""县厅"，行政长官称为"知事"；市、町、村的办事机构称为"役所"，行政长官称为"市长""町长""村长"。

二、内阁政治

二战后初期,战败的日本在美军占领体制下实施了一系列民主化改革。其间,1948年10月至1954年12月,吉田茂连续4次组阁,这一时期被称为"吉田时代"。在此期间,吉田内阁相继完成了对战后日本发展具有深远影响的三件大事。第一,实现了日本战后经济的复兴和自立。第二,对美媾和、建立旧金山体系。第三,重新武装日本。其中,签订媾和条约是吉田内阁的"重中之重"。吉田内阁执政期间,推行的重视发展经济、与美国结盟、渐进式军备的政策、方针(亦被称为"吉田路线"),成为战后日本重新崛起的国家发展战略。

在战后日本,自民党自1955年11月成立以来一直长期执掌政权。

20世纪50年代中期至20世纪70年代初期,日本通过经济高速增长重新实现了崛起,成长为仅次于美国的资本主义世界第二经济大国。这一时期的鸠山一郎、岸信介、池田勇人、佐藤荣作等历届内阁,各自在内政、外交等不同领域均有所作为。其中,1956年10月,日本首相鸠山一郎率团赴苏进行复交谈判,10月19日双方签署《日苏联合宣言》,宣布自宣言生效之日起结束两国之间的战争状态、恢复外交关系。1960年1月,专程访美的岸信介首相在华盛顿签署了新的《日美安保条约》,完成了《日美安保条约》的修订工作。同年12月,池田勇人内阁提出"国民收入倍增计划",将日本国民的视线从政治问题引向经济问题,日本经济亦完全进入高速增长时期。1971年6月,佐藤荣作内阁与美国政府签署了《归还冲绳协定》,该协定后于1972年5月生效,实现了冲绳归还日本。

以1973年石油危机为契机,日本经济的高速增长时期结束。1972年7月,以田中角荣为首相的新内阁成立。在外交方面,田中内阁为适应美国对华政策的调整,在日本国内各在野党及社会舆论的普遍支持下,排除自民党内部"亲台派"势力的阻挠,1972年9月25日,日本首相田中角荣率领日本政府代表团访问中国,双方于9月29日共同签署了具有历史意义的联合声明,一举实现了中日邦交正常化。1976年12月,福田内阁成立。1977年8月,福田赳夫出访东南亚六国,并在菲律宾首都马尼拉发表了题为《日本的东南亚政策》的演说,战后第一次阐明了日本对东南亚外交政策的基本原则:承诺"日本不做军事大国"、建立相互信赖的关系和站在"对等合作者"的立场上开展交流。1978年8月,福田内阁与中国政府签订《中日和平友好条约》。

1982年11月组建的中曾根内阁是战后日本又一个长期政权,执政长达5年之久。中曾根内阁处于战后日本政治的重大转折时期,这一转折的标志是中曾根康弘首相提出了"战后政治总决算"的口号和日本要成为"政治大国"的国家发展目标。在国内政策方面,中曾根内阁推行行政、财政、教育三大改革,实现了国营铁路和电信电话事业的民营化,促使日本经济结构由出口主导型向内需主导型转变,并加强防卫力量建设,突破了防卫费用"不得超过国内生产总值1%"的限制;在对外关系方面,强化日美同盟关系,坚持"不沉航空母舰"论,努力扩大日本在世界上的政治发言权。由于中曾根内阁的内外政策"既代表了上层垄断资本的阶级利益,也反映了下层民众不断滋长的'大国意识',顺应了日本社会发展的潮流"。因此,1986年7月在众、参两院同日举行的选举中,自民党以300个众议院议席获得了压倒多数的胜利。

但是,20世纪80年代末至90年代初,日本政界"金权政治"丑闻接二连三地被揭露,由此而形成巨大的政治改革压力,进而引发自民党的局部分裂,这是1993年自民党长期政权垮台的直接促因。

政治改革,是冷战后日本政治转型进程中的关键词。历届内阁相继实施了选举制度改革、中央省厅改革以及"结构改革"等诸项制度改革,在此过程中,日本的政治军事大国化进程明显加速。

1993年8月,细川内阁成立。在细川内阁的大力推动下,1994年1月,众、参两院全体会议正式通过了"政治改革相关四法案"(《公职选举法》《政治资金规正法》《政党助成法》《众议院议员选举区划定审议会设置法》)。

1994年6月,村山内阁正式成立。1995年8月,日本首相村山富市发表关于战后50周年的谈话,他指出:"我国在过去不远的一段时期,由于国策错误,走上战争道路,使国民陷入生死存亡的危机。由于进行殖民统治和侵略,给很多国家,特别是亚洲各国人民带来极大的损害和痛苦。我为将来不再犯错误,虔诚地接受这些无可怀疑的历史事实。在此再次表示沉痛的反省、由衷的歉意,同时对因这段历史而受害的国内外所有牺牲者深表哀悼。"

1996年1月,自民党总裁桥本龙太郎出任首相,并组建内阁。在外交方面,1996年4月,美国总统克林顿访问日本,日美两国共同签署了《日美安全保障联合宣言》,从而巩固并加强了冷战后的日美同盟关系。在内政方面,以中央省厅重组为核心的行政改革,是桥本内阁所取得的主要业绩。在广泛协商的基础上，1998年2月，桥本内阁向国会提交有关行政改革的基本法案请求审议。同年6月，日本国会通过《中央省厅改革基本法》，确立了中央行政机构改革的基本法律依据。

1998年7月，以小渊惠三为首相的自民党新内阁成立。在小渊内阁执政期间，1999年的第145届国会以"拼凑人数"的方式，相继通过了110项议案，内阁提议案的通过率高达88%，本届国会也因此成为战后成绩最为辉煌的国会之一。其中，以《周边事态法》为核心的"新日美防卫合作指针"相关法案、《国旗国歌法案》和《防止有组织犯罪法》等法案均具有较大争议，在以往的国会审议中是很难想象会获得通过的。

2001年4月，小泉内阁成立。5月7日，小泉纯一郎在国会演讲中宣称要进行经济、财政、行政、社会、政治等领域的"结构改革"，还提出要进行"没有禁区的改革"，并将这种改革称为"新世纪维新"。作为推行财政结构改革的重要手段以及实现经济结构改革战略的重要步骤，特殊法人①改革是小泉内阁推行"结构改革"的重点和难点。2001年6月，日本国会通过了《特殊法人等改革基本法》。根据该法案，政府成立了以首相小泉纯一郎为部长的"特殊法人等改革推进本部"。2004年3月，小泉内阁通过"道路公团民营化四法案"；4月，"道路公团民营化四法案"在众议院获得通过。根据该法案，从2005年10月1日起道路公团民营化正式启动。在完成道路公团民营化改革之后，小泉内阁将"结构改革"的重点转向邮政民营化。2005年7月，众议院以233票赞成、228票反对的微弱优势通过了小泉内阁提出的邮政民营化法案。但随后在8月，参议院以125票反对、108票赞成的表决结果否决了上述法案。对此，小泉纯一郎首相在随后召集的临时内阁会议上宣布解散众议院，并于9月举行大选。由于小泉纯一郎所领导的自民党在大选中全胜，10月国会重新通过了"邮政民营化相关法案"。在对外关系方面，小泉内阁彻底继承了战后日本的外交遗产，将日美同盟作为日本外交的基轴，大力推行亲美外交。但小泉内阁的周边外交却举步维艰，与邻国之间的纠纷、摩擦不断。出于日本国内政治的需要和错误的历史认识，小泉纯一郎多次参拜供奉有甲级战犯灵位的靖国神社，使中日两国关系的发展严重受阻，中日关系形成所谓"政冷经热"局面。

---

① 特殊法人是指根据法律而直接设立的法人，或者根据特别的法律以特别的方式设立的法人，一般被称为公团、公库、事业团、基金等。

东北亚概论

在小泉内阁实现长期执政之后，自民党政权重现内阁频繁更迭局面，乃至"一年一相"。在2009年众议院选举中，民主党取代自民党上台执政，实现了真正意义上的"政权交替"。

在民主党政权执政期间，2009年9月，鸠山内阁成立。在内政领域，鸠山内阁在确立"政治主导"体制方面采取了诸多变革措施。但是，鸠山内阁在处理普天间基地搬迁问题上遭遇重重阻碍，鸠山由纪夫本人也陷入左右摇摆、进退维谷的境地，并最终宣布内阁辞职。2010年6月，菅直人内阁成立。2011年3月，日本东北地方福岛县一带发生东日本大地震，但菅直人内阁在救灾及灾后重建中的表现却备受质疑。在灾后重建工作"告一段落"之后，2011年9月，野田内阁成立。在内政领域，灾后重建和消费税增税是野田内阁的施政重点。2012年2月，野田内阁确定了以提高消费税税率为主的社会保障与税制一体化改革大纲，计划分别在2014年4月和2015年10月将现行5%的消费税率提高到8%和10%，消费税收全部用于支付养老金、医疗费等社会保障费用。2012年8月，参议院全体会议表决通过了消费税增税法案，法案正式生效。

以野田内阁下台为"终止符"，民主党政权历经3年零3个月的执政"试验"，最终以失败告终。日本再次出现政权交替，自民党重新上台执政。

2012年12月，第2次安倍内阁成立。这是安倍晋三自2007年9月辞去首相职务之后第二次拜相，也是二战后继吉田茂之后第二位"梅开二度"的首相。在内政领域，安倍内阁以摆脱长期通货紧缩困境、实现经济增长为首要目标，出台由"大胆的货币政策""灵活的财政政策"和"促进民间投资的增长战略"组成的经济刺激政策，这套"三箭齐发"的政策组合被称为"安倍经济学"。除了大力推进"安倍经济学"的实施，安倍晋三还以"积极和平主义"理念来引导日本国家安全战略的蜕变，修宪也是安倍内阁的重要执政目标。在外交领域，安倍内阁大力倡导"俯瞰地球仪外交"，并以深化日美同盟、拓展东南亚战略空间为重点。但是，由于安倍晋三本人在历史认识问题上持右倾修正主义态度，且在中日钓鱼岛争端上立场强硬，导致日本与中国等邻国之间的关系迟迟得不到改善。2020年8月，安倍晋三宣布因健康原因辞去首相职务，结束了史上最长首相任期。

2020年9月菅义伟上台执政。在菅义伟内阁执政的一年间，日本经济社会发展滞缓，特别是由于抗疫不力，导致内阁支持率持续下跌。2021年

8月底，菅义伟一度考虑进行党内人事变更，结果遭到自民党内元老政治家的强烈反对。在失去党内主要势力支持并面临巨大压力的情况下，9月1日，菅义伟宣布将如期举行自民党总裁选举，但随后即表示放弃参加总裁竞选，这意味着他将不再谋求连任日本首相。

2021年9月29日，岸田文雄当选新任自民党总裁，10月4日在国会被指名为日本第100任首相，并组建内阁。他宣布将于10月14日解散众议院，19日发布众议院选举公告，31日进行下届众议院选举投票。10月31日，日本大选举行投票及开票，自民党和公明党的执政联盟赢得大选。此次选战从解散众议院到最终确定当选议员，期间只有17天，为战后"历时最短"。

在赢得大选之后，岸田内阁施政渐次展开。整体来看，其外交上继承前首相安倍晋三和菅义伟的政策框架，提出把日美同盟提升到更高层次，主张与以美国为首的共享"普世价值"的国家携手，续推"自由开放的印太"战略。在经济增长方式与国家安全保障上则进行了政策调整。

首先，在经济上推行"新资本主义"政策。主张施行大胆的金融政策、机动的财政政策和经济增长战略，提出经济增长是财政健全的前提，而合理分配是经济增长的前提。"新资本主义"经济政策在相当程度上是对"安倍经济学"的修正甚至取代。为落实"新资本主义"政策，2021年10月，岸田内阁设立"新资本主义实现总部事务局"，下设"新资本主义实现会议"。11月，岸田内阁在首相官邸召开"新资本主义实现会议"，岸田文雄在会上提出今后实现"新资本主义"的三大方向，即召开"全世代型社会保障构筑会议""数字田园都市国家构想实现会议"与"数字临时行政调查会"。

经济安全保障是岸田经济政策中最为显著的创新点之一，为此，岸田文雄在内阁中新设经济安全保障大臣。2022年5月，日本国会参议院通过《经济安全保障推进法案》，包含强化国内供应链构建、确保基础设施安全、推进尖端技术的官民合作研究，以及不公开特定专利四项支柱内容。2024年5月，日本参议院又表决通过了新法《重要经济安保信息保护和使用法》，把机密保护内容从传统安全保障领域进一步扩大至经济安保领域。

其次，在安全保障上加速防卫力量强化进程。2022年12月，日本政府正式通过新版《国家安全保障战略》《国家防卫战略》和《防卫力量整备计划》三份文件，提出"彻底强化防卫力量""强化举国防卫体制""强化全方位且无缝的卫国举措"等防卫战略应对方针。围绕"反击能力"

"新域新质""西南防御"等主线脉络,日本政府规划了今后 5~10 年建设进攻性防卫力量的具体举措。这表明日本防卫战略已发生重大转变。此种转变,必将加速日本军事大国化发展进程,且事关日本国家发展路线的选择。对日本而言,军事国家发展路线的滋长,不仅将阻碍其国内社会经济发展的资源投入,而且也难以通过军事手段来保障国家安全利益。

三、主要执政党

在二战后的日本,国家权力的行使乃至各种政治活动的展开,都是以政党为媒介的。政党在日本的社会政治生活中占据中枢位置,发挥重大作用。

(一) 自民党

日本自民党于 1955 年 11 月由自由党与民主党合并组成。自民党是战后日本最重要的执政党,冷战时期曾连续单独执政长达 38 年,冷战后又在联合政权框架下居于主导地位,对日本国家发展具有重大影响力。

自民党是一个对社会多元利益具有较强统合能力的"总括型"政党。在政治理念方面,自民党信奉保守主义政治哲学,在 1960 年发表的《保守主义政治哲学纲要》中将保守主义精神界定为"在传统上创造,在秩序中发展进步","这就使得保守主义在不同场合和不同背景下,都能确立自己的立场,表明自己的态度,对战后日本社会发展有很强适应性"。作为传统保守政党,自民党在具体政策上秉持"保守主义"政治理念,主张维护自由经济体制、修改宪法、强化日美同盟、增强防卫力量并向海外派兵、积极参与构建国际秩序等。

自民党的组织体系可以分为中央组织和地方基层组织两个层次。在中央组织体系层次上,自民党的最高领导机构是党的全国大会,每两年举行一次,下设党纪委员会、总裁、总务会等职位机构。自民党的最高领导人为总裁。在地方组织体系层次上,自民党的地方基层组织以市、町、村为单位设立支部,以都、道、府、县为单位设立联合支部。冷战后,受社会多元化、自民党地位变化、政局动荡不定以及政党重组频繁等因素的影响,自民党的党员人数整体呈减少趋势。2008 年,自民党缴纳党费或会费的人数为 104 万余人,2009 年则剧减至 87 万余人,下降了近两成。2010 年,自民党党员人数继续减少,缴纳党费或会费者为 85 万余人。2014 年自民党发起了"120 万党员运动",对议员和各选区支部长规定了招募 1000 名党员的定额,如果在 2015 年末之前不能完成目标,必须向都、道、府、县的党部支付每人2000日元的贡献金，由此2016年自民党党员总数再度恢复到100万人。至2022年12月众议院选举时，自民党党员人数达到约112万人。

从党的运营和政治活动的角度来看，自民党可以说是派阀的联合体。早在1955年11月自民党成立之际，因是由不同保守系政党合并而成，其党内原就存有派阀。冷战时期，自民党内派阀的存续主要源于该党的总裁选举制度和众议院中选区制度。对于自民党而言，党内派阀政治的利弊得失很难一言以蔽之，它虽然不时扰乱党的统一人事安排并引发"金权政治"丑闻，但是"政权由一个派阀转到另一个派阀，可以起到'拟似政权交替'的作用"。在2022年12月众议院选举之后，自民党内的派阀势力对比为：安倍派（清和政策研究会）100人，麻生派（志公会）55人，茂木派（平成研究会）54人，岸田派（宏池会）46人，二阶派（志帅会）42人。

对于自民党所属国会议员个人而言，由于自民党基层组织较为松散，加之党内激烈的派阀争斗，需要通过强有力的支援组织来帮助筹集资金与选票。这个组织就是个人后援会。所谓的个人后援会，是指政治家个人为了筹集从事政治活动所必需的资金和选票而组织的支持团体。在日本的国会议员中，往往同时拥有"资金后援会"和"选举后援会"两种组织。其中，"资金后援会"一般设在东京，且作为政治团体正式向自治省登记注册，是一种负责筹集政治资金的财政性援助组织；"选举后援会"则通常以"文化团体"的形式设在议员所在选区，负责聚集选民的选票。

（二）公明党

1964年11月，日本宗教团体创价学会召开公明党成立大会。在《建党宣言》和纲领中，公明党确定了建党宗旨与指导思想，将"王佛冥合"作为其奋斗目标。公明党将其基本纲领确定为：（1）通过王佛冥合和地球民族主义实现世界的持久和平；（2）通过人性社会主义实现大众福祉；（3）通过佛法民主主义建设大众政党；（4）确立议会制民主政治。

公明党的最高权力机关是党的全国大会，每年召开一次，主要负责整个政党活动方针、重要政策、纲领和规则的制定与修改。全国大会闭会期间，公明党内的重要事情由中央委员会负责决定，中央委员会由中央委员及党本部干部组成。公明党在都、道、府、县都设有党部。

公明党自1970年从宗教政党转变为国民政党后，就走上了不断探索如何执政之路。进入20世纪90年代以后，公明党对联合政权的探索终于得以实现。在细川、羽田孜内阁时期，公明党均处于政权运营的中枢位置。特别是在自民党重新执掌政权后，1999年10月5日，公明党与自民党联合组建小渊内阁。此后，尽管联合政权的框架多有变化，但直至2009年9月下台的麻生内阁，"自公"（即自民党与公明党）联合政权框架得以延续。在2012年12月16日日本举行的第46届众议院选举中，公明党获得31个议席。12月26日，由自民党、公明党联合执政的第2次安倍内阁成立。时隔3年零3个月，公明党重新占据执政党地位。2021年10月举行的第49届众议院选举中，自民党和公明党的执政联盟赢得了大选，公明党获得32个议席。

公明党提倡在和平主义基础上构筑"世界中的日本"，主张坚持"中道路线"，贯彻深入民间的民主主义，尊重地方自主性，推行地方分权。需要指出的是，在战后中日关系的发展进程中，公明党曾多次发挥积极的推动作用。其中，1972年7月，公明党委员长竹入义胜访华。他将会谈中周总理提出的草案要点记下，返回日本后交给新首相田中角荣和外相大平正芳，这就是著名的"竹入笔记"。正是这份"竹入笔记"促成田中内阁访华，为同年9月实现中日邦交正常化奠定了基础。近年来，在中日两国因钓鱼岛问题而陷入僵局背景下，公明党仍积极努力改善中日关系。2009年，山口那津男任公明党党首，至今曾6次访华，多次扮演日本首相对华信使的角色，斡旋中日关系。2013年1月，山口那津男携带安倍首相的亲笔信访华，意在寻找修复两国关系的突破口。2023年11月，山口那津男再次携带岸田首相的亲笔信访华，希望通过沟通交流推动中日关系改善和发展。

第二节 韩国政治

1945年8月15日，在美国和苏联的帮助下，朝鲜半岛从日本殖民统治下解放出来。由于意识形态的冲突和出自自身利益的考虑，美苏以北纬38°线（以下简称三八线）为界线将朝鲜半岛分为南北两部分。1948年，三八线南北地区分别建立了不同社会制度的国家，以南是资本主义的大韩民国，以北是社会主义的朝鲜民主主义人民共和国。

一、韩国政治的发展演变

1945年"8·15"光复后至1948年大韩民国成立前，美军对朝鲜半岛进行了3年的军事统治。从大韩民国成立到2022年尹锡悦政府上台为止，韩国共经历了6个共和国、12个政权时期。

（一）美国军政时期

二战末期，日本向盟国宣布投降。根据美苏达成的对日作战协议，美苏军队以三八线为界分别在朝鲜半岛南北地区接受日本的投降。1945年9月美军接受了朝鲜总督阿部信行的投降，接着便在三八线以南成立了军政厅。美军宣称军政厅是朝鲜半岛南部地区唯一的合法政府，以占领者的姿态统治着南部地区，掌控了所有的权力。

美军对三八线以南地区占领式的统治，激起了当地人民的强烈反对。对此，美军政厅采取了退居幕后、遴选代理人的做法，以继续保持对该地区的控制。1946年2月，在美军的操作下，南部地区成立了由朝鲜人组成的"国民代表民主议院"，选举亲美人物李承晚为议长；8月美军又建立了"南朝鲜过渡政府立法议院"，为在三八线以南建立亲美的单独政府做准备。1947年2月，美军将军政厅改为"南朝鲜过渡政府"。

美苏两国曾在朝鲜半岛建立统一国家问题上进行过协商，后因双方意识形态的差异和国际利益上的冲突协商破裂。最后，朝鲜半岛独立问题被移交给联合国。联合国采纳了美国"先建立政府，后撤军"的方案。1948年2月，在苏联不在场的情况下联合国通过了美国提出的仅在三八线以南地区进行选举的决议。

1948年5月10日，在"联合国临时委员团"与美军的监督下，三八线以南地区进行了单独选举，选出了制宪国会作为立法机关。支持李承晚的右翼势力占据了制宪国会的多数席位。5月31日，制宪国会举行第一次会议，选举李承晚为国会议长。翌日，制宪国会着手制定宪法。制宪国会采纳了李承晚主张的"国会单院制""总统中心制"和"总统间选制"的宪法草案。7月12日，制宪国会通过了韩国第一部宪法，并于7月17日公布实施。

（二）第一共和国时期

1948年7月20日，制宪国会举行总统选举，李承晚当选为首届韩国总统。8月15日，大韩民国政府宣告成立。李承晚从1948年7月至1960年4月连任韩国第一、二、三届总统，统治时间长达12年。这一阶段被称为第一共和国时期。李承晚担任总统期间，极力强化个人权威，实施独裁统治。为巩固手中的权力并扩大自己的势力，李承晚积极打击自己的政治对立面和对自己权力构成威胁的人。

李承晚在政治上争权夺利,实行个人独裁统治,而他领导的政府却腐败无能,使得韩国国民经济面临极大困难。李承晚的独裁统治以及选举中的种种丑行激起了极大民愤,最终导致群众起义即"4·19革命"的爆发。"4·19革命"波及了韩国主要城市,在群众的强烈反抗与社会舆论的强大压力下,李承晚不得不宣布辞去总统职务,结束了长达12年的独裁统治。

(三)第二共和国时期

李承晚政权倒台后,外交部长许政就任过渡政府首脑。没有了李承晚的阻挠,韩国国会于1960年6月以绝对多数通过了内阁责任制宪法修改案,并宣布李承晚政府组织的第四届总统选举无效。在之后举行的民议院与参议院的选举中,民主党大获全胜。8月民议院与参议院召开联合会议进行总统选举,民主党旧派议员尹潽善当选为第四届总统,民主党新派议员张勉当选为内阁责任制下的首届国务总理。第二共和国正式成立,这是韩国建国以来唯一的一次内阁责任制政府。

第二共和国成立之后,民主党内部以尹潽善为首的旧派和以张勉为首的新派之间斗争激烈,两派就组阁问题经过几次协商,最终也未达成协议。1960年10月,民主党旧派脱离民主党单独成立了新民党,民主党最终分裂。派系之争使得韩国政府无暇顾及李承晚倒台以后遗留下来的政治、经济和社会问题,本就不稳定的社会局面更加动荡。

(四)第三、第四共和国时期

1961年5月16日,陆军少将朴正熙与部下金钟泌以演习为名,率领部队发动军事政变,控制了国家权力。该事件被称为"5·16军事政变"。政变成功后,军人势力成立了最高权力机构"国家再建最高会议",朴正熙自任议长。"国家再建最高会议"宣布废除宪法、解散国会,将一切政党活动视为违法。1962年12月,"国家再建最高会议"制定了新的宪法。新宪法突出总统的权力,削弱了国会的地位。与此同时,朴正熙秘密指示中央情报部部长金钟泌筹建民主共和党(以下简称共和党),自己担任共和党总裁。1963年10月,朴正熙当选为韩国第五届总统,新一届政府成立,韩国进入第三共和国时期。

朴正熙执政期间,韩国经历了第三、第四共和国两个阶段。朴正熙在政治上实施严厉的极权统治,极力打压在野反对势力,走独裁统治的道路。

为巩固自己的统治基础,朴正熙不顾国内民众的反对,实现了与日本的邦交正常化,以获取日本的经济援助。同时又根据美国要求向越南派兵，支援美国的越战。通过参加越战，韩国获得了大量的经济实惠，为实现现代化与城市化注入了活力。由于在经济上取得了一定的成就，在1967年5月的第六届总统选举中，朴正熙成功竞选连任。

朴正熙为了实现第三次总统连任，不惜动用警察加以威胁并将在野党议员排除在外，在只有共和党议员参加的情况下使国会以记名投票的方式强行通过了"三选改宪"法案。"三选改宪"取消了对总统连任次数的限制，为朴正熙再次连任总统扫清了障碍。在1971年5月举行的第七届总统选举中，朴正熙通过宣扬自己的经济业绩、煽动地域情感和打击、威胁政治对立面的手段，击败了新民党候选人金大中，以微弱优势当选总统。之后，朴正熙继续打击自己的政治竞争对手。他以《反共法》等法律罗列罪名，迫使金大中出走国外。在第八届国会议员选举后，执政的共和党在国会中受到在野党的强力牵制。广大民众为政治权利和自由不断举行反政府的游行示威。1972年10月，朴正熙以国家安全为由，宣布国家进入紧急状态，并且解散国会，中止政党政治活动。接着又通过了新的宪法修改案，即所谓的"维新宪法"。按照新宪法的规定，韩国实施"维新体制"。该体制设立"统一主体国民会议"作为凌驾于国会之上的最高权力机关，并赋予总统以超越宪法的非常特权。1972年12月，朴正熙利用在野党的分裂，只身一人参加总统选举并当选为第8届总统，随之"维新体制"开始运作，韩国进入第四共和国时期。

1978年7月，在第二届"统一主体国民会议"的总统选举中，朴正熙再次以单独候选人的身份当选为第九届总统。其后，朴正熙指挥"统一主体国民会议"与"维新政友会"及共和党来推动其独裁统治的运营。

面对朴正熙的个人独裁，以金泳三和金大中为首的民主人士率领新民党并联合社会各界人士展开了激烈的反独裁、反维新体制的斗争。对此，朴正熙政府采取了强硬的镇压措施，对"两金"进行政治迫害。政府的强硬镇压激起了群众更加激烈的反抗。在金泳三的故乡庆尚道地区爆发了学生运动，并迅速发展成有市民参加的大众起义。

朴正熙的独裁行为不仅激起了普通国民的反对，也引起了其统治集团内部的不满。1979年10月26日，朴正熙被亲信、中央情报部部长金载圭枪杀，其长达18年之久的一人独裁统治也由此而告终。

朴正熙虽然在政治上实行独裁统治，但在经济上却取得了极大的成就，他在执政期间促成了韩国经济突飞猛进的发展。20世纪60年代，韩国经济一片萧条，几乎面临崩溃。为实现韩国的现代化，朴正熙政府制定了适合韩国国情的"工业立国"与"出口导向"的经济政策,同时注重提高政府效率,重用经济与科技专家,并且重视发展教育。朴正熙政府正确的经济政策和强有力的政府效率,使得国家经济飞快发展,韩国也跨入新兴工业化国家之列。

(五) 第五共和国时期

朴正熙被杀后,按照国家宪法程序,国务总理崔圭夏出任代总统,并在1979年12月6日大选胜出后正式接任第十届总统。崔圭夏就任总统后,实施政治解禁,释放政治犯,并表示在最短的时间内制定新宪法,组成新政府后立即移交政权。1979年12月12日,陆军保安司令全斗焕伙同卢泰愚等一部分军队势力利用政局混乱的机会发动军事政变,以军队内部的私人组织"一心会"[①] 势力为中心控制了军队。

1980年5月17日,掌握了军权的全斗焕又发动了"5·17军事政变",宣布全国戒严,中止国会活动,解散政党,禁止一切政治活动,并对政界人士进行清洗。5月18日,全斗焕动用军警镇压光州市民与学生的示威游行,大肆搜捕并屠杀示威群众,制造了著名的"光州事件"。8月16日,全斗焕胁迫崔圭夏下野;8月27日,又指使御用机构"统一主体国民会议"选举自己为第十一届总统。同年10月,全斗焕指示国会对宪法进行了修改。新宪法规定总统由选举人团进行间接选举产生,任期为7年。接着,全斗焕以军人为中心创建了民主正义党(以下简称民正党),自己任总裁。1981年2月全斗焕当选为韩国第十二届总统,第五共和国正式开始。

第五共和国时期,全斗焕基本上沿袭了朴正熙政府的政治经济路线。在政治上,全斗焕坚持民正党一党专政,打击、排斥异己力量。在经济上,全斗焕继承朴正熙"出口主导"的经济政策。他重用专业技术人员,使政府官员实行年轻化、知识化、专业化,提高了政府效率。

由于全斗焕在政治上采用与朴正熙相似的独裁统治与高压政策,为此在野党和民众反对独裁、要求民主的斗争非常激烈。金泳三与金大中成为其中的代表人物。在"两金"的率领下,在野政治势力联合成立了新韩民主党,旗帜鲜明地反对全斗焕的独裁统治,要求实施政治民主化。1986年5月,新韩民主党举行了要求"总统直选制改宪"的1000万人签名运动,

---

[①] 20世纪60—90年代韩国国军中以全斗焕等陆军士官学校的毕业生为代表的少壮派军人所建立的秘密军事集团。

第七章 政治

强烈要求当局进行宪法修改。从1987年6月10日开始,韩国主要道、市爆发了要求"修改宪法"和"全斗焕立即下台"的连日的抗议示威和集会,即"6月民主抗争"。面对全国的反对浪潮,全斗焕开始束手无策。为扭转局面,民正党代表卢泰愚发表了旨在实行民主化的"6·29宣言"。该宣言被誉为是结束独裁统治的民主化宣言,受到国民的好评。在全国的民主化浪潮中,全斗焕被迫辞去民正党总裁职务。9月2日,民正党与在野党达成协议。接着,朝野各党共同草拟了宪法修改案。10月27日,全民投票通过了新的宪法,这便是韩国的现行宪法。新宪法规定总统通过选民直接选举产生,任期5年,不得连任。至此,第五共和国宣告结束。

(六) 第六共和国时期

1987年10月27日,韩国宣布实施新的宪法,进入第六共和国①时期。第六共和国迄今为止历经了卢泰愚、金泳三、金大中、卢武铉、李明博、朴槿惠、文在寅、尹锡悦八个政府。

1. 卢泰愚政府

在1987年12月举行的总统选举中,民正党候选人卢泰愚以多数票当选为韩国第十三届总统,1988年2月卢泰愚就任总统。在1988年4月的第13届国会议员选举中,执政的民正党所得议席未过半数,韩国国会第一次出现所谓"朝小野大"的局面。1990年,卢泰愚率民正党与在野的民主党、共和党进行"三党合并",建立了新的执政党——民主自由党,改变了当时国会中"朝小野大"的被动局面。

卢泰愚在任期间,首先对过去第五共和国时期的非法事件进行处理,问责"光州事件"最高责任人全斗焕等人,并对全斗焕在第五共和国期间的贿赂问题进行了清查,逮捕全斗焕并判处徒刑(后又将其赦免)。

接着,卢泰愚着手进行全面的改革。在政治上,采取民主化措施;在经济建设上,进一步发展外向型经济,推进自由贸易化。同时,卢泰愚政府还积极发展与包括朝鲜在内的社会主义国家的贸易往来。在对外政策上,积极倡导和推进全方位的外交政策,在确保发展与美国、日本关系的同时,成功地推进对朝鲜的"北方外交"等,并取得了丰硕的外交成果。

---

① 1993年金泳三上台后,"第×共和国"的表达方式不再使用,而是改为"××政府"。如"文民政府""国民的政府""参与政府"等。2008年李明博上台后,最开始提出"实用政府",最后还是选择了"李明博政府"。此后韩国历届政府都以总统名字命名。因此,狭义上的"第六共和国"仅指卢泰愚政府。

· 233 ·

2. 金泳三政府

1992年12月，韩国举行第十四届总统选举，金泳三当选，从此韩国进入第六共和国第二届政府时期。

金泳三当选总统意味着韩国军人政治的彻底终结与"文民政治"的开始，因而金泳三政府被称为"文民政府"。1993年2月，金泳三上任伊始就提出"消除腐败、恢复经济、完善纲纪法规"的三大改革课题，接着便开始了大刀阔斧的变革，掀起了一场声势浩大的反腐倡廉运动。

首先，为推行清廉政治，发起了高级公务员财产公开运动。许多政界、军界高级官员因贪赃枉法、受贿或巨额财产来路不明等原因，或者引咎辞职，或者被判刑或撤职。为此，金泳三为建立清廉、高效的政府而进行了两次组阁。其次，开始整顿军队，掀起了广泛的肃军运动。一是剔除了军队内部的贪污腐败；二是为保持军队的政治中立，用职业军人替换了以国防部长为主的陆海空三军首脑，撤换了一大批高级将领。最后，果断实行金融实名制以纠正金融秩序，彻底清除金融非法活动，根除腐败现象。继而金泳三政府又推行土地实名制，以维持不动产价格的稳定，防止过度的土地兼并。

除此之外，金泳三政府还制订了"新经济百日计划"，提出降低利率、放宽政府对企业活动的限制、扩大对中小企业的扶持等方面的50条具体措施，以及制订"新经济五年计划"等，在经济领域大力推行改革。

由于受到执政党内部的干扰和抵制，金泳三的有些改革进行得并不彻底。尽管其一系列的改革没有完全达到预期的效果，但是却帮助韩国经济恢复了增长。在金泳三执政期间，韩国经济增长率由1992年的4.2%增长到1995年的9.3%。1996年10月，韩国加入联合国经济合作与发展组织，成为继日本之后第二个加入该组织的亚洲国家。

在金泳三任职末期，由于统治集团内部腐败，加上金融政策的失误以及受亚洲金融风暴的影响，韩国在1997年遭受金融危机的冲击，造成了经济上的倒退。

3. 金大中政府

1997年12月，新政治国民会议党候选人金大中当选为韩国第十五届总统。1998年2月，金大中正式就任。金大中政府的诞生不仅意味着韩国政权的新旧交替，也再次宣告了韩国长期军事独裁政权的结束和民主政治的开始。金大中政府被称为"国民政府"，是韩国政治史上第一个由执政党向在野党和平移交政权而产生的政府。

第七章　政治

金大中上任后，政治经济面临重重困难。在政治上，金大中所属的新政治国民会议党在国会中为少数党。在经济上，由于韩国发生金融危机，出口贸易急剧萎缩，股市大幅滑落，国民经济处于崩溃的边缘。

为克服金融危机，金大中首先发动民众共赴国难，掀起国民"献金运动"，同时又大刀阔斧地对韩国经济结构进行改革。金大中政府经过不懈努力，通过对金融、企业、公共部门和劳资四大领域的改革，到2001年8月使韩国从经济泥潭里挣脱出来，提前3年偿还了国际货币基金组织的全部借款，并完成了面向高科技型经济结构的转变。

在克服金融危机的同时，金大中政府还积极采取措施推动韩国企业的民营化，改善国民年薪制度，提高妇女地位，改善医疗保健体制，改革纳税体系，稳定房价等，并取得了卓越的成绩。

然而，金大中执政期间也有许多不足之处。譬如，金大中尽管以身作则反腐倡廉，但在强大的传统势力的围攻下，政府的高官因权钱交易不断锒铛入狱等。反腐不力和用人不当是金大中执政期间最大的失误。2003年2月，任职期满的金大中将政府顺利移交给新当选的第十六届总统卢武铉，"国民政府"由此落下帷幕。

4. 卢武铉政府

2003年2月开始执政的卢武铉政府被称为"参与政府"，即"全体国民共同参与国政运营的政府"之意。上任伊始，卢武铉就提出要坚持"原则与信誉""公正与透明""对话与协商""分权与自律"的四大施政方针，大力推进政治改革。

卢武铉一改历届政府主要任用主流人士的做法，抛弃以往政府保守、反共的理念，采用开明、合理、自主的用人政策，大胆起用年轻、富有创新精神的非主流人士。随着卢武铉政治改革的进行，集权制的壁垒迅速崩溃，国家各权力机构逐渐走向独立。卢武铉取消了私下的人事任命，并果断决定对自己的总统任职进行国民信任投票。同时卢武铉对检察厅、国家情报院、国税厅与警察厅的职能进行改组，从而使这些权力机构转变为服务机构。

卢武铉的改革一开始就受到在野党的牵制。2004年3月卢武铉因否决了由在野的大国家党提出的、国会表决通过的调查总统亲信非法行为的"特检法案"而遭到国会的弹劾，并被中止总统职务，从而成为韩国历史上第一位遭弹劾的总统。直至5月14日，韩国宪法法院进行判决，驳回了国会对卢武铉总统的弹劾案后，卢武铉才得以恢复总统职务。

卢武铉因被弹劾而暂时停职后，其声望反而直线上升。2004年4月中旬进行第十七届国会议员选举，支持卢武铉的开放国民党的议席猛增，并超过了国会半数议席。这样一来，韩国国会改变了过去"朝小野大"的格局，支持卢武铉的进步派开始掌控国会，从而结束了过去保守派一统天下的局面。

然而，开放国民党并未因国会选举的胜利而一帆风顺。开放国民党所属的几名国会议员当选者因违反选举法等被剥夺国会议员资格，在2005年5月的国会议员补缺选举中，开放国民党在6个选区的选举中全面败北，没有获得一个席位。而新获5个议员席位的大国家党在国会缩小了与开放国民党的差距。之后，开放国民党在韩国地方选举中遭受惨败。

卢武铉执政后期面临巨大的压力。首先，韩国经济上未收到显著的成效，失业率居高不下，贫富悬殊严重。其次，卢武铉的各种改革方案也未能完全实现，国民对此备感失望。最后，在对朝关系上，尽管卢武铉竭力推进"和平繁荣政策"①，但是由于受朝核问题等多种因素的影响，韩国对朝付出巨大，却收效甚微。同时，第一在野党大国家党却处于上升势头。特别是大国家党在地方选举中的获胜，其民意支持不断增高，为大国家党在2007年底总统选举中的胜出奠定了基础。

5. 李明博政府

2007年12月，大国家党候选人李明博当选第17届韩国总统，2008年2月正式宣誓就职。李明博执政后提出建立"世界的韩国""先进的韩国""和谐的韩国"与"高效的韩国"等口号，并提出了"747经济发展计划"，即韩国经济以每年至少7%的速度增长；再花10年左右时间，韩国人均年收入将达到4万美元，韩国将发展为世界第七大经济体（当时韩国经济世界排名为第十一位）。在对外关系上，李明博主张在巩固韩美同盟、发展韩日友好的同时，加强与中国和俄罗斯等国的合作。

李明博政府上台后，在2008年举行的第十八届国会选举中，执政党大国家党赢得国会议员总席位的过半数，扭转了上届国会中大国家党的被动局面，为李明博政府的政治运营奠定了良好基础。在2012年4月举行的第十九届国会选举中，尽管更名为新国家党的执政党赢得了过半数席位，但国会第一大在野党民主统合党的席位紧随其后，二者差距甚微，对执政党

---

① 卢武铉政府为实现朝鲜半岛的和平稳定与半岛南北的共同繁荣，进而为半岛的和平统一、建设东北亚经济中心国家奠定基础而提出的战略构想。

形成较大牵制。同时，执政党内部亲李明博的势力有所下降，而亲朴槿惠的势力不断上升，这对李明博政府后期的政治运营造成一定负面影响。

由于李明博在2008年全球金融和经济危机后处理得宜，与其他国家相比，韩国经济发展良好，不但主权信用评级升级，国际地位也因主办G20峰会与核安全峰会等国际会议而有所提高。不过李明博执政5年期间，韩国经济增长速度和世界经济排名并没有达到既定目标，韩国人均GDP离4万美金也相差甚远，平均生活水平并没有得到改善，这一点可视为"747经济发展计划"的失败。

6. 朴槿惠政府

2012年12月新国家党候选人朴槿惠当选韩国第十八届总统，2013年2月正式就任。

朴槿惠执政后，提出"经济振兴""国民幸福""文化兴盛""构筑和平统一的基础"的施政目标，旨在为国民开启充满希望的新时代。朴槿惠承诺在其任期内，通过促进创造型经济和经济民主化来重振韩国经济，改善社会福利和教育制度等，以开创"第二次汉江奇迹"。然而，朴槿惠振兴韩国经济的目标进行得并不顺利，加上三星、韩进、乐天、现代等大型企业连续出现问题而导致国内经济受到冲击，开创"第二次汉江奇迹"的目标难以实现。

在2016年4月举行的第二十届国会选举中，执政的新国家党不仅未赢得半数席位，而且其国会议席由原来的第一位沦落为第二位，在野的共同民主党上升为国会第一大党，国会内几个在野党所占席位之和远超新国家党所占议席，韩国政局再次进入"朝小野大"的局面，这对朴槿惠的政治运营形成很大牵制。另外，由于朴槿惠因政见不同在党内打压异己，引起党内"亲朴派"与"非朴派"的公开分裂，这又削弱了其执政基础。

之后，朴槿惠因缺乏与民沟通、经济政策失当、人事任免不当、亲信干涉国政等问题，国民支持率不断下滑。尤其因亲信"干政门"事件不断发酵，自2016年10月起韩国民众走上街头进行抗议并要求朴槿惠下台，在此背景下在野党要求对朴槿惠进行弹劾，执政党内部也加剧分裂，部分新国家党国会议员甚至也支持在野党要求弹劾朴槿惠的主张。2016年12月，国会通过对朴槿惠的弹劾议案，2017年3月，宪法法院通过了国会提交的总统弹劾决议，朴槿惠成为韩国第一位被弹劾下台的总统，并因多项罪名成立而被判入狱服刑。朴槿惠被弹劾下台，亲信"干政门"事件只是其导火索，朴槿惠政府的政策失误与韩国长期积累的政治、经济和社会弊端才是推动事态发展的根本动力。①

7. 文在寅政府

2017年5月，共同民主党候选人文在寅当选为韩国第十九届总统并宣誓就职。文在寅政府上台后提出了"国民的国家、正义的韩国"发展蓝图与"国民当家作主的政府""共同富裕的经济""为民生负责的政府""均衡发展的地区"等施政目标，着力并行推进经济改革与权力改革，以提振疲弱的韩国经济，改善民生，促进社会公正。

在经济与民生方面，文在寅政府在创造就业岗位、提高劳动者薪酬水平、降低医疗费用、促进财政减支增效、推行财阀改革、扶持中小企业等方面取得了一定成效。在权力改革方面，改革总统府幕僚体制，新设负责就业、经济、社会等民生方面的职能机构；为限制检方过大的司法权力，进行以调整检警侦查权为核心的司法改革，力推《检察厅法》和《刑事诉讼法》。同时，文在寅政府为革除积弊，顺应民意，惩治前任政府的重大腐败与违法行为，把前总统李明博和朴槿惠送至法庭审判。

2020年4月，韩国举行第21届国会选举，执政党共同民主党及其卫星政党大获全胜，占据了国会60%的议席，其执政地位得到强化，成为超级政党。国会的"朝大野小"格局为文在寅政府的后期施政奠定了良好的基础。由于文在寅坚持与民沟通、关心民生、扩大福利，全力以赴推进改革，因此赢得了国民的支持，其就任一年内的最高支持率创下了韩国历届总统施政满意度之最，任期内也一直保持了较高的国民支持率，人气领跑韩国历任总统。

文在寅的改革不可避免地触及利益集团的核心要害，激化政党内部斗争。一方面，2020年文在寅因任命丑闻缠身的法务部长曹国而被要求下台，随后也因党内不团结导致的混乱公开向国民致歉。2020年新冠疫情暴发后，韩国的经济发展受到影响，文在寅政府的防疫政策和经济民生措施饱受争议，经济受损问题也日益凸显，这使得文在寅政府的施政受到质疑。加之执政党前任首尔、釜山市长涉及性骚扰案，"公务员炒地事件"诱发选民对现政权不满，以及在野党国民力量党对执政党的强大政治攻势，在2021年4月举行的韩国地方议员和地方政府领导再选和补选中，执政党共同民主党遭受惨败。与此同时，执政党内部因选举失败直接导致党

---

① 刘荣荣、王付东：《韩国政局动荡的特点、动因及影响》，《现代国际关系》2017年第1期，第24—31页。

内矛盾扩大，党内文在寅阵营的话语权受到削弱，执政党内部权力面临分化风险。另一方面，选举获胜的在野党利用民意优势对文在寅政府推行的法案和政策进行牵制和阻挠，执政党的立法权和行政权实际受到削弱，加剧了文在寅的执政困局。临近任期届满，文在寅政府受到的内外掣肘明显加剧，执政党内部分歧加重，在野保守党的反攻也愈加激烈，上层政治风波频繁涌现，下层经济民生矛盾集中爆发，尾盘效应与跛鸭效应表现明显。

概括而言，文在寅政府在检方道歉及清算历史、铲除前任政府重大腐败、民主主义指数上升、加强高层公职人员财产透明性等方面得到了积极好评。为此，文在寅临近卸任，其民调支持率依然保持在45%，人气领跑韩国历任总统，但同时文在寅也留下房价暴涨、性别矛盾激化等诸多遗憾。

8. 尹锡悦政府

2022年3月，韩国举行第20届总统选举，共同民主党候选人李在明落败，国民力量党候选人尹锡悦以微弱优势当选总统。5月10日尹锡悦政府正式上台，提出了"再次飞跃的韩国、共同幸福的国民之国"发展蓝图与政治、经济、社会、未来发展、外交安保、地方发展等领域的六大国政目标及其实施路径。

但自尹锡悦政府上台以来，一方面国政混乱局面持续不断，朝野矛盾激化，政治对立加重。尤其是共同民主党党首李在明于2023年1月以犯罪嫌疑人的身份被检方传讯，最大在野党党首任内接受检方传讯在韩国尚属首次，因而再次引发朝野政治对立。且这种对立从政界延伸至民间，导致韩国民间情绪对立。同年7月，韩国全国民主劳动组合总联盟以"敦促尹锡悦政权下台"为口号，启动为期两周的大罢工，抗议尹锡悦"打压劳动者、破坏民生、民主与和平"。另一方面，为反对尹锡悦政府漠视日本核污染水排海的政策，以及要求尹锡悦彻底改组内阁，李在明于8月底开始长达24天的绝食，创造了韩国政治史上最长的绝食抗议纪录。9月21日，韩国国会同时表决通过了共同民主党发起的关于罢免总理韩德洙的议案，以及检方提出的对共同民主党代表李在明的同意拘留案，① 这导致韩国的朝野争斗更加白热化。

从尹锡悦政府近两年的施政来看，政绩寥寥无几，反对与抗议不断，朝野对立加剧，国内政治对立激化，支持率也不断下滑。除在应对高利率、高汇率、高物价的"三高"复合危机以及推进劳动、教育、养老金

---

① 同意拘留最大反对党党首，这在韩国国会史上属于首次。

"三大改革"方面得到正面评价外，其他方面均饱受争议与批评。

首先，人事任命引发争议与指责。2022年7月，尹锡悦任命总统办公室官员时，涉嫌"任人唯亲"，深陷舆论旋涡。2023年12月，为解决经济难题，尹锡悦对内阁进行改组，因更换与经济相关的几个部门的长官而备受指责。共同民主党对此次内阁改组提出了强烈批评，认为新任经济官员缺乏专业性，此举是"为了填补下届国会选举人员空缺而进行的匆忙改组"。

其次，经济政绩尤为糟糕。发展经济是尹锡悦政府国政课题的重要内容，然而尹锡悦执政期间，韩国经济发展速度放慢，出口贸易连续下降，以出口为"名片"的韩国经济正在面临严峻考验。据韩国产业通商资源部统计数据，截至2023年4月，韩国出口额连续7个月下跌，连续14个月出现贸易逆差，创下了近26年来的最长纪录。就业低迷和收入两极分化现象也逐步加深，韩国陷入经济社会"复合型危机"。

最后，外交安保政策导致国家利益受损。尹锡悦政府抛弃以往政府的"战略模糊"策略，在经济与外交安全领域紧跟美国，努力"改善对美、对日关系"的同时损害了与其他国家的关系。尹锡悦政府的"价值观外交"使韩国外交的务实性和均衡性大打折扣，备受国内批评，被认为是导致国家利益受损的迎合外交与屈辱外交。

在2024年4月举行的第二十二届国会议员选举中，共同民主党再次取得压倒性胜利，新一届国会将持续出现"朝小野大"的局面，朝野间的激烈对峙导致国内的政治动荡与分裂，尹锡悦政府施政将面临更大压力。

二、韩国的政治体制

韩国实行立法、行政、司法三权分立的民主共和体制。国会是立法机构，行使立法权；以总统为首的政府行使行政权；法院行使司法权。其中国家管理体制为总统中心制。

（一）立法机构

国会是韩国的立法机构。自1948年5月韩国制宪国会成立以来，韩国国会采取"单院制"，每4年一届。

韩国国会共有300名议员，由公民按照普遍、平等的原则以无记名投票方式直接选举产生。年满25岁以上的韩国公民拥有国会议员被选举权。国会议员任期4年。

韩国国会议员选举采用以小选区制为主、比例代表制为辅的选举制度。国会议员选区分为地域区和全国区两种。前者采用小选区制,将全国划分为若干个选区,每个选区选出一名国会议员,由选民直接投票产生;后者则在地域区议员选举结束后,由中央选举管理委员会依照各政党在地域区中的得票情况按比例进行分配。

韩国国会设议长1名、副议长2名,经国会议员无记名投票选举产生,得票数超过在职议员的半数方可当选。议长和副议长的任期为2年。议员当选议长时,从当选的第二天开始在作为议长的期间不能拥有党籍。

国会作为韩国的最高立法机关,拥有宪法修改的提议权与表决权,法律的制定权与修改权,条约的缔结权与批准权等立法权限;拥有预算案的审议、确定权,决算审议权、财政立法权等财政权限;拥有国政监察权、调查权,国家机关的形成权。国会行使上述权力时,不受行政机构的干预,同时国会对行政机构拥有监察权与调查权,对国务总理与监察院长等行政官员拥有任命批准权,以及有权对总统、国务总理、国务委员、行政各部部长进行弹劾。

(二)行政机构

韩国的行政机构由总统及其附属机构、总理、国务会议、政府各部以及各级地方政府构成。

1. 总统

除个别时期外,韩国政府的组织形式基本上是总统中心制。韩国总统的选举方式、任期及其权力的大小,有过多次变化。其中,只有首任总统李承晚执政的第一共和国时期实行了正副总统制,此后副总统被取消。韩国总统作为国家元首,对外代表国家,对内为政府首脑和武装部队军统帅。

韩国总统候选人必须年满40周岁。总统选举实施直接选举制度,在现任总统任期届满40~70日之前或总统位置出现空缺30天之内,经公民按照普遍、平等的原则以不记名投票的方式进行,最高得票者为当选者。韩国现行宪法规定,总统任期5年,不得连任。

韩国总统的地位和权力较为突出。在韩国现行宪法下,总统拥有国家元首和行政首脑的双重地位。作为国家元首,总统对外代表国家,维护国家和宪法,统和、调整国政,形成其他宪法机关。作为行政首脑,总统是行政机构的最高指挥和最高责任人,有权组织行政机构并担任国务会议的议长,有权自行任免国务总理以下的国家公务员,并经国会同意任命国务总理、司法机构首长。总统除了行政权之外,还拥有宪法修改提议权,以及将某一事项提交国民投票、在紧急情况下不经国会批准通过下达"总统令"对全国采取紧急措施等一系列的特权。此外,韩国总统有权同外国缔结条约或批准同外国缔结条约;有权宣战、讲和;有权任免本国外交使节和接受外国使节等,拥有较为广泛的权力。

2. 总理

除个别时期外,韩国的国务总理并非实质上的内阁领袖,而是作为政府第二号人物辅弼总统,无权提出独立的内政外交政策。国务总理由总统任命(经国会同意),其主要权限为:提请总统任免内阁各院、部、处首长;作为国务会议副议长审议属于政府权限之内的重要内政外交政策;直接指挥内阁各部,并对总统负责。

3. 国务会议

韩国的国务会议是政府审议重要政策的机构。国务会议通过对政府重大政策进行审议,向总统提出建议,最终由总统进行决策。通过审议并经总统决定后的政策,再由国务会议来实施。

国务会议由总统、国务总理和以政府部长为主的国务委员组成。总统任议长,国务总理任副议长。当总统因故无法履行其职责时,国务总理代理议长。国务会议表决的原则是少数服从多数。原则上只要有1/2的成员出席国务会议就可以进行讨论,只要有2/3以上的出席人员表示赞成,就可以形成决议。

4. 政府各部

根据韩国现行宪法,总统接受国务总理的建议任命国务委员为各行政部门的长官。在国务总理监督各行政部门长官的同时,各行政部门的长官要对总统负责。当前,韩国政府共设18个部、5处、18厅。

(三) 司法机构

韩国的司法机构由各级法院与宪法机构构成。

1. 法院体系

韩国宪法规定,司法权属于法院。但是负责调查犯罪行为、提起和维持公诉、指挥司法警察、监督法院执法情况的检察厅不列入司法机构之列。法院在行使司法权时遵循司法独立、公开审判的原则。韩国的民事、刑事诉讼采取三审制,行政诉讼采取二审制。韩国的法院按照级别分为大法院、高等法院、地方法院和分院四个等级。此外韩国还设有专利法院、家庭法院、行政法院和军事法院等特殊法院。

2. 宪法机构

韩国的宪法机构有宪法裁判所与中央选举管理委员会。

第七章 政治

宪法裁判所就是韩国的宪法法院，韩国宪法裁判所的前身为1973年3月成立的宪法委员会，1988年9月改称现名。宪法裁判所由9名具有法官资格的审判官组成。审判官任期6年，可依法取得连任，不得加入任何党派，不得参与政治活动。9名审判官中，分别由总统、国会和大法院院长各推荐3名，均由总统任命。宪法裁判所设所长1名，由总统从9名审判官中遴选，经国会同意后任命。

韩国的宪法裁判所主要负责经大法院提请对法律进行违宪审判；从宪法角度对国会提出的弹劾事项进行裁决；对政府提出的解散政党的诉讼进行判决；对国家机关之间、中央国家机关与地方政府之间以及地方政府相互之间的权限争议进行裁决；等等。

韩国的中央选举管理委员会成立于1963年1月，最初被划为司法机关，1973年宪法委员会成立后被列入宪法机构。中央选举管理委员会是负责管理选举与公民投票事务、处理政党事务的最高机关，下辖道（市）选举管理委员会、选区选举管理委员会、区（郡、市）选举管理委员会等各级选举管理委员会。

中央选举管理委员会由9名委员组成，其中3名由总统推荐，3名由国会提名，3名由大法院院长提名，均由总统任命。委员任期6年，在任期间不得加入任何党派和参与政治活动，除受弹劾或被判拘禁以上刑罚外不受罢免。

（四）政党

韩国是实行政党政治的国家，其政党类似于多党制国家的政党。韩国的政党大部分缺少成熟的政治理念和明确的政策，缺少统一持久的运营规则。因而作为政党政治的韩国政党，处于一个不太成熟的发展阶段。

当前，韩国的主要政党有共同民主党、国民力量、祖国革新党、进步党等。其中国民力量是当前韩国的执政党，于2020年2月由韩国保守阵营各大势力联合组建，最初名为未来统合党，2020年9月更名为国民力量，目前为韩国第二大党，在第二十二届国会中占有108个议席。共同民主党是韩国当前最大在野党，属于开放势力，目前在第22届国会中占有175个议席。

三、韩国政治体制的基本特征

韩国的政治体制主要具有两个基本特征。

第一，实施基于"三权分立"的总统中心制。从1948年制定的第一部宪法到目前的现行宪法，每当韩国的政府形态发生变化时，总统在宪法上的地位也随之变化。韩国现行宪法上的总统制与美国方式的典型总统制还有很大的差距，可以说是总统制的一种变形。韩国实行立法权、司法权和行政权三权分立，不管国会议员对总统信任与否，总统在任期间既是国家元首，又是行政首脑，这一点韩国基本上采用了总统制。但是与美国不同的是，与立法机构和司法机构相比，韩国总统不仅具有相对的优越性，还拥有紧急命令权、宪法修改提议权和将某一事项提交国民投票的权力等一系列的特权。在韩国现行宪法下，总统拥有国家元首和行政首脑的双重地位。作为国家元首，总统对外代表国家，维护国家和宪法，统和、调整国政，形成其他宪法机关；作为行政首脑，总统是行政机构的最高指挥和最高责任人，有权组织行政机构并担任国务会议的议长。

第二，独具特色的"选举政党"与"人缘政党"。纵观韩国建国70多年以来的政党，称之为"选举政党"与"人缘政党"恰如其分。民主政治是政党政治，政党是民主政治和议会政治中的核心主体。然而至今为止，韩国的政党很难说是真正意义上的政党。大部分的政党都未能在全国范围内常设地方组织，甚至没有严格意义上的党员。名义上说是有几十万甚至几百万的党员，而在选举时，常常是得票数要少于其党员人数。在韩国很少有党员定期缴纳党费的政党，一到选举季政党便发生离合聚散之变化，其结果常常是新的政党登场，而选举结束后又销声匿迹。从这个意义上说，韩国政党带有所谓的"选举政党"的特征。另外，韩国的政党大部分是以少数代表人物为中心云集其追随势力，带有以"人缘主义"为中心的派别政党的性质。在韩国政治中，政党实际上大都是建立在大众名义上的、以少数人物为中心的名士政党。与志同道合的人们为实现反映国民舆论的政策这一高层次的目标而形成的公共组织相比，韩国政党似乎更像是依照人情与人缘关系结成的、以人物为中心的私人组织。因此，以人物和人缘关系为中心的政党体制便成为韩国政党的特征，即韩国政党又带有"人缘政党"的特点。[1]

第三节　俄罗斯政治

苏联解体之后，俄罗斯开始全面的社会转型，政治制度发生根本性的

---

[1] 张文江编著：《韩国的政治和外交》，北京大学出版社2009年版，第290页。

变化，进行了由过去高度集权的政治模式转向三权分立的西方民主政治模式的巨大变革。在经历充满尖锐矛盾和斗争的政治转轨之后，目前俄罗斯初步确立了政治体制的基本框架，形成了具有俄罗斯特色的西方民主政治模式。

一、俄罗斯政治的发展演变

1986年，戈尔巴乔夫在苏联全面推行政治经济改革，取消苏共一党制，推行三权分立的宪政制度，此举引发了剧烈的社会动荡，摧毁了苏联在社会主义意识形态基础上形成的政治、经济等制度，导致社会失控。1990年起，苏联各个加盟共和国相继独立，1991年8月苏联共产党解散，12月25日戈尔巴乔夫宣布辞去总统职务，将国家权力移交给叶利钦。12月26日，苏联最高苏维埃共和国院举行最后一次会议，宣布苏联停止存在。至此，苏联解体，俄罗斯联邦成为完全独立的国家。1992年4月，俄罗斯第六次人民代表大会决定将国名改为"俄罗斯"。1993年12月，经过全民投票通过了俄罗斯独立后的第一部宪法，该宪法对俄罗斯已经实行的资本主义制度予以确认，确立了联邦国家体制，规定国家名称为"俄罗斯联邦"，与"俄罗斯"意义相同。

（一）叶利钦时期

1993年，俄罗斯联邦宪法确立了以总统集权为核心的三权分立的国家权力体制，学者们称之为"总统集权制"。宪法赋予总统在行政、立法、司法、军事和外交等方面广泛而又巨大的权力。叶利钦执政时期，俄罗斯虽然建立起了民主政治的基本框架，但因总统拥有非常大的权力，俄罗斯政界与社会对总统集权纷纷不满，多次要求修改宪法，限制总统权力，但均无果而终。由于总统凌驾于议会、政府和法院之上，同时总统行使权力又缺少监督和制约，这便影响到了三权分立政治架构的平衡与稳定。

另外，宪法对权力机关权责划分不清，造成权力机关之间职能重叠或不负责任，对政治行为缺少规制和必要的约束。比如宪法规定总统应向国家杜马提出总理候选人，总理向国家杜马辞职，议会有权监督政府并确认总统对总理的任命，但总理和政府却对总统负责，由总统任命。这种权力架构为政治冲突提供了制度前提，围绕权力的争夺，各种政治力量之间展开了激烈的争斗。而俄罗斯经济状况的持续恶化，经济转轨的不顺和社会转型所伴随的混乱状态，加剧了制度冲突，激化了政治力量的对抗。

叶利钦执政时期，俄罗斯虽然打破了以高度集权为主要特征的政治经济体制,建立起民主政治和市场经济的基本制度,但新的体制机制运行效率低下,政治动荡,经济效益不高,腐败蔓延,寡头干政,社会两极分化。与此同时,俄罗斯政治斗争不断,街头政治盛行,民族分离、分裂活动猖獗。① 特别是由于权力不受限制,总统叶利钦往往依据个人好恶任免人事,频繁更换总理,从而出现政权危机,并诱发社会危机,局势动荡不止。② 叶利钦执政后期,国家经济混乱,联邦主体分裂趋向严重,地方对抗中央,联邦政府指挥不了联邦主体的行政领导人,难以控制国家经济命脉,国家处于失控的状态。③

(二) 普京时期④

2000年普京上台后,在继承叶利钦时期基本政治框架的同时,针对体制弊端采取了强有力的整治措施,加强了以总统制为核心的政治体制架构,并逐步形成了以国家创新发展战略为导向的发展道路。

首先,普京采取了强化中央政权、巩固和完善联邦制的一系列举措,着力加强中央的权力与对地方的调控能力。1999年(普京时任总理)至2000年6月,对严重威胁联邦统一的车臣非法武装力量进行第二次打击,将其基本剿灭,维护了国家统一。2000年5月,普京下令将全国划分为7个联邦区,由总统任命并委派联邦区全权代表分别主管或监督联邦主体,保证中央政策在地方的贯彻实施。与此同时,普京在全国范围内整顿立法,要求各联邦主体的地方法律不得与宪法和中央法律相抵触。通过上述措施,中央在全国重新建立了垂直的权力体系,加强了中央的权威,使俄罗斯的国家体制开始向中央适度集权方向发展。

其次,整合政党并规范选举,提高对议会的掌控力度。2004年12月,修订了《政党法》,通过提高政党最低人数标准,淘汰那些没有政治基础和明确政治纲领,缺乏意识形态支持,纯粹为选举而选举的小党,从而把政党竞争束缚在政治意识形态和政治基础的竞争层面上,促进了政党的成

---

① 王立新:《论俄罗斯转型时期的十个重大调整》,《人民论坛·学术前沿》2013年第10期,第54—61页。
② 刘廷忠主编:《当代世界经济政治与国际关系》(第3版),高等教育出版社2015年版,第223页。
③ 巴殿君主编:《东北亚各国政治制度比较》,社会科学文献出版社2015年版,第57页。
④ 含梅德韦杰夫担任总统、普京担任总理时的"梅普组合"执政时期(2008—2012年)。

熟发展。2005年4月，又修订了《国家杜马选举法》，规定杜马议席全部按照比例制原则从各党派中选举产生，禁止政党建立选举联盟，对政党候选人名单作出具体的规定等，进一步提高了政党在国家政治生活中的地位和作用，堵塞了某些个人的政治投机或影响政权的渠道，防止了政党与投机者的幕后交易，有利于国家杜马选举趋向规范和有序；同时对中小政党进入国家杜马进行了限制并有利于大党的发展壮大，借此加大了对国家杜马的掌控。

最后，在社会与国家关系上，普京强调在建立强大社会的同时，首先要建立强大国家，强化国家的权威，增强国家控制能力，实行可控民主，加强政府对非政府组织的影响，并强化对舆论媒体的引导控制。

2008—2012年"梅普组合"执政时期，梅德韦杰夫曾多次呼吁进行政治体制改革，均未收到很好的效果，最终只将总统和国家杜马议员的任期由4年分别延长至6年和5年。

2012年，普京再次当选总统，开始了第三任期。为稳定国内局势，普京实施了一系列的政治改革。首先，加强总统垂直领导，保证总统意志的下达和贯彻。如强化总统办公厅的行政权力，增设近20个总统直接管辖的委员会等。其次，加强对政治和社会组织的管理，如出台行政违法法典、集会修正案、非营利组织法修正案、网络黑名单法及叛国罪修正案等。最后，针对中产阶级提出的政治和社会走向宽松与民主的要求，普京着力进行政治改革。一是重新修订《政党法》，简化政党注册手续，激发了社会对政治的参与热情。二是修改选举法，从2016年起恢复国家杜马的"混合选举制"，以增强议员的地区代表性，放宽政党参加选举的条件，降低总统候选人门槛等。三是对联邦制度进行改革，恢复州长直选制等让地方进行有限直选。普京的政治改革在一定程度上增强了政治活力。另外，还加强反腐败斗争，如出台相关法规，禁止政府官员在海外拥有财产、银行账号和有价证券，对受贿行为处以严罚等。

整体上看，在普京的第三任期内，俄罗斯政治形势保持基本稳定态势。特别是2014年克里米亚事件发生后，俄罗斯为此受到西方阵营的强烈反对和制裁后，国内激起了一致对外的浪潮，普京的支持率大幅飙升。在2016年9月的国家杜马选举中，统一俄罗斯党一扫上届议会选举的阴影，共获得343个议席，超过议会总席位的2/3，这为普京的后期执政奠定了良好的基础。与政治稳定不同，普京第三任期内，俄罗斯的经济增长不及预期。2015年1月，俄罗斯政府颁布了反危机计划，采取了一些保障经济稳步发展和社会稳定的措施，取得一些局部成效，但总体上未能改变经济窘境。

2018年俄罗斯进行第七届总统选举，普京以76.69%的得票率再次当选，开启了第四任期。普京当选后提名梅德韦杰夫出任总理并获得国家杜马批准，内阁成员大多是旧部亲信，这为普京执政奠定了良好基础。为确保普京长期执政，从制度上为"强总统模式"的政治运营提供保障，2020年俄罗斯对宪法进行了修订，其中的焦点之一是将前面的总统任期"清零"，赋予了现任总统再次参加2024年总统选举的资格。特别是与2008年、2014年两次修宪相比，本次修宪不是对宪法某一环节进行修改，而是对国家基本制度及其运行机制的全面调整，包括政治、民族、文化、社会、外交等各领域的体制机制、法律法规安排。因此，从某种意义上讲，经2020年修订后的俄罗斯现行宪法具有鲜明的"普京特色"。普京的治理举措最终以法律形式固化在俄罗斯宪法中，形成了一整套紧密相连、相互协调的国家制度。总统权力的高度集中统一、联邦运行机制的事实单一、国家安全的统筹协调，三者形成一个有机整体，相辅相成，形成了普京特色国家治理体系的自洽统一。①

2021年，俄罗斯举行第八届国家杜马选举，普京所在的统一俄罗斯党赢得324席，保持了宪法绝对多数席位。本次国家杜马选举是2024年前俄罗斯人事调整的重要一步，确保了统一俄罗斯党的主导地位，并在选举后确定了与执政当局紧密配合的国家杜马主席、各议会党团领导人等人选。通过2020年修宪与2021年国家杜马选举，俄罗斯从制度和人事两个层面确保了"普京道路"的持续。2024年3月，普京以87.28%的得票率当选俄罗斯联邦第八届总统，开启第五个任期。"普京主义"下的国家治理得以持续，这将有利于俄罗斯的政治稳定与发展。

总之，普京执政时期实施的改革举措有效解决了转型以来俄罗斯新制度运行不畅、效率低下的问题，比较成功地扭转了政治动荡、国力下降、社会不满的不利局面，初步实现了俄罗斯的振兴。

二、俄罗斯的政治体制

依据1993年12月生效的《俄罗斯联邦宪法》，俄罗斯是共和制的联

---

① 庞大鹏：《新一届国家杜马选举折射俄罗斯政治基本特点》，《世界知识》2021年第21期，第47—49页。

邦民主制国家，国家权力的实施以资本主义国家的三权分立为基础，立法、行政、司法机构相互独立，各司其职，相互制约。俄罗斯同时又是总统制国家，国家权力由联邦总统、联邦会议、联邦政府和法院行使。俄罗斯联邦实施并保障地方自治，各联邦主体按照联邦宪法或法律在其权限范围内行使权力。

（一）立法机构

根据俄罗斯宪法，俄罗斯联邦会议是俄罗斯联邦的代表与立法机关，又称俄罗斯联邦议会。采用两院制，上议院称为联邦委员会，下议院称为国家杜马。俄罗斯宪法规定，联邦委员会与国家杜马权能不同，分开议事；只有在听取总统咨文、俄罗斯联邦法院咨文、外国领导人演讲时才举行统一活动。联邦委员会和国家杜马按照其议事规则，有权举行非公开会议。两院还可组成审计院，对联邦预算情况实施监督。

1. 联邦委员会

联邦委员会是俄罗斯联邦会议的上议院。第一届联邦委员会于1993年12月由全民投票选举产生，任期2年。之后联邦委员会议员由联邦主体各派2名代表组成（各联邦主体的权力代表机关和权力执行机关各派1人），联邦委员会每届任期4年。1995年俄罗斯通过的《联邦委员会组成法》规定，每个联邦主体派驻联邦委员会的议员为当地的立法和行政长官。由于各地的立法和行政长官选举期限各不相同，联邦委员会的议员轮换期也不同。普京执政以后，俄罗斯对一些联邦主体进行合并，对联邦委员会的组成程序和法律进行了调整，每个联邦主体的2名联邦委员会议员的产生办法改变为：当地行政长官任命1名，任期与其本人任期相同；当地立法机构选举产生1名，任期与该立法机构任期相同。① 2009年2月，俄罗斯通过《联邦委员会组成法修正案》，规定有权当选或被任命为联邦委员会议员的人员必须是当地联邦主体议会或市级代表机关的议员，该修正案于2011年1月1日生效。2020年俄罗斯修订《俄罗斯联邦宪法》，根据该宪法第95条的规定，联邦委员会议员必须年满30周岁、长期居住在俄罗斯、没有外国国籍或居留证或在外国领土的永久居留权的俄罗斯联邦公民。联邦委员会议员的构成：第一，每个俄罗斯联邦主体各派2名代表成为联邦委员会议员，联邦主体立法机关和执行权力机关各1名，其任期同相应机

---

① 个别实行议会两院制的联邦主体，由上、下两院轮流推选代表出任本联邦主体的联邦委员会议员，任期为相应上议院或下议院任期的一半时间。

关任期；第二，因任期届满或提前辞职而终止行使职权的俄罗斯联邦总统可以为终身议员（本人有权拒绝）；第三，俄罗斯联邦总统可以直接任命不超过30名的联邦委员会议员，其中最多可以有7人为终身议员。联邦委员会议员总人数根据上述情况来确定，联邦委员会议员任期为6年，终身议员除外。

联邦委员会设主席1名、副主席若干名，主席与副主席由联邦委员会全体议员选举产生，他们负责主持联邦委员会的会议、管理内部事务。联邦委员会下设若干个专门委员会，对所管辖的问题进行议事活动。

联邦委员会具有以下几个方面的权限与职能。首先，联邦委员会拥有立法权。联邦委员会有权对国家杜马提交的法案进行审议，若审议通过，则提交俄罗斯联邦总统签署并颁布。同时，联邦委员会对国家杜马提交的法案拥有否决权。经国家杜马和联邦委员会通过的非宪法性法案，提交总统后，总统可以签署并颁布该法案，也可以进行否决。如果受到总统的否决，则由联邦委员会和国家杜马根据宪法规定的有关程序对该非宪法性法案进行重新审议，若分别获得两院的通过，则总统应当在规定期限内签署并颁布。此时总统也可以在规定期限内要求联邦宪法法院审查该法案的合宪性，根据联邦宪法法院确认该法案合宪与否，总统在规定期限内给以签署，或者将其退回国家杜马，不予签署。对于经两院通过后提交给总统的宪法性法案，总统应当予以签署并颁布。如果总统在规定期限内要求联邦宪法法院审查该法案的合宪性，根据联邦宪法法院确认该法案合宪与否，总统在规定期限内予以签署，或者将其退回不予签署。

其次，联邦委员会拥有处理一些重大国家事务的权力，如批准俄罗斯联邦主体间边界的改变，批准俄罗斯总统关于实行战争状态的命令，批准俄罗斯总统关于实行军管和紧急状态的命令，决定是否在俄罗斯境外动用俄罗斯武装力量，确定总统选举的日期以及作出弹劾总统的决定等。

最后，联邦委员会还拥有重要国家机构的人事任免权。根据总统的推荐，联邦委员会任命联邦宪法法院、联邦最高法院和联邦最高仲裁法院的法官，任免俄罗斯总检察长，任免国家审计署副署长及审计署半数官员等。此外，联邦委员会和国家杜马有权行使议会监督，包括向国家机关和地方自治机关负责人对其所管辖的事项提出议会质询。实施议会监督的程序由联邦法律和联邦会议两院议事规则规定。

2. 国家杜马

国家杜马是俄罗斯联邦的下议院，由450名议员组成。依照俄罗斯宪法规定，年满 21 周岁、长期居住在俄罗斯、没有外国国籍或居留证或在外国领土的永久居留权的俄罗斯联邦公民方能参加杜马议员的选举，一人不能同时担任俄罗斯联邦参议员和国家杜马议员。首届国家杜马于 1993 年 12 月由全民投票选举产生，任期 2 年。此后国家杜马议员任期改为 4 年。2008 年俄罗斯修改宪法，将国家杜马的任期由 4 年延长为 5 年。

俄罗斯分别于 1995 年、1999 年和 2003 年举行了国家杜马换届选举，450 个议席中的一半由选民经单一选区选举产生，另一半采用比例代表制选举产生，由得票率超过 5% 的党派或选举联盟按照比例进行分配。上述三届国家杜马议员任期为 4 年。2005 年 4 月，俄罗斯修订了《国家杜马选举法》，规定杜马议席全部按照比例制原则从各党派中选举产生，并且将政党进入国家杜马的最低得票率由原来的 5% 提高至 7%。2007 年举行的第五届国家杜马选举采用了新制度，450 个议席全部改为政党比例制。2011 年，俄罗斯举行了第六届国家杜马选举，按照 2008 年宪法修正案，自此国家杜马议员任期为 5 年。2014 年 2 月，对《国家杜马代表选举法》进行了修改，以后的国家杜马选举将采取 2007 年之前的混合选举制度，同时将进入议会的得票率门槛从 7% 降为 5%，在选举资格上有所放松，为更多小党参选和最终进入杜马提供了可能性。2016 年 9 月，俄罗斯举行第七届国家杜马选举，普京领导的统一俄罗斯党获得 343 个议席，遥遥领先于其他俄罗斯政党。2021 年 9 月，俄罗斯举行第八届国家杜马选举，统一俄罗斯党赢得 324 席，继续保持宪法绝对多数席位，也奠定了普京 2024 年前国家治理和 2024 年俄罗斯总统大选排兵布阵的政治基础，在一定程度上确保了俄罗斯的国家安全与稳定。

俄罗斯国家杜马主要具有如下权限和职能。首先，国家杜马拥有立法权。国家杜马通过的法案，要经过联邦委员会的审议，由总统签署并颁布。联邦委员会和总统有权对国家杜马通过的法案加以否决，届时国家杜马对经否决的法案进行复议并表决通过后，再次提交联邦委员会复审，若联邦委员会批准通过，则总统应当对其进行签署并颁布。如果此时总统在规定期限内要求联邦宪法法院审查该法案的合宪性，根据联邦宪法法院确认该法案合宪与否，总统在规定期限内给以签署，或者将其退回国家杜马，不予签署。其次，国家杜马还拥有国家重要机构的人事任免权，如同意俄罗斯联邦总统对联邦政府总理的任命，任免俄罗斯联邦中央银行行长，任免国家审计署署长及审计署半数官员，任免按联邦宪法法律行事的人权全权代表。最后，国家杜马还拥有对行政机构的监督权，如决定对联邦政府的信任问题，提议弹劾俄罗斯联邦总统①等。此外，国家杜马还可以宣布大赦等，拥有宪法所赋予的其他权限。

（二）行政机构

俄罗斯联邦行政机构主要由联邦总统以及由联邦总统组建的联邦政府组成。俄罗斯联邦政府由联邦政府总理、联邦政府副总理和各联邦部长组成。

1. 联邦总统

俄罗斯联邦总统是俄罗斯国家元首、联邦政府行政首脑与俄罗斯联邦武装部队的最高统帅以及国家安全委员会的主席。与美国等总统制国家相比，俄罗斯联邦总统的地位凌驾于立法机构、行政机构、司法机构之上，在俄罗斯联邦政治舞台上占有突出的地位。

依照《俄罗斯联邦宪法》，俄罗斯联邦总统由俄罗斯联邦公民按照普遍、平等的原则，以无记名投票方式直接选举产生，凡是年满35周岁、在俄罗斯联邦定居10年以上的俄罗斯联邦公民都可以竞选联邦总统。1993年生效的《俄罗斯联邦宪法》规定总统任期为4年；2008年对宪法进行部分修改，将总统任期改为6年。2020年俄罗斯修改宪法，将前面的总统任期"清零"并赋予了现任总统再次参加2024年总统选举的资格，规定总统连任最多不能超过2届。

按照《俄罗斯联邦宪法》的规定，俄罗斯联邦总统拥有极为广泛的权力。

首先，俄罗斯总统拥有监督宪法实施的权力。总统有权采取措施保障国家权力机关间的协调一致，解决联邦国家权力机关和联邦主体权力机关之间的纠纷；有权废除或中止与联邦宪法、联邦法律、联邦总统令相抵触的联邦政府的决议和命令；有权就联邦法律以及联邦委员会、国家杜马、联邦政府制定的文件是否符合联邦宪法而提出询问；有权决定举行全民公决等。

其次，俄罗斯总统拥有立法权。总统有权向国家杜马提出法律草案；有权签署、批准并公布国家杜马通过的法律；有权对国家杜马和联邦委员会通过的法律进行否决，要求国家杜马和联邦委员会对相关法律进行重新

---

① 按照现行《俄罗斯联邦宪法》规定，国家杜马若三次否决总统提名的总理候选人，或三次否决总理提名的副总理、部长候选人名单，或3个月内两次通过对政府的不信任议案，总统就有权解散国家杜马。

审议。同时，总统还有权根据自己的决定并可以不经议会通过而直接颁布法令，有权决定国内外政策的基本方针，等等。

最后，俄罗斯总统拥有行政权。总统拥有对联邦政府总理的提名与任命权（须经国家杜马批准），有权作出联邦政府辞职的决定，有权提名与任命联邦部长（须经国家杜马批准）等。同时，总统还拥有俄罗斯联邦的外交权、军事权以及与联邦政府活动相关的行政权力。

此外，俄罗斯总统拥有司法方面的权限。总统有权提名俄罗斯联邦宪法法院、俄罗斯联邦最高法院及俄联邦最高仲裁法院的法官和俄罗斯联邦总检察长，有权提名俄罗斯联邦中央银行行长，有权提议解除俄罗斯联邦总检察长、俄罗斯联邦中央银行行长的职务，有权任命俄罗斯联邦宪法法院、俄罗斯联邦最高法院及俄联邦最高仲裁法院以外的其他联邦法院的法官，等等。

另外，俄罗斯总统还拥有特赦权；有权确定国家杜马选举，有权召集国家杜马会议，有权解散国家杜马等，拥有宪法赋予的其他权力。鉴于俄罗斯总统拥有如上所述的"超级权力"，有学者将其称为"超级总统制"。①

2. 联邦政府

根据《俄罗斯联邦宪法》的规定，俄罗斯联邦政府是国家权力的最高执行机关，拥有俄罗斯联邦的行政权，该行政权在总统的全面领导下行使。政府总理由总统任命（经国家杜马批准）②，总理主持联邦政府日常工作，而总统却是事实上的政府行政首脑。总理主持下的联邦政府对议会负责并向总统报告工作。

俄罗斯联邦政府由总理、副总理和政府各部部长组成。政府成员不得兼任国家杜马代表，不得在国家、社会机关及组织内担任其他职务，不得从事企业经营活动及其他有偿工作（教学、科研等工作除外）。总统有权主持政府成员会议，会议决议由多数票通过。政府主席团是政府的常设机关，由总理、第一副总理、副总理、财政部长、经济部长、外交部长、国防部长、内务部长等组成。主席团决议以多数票通过，不得与政府成员会议的决定相抵触。

---

① 巴殿君主编：《东北亚各国政治制度比较》，社会科学文献出版社2015年版，第63页。

② 俄罗斯总统在任命总理时，国家杜马拥有否决权。在国家杜马三次否决总统提名的总理候选人资格后，总统仍然可以任命总理，并且可以解散国家杜马。

总统有权解散政府，政府也可以向总统提出辞职，若总统不接受政府辞职，则政府将继续工作。国家杜马可以对政府提出不信任问题。如果国家杜马在3个月内两次对政府提出不信任，则总统要么解散政府，要么就解散国家杜马而重新进行国家杜马选举。

俄罗斯联邦政府拥有如下职权：政府制定并向国家杜马提出联邦预算，保证联邦预算的执行；保证在俄罗斯联邦实行统一的财政、金融和货币等政策；在科技、文化、教育、卫生等各个领域实行统一的国家政策；管理俄罗斯联邦财产；采取保障国家防御、国家安全的措施，贯彻俄罗斯联邦对外政策；实施保障法制、公民权利与自由、保护公民财产和社会秩序以及打击犯罪等措施；履行俄罗斯宪法、法律以及总统赋予的其他职权，等等。

（三）司法机构

俄罗斯联邦的司法机构主要有联邦宪法法院、联邦最高法院、联邦最高仲裁法院及联邦总检察院。按照俄罗斯宪法，俄罗斯境内的审判权由法院行使，对现行法律的执行情况由检察院独立检察。

联邦宪法法院对联邦委员会和国家杜马的法律与决定，联邦总统的命令，其他联邦机构的文件，各共和国的宪法，联邦主体的法律、章程和其他法规，联邦内部条约和国际条约等是否符合联邦宪法，以及社会团体的成立和活动是否符合宪法的案件作出裁决。联邦宪法法院还对俄罗斯联邦国家权力机关之间、联邦国家权力机关和联邦主体国家权力机关之间以及联邦各主体国家机关之间的权限纠纷作出裁决。此外，宪法法院就其管辖范围内的事项具有立法动议权。

联邦最高法院是民事、刑事、行政和其他案件的最高司法机关。根据联邦法律规定的诉讼程序对法院的活动实行司法监督，并对审判实践问题作出解释。联邦最高法院就其管辖范围内的事项具有立法动议权。

联邦最高仲裁法院是对经济纠纷和仲裁法院审理的其他案件进行裁决的最高司法机关。根据联邦法律规定的诉讼程序对仲裁法院的活动实行司法监督，并对审判实践问题作出解释。

联邦总检察院对犯罪案件侦查的合法性进行监督，为维护国家利益、公民的权利和自由而向法院提起诉讼，就国家机关、地方自治机关和公职人员的违法行为向法院提出异议。检察院系统实行集中统一领导体制。联邦委员会根据总统提名任命联邦宪法法院、联邦最高法院和联邦最高仲裁法院法官以及联邦总检察长。

俄罗斯司法机关的工作独立进行，不受国家机关、行政单位、政党团体及公职人员的干涉。俄罗斯普通法院系统实行三审制，对民事、刑事、行政案件等进行审理和判决。俄罗斯联邦法院是普通法院体系中的最高机关，上级法院对下级法院有司法监督权。其中，军事法院不是独立法院，而隶属于联邦司法体系。各级法院法官实行职务终身制。

（四）政党

俄罗斯是多党制国家。俄罗斯的多党制由苏联时期的一党制发展而来。自1993年俄罗斯联邦独立以来，每年都有许多代表不同政治倾向的政党出现在俄罗斯政治舞台上，政党之间的整合也纷繁复杂。普京执政之前，尽管俄罗斯政党发展十分迅速，但缺乏统一的制度规范，处于混乱无序状态。普京执政以来，对政党制度进行了一系列改革，使俄罗斯政党逐步走向规范化与法治化的轨道。2001年7月，《俄罗斯联邦政党法》开始实施，该法律提高了政党的标准，规定了政党的定义。2004年12月，俄罗斯颁布了新的政党法，进一步提高了政党的门槛。2012年4月，俄罗斯对政党法进行修改，放宽了政党登记条件。

俄罗斯各类政党经过整合，初步形成了左、中、右三派政党组成的多党制格局。目前，活跃在俄罗斯政坛的主要政党有统一俄罗斯党（中间派）、俄罗斯共产党（左派）、俄罗斯自由民主党（右派）、"公正俄罗斯－爱国者－为了真理"党（左派）、新人党（中间偏右派）等。其中，统一俄罗斯党是支持普京的政治力量，是俄罗斯最大的政党。在2021年选举产生的第八届国家杜马（共450议席）中，统一俄罗斯党占据324席，遥遥领先于其他政党。俄罗斯联邦共产党占57席，位居第二；"公正俄罗斯－爱国者－为了真理"党占27席，位居第三；俄罗斯自由民主党赢得21席，位居第四；新人党获13个席位，位居第五。

随着俄罗斯社会转型期各种矛盾分化与演变，各党派之间的力量对比发生了重大变化，中间派政党逐渐壮大，右派政党力量下降，左派政党受到削弱。俄罗斯政党初步呈现出多党并存、一党主宰政坛、在野党继续分化与组合的格局。[①]

三、俄罗斯政治体制的主要特点

苏联解体之后，俄罗斯进行了复杂而深刻的变革。历经叶利钦时期、

---

① 苏淑民：《俄罗斯政治经济与外交》，知识产权出版社2013年版，第210页。

普京时期（含"梅普组合"执政时期）的政治发展与改革，俄罗斯逐步形成了具有自身特色的政治体制。概括来看，俄罗斯政治体制具有如下主要几个特点。

第一，超级总统制。如前所述，俄罗斯总统是国家权力的核心。在俄罗斯，行政、立法、司法三权大致分立、互不统属的同时，总统又能对三权都施加极大影响，地位凌驾于立法机构、行政机构、司法机构之上。总统作为一个独立的权力主体，通过会议咨询机构、办事机构和政党系统等方式，对行政、立法、司法三个权力支系实现领导与控制。有学者将俄罗斯的这种政治体制称为"总统—三权"二元结构。[1] 俄罗斯总统集内政、外交、立法、行政、司法、军事大权于一身，并且可以解散议会和政府，拥有人事任免权、赦免权等至高无上的广泛权力。为此，俄罗斯这种总统集权下的三权分立体制又被称为"超级总统制"或"总统集权制"。在超级总统制下，俄罗斯的议会和政府弱小无力。议会的权力被其他权力机构分割，上下两院相互牵制，使得议会拥有的实际权力被削弱。而俄罗斯政府则受到总统和议会的双重牵制，其权力范围受到限制，这样就使得俄罗斯呈现出强总统、软议会、弱政府的特点。[2]

第二，有限的联邦制。与美国式联邦制相比，俄罗斯的联邦制表现出一些单一制的特点。一方面，俄罗斯联邦由几十个联邦主体组成，宪法规定所有联邦主体地位平等，并且拥有地方自治权。然而，联邦主体的权力正在遭受着联邦中央特别是联邦总统权力的限制。尤其在普京执政以后，俄罗斯采取了一系列加强中央权力、削弱地方权力的措施，使得俄罗斯联邦逐渐向单一制的中央集权方向转化。另一方面，联邦主体的权力机关总体上以行政权为主导，三权分立和权力制衡在地区一级实际上非常微弱。此外，联邦中央与联邦主体及联邦主体相互之间关系复杂，宪法虽然规定联邦主体在相互关系方面一律平等，但实际上还是在自治权利上存在很大差别，民族自治单位尤其是共和国拥有的自治权力要大大超过行政区域单位权力。

第三，带有"政权党"特色的多党制。俄罗斯实行多党制的政党制

---

[1] 费海汀：《俄罗斯的政治结构及发展趋势——2020年宪法修改前后的比较》，《俄罗斯研究》2020年第4期，第61—88页。

[2] 刘廷忠编著：《当代世界经济政治与国际关系》（第3版），高等教育出版社2015年版，第227页。

度，俄罗斯政党经过 30 多年整合与发展，目前形成了左、中、右三派政党组成的多党制格局。然而，在超级总统制的影响下，作为政党活动的平台——联邦议会的实际权力相当有限。议会的这种政治地位直接影响了政党的政治地位。同时，这也使得政治人士想获得政治地位无须有政党归属的支撑，获得权力后也无须与政党合作。这样一来，在俄罗斯并未形成真正意义上的执政党，而是形成了颇具特色的政权党。需要指出的是，俄罗斯的政权党并非真正意义上的执政党。执政党通过选举上台来组织政府，控制国家机器。而俄罗斯的情况却与此不同：参选总统不一定由政党推举，有时甚至可能以独立身份参选，议会多数党也没有组阁权。在俄罗斯，政权党的终极目标是要在行政官员们的权力不被分散的情况下，为其提供一定程度的立法支持。如果说执政党是"先政党后政权"，那么政权党则是"先政权后政党"。政权党的权力不源于政党自身，而是源于党外的总统。政权党没有党的自主性，并不能实际掌控政权，是克里姆林宫维护政权的一种途径。对于当前执政的统一俄罗斯党而言，是克里姆林宫选择了统一俄罗斯党，而非统一俄罗斯党选择了克里姆林宫。[①]

苏联解体之后，俄罗斯开始全面的社会转型，政治制度发生根本性变化，实行了从过去高度集权的政治模式转向三权分立的西方民主政治模式的巨大变革。在经历充满尖锐矛盾和斗争的政治转轨之后，目前俄罗斯初步确立了政治体制的基本框架，形成了具有俄罗斯特色的西方民主政治模式。

第四节　蒙古国政治

二战结束后，蒙古国一直处于苏联卫星国的地位，在政治体制上采用苏联模式，实行蒙古人民革命党一党执政。1989 年开始的苏联与东欧剧变，其影响迅速波及蒙古国。从此蒙古国开始放弃以往信奉的马列主义和原来的社会主义道路，转向以西方价值观为指导的社会发展道路和政治、经济管理模式。1990 年 3 月，蒙古人民革命党宣布在国家政治生活中实行多党制，将以蒙古人民革命党为核心的政治体制转变为以国家为核心的政治体制。1992 年 2 月，蒙古国颁布新宪法，将国名由"蒙古人民共和国"

[①] 朱积慧、杨康书源：《俄罗斯的复合型政党体制与政治韧性》，《俄罗斯研究》2022 年第 5 期，第 170—200 页。

改为"蒙古国",宣布生产资料私有化以及从计划经济向市场经济过渡,并规定蒙古国的政体是设有总统的一院议会制共和国,实行三权分立,同时使用新的国徽和国旗。

一、蒙古国政治的发展演变

1992年6月,蒙古国进行首届国家大呼拉尔选举,执政的人民革命党以绝对优势获胜。1993年6月蒙古国举行总统选举,在野党联合推荐的候选人奥其尔巴特再次当选为总统。

1996年6月,蒙古国举行第二届国家大呼拉尔选举。受党派内部分裂、改革措施不力造成经济下滑以及社会秩序混乱、人民生活水平下降等因素的影响,执政的人民革命党在本次选举中遭到惨败,只获得25个席位,而由民族民主党、绿党和宗教徒民主党组成的"民主联盟"获得国家大呼拉尔中的50个席位,得以上台执政。[①]"民主联盟"一举结束了蒙古人民革命党执政75年的历史。

"民主联盟"执政后,主张以"休克疗法"推行改革,并在意识形态方面主张全面的"西化"。"民主联盟"政权采取的削弱政府机构权限、实行石油产品价格自由化、提高公共设置利用费等一系列激进改革措施,造成物价急剧上涨等经济秩序混乱,引起民众的不满。在1997年5月进行的总统选举中,人民革命党候选人巴嘎班迪获胜当选。

"民主联盟"在其4年的执政任期之内,出现三任政府。政府的频繁更替、政局的动荡不稳、执政党的内部矛盾、朝野之间的争斗,尤其是总统与执政党之间的矛盾等,致使国家经济秩序紊乱,国民经济迅速跌入低谷。

2000年7月,人民革命党在第三届国家大呼拉尔选举中获得多数席位,重新夺回执政权,并统揽总统、大呼拉尔主席、总理三个职位,占据和主导了蒙古国的政治舞台。蒙古人民革命党统揽总统、立法、政府三权,便于其施政纲领得以有力的贯彻实施,有利于恢复和稳定政治、经济秩序以及建立新的社会秩序。新政府调整了治国战略,强调立足本国国情,不照搬外国的东西,强调传统文化与现代文化的衔接,遏制激进,并确立了多支点外交政策。这一时期,总统巴嘎班迪与总理恩赫巴亚尔密切合作,化解了人民革命党内部矛盾,保持了人民革命党的施政能力,并充

---

① 按照1992年宪法规定,大呼拉尔共设76个议席。

分利用蒙古国社会对"全盘西化"的反思，共同采取了一系列有效措施，使社会的各个方面尤其是国民经济在较短的时间里得到明显的回升。蒙古人民革命党通过统揽总统、立法、政府三权，历史性地完成了蒙古国的政治转型，标志着蒙古国进入新型政治文化的成长阶段，迈向了现代意义的"二元政治"的历史时期。①

2004年6月，蒙古国举行第四届国家大呼拉尔选举，人民革命党获36席，民主党获34席，另有2个不确定席位。人民革命党领袖恩赫巴亚尔当选为大呼拉尔主席，民主党领袖乌云当选为大呼拉尔副主席，民主党的额勒贝格道尔吉被任命为总理。此次大选，人民革命党与民主党势均力敌，致使两党互不相让，最后以等同的比例组建了联合政府。2004年9月，国家大呼拉尔通过了新一届政府内阁成员，由于人民革命党与民主党难分轩轾，只好决定两党轮流执政，两年对换。在头两年，由人民革命党代表出任总统，民主党代表出任总理；后两年反之。大呼拉尔主席一职也同样两年轮替，但部长级官员不实行轮换制度，两党平均分配13个部长、办公厅主任等职务。该届联合政府是不同价值观的政党出于不得已而达成妥协的结果，两党的联合是两个相互对峙的利益集团出于无奈而被迫进行的联合。这种联合内部难免存在对立性。首先是13个部门之间的矛盾很容易由于党派的利益而产生相互推诿与指责的现象，其次是蒙古国社会所面临的困难积重难返，解决起来绝非易事。党派矛盾与社会矛盾重叠交织在一起，对领导人治国理政形成巨大挑战。②

2005年5月，蒙古国举行总统大选，人民革命党主席、前总理恩赫巴亚尔当选总统，来自民主党的额勒贝格道尔吉继续担任总理。2006年1月11日，来自人民革命党的10位内阁成员以联合政府工作不力为由宣布辞职。蒙古国内阁共有18名成员，根据蒙古国法律，政府半数以上阁员同时辞职等同于政府集体辞职。蒙古国家大呼拉尔全体会议在经过长时间讨论后于13日深夜通过了政府提交的辞呈，联合政府由此宣告下台。2007年12月，蒙古三政党组建新一届政府，自2006年初以来的政府危机暂时告一段落。

---

① 娜日斯：《蒙古国政治转型与新政府的走向》，《东北亚论坛》2005年第5期，第29页。

② 娜日斯：《蒙古国政治转型与新政府的走向》，《东北亚论坛》2005年第5期，第29页。

2008年，蒙古国进行国家大呼拉尔选举，反对党因为对选举方式产生不满而举行大规模抗议行动，抗议者焚烧了人民革命党中央党部大楼，引发蒙古国有史以来最大的骚乱。最终选举结果是人民革命党获得了76个议席中的42席，战胜了获得27席的民主党，赢得了此次议会选举的胜利和政府的单独组建权。2009年5月，蒙古国举行总统选举，民主党总统候选人额勒贝格道尔吉获胜，10月人民革命党提名巴特巴勒德取代因健康原因辞职的巴亚尔出任政府总理，蒙古国进入由民主党与人民革命党分别执掌总统与总理职务的一段时期。2010年11月，蒙古人民革命党改名为蒙古人民党。

2012年6月，蒙古国进行新一届国家大呼拉尔选举，民主党获得多数席位而进行组阁。2013年6月，蒙古国进行总统选举，民主党总统候选人额勒贝格道尔吉获胜连任。在接下来的民主党执政期间，蒙古国经济低迷、外债剧增、党派内斗加剧。在2016年6月举行的新一轮国家大呼拉尔选举中，人民党以压倒性优势赢得议会76个议席中的65个席位，获得组阁权。至此蒙古国继续维持民主党与人民党两党既竞争又合作，分别执掌总统与总理职务的政治局面。人民党在组阁过程中并没有兑现其建立"专业政府"的竞选纲领，不是任命专业人士担任各部门领导，而是从党派利益和派系妥协的角度出发任命政府官员，并且在执政的1年时间里，丑闻不断，为此引发民众的不满。为避免国家出现信用危机，人民党政府在接受国际货币基金组织援助时，又接受其提出的增加税收、降低福利、延迟退休年龄等救助条件，这进一步引发了民众的不满，为此人民党的支持率不断下滑。

2017年7月，蒙古国举行第7次总统选举，民主党候选人巴特图勒嘎当选为新一届总统，蒙古国继续保持议会与政府由人民党控制、总统由民主党人担任的两党相争势态。民主党继2016年全国和地方议会选举接连失利后赢得总统选举胜利，政治影响力有所回升，与人民党的政治博弈也开始加剧。而人民党则借助议会绝对优势，加快限制总统权力的修宪步伐。

2019年11月，蒙古国修改宪法并于2020年5月颁布施行。本次修宪在限制总统权力的同时加强了总理权力。按照新修订的宪法，总统的权力被限定在法律框架之内，总统任期6年，不得连任，2021年进行总统大选，现任总统不得参加此次选举；总理与政府成员共同行使绝大部分行政权力，总理由议会中的多数党产生，大呼拉尔不再任命和罢免政府成员，政府成员由总理根据大呼拉尔和总统推荐自行任命和罢免,总理和不超过 4 名的政府成员可以同时担任议员等。① 与此同时,新宪法提升了政党参政门槛,将成立政党所需人数下限从 2005 年政党法规定的 801 人提高到不低于蒙古国选民人数的 1%。②

2020 年 6 月,蒙古国举行第八届大呼拉尔选举,人民党赢得 76 个席位中的 62 席,获得再次执政的权利,呼日勒苏赫继续担任总理。7 月总理呼日勒苏赫正式组建新政府,该政府成为蒙古国新修订的宪法生效后首个由总理直接任命的政府。

2021 年 6 月,蒙古国进行总统选举,这是 2020 年 5 月宪法修正案生效后首次举行的总统选举。人民党候选人呼日勒苏赫以 67.76% 的得票率当选为新一届总统,呼日勒苏赫也成为 1993 年以来得票率最高的总统。此后,人民党完成了对总统、议会和政府的完全掌控。人民党"一党执政"的政治格局减少了党派争斗,可以使总统、大呼拉尔主席和总理相互协调一致,有利于政治运作的顺利进行。

呼日勒苏赫就任总统后,注重与国家大呼拉尔主席和政府总理保持良好互动,提出"团结合作,公平正义,蒙古资源蒙古国做主,继续奉行多支点外交政策"等执政理念,以遏制腐败、重振经济为目标,着手对国内外政策作出调整。一是顺应国民的期盼,创造安全稳定的政治社会环境。二是采取系列措施,加速经济的回暖复苏。三是积极推进灵活多元化外交,与相关国家保持良好互动关系。概括而言,呼日勒苏赫的执政理念反映了蒙古国当前和未来可持续发展的方向,并且在实践中有所收获。但是,受新冠疫情和俄乌冲突等多种因素的影响,蒙古国经济发展面临新的挑战,民生领域也出现了不确定因素,这给呼日勒苏赫及人民党带来了很大的执政考验。③

2024 年 6 月,蒙古国举行新一届国家大呼拉尔选举,来自 19 个政党和 2 个联盟的 1299 名候选人以及 42 名独立候选人角逐 126 个席位。根据总选举委员会最终计票结果,执政党蒙古人民党赢得 68 个席位,继续成为

---

① 王浩、王雅丽:《蒙古国修宪、选举与新政府组建》,《世界知识》2020 年第 15 期,第 36—37 页。

② 王浩:《蒙古国议会选举,能否如期举行》,《世界知识》2020 年第 12 期,第 30—31 页。

③ 照日格图、范丽君:《呼日勒苏赫在蒙古国的一年执政》,《世界知识》2022 年第 13 期,第 29—31 页。

国家大呼拉尔第一大党。主要反对党民主党获得42个席位，其他两个政党和一个联盟共获得16个席位。人民党总书记阿玛尔巴伊斯格楞当选为国家大呼拉尔新任主席。

二、蒙古国的政治体制

蒙古国实行设有总统的议会制，政治体制实行三权分立。议会（即国家大呼拉尔）是蒙古国的最高权力机关和立法机构，政府是国家最高行政机构，最高法院是最高司法机构，总统是国家元首和武装力量总司令。

（一）立法机构

国家大呼拉尔是蒙古国的立法机构与最高权力机关，行使立法权。国家大呼拉尔实行一院制，2024年之前的国家大呼拉尔由76名委员组成。2024年5月蒙古国大呼拉尔对宪法部分内容进行修改，对议会选举人数、选举方式进行了调整，主要调整内容为"国家大呼拉尔设置126名议员，采用混合制选举，其中78名议员代表公众，48名议员代表个人"。

国家大呼拉尔成员由蒙古国公民以无记名投票的方式直接或间接选出，任期4年。年满25岁、有选举权的蒙古公民可当选为国家大呼拉尔委员。国家大呼拉尔设有主席1人、副主席4人，由大呼拉尔选举产生。本届国家大呼拉尔于2024年6月产生，共126个席位，议席分布为：人民党68席，民主党42席，其他党派16席。

国家大呼拉尔通过全体会议、常设委员会（以下简称常设委）、临时委员会和小组委员会、议会党团及其他组织结构形式行使权力。国家大呼拉尔工作的基本组织形式是会议。会议由国家大呼拉尔全体会议、常设委单独或联席会议、议会党团会议组成。国家大呼拉尔全体会议必须由全体议员的多数参会才视为有效。常设委员会是国家大呼拉尔工作的组织形式。常设委共同任务是确定国家大呼拉尔全体会议所讨论的问题，预先讨论并作出结论，同时在主管问题范畴内执行国家大呼拉尔的监督。各常设委由17~21名委员组成，国家大呼拉尔委员可同时被选入2个常设委中工作。

根据蒙古国宪法规定，国家大呼拉尔可提议讨论国家内外政策的所有问题并行使下列特殊职权：批准、增补、修改法律；阐明国家内外政策的基本方针；决定并宣布总统、国家大呼拉尔及其委员的选举日期；决定和变更国家大呼拉尔常设委员会；认定总统的当选，颁布确认总统职权的法律；罢免总统；监督并对总统权力行使形成制约；获得国家大呼拉尔多数席位的政党或政党联盟提名总理；决定国家安全委员会的组成及权限；决定赦免；制定国家的财政、信贷、税收、金融政策，阐明国家经济、社会发展的基本方针，批准政府施政纲领、国家预算及其执行结果的报告等。

（二）行政机构

1. 总统

蒙古国总统是国家元首和武装力量总司令，兼任国家安全委员会主席，由国民直接选举产生。2019年宪法修订之前，总统任期为4年，只可连任2届，年满45岁的蒙古国公民均拥有参选资格。2019年修订的蒙古国宪法（2020年颁布实施）规定，年满50周岁、在蒙古国连续居住5年以上的蒙古国籍公民具有参选总统资格，总统任期为6年，不得连任、不得重复参选。总统不得兼任总理、国家大呼拉尔委员、政府成员以及与其法定职责无关的其他公职。总统行使下列基本职权：对国家大呼拉尔通过的法律和其他决议的全部或部分条款予以否决（经国家大呼拉尔讨论，如有2/3的与会委员未接受总统否决，则该法律、决议仍旧有效）；对政府提出指导方针（总统如果发布命令，总理签字后生效）；对外交往中全权代表国家，同国家大呼拉尔磋商后代表国家缔结国际条约；统帅国家武装力量等。蒙古国不设副总统，总统如被罢免、自愿卸任、逝世，由国家大呼拉尔主席代行职权，直至新当选总统宣誓就职为止。

2. 政府

政府是蒙古国最高行政机关，由总理和政府成员构成。总理领导政府，总理和政府成员均由国家大呼拉尔任命，政府向国家大呼拉尔报告工作。蒙古国政府每4年为一届，其主要职责有：在全国组织落实宪法和其他法律的实施；制定并向国家大呼拉尔呈报经济、科技、社会发展的方针政策；执行国家大呼拉尔的决议；领导经济、社会、文化机构；领导中央行政机关，指导地方行政机关的工作；巩固国防力量，保障国家安全；维护人权，加强社会治安，打击犯罪；贯彻落实国家的对外政策；合理利用资源，保护环境；等等。

（三）司法机构

根据蒙古国宪法规定，法院行使司法权。法院分为最高法院，省、首都法院，县、县际、区法院三级。最高法院是最高审判机关，由首席大法官和16名法官组成。首席大法官经国家最高法院从其法官中提名，由总统任命，任期6年。最高法院法官经司法总委员会向国家大呼拉尔推荐。最高法院行使下列职权：依法分级受理的刑事案件、法律纠纷，由基层法院审理；依据越级控告和监督规则，对下级法院的裁决予以审查；审理由宪法法庭、国家总检察院移交的关于维护法律及法律规定的人权与自由问题；对除宪法外其他法律规定的正确运用作出正式解释；裁决依法授权的其他问题；等等。国家最高法院的裁决为最终裁决，所有法院、其他有关各方必须执行。国家最高法院的裁决如与法律抵触，由最高法院自身予以废止。

蒙古国的检察机构由国家检察署和各级地方检察署构成。国家总检察长、副总检察长任期6年，均由总统与国家大呼拉尔进行磋商后任命。

（四）政党

蒙古国实行多党制。截至2023年底，蒙古国共有36个政党。其中，主要政党为蒙古人民党和蒙古民主党。

蒙古人民党于1921年3月成立，原称蒙古人民党，1925年3月改称蒙古人民革命党，1997年2月该党召开的22大确定党的性质为"民族民主主义性质的中左翼政党"，理论基础为"民主社会主义思想"。2007年10月，该党召开25大，通过党章修正案，决定保留党章中"党主席兼任总理"的规定。2010年11月召开26大，恢复党名为蒙古人民党，但前党主席恩赫巴亚尔表示反对，并于2011年在蒙古国最高法院注册政党"蒙古人民革命党"，恩赫巴亚尔当选为党主席。2021年4月，蒙古人民党与蒙古人民革命党正式签署两党合并的协议，蒙古人民革命党正式并入蒙古人民党。1992—2024年，在蒙古国举行的9次国家议会选举中，蒙古人民党（蒙古人民革命党）获得6次选举胜利，是蒙古国议会选举获胜最多的政党。蒙古人民党重视政府的作用，反对完全依靠自由市场而摒弃国家调控。

蒙古民主党于2000年12月由蒙古民族民主党、社会民主党、民主复兴党和宗教民主党合并而成。蒙古民主党以重视人的发展、人的权利和自由，视个人能力大小承担相应的社会责任等作为党的宗旨。该党的目标是：巩固蒙古国政治独立；建立合理、强大的经济体制；建立开放的社会；建立良政；将社会发展与国际社会进步密切接轨。该党每4年召开一次会议全国代表大会。国家政策委员会（相当于中央委员会）负责日常工作。

三、蒙古国政治体制的基本特点

随着冷战结束，蒙古国的政治体制也进入转型期。在这一过程中，蒙古国政治体制表现出两个基本特点。

第一，改"一党制"为"多党制"，形成政党间既竞争又合作的政治局面。民主改革前，蒙古人民共和国奉行一党制，人民革命党是唯一合法的政党，由它全权管理国家事务。1990年，蒙古国颁布《蒙古人民共和国政党法》给予各在野党合法地位，多党政治成为蒙古国新的政治结构。自蒙古国实行多党制，引进竞争性选举，议会选举中获得多数席位的政党组建政府后，各政党间既竞争又合作，先后出现人民革命党、民主党单独执政，人民党与民主党联合执政，人民党、民主党和"正义"联盟联合执政的多种执政模式。2009年，总统选举和总理提名制后，基本形成民主党与人民党两党既竞争又合作、分别执掌总统与总理职务的政治局面。[1] 回顾蒙古国多党政治30年的实践，其政党政治正在走向不断完善。蒙古人民党与民主党两大政党虽然存在竞争，但一方执政时，均未利用权力优势限制在野党的活动而谋求构建一党独大的政治体制。特别是在国家大呼拉尔占多数席位的政党与总统均来自同一政党的情况下，也未曾出现这种局面。由此可见，蒙古国的政治精英在维护宪政体制及其相关原则上，已形成广泛共识。[2]

第二，实行带有半总统制特征的议会制。在蒙古国，国家大呼拉尔作为国家最高权力机关，拥有立法权，可以讨论国内外政策的所有问题，监督并对总统权力行使形成制约；获得国家大呼拉尔多数席位的政党或联盟提名总理，总理领导政府，政府是国家最高行政机关，政府向国家大呼拉尔报告工作。从这一方面来看，蒙古国的政治体制属于议会制。但另一方面，在蒙古国议会制中，总统拥有实权，且与议会存在权力相互制衡的制度设计。总统不仅是国家元首和武装力量最高统帅，也在一定程度上拥有影响议会和政府制定政策的权力。例如，总统对国家大呼拉尔通过的法律或决议拥有有限否决权（如有2/3国家大呼拉尔委员未接受总统否决，则法律或决议仍有效），并可在其职权范围内依据法律颁布命令。尽管蒙古国分别于1999年和2019年对宪法进行修订，削弱了总统在总理和政府内阁成员任命方面的干预权，但蒙古国总统仍不同于传统议会制国家的总

---

[1] 魏力苏：《试析蒙古国政治经济转型的原因、特点及结果》，《科学·经济·社会》2015年第1期，第83—86页。

[2] 李超：《蒙古国政治制度的转型及困境》，《东北亚学刊》2021年第1期，第132—144页。

统，其在蒙古国政治权力结构中仍为重要的一极。首先，蒙古国总统由民众直选产生，在社会上具有一定号召力。其次，总统保留了对国家大呼拉尔的有限否决权及提出法案的权力，同时可依据法律颁布命令，并拥有对强力部门负责人的提名权，还兼任国家安全委员会主席等。蒙古国政治制度的这一设计是追求一种国家权力运转的平衡，对国家权力的滥用具有制约作用。[1]

---

[1] 李超：《蒙古国政治制度的转型及困境》，《东北亚学刊》2021 年第 1 期，第 132—144 页。

第八章

经　　济

第一节　东北亚国家的经济概况

一、日本

日本目前是世界第三大经济体，也是重要而成熟的消费大市场。日本第三产业比较发达，加工贸易兴盛，制造业实力较强。特别是工业技术居于世界前列，是其他发达国家和发展中国家的典范。其中汽车、电子、造船以及钢铁等产业在二战之后有很大的成长，拥有多家世界级企业。据统计，2023年日本实际国内生产总值（以下简称GDP）约559万亿日元，同比增长1.9%，连续32年为全球最大债权国。截至2024年3月末，日本外汇储备为12906亿美元。[1]

（一）主要产业

1. 农业

人多地少、精耕细作是日本农业的典型特征。为保护本国农民，日本对内进行农业补贴，对外采取贸易保护。

日本只有12%的土地是可耕地。为弥补这一不足，日本使用系统化耕作充分利用零碎地，这使得日本保有世界最高的精密农业成果，其单位土地产量居世界第一，只用5.6万平方千米（1400万英亩）农地就达到粮食自给率50%。

一直以来，为确保粮食安全和保护农民利益，日本政府采取了税制、补贴和控制农产品进口等多重措施。在税收方面，日本政府取消与农业相关的大部分税赋，并对从事农业生产的企业和个人在土地继承、所得税、赠与税等方面给予优惠；在补贴方面，日本政府每年用于农业建设和价格补贴的各种资金高达4万亿~5万亿日元，基本上相当于该国的农业产值。

---

[1] 《日本国家概况》，中华人民共和国外交部网站，2024年4月，https://www.mfa.gov.cn/web/gjhdq_676201/gj_676203/yz_676205/1206_676836/1206x0_676838/。

在农产品中，大米补贴最多。因为大米是日本唯一自给有余的农产品，也是最重要的粮食作物，政府为此采用高价收购、低价销售的政策进行价格保护。此外，日本政府每年还要调整大米收购和销售限价，以保证大米收购价涨幅高于其他农产品。

在此前《跨太平洋伙伴关系协定》（以下简称 TPP）的多轮谈判中，日本采取高关税和技术壁垒措施限制外国农产品进口，引起其他国家不满。以大米为例，日本农林水产省在 2005 年世界贸易组织（以下简称 WTO）谈判时，大米的关税率达到 778%，此外还配有严格的配额限制。

近年来，日本农产品关税有所下降，但非关税壁垒日益突出，苛刻的技术指标成为保护农业的主要手段。例如，日本对农产品农药和化肥残留实施的标准，要比国际标准高出许多，让很多外国农产品难以进入日本市场。

2. 渔业

日本是世界第二大渔业国，但从 1973 年能源危机后，深海鱼在日本不再受欢迎，浅海鱼占日本渔业总量的 50%，养殖鱼则占 33% 以上。最受欢迎的海产品包括沙丁鱼、金枪鱼、螃蟹、牡蛎、秋刀鱼、鲔鱼和日本鲕鱼等。日本至今依然有世界最大的渔船船队和全球 15% 的渔获量占有率。但是也有争论说日本超大规模的渔业耗尽了海洋渔获量，远洋捕鲸业更是遭受动物保护组织和人士的抗议。2023 年 8 月，日本福岛第一核电站启动核污染水排海，这一决策导致周边国家和地区全面暂停或严格限制进口日本海产品，海产品价格全面暴跌，给日本渔业带来严重困境。

3. 服务业

服务业在日本产业结构中的地位极为重要，占了全国 3/4 的经济产值。银行、保险、房产中介、零售（百货）、客运、通信等行业十分发达。三菱、瑞穗、日本电报电话公司、东京电力、野村证券、三菱地产、新东京海上产物、日本铁路公司、全日本航空运输株式会社等公司处于该领域的全球龙头地位。近年来，日本一直有 200 家左右企业名列"福布斯全球企业 2000 强"，位列全球第三，在亚洲地区仅次于中国。在可见的未来，服务业仍将是日本规模最大的产业，并为国民提供最多的工作机会。

4. 制造业

日本工业主要以集中于几个工业区的方式发展，例如关东地区和东海地区，东京和福冈之间也有一个狭长形的工业地带。日本拥有亚洲最悠久的工业史，许多产业高度发展，包含消费性电子、汽车、半导体、光纤、光电、多媒体、影印机、高级食品等。同时，也有一些产业受限于资源条件和国际环境而在日本不受重视或没有发展条件，例如卫星、火箭、大型飞机等，因为这些领域需要大量矿产基础，同时也具有军事敏感性，所以日本宇宙航空研究开发机构只能采取与别国合作的方式完成载人登月行动。但是这些产业的配套行业，例如计算机辅助制造（CAD/CAM）、软件数据库等，日本都已经具备。总体而言，"日本制造"的高品质深植人心，但是这些消费性科技品也因为生产成本太高而出现大量外移的现象，日本亦不打算发展高价的大型航空宇宙产业，因此制造业前景令人担忧。

5. 其他产业

除上述产业外，资讯产业、媒体（娱乐）产业、超细微技术产业·纳米产业、医药产业、遗传基因·生物产业等也是日本经济的重要组成部分。

（二）能源矿藏

日本属于火山活动多发地域，所以地下矿物资源种类十分丰富。因此在二战之前，矿业比较发达。但到了二战后，对自然生态环境的保护以及从业人员的安全对策造成生产成本大幅增加，导致了行业衰退。

日本的原油和铁矿石生产极少，地下资源比较匮乏。不过水泥原料石灰石、玻璃和一些建筑材料的原料如硅石等储藏丰富，被大量开采。另外，日本过去曾大量生产金、银、铜和煤炭，在16—17世纪曾是世界主要黄金产地。虽然现在仍有大量煤炭矿藏，但质量较低，没有开采。一些金、银的富矿也因开采成本高而开采甚少。日本海沿岸出产极少量的石油与天然气。在房总半岛有天然气的开采。在日本近海发现了大量的金、银、石油、可燃冰矿藏，但是因为成本考量尚没有开采计划。日本的木材资源同样丰富。因气候温暖湿润，降水多，且水土保持良好，因此日本拥有大量高质量的软水，生产出的饮料品质很高。

由于日本90%以上的资源依赖进口，尤其是石油完全依靠进口，因而日本政府积极开发核能等新能源，截至2011年2月，拥有54个核电机组，总发电装机容量为4946 7万千瓦，位居世界第三位。2011年3月，福岛核电站核泄漏事故发生后，福岛第一核电站的4座核反应堆宣布废炉，日本所有核电站全部停运。截至2024年4月，已重启关西、九州、四国等3家电力公司运营的6个核电站，共计10个机组核反应堆。①

---

① 《日本国家概况》，中华人民共和国外交部网站，2024年4月，https：//www.mfa.gov.cn/web/gjhdq_676201/gj_676203/yz_676205/1206_676836/1206x0_676838/。

(三) 贸易

从二战后到 20 世纪 70 年代，日本经济处于追赶欧美发达国家的阶段，贸易立国战略是其取得成功的重要经验之一。20 世纪 70 年代中期以后，日本逐步形成了"科技立国"的新战略，一方面对钢铁、有色金属、造船、石油化学、纤维和造纸等消耗能源较多的产业进行设备更新和产品换代；另一方面将电子、能源、生命科学、新材料、宇宙和海洋开发等作为重点扶持的产业，大力推动这些类别的产业产品的生产和出口，取得了很大成效。如今，日本在汽车发动机用精密陶瓷、火箭和飞机用碳素纤维、生产用机器人、办公自动化机器和新材料等产业，生物工程技术产业如医药、农业、食品、能源，信息产业产品如游戏软件、半导体和大规模集成电路以及视听产品等领域，仍然保持着世界领先地位，贸易额长期稳步增长。

现今，受全球经济形势及国内经济环境的影响，尽管日本对外贸易总额出现了一定的下降，贸易逆差不断增大，但其规模仍然很大。据日本海关统计，2022 年，日本货物贸易总额为 16542.53 亿美元，同比增长 7.9%。其中，货物出口总额为 7516.35 亿美元，下降 0.9%；货物进口总额为 9026.18 亿美元，增长 16.6%；货物贸易逆差额为 1509.83 亿美元，同比扩大 852.7%。

外贸在日本国民经济中占有重要地位，有贸易关系的国家（地区）约 200 个，其中主要的贸易伙伴有美国、东亚、东南亚、沙特阿拉伯等。近年来日本与中国等亚洲地区国家的贸易额大幅增长，据日本财务省统计，2019 年日本的贸易伙伴主要集中在亚洲地区，中国、韩国、美国是其主要贸易伙伴。其中，中国是日本最大的贸易伙伴，占据了日本贸易总额的 1/3。韩国和美国分别位列第二和第三位。与亚洲地区相比，日本在欧洲和南美洲的贸易伙伴占比相对较低。

以 2021 年 1 月为例，从出口方面来看，日本的主要出口商品包括汽车、半导体、钢铁制品、机械设备等。其中，汽车出口总额达到 199 亿美元，占日本出口总额的 26.3%；半导体出口总额为 129 亿美元，占出口总额的 17.1%；钢铁制品出口总额为 78 亿美元，占出口总额的 10.3%。这些商品是日本出口的支柱产业，为日本经济的发展作出了巨大贡献。从进口方面来看，日本的主要进口商品包括原油、天然气、煤炭、食品等。其中，原油进口总额达到 109 亿美元，占日本进口总额的 17.7%；天然气进口总额为 69 亿美元，占进口总额的 11.2%；煤炭进口总额为 62 亿美元，

第八章 经济

占进口总额的 10.0%。这些商品是日本经济发展的重要能源和原材料。

（四）金融

日本现代金融市场始建于 19 世纪，经过多年发展，特别是经过 20 世纪 70 年代推进利率市场化、80 年代取消外汇管制、90 年代"金融大爆炸"改革后，日本已经建立起包括货币市场、外汇市场、股票市场、债券市场、金融衍生品市场和商品期货市场等一套完整的金融市场体系，交易的产品涵盖了国际上主要的金融工具，在全球金融市场中具有重要的地位。

1. 货币市场

日本的货币市场包括短期拆借市场、债券回购市场、短期贴现国债市场、政府短期证券市场、大额存单市场、商业票据市场、日本离岸市场等。

2. 外汇市场

在 1998 年 4 月日本《外汇法》修订后，日本所有的金融机构、企业和个人都可以自由买卖外汇。日本的外汇交易主要集中在东京，尤其在 20 世纪 80 年代日本政府放开外汇管制后，东京外汇市场交易规模不断扩大。目前与纽约、伦敦外汇市场共同构成三大国际性外汇市场。

3. 股票市场

日本的股票市场主要包括东京证券交易所、大阪证券交易所、名古屋证券交易所和 JASDAQ 证券交易所等。其中，东京证券交易所在年成交金额方面占绝对主导地位，是日本最重要的经济中枢，也是仅次于纽约证券交易所的世界第二大证券市场。

4. 债券市场

日本的债券品种很多，包括国债、地方政府债券、政府担保债券、财投机构债券、金融债券、武士债券、公司债券、资产支持债券、可转换债券以及私募债券等，投资者涵盖所有参与拆借市场的金融机构以及投资信托、债券经纪商、互助协会、各类公司、国内外居民等。

5. 金融衍生品市场

日本金融衍生品交易市场包括 OTC 市场和交易所市场。其中 OTC 市场是日本股市的二板市场，简称 JASDAQ，也称为店头市场或柜台交易市场。它是日本唯一的店头市场，也是风险性企业筹资的最大市场。

金融衍生品交易所市场主要包括东京证券交易所、大阪证券交易所和东京金融交易所。交易的品种包括：中期国债期货、长期国债期货、

TOPIX 期货、TOPIX 行业指数期货、日经（Nikkei）225 期货、日经 300 期货、三个月欧洲日元利率期货以及相关的期货期权、股票期权、外汇保证金交易等。目前交易较为活跃的品种主要是：长期国债期货、TOPIX 行业指数期货、长期国债期货期权、日经 225 期货、日经 225 mini 期货、日经 225 期权等。

6. 商品期货市场

日本的商品期货市场主要包括东京工业品交易所、东京谷物交易所、中部大阪商品交易所和关西商品交易所等。

二、韩国

韩国国土面积狭小，自然资源贫乏，市场规模较小，其经济对国际市场和资源的依赖程度相当高。自 20 世纪 60—70 年代以来，韩国致力于发展大进大出的外向型经济，经济持续高速增长，人均国民生产总值从 1962 年的 87 美元增至 1996 年的 10548 美元，创造了"汉江奇迹"。1996 年韩国加入联合国经济合作与发展组织，同年成为 WTO 创始国之一。1997 年亚洲金融危机后，韩国经济进入中速增长期。2008 年受国际金融危机影响，韩国经济明显下滑。韩国政府迅速采取包括大规模财政刺激等一系列政策，金融市场全面回暖，实体经济企稳回升，企业和消费者信心不断增强，成为经济合作与发展组织成员国中率先走出底谷的国家。

近年来，韩国经济增长有所放缓，但 GDP 年均 8.6% 的增长率曾保持了 30 年。截至 2022 年，韩国已经从一个极为贫穷的农业国一跃成为 GDP 居世界第 13 位，贸易总额居世界第 7 位，拥有发达的造船、汽车、化工、电子、通信工业，网络基础设施名列世界前茅的新兴发达工业国家。据韩国官方统计，1962 年韩国 GDP 和人均收入分别仅为 23 亿美元和 87 美元，2013 年增至 1.3045 万亿美元和 2.5920 万美元（排全球第 46 位），2022 年韩国 GDP 为 1.66 万亿美元，增长率为 2.6%，人均国民收入 3.3 万美元。外贸总额亦从 1962 年的 0.96 亿美元增长到 2022 年的 1.415 万亿美元，外汇储备约为 4231.6 亿美元[①]。据韩国银行公布的统计数据，2023 年韩国 GDP 增长 1.4%，为 1.71 万亿美元，人均国民收入同比增长 2.6%，达到 3.3745 万美元。

---

① 《韩国国家概况》，中华人民共和国外交部网站，2023 年 12 月，https：//www.mfa.gov.cn/web/gjhdq_676201/gj_676203/yz_676205/1206_676524/1206x0_676526/。

第八章　经济

韩国经济以重工业和化工工业为主，造船、汽车、半导体、石油化工、IT等产业均在全球占据较为重要的地位。农林渔业由于成本过高，竞争力较差，是韩国政府重点保护的产业。此外，韩国经济的另一个重要特点是三星、现代、SK、LG等少数大企业集团在国民经济中的地位举足轻重。

（一）主要产业

1. 工业

韩国工业主要部门有钢铁、汽车、造船、电子、化学、纺织等。浦项钢铁厂是世界第二大钢铁联合企业。近年来，随着韩国汽车性能和质量的改善，汽车品牌形象显著提升，汽车出口量也持续增加，2005—2015年，韩国汽车产量连续11年排行全球第五位；造船业对韩国经济和国际地位都极其重要，2010—2015年，韩国造船产业占据了全球造船产量的一半左右。韩国电子工业以高技术密集型产品为主，为世界十大电子工业国之一。

韩国主要特色工业如下。

汽车产业：韩国汽车工业起步于1955年，20世纪60年代开始靠进口零部件组装的方式试制汽车。70年代，韩国政府实行了"汽车国产化"政策，发展提速。80年代，汽车工业进入高速发展期，汽车研发技术水平迅速提高，出口初具规模。90年代，海外出口逐步取代内销成为市场主角，1998年亚洲金融危机冲击之后，韩国汽车完成了低质廉价定位转向高质量路线，从粗放发展转向以质量为重点的发展转型，成功崛起。2020—2022年韩国连续3年位居世界第五大汽车生产国。

韩国在汽车工业起步阶段即要求国产化率，逐步从半散件组装过渡到全散件组装，培养本土零部件企业生产能力，攻克关键零部件技术。随着汽车产业的崛起，韩国汽车零部件企业也随着汽车产量增长发展为国际企业。当前，大部分国际知名零部件企业都在韩国设有工厂。

2021年世界汽车零部件百强企业排名（以销售额计）中，韩国有9家零部件企业入围。根据韩国投资促进局数据，2021年这9家企业的销售额合计为552亿美元，占汽车零部件百强企业销售额的7.4%。在新能源汽车时代，韩国在动力电池领域涌现出LG Energy Solution、三星SDI和SK ON等行业先进企业。

亚洲金融危机之后，韩国车企整合为现代、起亚、通用韩国、双龙（2023年更名KG Mobility）、雷诺三星（2022年更名雷诺韩国）五个品牌。据统计，2022年，同属于现代起亚集团的现代、起亚两个品牌，占据了乘用车内销市场近86.5%份额，在韩国本土销量中分别占比45.9%、40.6%。

造船产业：20世纪50年代初，依靠美国的援助，韩国恢复大韩造船公司等造船厂的生产。70年代，作为十大重点战略产业部门之一的造船工业得到迅速发展。1974年，位于韩国蔚山的世界最大造船厂——现代造船厂一期工程竣工，使韩国的造船设计能力从1971年的19万吨猛增至1974年的110万吨，为韩国进一步建造大型船舶奠定了坚实基础。自1980年起，韩国年接收订单及造船总吨位均跃居世界第二位，仅次于日本，成为世界第二大造船国。20世纪80年代中后期，由于世界第一造船大国日本造船工业衰退，韩国抓紧时机，逐步占据优势。

1999年，韩国接收造船订量首次超过日本，成为世界第一造船大国。现代、大宇、三星等三家重工业公司接收的造船订量达1271.9万吨，比1998年增加27.2%，其造船量更是位居世界前三位，现代造船厂是韩国乃至世界最大的造船厂之一，可建造100万吨级的超级油轮。20世纪90年代末，韩国造船业在价格竞争力和生产率等方面都已大大超过竞争对手日本。目前造船业是韩国的主要支柱产业之一，居世界领先地位。2007年，韩国接收造船订单3250万吨，实际造船量1180万吨，出口额280亿美元。2008年全年出口船舶412.94亿美元，2009年韩国出口船舶428.2亿美元，同比略增3.7%。2010年，韩国造船业新接订单量1178万修正总吨（以下简称CGT），建造量1552万CGT，出口船舶497.5亿美元，同比增长10.2%。2015年上半年韩国造船业新接订单量592万CGT，约占全球新船订单总量的45%，击败中国和日本，成功登上全球新船订单榜首。

在2020年、2021年、2022年，现代造船厂承接的液化天然气（以下简称LNG）船订单分别为21艘、25艘、45艘，在LNG船建造市场的占有率位居全球首位。2023年通过该船企承接的17艘LNG船，韩国船企在当年的全球LNG船建造市场的份额从74%上升到了81%。

钢铁工业：作为韩国主导型产业的钢铁工业，在过去的半个世纪中，曾一直保持着快速增长，并在推动韩国经济发展的过程中作出了巨大贡献。韩国近年来一直保持着世界第五大钢铁制造国的地位。20世纪60年代初，朴正熙政府采取积极政策，大力扶植钢铁工业的发展。20世纪70年代韩国钢铁工业发展较为迅速，钢铁产品出口年均增长40%左右。20世纪80—90年代，韩国陆续建立了一些大型钢铁企业，使得钢铁产量激增，半成品生产连续铸造比率不断攀升，韩国一举跃升为世界第六大钢铁生产国。1999年，韩国政府决定对浦项制铁实行民营化，重点放在高附加值钢材开发和生产上，以提高生产效率，增强竞争力。

近年来，作为韩国主要出口国的美国等国家对韩国的钢铁贸易加大限制力度，全球钢铁市场供给过剩，再加上日元贬值，多种不利因素使韩国钢铁工业发展受到一定影响。

电子工业：韩国电子产业从20世纪60年代初进行半导体收音机的简单组装，迅速发展到先进存储芯片的复杂制造。其中，半导体集成电路发展尤为迅速。20世纪70年代，韩国电子工业以年均47.2%的速度增长，逐渐成为其重要的出口产业；80年代中期以后，电子工业在韩国经济中的优势地位得以巩固，在世界电子工业中所占比重也随之提高。

随着工业结构的转变，自20世纪80年代中期以来，韩国将电子工业的生产重点从民用电子产品转向附加值高的工业用电子产品，加快迈向高技术计算机、电信设备和工厂自动化设备的步伐。1991年韩国成为世界第五大电子产品出口国。

2006年，韩国电子产业继美国、日本、中国之后，居世界第四位，产量占世界总量的7.2%。2007年，韩国电子产品出口额达1269.1亿美元。2008年前三季度，整体电子产业形势较好。然而，受金融危机和经济衰退影响，自第四季度开始，生产、内销和出口分别减少了9%、9.7%和21%。2009年韩国无线电话出口额达295.31亿美元、电子集成电路出口额达243.8亿美元、液晶显示器出口额达233.9亿美元。2010年韩国半导体出口额达506.8亿美元，液晶显示器出口额达299.5亿美元，同比分别增长63.3%和27.8%。

近年来，韩国半导体产业发展尤为迅速，生产额从2003年的139亿美元（世界市场占有率为7.4%，位居世界第四位）增至2013年的515亿美元，世界市场占有率以16.2%首次超过日本，跃居成为世界第二位。尤其是内存半导体（存储芯片）产业自从2002年高居世界首位（占有率达到32.9%）以来，通过独特的市场及技术优势，正在持续扩大其影响力范围，2013年其世界市场占有率达到52.4%，以压倒性优势的竞争力，正在引领全球的内存市场。2024年2月，韩国半导体产量同比增长65.3%，达到自2009年底以来的最大增幅。

机械产业：在韩国政府出台的一系列政策的引导及促进下，韩国一般机械产业经历了零配件进口、组装生产、零配件国产化、独立模式开发四大过程。

机械产业是韩国重要的国民经济支柱产业之一，也是其出口主力。韩国在机械制造领域排名世界前列，其机械工业总产值及出口额占制造业总量的比重较大。

随着产业链的不断延伸和升级，韩国机械制造业已经从传统制造业逐渐转型为一个高科技产业。以发展智能机器人和半导体设备为代表，韩国机械产业已经进入一个高级技术时代。韩国政府也积极采取政策措施，鼓励机械产业的技术创新和发展。

石化工业：韩国的石油化学工业起步于20世纪70年代，90年代开始急速发展，很快成为亚洲地区仅次于日本的乙烯生产大国。韩国石油化工产业在50多年内取得了令人瞩目的发展，2021年韩国乙烯产能达1275万吨，占全球乙烯产能的6.2%，位居世界第四。

目前，韩国石油化学工业所需原油全部依赖进口。因此，韩国的石化工业中心集中分布在沿海地带。丽川为韩国最大的石化工业中心，其次是蔚山和釜山。2021年进口原油96000万桶，进口总额为669亿美元。同年，韩国石化产业出口额为551亿美元，占韩国总出口额的8.5%。

2. 农业

韩国在经济发展的过程中，农业的重要性不断下降，占GDP的比重从20世纪60年代的40%下降到2011年的3%。2021年韩国农业人口为352万，占总人口的6.8%。2023年农业人口约占总人口的4.2%，农业产值（含渔业和林业）占GDP的1.8%。[1]

韩国耕地面积约为152.8万公顷，居全球第92位，占国土面积的18%，主要分布在西部和南部平原、丘陵地区，人均耕地面积为0.03公顷。每个农业家庭的平均耕种面积只有1.45公顷，60%的农场耕地面积不到1公顷，只有7%的农业家庭耕地面积超过3公顷。

大米是韩国的主食和主要粮食作物，全国耕地的50%用于种植稻米。大米生产在20世纪60—70年代不断增长，80年代末以后随着大米人均消费水平不断下降，产量也开始逐步下降。1988年大米产量达到600万吨后，2005年为470万吨，2011年为420万吨，2022年为376.4万吨，呈现出不断下降的趋势。

3. 旅游业

韩国旅游资源丰富多样，包括自然景观、历史文化遗产、现代都市风

---

[1] 《韩国国家概况》，中华人民共和国外交部网站，2023年12月，https：//www.mfa.gov.cn/web/gjhdq_676201/gj_676203/yz_676205/1206_676524/1206x0_676526/。

貌、休闲娱乐设施等。韩国旅游景点大致可分为六大区域，首尔及周边地区、中部、东南部、西南部、东北部和济州岛。其中，首尔是韩国的首都和最大城市，也是韩国旅游的核心地区，拥有四大宫殿、宗庙、首尔塔等著名景点。

随着越来越多的外籍游客被韩国购物旅游魅力吸引，访韩外国游客的主要入境目的为度假、娱乐及休息，占比67.8%，选择韩国的主要考虑因素（可复选）中"购物"比重最高，达到66.2%。据韩国统计，2019年访韩外国游客1700余万人次，创历史最高。2022年，访韩外国游客319.8万人次。[1]

韩国旅游业在2022年受到新冠疫情的严重影响，入境游客数量大幅下降，旅游收入也大幅减少。过去，韩国旅游业严重依赖中国和日本。然而，近两年韩国与邻国关系的变化对其旅游业的发展造成了一定的不利影响。韩国政府一直积极开发东南亚、欧洲和中东等其他地区的市场，努力吸引当地游客到韩国旅游。因此，韩国对中国和日本的依赖程度不断降低，旅游产品及游客组成也更加多样化。

韩国旅游业面临着一些挑战和问题，主要包括旅游产品开发缺乏创新和特色，导致重复建设和雷同现象；旅游促销力度不够大，宣传手段不够多样和吸引力；旅游服务质量有待提高，配套设施有待完善；旅游环境保护和可持续发展需要加强等。

4. 交通运输业

韩国陆、海、空交通运输均较发达。近年来，随着经济的发展，交通运输量迅速增长。全国已建成铁路网和高速公路网。

铁路系统：截至2017年底，韩国铁路营业总里程达4192千米，电气化里程3086千米，电气化率73.6%。韩国铁道公社共有17881台机车，其中1160台为高速铁路机车。为保证交通安全并提高效率，韩国铁道公社采用中央交通控制系统管理首尔周围的线路以及京釜、中央、太白、湖南和岭东等干线的共1778千米铁路段。所有这些线路都装配有防止铁路事故的自动停车系统。

高速铁路是韩国重要的旅客城际交通手段。2004年4月，首尔至南部港口城市釜山的京釜线高铁投入使用，将首尔与釜山间的运行时间从4小

---

[1] 《韩国国家概况》，中华人民共和国外交部网站，2023年12月，https://www.mfa.gov.cn/web/gjhdq_676201/gj_676203/yz_676205/1206_676524/1206x0_676526/。

时 30 分钟缩短至 2 小时 40 分钟。随后，韩国又在 2010 年后开通了庆全线（庆州—全州）和全罗线，于 2015 年 4 月开通了湖南线（首尔—木浦）。2016 年 12 月，全长 61.1 千米、最高运行速度 300 千米/小时的首尔大都市线首次运营，将首尔至釜山的运行时间再次缩短至 2 小时 21 分。

高速公路：韩国公路总长度超过 11 万千米。截至 2020 年，韩国的高速公路总长度超过 4215 千米，位居世界前列。首尔至地方各道均有高速公路相通，至国内任何地方均可在 1 日内到达。韩国的汽车拥有率高达 75%，但因道路拥堵等问题，交通流量非常大。

航空运输：目前，韩国有 8 家航空公司，开通国内航线 21 条，运行班次为 1525 次/周。此外，韩国已同 32 个国家和 73 个国际航空公司签订航空服务协定，开通国际航线 421 条（其中 73 家外国航空公司航线 217 条），可飞往 48 个国家、139 个城市，运行班次为 3305 次/周。现有仁川、金浦、济州、金海、清州、大邱、襄阳、光州（务安）8 个国际机场和群山、丽水、浦项、蔚山、光州、原州、沙州 7 个国内航线机场。

1969 年，韩国政府将大韩航空公司交给私人企业经营时，该公司只有两架喷气式飞机。1988 年，韩亚航空公司成立。如今，大韩航空公司和韩亚航空公司共拥有 232 架客机和货机的飞机队伍（其中大韩航空 148 架、韩亚航空 84 架），这两家公司已成为亚洲地区重要的航空公司。大韩航空公司目前同世界各地的 126 个城市（中国有 28 个城市）和韩国国内的 12 个主要城市开通了航线。韩亚航空目前同世界各地的 74 个城市（中国有 22 个城市）和韩国国内的 11 个主要城市开通了航线。

海上运输：韩国海运比较发达，其 99.7% 的进出口物流量通过海运实现，与南美洲、北美洲、欧洲、大洋洲、非洲和中东等许多国家有客轮、货轮往来。2020 年港口货物吞吐量计 15.1 亿吨，其中国际港货物吞吐量为 12.76 亿吨，集装箱吞吐量为 2910.1 万标箱。

釜山港位于朝鲜半岛东南端，起着连接太平洋和亚洲大陆的枢纽作用，是韩国第一大港口，负责处理韩国出口货物总量的 64.7%、集装箱货物的 75.3%。2020 年货物吞吐量为 4.11 亿吨，在韩港口货物吞吐量中占比 27.2%；集装箱吞吐量为 2182.4 万标箱，占韩港口集装箱吞吐量的 75%。韩国于 2005 年开始兴建釜山新港，总投资 16.7 万亿韩元，建设总面积为 944.3 万平方米。

仁川港是韩国第二大港，是韩国西海岸的最大港口，也是首尔的外港，与之相距不到 40 千米，港口附近设有出口加工区。2020 年货物吞吐量为1.52亿吨,同比减少3.2%;集装箱吞吐量为327.2万标箱,同比增加6.5%。

5. 文化产业

1998年,韩国政府提出"文化立国"发展战略。1999年,制定《文化产业振兴基本法》,发布《文化产业发展5年规划》,同年成立游戏综合支援中心、游戏技术开发中心。2001年,成立韩国文化内容振兴院,专门负责制定文化产业政策,重点发展影视、广播、游戏、音乐、动画、时尚等领域,不仅促进本土文化消费,同时推动韩国文化"走出去"。2010年,韩国提出"文化强国2010"战略和"成为世界五大文化产业强国"的发展目标。

服务业产值占韩国经济总产值的比重在20世纪90年代之前趋势平缓,1980年占比32.12%,1990年占比35.5%,提升不大;但进入20世纪90年代后提升显著,到1996年占比达到40%。韩国居民消费支出中,文化娱乐消费支出占比在2000年为4.3%,2019年上升至7.5%。

据韩国文体观光部发布的《2021年文化内容产业调查》,2021年,韩国文化内容产业出口124.5亿美元,再度创下历史新高,文化内容出口已超出了家电、电池、电动汽车、显示器等主要产品,成为韩国最具代表性的出口产品。

(二) 能源矿藏

韩国矿产资源种类繁多,但有开采价值的矿物数量很少。工业原料主要依靠进口,自给率仅为10%。

朝鲜半岛的黑色金属基本分布在北部,韩国的黑色金属储量很低。铁矿主要分布在江原道的襄阳、洪川一带。锰矿储量约17万吨,主要分布在庆尚北道的奉化郡、庆州和釜山地区。

韩国的有色金属资源主要有钨、钼、铜、金等。钨的储量约12.7万吨,位于江原道的上东矿是世界级的大钨矿床,产量占到韩国的90%。钼矿储量约1.4万吨,全罗北道的长水矿是韩国最大的钼矿床。位于庆尚北道的莲花矿是韩国最大的铅锌矿。铜矿主要分布在庆尚南道的咸安、固城、昌原等地,其中咸安是最大的铜矿床。韩国的金矿主要分布在奉化郡、光阳市、天原郡、扶余郡、尚州等地区。

韩国的非金属资源丰富,重晶石储量约129万吨,云母储量约123万吨,萤石储量约81万吨,高岭土储量约1040万吨。云母矿主要分布在全罗北道的长水;萤石矿主要分布在丹阳—堤川、锦山、春川—华川和奉化等地；高岭土主要分布在庆尚南道的河东、山清、陕川、全罗南道的海南、庆尚北道的迎日。

韩国境内没有发现油田，能源矿产只有煤炭，所有石油消费完全依赖进口，是世界第四大石油进口国。韩国煤炭资源大部分是无烟煤，总储量约14亿吨，其中可开采量仅为6.5亿吨。三陟煤田是韩国最大的煤田，产量占到韩国煤炭开采量的46.9%，开采条件好，煤炭质量优良。其他的主要煤田有旌善煤田和忠南煤田，其产量分别占到韩国煤炭开采总量的13.4%和9%。

（三）贸易

韩国和世界上180多个国家与地区有经济贸易关系，其中中国、美国、日本、东南亚国家为其主要贸易伙伴。主要进口产品有原油、半导体、天然气、石油制品、半导体零部件、钢板、煤炭、通信器材、电缆等。主要出口产品有汽车及零部件、半导体、有线无线通信器材、船舶、石油制品、平板液晶显示器、个人电脑、影视器材等。

以2019年为例，韩国货物进出口额为10455.8亿美元，比2018年下降8.3%。其中，出口额为5422.3亿美元，下降10.4%；进口额为5033.5亿美元，下降6.0%。贸易顺差388.8亿美元，下降44.2%。

分国别（地区）看，中国、美国和越南是韩国出口排名前三位的国家，2019年出口额分别为1362亿美元、733.4亿美元和481.8亿美元，占韩国出口总额的25.1%、13.5%和8.9%；对中国出口下降16.0%，对美国出口增长0.9%，对越南出口下降0.9%。中国、美国和日本是韩国进口排名前三位的国家，2019年进口额分别为1072.3亿美元、618.8亿美元和475.8亿美元，自中国和美国进口分别增长0.7%和5.1%，自日本进口下降12.9%，分别占韩国进口总额的21.3%、12.3%和9.5%。韩国贸易逆差主要源于日本、澳大利亚、德国和中东的一些产油国家。贸易顺差主要来自中国和越南，2019年顺差额分别为301.3亿美元、289.7亿美元和271.1亿美元。

分商品看，机电产品、运输设备和贱金属及制品是韩国主要出口商品，2019年出口额分别为2245.3亿美元、846.4亿美元和471.6亿美元，其中机电产品下降14.4%，运输设备增长0.3%，贱金属及制品下降8.0%，分别占韩国出口总额的41.4%、15.6%和8.7%。矿产品、机电产品和化工产品是韩国前三大类进口商品，2019年进口额分别为1433.3亿美元、1413.3亿美元和435.4亿美元，分别下降12.0%、2.5%和6.1%，分别占韩国进口总额的 28.5%、28.1% 和 8.7%。

2022 年,韩国外贸总额为 1.42 万亿美元,贸易逆差 472.3 亿美元。其中,出口 6839.5 亿美元,较 2021 年增长 6.1%;进口 7311.8 亿美元,较 2021 年增长 18.9%。2022 年,韩自美进口额为 817.8 亿美元,对美出口额为 1098.2 亿美元,韩方顺差 280.4 亿美元;自日进口额为 547 亿美元,对日出口额为 306.3 亿美元,韩方逆差 240.7 亿美元;自俄进口额为 148.2 亿美元,对俄出口额为 63.3 亿美元,韩方逆差 84.9 亿美元。[①] 另据韩国产业通商资源部发布的数据显示,2023 年韩国出口额同比减少 7.4%,为 6326.9 亿美元,时隔 3 年负增长。进口额同比减少 12.1%,为 6426.7 亿美元。贸易收支出现 99.7 亿美元逆差,这是连续两年出现逆差。[②]

(四) 金融

1. 银行机构

韩国银行是韩国的中央银行。其他主要银行还有国民银行、友利银行、新韩银行、韩亚银行、外换银行等商业银行和 SC 第一银行、汇丰银行、渣打银行、花旗银行等外资银行以及外国银行的分行、多个地方银行(庆南银行、釜山银行、济州银行等),可以提供融资、贸易结算等业务服务和其他衍生金融服务。此外,韩国还有特殊银行,即政策性银行,如农协银行、农业银行、进出口银行、企业银行、水协银行,以及非银行储蓄机构,如综合金融会社、相互储蓄银行(HK 相互储蓄银行、第一相互储蓄银行等)、信用社(信用协同组合、新农村金库、相互金融等)以及邮政储蓄等。韩国还有证券会社、资产信托公司、保险公司等多种其他金融机构。与中国交易较多的韩国商业银行有国民银行、友利银行、新韩银行、韩亚银行、外换银行等,这些银行都在中国的北京、上海、青岛、大连等大城市设立了分行。

中国的中国银行、工商银行、建设银行、交通银行、农业银行、国家开发银行在韩国首尔、大邱、釜山等地也设有分支机构。

2. 货币及外汇

韩国当地货币为韩元,可自由兑换。2008 年至 2009 年初,受全球金融

---

① 《韩国国家概况》,中华人民共和国驻大韩民国大使馆网站,2024 年 4 月 14 日,http://kr.china-embassy.gov.cn/chn/zhgx/hggk/202404/t20240414_11281464.htm。

② 《韩国 2023 年贸易逆差 99.7 亿美元》,中华人民共和国驻釜山总领事馆经贸之窗,2024 年 1 月 9 日,http://busan.mofcom.gov.cn/article/jmxw/202401/20240103465412.shtml。

危机影响，韩元持续快速贬值，美元兑韩元汇率一度突破1∶1500，此后逐渐回落，2012年、2013年、2014年美元兑韩元平均汇率分别为1∶1126、1∶1095、1∶1053。但2014年10月美联储宣布结束量化宽松政策后，美元兑韩元汇率逐渐回升。2024年9月10日，美元兑韩元汇率为1∶1342。

2014年11月，首尔中国交通银行被指定为人民币结算银行；12月1日，韩元与人民币直接交易市场正式开启。

1997年亚洲金融危机后，韩国接受国际货币基金组织建议，开始推行外汇自由化政策。1998年韩国制定了以事后监督管理为主的《外汇交易法》，废止了过去以事前管制为主的《外汇管理法》。1999年《外汇交易法》生效，韩国开始分阶段实施外汇自由化。

三、俄罗斯

俄罗斯作为苏联地区经济实力最强的国家，是全球最大的四个新兴市场国家之一。2021年俄罗斯的GDP为1.84万亿美元，同比增长4.7%；2022年为2.24万亿美元，同比减少2.1%；2023年俄罗斯经济增长率为3.6%，高于全球平均增长率。截至2024年7月，俄罗斯的国际储备为6013亿美元。[①]

（一）主要产业

1. 工业

俄罗斯工业发达，基础雄厚，部门齐全，以机械、钢铁、冶金、石油、天然气、煤炭、森林工业及化工等为主，木材和木材加工业也较发达。核工业和航空航天业占世界重要地位。俄罗斯工业结构不合理，重工业发达，轻工业发展缓慢，民用工业落后状况尚未根本改变。

以石油为主的资源产业是俄罗斯经济的支柱。俄罗斯资源产业产值约占俄工业产值的30%，为政府创造54%的年收入预算和45%的外汇收入，对GDP增长的贡献率达到3%左右。资源出口大约占俄罗斯出口商品总额的68%，尤其是石油、天然气、煤炭及资源化工产品，占矿产品的74%，以矿产品为主的出口结构使俄罗斯出口受国际市场价格影响巨大。俄罗斯资源领域的投资占GDP的27%，占全部外国对俄投资的75%。由于产业

---

① 《俄罗斯国家概况》，中华人民共和国外交部网站，2024年7月，https：//www.fmprc.gov.cn/web/gjhdq_676201/gj_676203/oz_678770/1206_679110/1206x0_679112/。

结构高度依赖资源，国际资源价格的波动对俄罗斯经济的整体状况有直接影响。

俄罗斯主要工业区包括：（1）莫斯科工业区。俄罗斯工业最发达的地区，以汽车、飞机、火箭、钢铁、电子为主。（2）圣彼得堡工业区。以石油化工、造纸造船、航空航天、电子为主，是俄罗斯食品和纺织工业最发达的地区。（3）乌拉尔工业区。以石油、钢铁、机械为主。（4）新西伯利亚工业区。以煤炭、石油、天然气、钢铁、电力为主。

2. 农业

俄罗斯拥有广阔的耕地、平坦的地形、肥沃的土壤和充足的水源，国土跨寒带、亚寒带和温带三个气候带，农业条件十分优越。粮食作物主要有小麦、大麦、玉米、水稻等，经济作物以亚麻、向日葵和甜菜为主。粮食、小麦、葵花籽、马铃薯的产量均居世界前五位；养殖业中，鸡蛋、牛奶、羊毛产量也位列世界前列。

俄罗斯的主要农业区包括：（1）东西伯利亚和远东南部地区。该区是俄罗斯甜菜与亚麻的主要产区，粮食种植以春小麦、黑麦和燕麦为主。畜牧业以乳肉兼用养牛业为主。（2）南西伯利亚地区。该区包括伏尔加河流域区的东北部、乌拉尔区的南部、西西伯利亚的南部。土壤为肥力较高的黑钙土和粟钙土，是俄罗斯主要的商品粮基地之一，也是俄罗斯主要的畜牧基地之一。（3）黑海沿岸亚热带地区。位于外高加索西部黑海沿岸地区。湿润温暖的气候条件，使其成为茶树、柑橘类（柠檬、橘、甜橙）和油桐树等亚热带作物的主产区。（4）西北部地区。该区大部分属于非黑土地带，是俄罗斯谷物、奶牛、亚麻、马铃薯的重要产区。（5）西部地区。该区土壤以肥力较高的黑钙土为主，是俄罗斯主要黑土区。本地带是俄罗斯主要的甜菜、谷物及乳、肉用畜牧业生产基地。

3. 服务业

俄罗斯的第三产业，即服务业，是国民经济的重要组成部分。俄罗斯服务业主要包括批发零售、交通运输、金融保险、旅游通信等行业。其中，占比重最大的是传统的批发和零售贸易以及汽车和物品的维修服务，其次是运输、通信以及房地产业。

（二）自然资源

俄罗斯自然资源十分丰富，种类多，储量大，自给程度高。森林覆盖面积占国土面积的65.8%，居世界第一位。木材蓄积量居世界第一位。天然气已探明蕴藏量占世界探明储量的25%，居世界第一位。石油探明储量占世界探明储量的9%。煤蕴藏量居世界第五位。铁、镍、锡蕴藏量居世界第一位。黄金储量居世界第三位。铀蕴藏量居世界第七位。① 俄罗斯拥有欧洲第一长河——伏尔加河,全长3685千米,此外还有鄂毕河、叶尼塞河(俄罗斯第一长河)、勒拿河、贝加尔湖(世界上淡水容量最多和最深的淡水湖)。

(三) 贸易

20世纪90年代初期,俄罗斯取消政府垄断的对外经济贸易体制,推行经济自由化,新的经济体制打开了俄罗斯机构独立进行对外贸易活动的局面。因缺乏应对国际经济市场的经验与能力,开放的对外经济使得俄罗斯经济出现了严重的危机,并削减了俄罗斯在世界经济GDP和世界出口总额中所占的比重。20世纪90年代末期,俄罗斯对外贸易局势逐渐恢复正常,企业获得了在国际市场上竞争的经验,国家制定出了相应的法律条文,货币市场趋于稳定,促进了俄罗斯对外贸易结构的建立。俄罗斯商品和原材料出口数量的增加及价格的提高,使其所占的国际出口市场份额也相应增长。

近年来,俄罗斯积极加入国际市场经济体系中。据俄罗斯海关统计,2018年其货物进出口总额为6871.2亿美元,比2017年增长17.4%。其中,出口额为4496.9亿美元,增长25.7%;进口额为2374.2亿美元,增长4.4%。贸易顺差2122.7亿美元,增长62.9%。2023年俄罗斯出口总额下降28.3%,至4251亿美元,下降最显著的是对欧洲的供应,下降68%,至849亿美元。相比之下,对亚洲的出口总额增长5.6%,达到3066亿美元,该地区在俄罗斯出口中的份额从2022年的49%大幅上升至2023年的72%。俄罗斯进口总额增长11.7%,达到2851亿美元。与此同时,来自欧洲的进口额下降12.3%,为785亿美元,而来自亚洲的进口额增长29.2%,达到1875亿美元。

俄罗斯出口商品结构以能源产品和资源型原料产品为主,能源产品大约占出口商品总额的40%以上,尤其是石油产品,其受国际市场价格影响甚大,一旦国际油价升高,俄罗斯的出口形势就好;一旦油价下降,出口额必然减少。此外,金属、宝石及其制品占俄罗斯出口商品的1/4。俄罗

---

① 《俄罗斯国家概况》,中华人民共和国外交部网站,2024年7月,https://www.fmprc.gov.cn/web/gjhdq_676201/gj_676203/oz_678770/1206_679110/1206x0_679112/。

斯的出口商品以初级产品为主。进口商品以机器设备、运输工具、食品和农业原料为主，其相加几乎占到进口商品总额的60%以上。另外，近年来俄罗斯农业产品依然短缺，农副产品难以满足国内需求，每年不得不动用外汇，大量进口食品。

（四）金融

俄罗斯金融业发展相对滞后，但经过多年的努力，目前已经建立起比较完整的金融体系，主要分为银行、证券、保险三大系统。俄罗斯实行二级银行体制，中央银行行使管理职能，负责制定货币政策；商业银行实行独立的经济核算，从事借贷业务。俄罗斯证券市场是一个高收益的，同时也是高风险性、高投机性的不稳定证券市场，1998年俄罗斯发生的金融危机也是由证券市场引起。可见俄罗斯的金融市场并不稳定，对于国际金融依存度很高，抵御风险的能力有待加强。

俄罗斯主要银行有俄罗斯储蓄银行、俄罗斯外贸银行、工商银行、首都储蓄银行－农工银行、国际工业银行、天然气工业银行等。

四、蒙古国

20世纪90年代以后，蒙古国实行私有化改革。经过30年的"阵痛"，蒙古国经济开始复苏并呈现较快增长态势。特别是蒙古国政府近年来实施"矿业兴国"战略后，国民经济在矿业开发带动下实现快速发展。从投资环境的吸引力角度来看，蒙古国的竞争优势为矿产资源丰富、经济增长前景良好、市场化程度较高。世界经济论坛《2015全球竞争力报告》显示，蒙古国在全球最具竞争力的144个国家和地区中，排第98位，比2014年度上升了9位。而在《2019全球竞争力报告》中，蒙古国在全球最具竞争力的141个国家和地区中排第102名，得分为52.6（满分100），相比2018年排名下降3位，行政效率、信息通信技术应用、（国民）技能、商业活力等分指标排名有明显下降。2023年蒙古国GDP为68.9万亿图格里克（约合133.8亿美元），增长率为7%。[1]

（一）主要产业

1. 畜牧业

畜牧业是蒙古的传统产业和国民经济基础，也是加工业和生活必需品

---

[1] 《蒙古国概况》，中华人民共和国驻蒙古国大使馆网站，2024年2月6日，http：//mn.china-embassy.gov.cn/chn/zjmg/202402/t20240206_11241202.htm。

的主要原料来源。蒙古地广人稀,自然条件差、气候比较恶劣。目前,蒙古每年仍需要进口大量的肉、奶来满足国内的需求。据统计,蒙古牲畜的98.9%为私人所有,有牧民家庭17.1万户,牧民人数超过20万。畜牧业产值占农牧业总产值的80%,占出口收入的10%。① 截至2022年末,蒙古牲畜存栏量共计约7110万头(匹、峰、只),同比增长5.6%。其中,马480万匹,同比增加11.5%;牛550万头,同比增加9.8%;骆驼50万峰,同比增加3.6%;绵羊3270万只,同比增加5.3%;山羊2760万只,同比增加4.2%;共计23.83万牧民从事畜牧业生产,同比增加0.8%。

2. 农业

农业(主要指种植业)并非蒙古国民经济的支柱产业,但因为关系国计民生,历来受到蒙古国政府的重视。私有化以来,由于经济衰退及投入不足,生产力大幅倒退,种植面积和产量锐减,农业产值约占农牧业总产值的1/4。蒙古国的主要农作物有小麦、大麦、土豆、白菜、萝卜、葱头、大蒜、油菜等。

2015年,蒙古国农业耕种面积共51.95万公顷,同比增加17.9%。种植谷物39.07万公顷,同比增加24.0%(其中小麦36.12万公顷,同比增加24.0%);土豆1.28万公顷,同比减少2.8%;蔬菜7656公顷,同比减少11.7%;饲料作物2.38万公顷,同比增加40.4%。

官方数据显示,2022年蒙古国共有1.77万农户,1600家企业从事农业生产。全国农作物种植面积达61.8万公顷,同比下降8.4%。谷物产量为42.8万吨,同比下降30.2%;土豆产量为21.4万吨,同比增长17.5%;蔬菜产量为14.8万吨,同比增长22.3%;饲料产量为17.1万吨,同比下降41.7%;牧草产量为156万吨,同比下降9.1%。2023年,蒙古国种植谷物总产量为47万吨,土豆为17.9万吨;蔬菜为20.8万吨,饲料作物为25.8万吨。②

3. 矿产业

矿产业是蒙古国经济的另一个支柱产业,目前蒙古国矿业产值约占GDP的30%,占出口收入的86%,占财政收入的37%。外国对蒙投资的

---

① 《蒙古国,快速发展的"草原之国"》,央视新闻网,2014年8月18日,https://news.cntv.cn/2014/08/18/ARTI1408325841627764.shtml。
② 《蒙古国概况》,中华人民共和国驻蒙古国大使馆网站,2024年2月6日,http://mn.china-embassy.gov.cn/chn/zjmg/202402/t20240206_11241202.htm。

85%都投入矿业领域。蒙古国矿产资源丰富，部分大矿储量在国际上处于领先地位。因蒙古国在地质勘探方面缺乏专业队伍且技术装备落后，地质勘探水平总体较低。随着国际矿产品的升值，蒙古国矿业被迅速炒热，矿业成为蒙古国经济腾飞的重要支点和最具潜力的领域。

4. 旅游业

蒙古国人口少、地域辽阔，自然风貌保持良好，是世界上少数保留游牧文化的国家之一，旅游业发展前景广阔，每年6—8月是旅游旺季。2011年，蒙古国接待游客62万人次，旅游收入2.83亿美元。2023年接待外国游客数量超过65万人次，旅游业创收12亿美元。蒙古国把2023—2025年确立为"探访蒙古国之年"。2023年1月，34个国家公民获得蒙古国旅游免签证入境资格，免签证国家数量增至61个。①

5. 电信业

蒙古国电信业发展很不平衡，在首都及几个大城市，固定电话和移动电话、宽带及相关业务相对普及，但在偏远地区，很多地方通信网络仍未覆盖。蒙古国主要的电信供应商包括Mobicom、Gmobile、Skytel、Unitel、Mongolia Telecom。2019年，蒙古国通信领域收入约为2.51亿美元，同比下降2.1%。固定电话网线共25.6万条，有线电视用户共38.4万，移动电话用户共556.4万，永久互联网用户共243万。乌兰巴托市内无线网络覆盖率高，公共汽车、主要街区及一般餐厅和商场等均提供免费无线网络服务。

（二）资源矿藏

1. 矿产资源

蒙古国已发现和确定拥有80多种矿产，建有800多个矿区和8000多个采矿点，主要蕴含铁、铜、钼、煤、锌、金、铅、钨、石油、油页岩等资源。其中，铜矿储量20多亿吨，黄金储量约3400吨，煤矿储量约3000亿吨，石油储量约80亿桶，铁矿储量约20亿吨，萤石矿床储量约2800万吨，磷矿储量约2亿吨，钼矿储量约24万吨，锌矿储量约6万吨，银矿储量约7000吨等。

2. 生物资源

蒙古国植被由北部西伯利亚针叶林和南部的中亚草原、荒漠组成。高

---

① 《蒙古国2023年接待外国游客超65万人次》，新华网，2023年12月31日，http://www.news.cn/world/20231231/f0a13219fbdf487cae46bcf97fa3fcbf/c.html。

等种子植物有 103 科 596 属 2251 种,苔藓植物有 40 科 119 属 293 种,地衣植物有 30 科 70 属 570 种,蘑菇有 12 科 34 属 218 种,药用植物有 52 科 154 属 574 种。其中,主要植物有蒙古茅草、科尔金斯基茅草、戈尔嘎诺夫旋花、格鲁保夫针叶棘豆、胡杨、山川柳、沙枣、菖蒲、芨芨草、看麦娘等。

蒙古国野生动物约有 60 种哺乳类,50 种鱼类,90 种鸟类。主要有旱獭、野驴、野马、角鹿、戈壁熊、野骆驼、羚羊、野山羊、母盘羊、黑尾黄羊、麝、豹、海狸、水獭、貂、密鼠、鹫、鸿、鹈鹕、雪鸡、野鸡、皂雕、猫头鹰、枭、啄木鸟等。

(三) 贸易

对外贸易在蒙古国经济中占有突出地位。蒙古国国民经济部门中所需的全部机器设备和工业原料、燃料、有色金属及消费品的绝大部分靠进口提供。改革开放前,蒙古国经济曾长期高度依赖苏联和东欧国家;苏联解体后蒙古国经济陷入危机,也迫使其选择了对外经贸关系多元化道路。

1997 年蒙古国正式加入 WTO,与组织内 147 个成员确立了最惠国待遇的法律关系。经过多年努力,蒙古国的对外贸易多元化政策也已初见成效。1990—2011 年,共有中、俄、日、美、韩等 70 多个国家和地区的企业向蒙直接投资,投资累计约 98.3 亿美元。主要投资部门为矿山、轻工、畜产品加工、商业、建筑等。

蒙古国出口主要为矿产品、纺织品和畜产品等;进口主要有机器设备、食品、汽车、电子产品等。主要贸易伙伴为中国、俄罗斯、欧盟、加拿大、美国、日本、韩国等。2022 年,蒙古国与世界 160 个国家和地区贸易总额为 212 亿美元,同比增长 32.1%。其中,出口总额 125 亿美元,同比增长 35.7%;进口总额 87 亿美元,同比增长 27.2%;贸易顺差 38 亿美元,同比增长 60.1%。2022 年,对蒙贸易前五位国家分别是中国、俄罗斯、瑞士、韩国、日本,贸易额分别为 136.4 亿美元、27 亿美元、10.3 亿美元、6.9 亿美元、6.7 亿美元。对华贸易额再创新高,同比增长 34.3%,占蒙同期外贸总额的 64.3%。其中,对华出口额 105.7 亿美元,同比增长 38.5%;自华进口额 30.7 亿美元,同比增长 21.8%。[1] 2023 年蒙古外贸

---

[1] 《2022 年蒙古国国民经济运行情况》,中华人民共和国商务部网站,2023 年 2 月 2 日,http://mn.mofcom.gov.cn/article/jmxw/202302/20230203382052.shtml。

总额为244亿美元,其中进口额93亿美元,出口额152亿美元。①

(四) 金融

在高度集中的计划经济时期,蒙古国只有国有银行,其分支机构在城乡经营信贷和结算业务。自1990年8月蒙古国政府作出开设多家银行(包括开设私人银行)的决定以来,蒙古国进行了金融体制改革,建立了多家专业银行,并开辟了货币市场、证券市场和外汇市场。1991年先后加入了国际货币基金组织、世界银行、亚洲开发银行等国际金融组织,国内开始转入中央银行和商业银行两个层次的银行体系。1993年蒙古国修改了银行制度,1994年4月蒙古国政府第一次公布了《银行法》。蒙古国内金融市场规模较小。2023年,蒙财政收入24.3万亿图格里克,支出22.5万亿图格里克;货币供应量为37.6万亿图格里克;商业贷款余额24.1万亿图格里克;不良贷款2万亿图格里克,逾期贷款达1.3万亿图格里克。

蒙古国外汇储备量稳定上升。1999年,蒙古国外汇储备不足1亿美元,至2000年4月,外汇储备增长到1.67亿美元,比1999年增长66.5%。2001年底,外汇储备比2000年增长了1.5%。2015年11月底,蒙古国外汇储备余额为14.59亿美元,较2014年同期增加7.9%。截至2022年11月,蒙古国外汇储备达到29亿美元,环比增长5.3%,同比下降29.5%。而到2022年第四季度,其外汇储备增加5亿美元,总量增至33亿美元,本币汇率趋于稳定。

第二节 东北亚国家贸易合作现状与特点

一、中日贸易

随着中国经济的发展和科学技术水平的提高,中日贸易由原材料、纺织品等低附加值产品为主向机电产品等技术含量高的产品转移,由垂直分工向水平分工的贸易结构转移。日本对中国直接投资主要的流向是机电行业,越来越多的日本电器、机械设备生产商将生产基地转移到中国。在中国的日资企业大量从日本采购零部件,并积极利用中国廉价的劳动力,产

---

① 《蒙古国概况》,中华人民共和国驻蒙古国大使馆网站,2024年2月6日,http://mn.china-embassy.gov.cn/chn/zjmg/202402/t20240206_11241202.htm。

品再大量返销日本。这种特点决定了机电产品占据中国自日本进口的半壁江山。

（一）中日贸易发展的基本情况

从 1972 年中日建交，到进入 21 世纪经济高速发展，中日两国的贸易基本情况有以下几个方面的表现。

1. 中日贸易额的总体情况

1972—1990 年，中日贸易迅猛发展，但也剧烈波动，具有不稳定性。这期间，年均增长率达到 16.7%，贸易额增长了近 15 倍。其间出现过增长率超过 50% 的年份，如 1973 年增长 87.5%，1974 年增长 60.5%，也出现过两位数的负增长，如 1976 年的 -20.0%，1982 年的 -12.2% 和 1986 年的 -15.6%。

进入 21 世纪后，中日贸易出现强劲增长，并且增长比较稳定。2003 年突破 800 亿美元大关，增长 25.7%；2004 年突破 1000 亿美元，增长 16.2%；2005 年，达到 1335.7 亿美元，增长 31.1%；2004 年中日贸易总额达到了 1678 亿美元，增长了 25.7%；2006 年中日双边贸易额 1843.93 亿美元；2007 年突破 2000 亿美元，超越日美贸易，中国成为日本最大贸易伙伴国。由于国际金融危机的影响，2009 年下半年贸易额有所下降，但全年也呈增长态势，这一年双边贸易额达 2667.325 亿美元；2010 年金融危机开始影响到各国的实体经济，中日贸易额出现了近十几年的首次下降，双边贸易额有所下降，为 2287.826 亿美元。据日本贸易振兴机构 JETRO 统计，2011 年中日两国间的贸易总额为 3018.5 亿美元，与 2010 年相比，增长率为 32%。2011 年，在中日两国贸易中，日本的出口总额为 1490.9 亿美元，比 2010 年增长了 36%，进口总额则为 1527.5 亿美元。2012 年，中日两国间的贸易总额为 6285 亿美元，与 2011 年相比，增长率为 22%。2012 年后，受"购岛"闹剧①影响，中日贸易额与日本对华投资额连续 4 年下降。随着 2018 年中日关系缓和，中日经济关系再度升温。根据日本财务省公布的数据，2021 年中日贸易额达到 3493 亿美元，是 1972 年的 300 多倍，在华日企总数也超过了 3 万家。2022 年，中日贸易总额

---

① 由日本政客策划"购买"他国领土的荒唐闹剧。2012 年 9 月，日本政府召开内阁会议，决定从 2012 年度预算的预备费中拨出 20.5 亿日元（约合人民币 1.66 亿元），从"土地所有者"栗原家族手中"购买"钓鱼岛及其附属岛屿的三个岛屿，并将其"国有化"。

3574.24亿美元，其中中国出口额1729.3亿美元，进口额1845亿美元。截至2023年5月，日本累积在华投资设立企业55805家，实际使用金额1300亿美元，在我国利用外资总额国别中排名第二。截至2022年底，我国对日本直接投资累计约50亿美元，主要涉及制造业、金融服务、电气、通信、软件等领域。[①]

另据日本海关统计，2018年日本与中国双边货物进出口额为3175.3亿美元，增长6.8%。其中，日本对中国出口1439.9亿美元，增长8.4%；自中国进口1735.4亿美元，增长5.5%。日本与中国的贸易逆差295.5亿美元。其中，日本对中国的主要出口产品是机电产品、化工产品和运输设备，2018年出口额分别为620.1亿美元、165.2亿美元和139.2亿美元，分别增长10.3%、18.5%和11.7%，分别占日本对中国出口总额的43.1%、11.5%和9.7%；日本自中国进口的主要商品为机电产品、纺织品及原料和家具玩具，2018年进口额分别为789亿美元、218.8亿美元和107.5亿美元，分别增长4.7%、2.0%和1.3%，分别占日本自中国进口总额的45.5%、12.6%和6.2%。在日本市场上，中国的劳动密集型产品占有较大优势，如纺织品及原料、鞋靴伞和箱包等轻工产品，这些产品在日本进口市场的占有率均在60%左右，在这些产品上，中国产品的主要竞争对手来自亚洲国家和地区（如越南、泰国、中国台湾省等）以及意大利、美国等国家。2023年，中国与日本双边货物进出口额为3180亿美元，仅次于中国和美国的约6645亿美元，但与2022年同期相比下降10.7%。

2. 中日贸易占中国贸易总额的比重下降

虽然从20世纪90年代末期中日贸易开始出现强劲增长的趋势，双边贸易规模不断增大，直到2009年受金融危机的影响，贸易总量有所下降，但中日贸易增长率长期低于中国外贸增长率，导致中日贸易占中国贸易总额的相对比重呈下降趋势。这一比重从1996年的21%降至2007年的12%，2008年的11.8%，2009年的10.4%，直至2010年的10.36%，2011年的10.22%，2012年跌破了10%直至9.87%。2016年，中日贸易总额2747.9亿美元，同比下降1.3%，占中国贸易总额的7.5%。2017年1—7月，中日贸易总额1669.3亿美元，同比增长10.8%，占中国贸易总

[①] 《中国同日本的关系》，中华人民共和国外交部网站，2024年4月28日，https://www.mfa.gov.cn/web/gjhdq_676201/gj_676203/yz_676205/1206_676836/sbgx_676840/。

额的7.4%。2019年1—7月，中日贸易总值为1.21万亿美元，增长1%，占中国贸易总值的6.9%。由此可以看出中日贸易占中国贸易总额的比重呈不断下降的趋势。

3. 中日贸易占日本贸易总额的比重上升

近年来，中国对日本经济的影响力日渐提升。据《日本经济新闻》报道，从2015年起中国对日本的经济效应就已经超越美国。2015年，中国需求每扩大1%，对日本产生28亿美元的经济效应，超过了美国的27亿美元；而日本经济中心预测，到了2030年，中国需求每增1%，给日本带来的经济效应将是46亿美元，中国给日本和东南亚各国带来的经济效应是2015年的1.8倍，将比美国对日本和东南亚各国带来的经济效应高出40%。而中国对日本经济的影响力主要是通过中日间贸易来实现的。

2020年，受新冠疫情影响，日本对外贸易出口总额和进口总额大幅减少，与2019年相比，增长率分别为-11.1%和-13.7%。其中，日本对美国出口和进口增长率分别为-17.3%和-13.9%，对欧盟出口和进口增长率分别为-14.6%和-12.6%，对东盟出口和进口增长率分别为-15.0%和-9.3%，双边贸易额均明显下降。但在这样的趋势下，日本对华出口却逆势增长。在出口方面，2020年，中国在日本出口总额中所占的份额上升至22.0%。这是日本对华出口占比首次超过20%，说明在新冠疫情蔓延、日本对欧美等国家出口停滞的状态下，面对经济迅速恢复的中国，日本出口明显增加。在日本出口对象排名中，中国时隔两年再次取代美国成为日本第一大出口对象国。在进口方面，2020年，中国在日本进口总额中所占的份额达到25.8%，较2019年（19.1%）有显著上升，并超过绝大多数年份的份额。在日本进口对象排名中，中国自2002年以来一直保持日本第一大进口对象国地位。

据日本贸易振兴机构JETRO统计，2021年中日贸易总额占日本对外贸易总额的比重已经升至22.8%，中国是日本最大的贸易伙伴国、出口对象国和进口来源国，日本是中国第五大贸易伙伴、第三大贸易对象国、第二大出口对象国、第二大进口来源国。

（二）中日贸易中的商品结构

20世纪70—80年代，中日贸易商品结构属于简单的垂直分工。中国对日本的出口商品以原油、纺织、燃料等初级产品为主，其中原油及粗油占45.1%，其次是纺织品，占12.3%。20世纪90年代后，两国贸易结构开始变化，中国对日出口的产品以服装、家电、机电产品等工业制成品为主，并且商品质量水平不断提高。进入 21 世纪后，随着信息产业的出现和迅速发展，中国开始对日本出口数码等高端产品，中日两国的分工体系开始得到进一步改善。在国家产业分工方面，中日两国出现了由垂直分工向水平分工转变的趋势。

中国在与日本的贸易中，在矿物燃料、动物制品、食用蔬菜等资源密集型商品和纺织品、服装等劳动密集型商品上顺差较大，而对日本逆差较大的商品种类主要有电机电器、机器等资本和技术密集型商品。在中日贸易的商品结构方面，日本在高技术产品领域占有优势，中国则在低技术产品领域占有优势，两国只在某些中间技术产品方面具有竞争关系。

1. 中国出口商品中工业制成品比重已远远超过初级产品的比重

随着中国改革开放的深入和中国经济的稳步发展，中日间贸易规模在不断扩大。同时，双方商品结构也发生了很大变化。中国对日本出口商品从早期以石油等初级原材料产品为主逐渐转变为以机械、电器和纺织品等工业制成品为主，出口商品中工业制成品比重已远远超过了初级产品的比重。如 2023 年中国对日本出口前十大商品分别为电话机及其他发送或接收数据的设备、自动数据处理及其部件、机动车零附件、集成电路、箱包、针织品、半导体器件、监视器及投影机、玩具、塑料制品。由此可见中国对日本出口商品结构呈优化趋势。

2. 中国出口工业制成品中资本技术密集型与劳动密集型产品的比重发生变化

中国对日本的主要出口工业制成品中，资本技术密集型产品比重已超过劳动密集型产品比重。中国对日本出口的工业制成品中，份额较大的有以下六类：纺织原料及纺织制品，机器、机械器具、电气设备及其零件，录音机及放声机、电视图像、声音的录制和重放设备及其零件附件，食品、饮料、酒及醋、烟草代用品的制品、矿产品，车辆、航空器、船舶及有关运输设备，化学工业及相关工业的产品。2021 年，中国对日本出口的主要产品是机电、音像设备及其零件、附件，纺织原料及纺织制品，杂项制品，贱金属及其制品，化学工业及其相关工业的产品五类产品，这五类产品出口额合计为 1203.73 亿美元，占中国对日本出口总额的 72.58%，大大超过劳动密集型产品比重。

3. 双边贸易不断转向高附加值模式

2018 年以日元计算的中日贸易额突破 35 万亿日元，比 2005 年（20.7 万亿日元）增加了 15 万亿日元，增幅达 72%。在日本对华出口产品中，一般生产设备占比最多，突破24%，再就是包括半导体在内的电子设备、化学产品以及汽车部件等，中间产品占比继续保持在八成左右。在日本对华进口方面，电子设备、机械设备、化学制品等占比继续增加，高附加值化趋势显著。

（三）中日贸易发展的特点

随着中国经济的持续快速增长和对外经济关系的全面发展，中日贸易规模逐步增大，但双边贸易的主要方式仍是垂直分工，正逐步向水平分工转化。在中国的对外经济关系中，日本的经济因素地位正逐渐下降，而日本的整体经济中，中国经济因素的地位明显上升。

1. 中日贸易仍然是以垂直分工为主要方式

随着中国经济的持续快速增长，虽然中日两国在某些商品上互有竞争优势，但在国际产业分工中，中国仍处于低端位次。严格地说，中日贸易的分工基础还是垂直型体系，从双边贸易的商品结构上可以看出，中国出口到日本的产品还是以低端产品为主，技术含量低，附加值低。中国从日本进口的产品以高端产品为主，技术含量高。但中国的技术水平正在逐步提高，已经开始向日本出口数码、IT等产品，这说明中日贸易的商品结构正慢慢发生变化，水平竞争的特点也显现出来。因此，中日两国的国际产业分工方面出现了由垂直分工向水平分工过渡的趋势。但是由于日本跨国公司跨越国境的延伸，日本企业在中国投资建立成品环节加工基地，由中国进行组装，然后再返销日本或其他国家。这样，日本对华出口的各类零部件产品的比重非常高，而中国对日本出口中成品的比重特别高。中日之间的贸易方式在国际分工上仍然属于垂直分工。

2. 日本外贸对中国的依赖性增强

近年来中国在日本对外经济中的地位上升，日本对华出口规模的增大对日本经济回升作出了很大的贡献。在促进日本经济回升的因素中，外需特别是出口迅速增长起到了决定性作用。2002年度日本实际GDP增长率为1.2%，其中内需贡献仅0.4个百分点，而外需则贡献0.8个百分点，外需贡献率达到66.7%。当年虽然美国是日本的第一大出口对象国，但由于美国当时经济低迷，日本对美出口减少了2.6%，其对日本出口增长的贡献率为负0.8个百分点；中国当时虽是日本第二大出口对象国，但由于中国经济增长强劲，日本对华出口增长达28.2%，贡献率高达84.6%。2003年，中国首次超过美国成为日本最大的贸易伙伴国。此后几年贸易额逐年攀升，直到2010年受美国次贷危机的影响有所回落，但如前所述，中日贸易额占日本贸易额的比重仍呈上升趋势。

二、中韩贸易

中韩两国地理相近、文化相通，交通物流便捷，人员往来频繁，发展双边贸易具有天然优势。自中韩建交以来，两国间贸易取得了稳定而快速的发展。1997年以来，除1998年因亚洲金融危机导致中韩双边贸易额减少及保守政党执政期间个别年份和新冠疫情期间外，其余年份两国贸易额都有所增加。统计数据表明，一方面，中国在韩国对外贸易中所处地位不断提升，自2007年后中国长期占据韩国第一大贸易伙伴国的地位。另一方面，对韩进出口额占中国进出口总额的比重虽有所上升但幅度不大，即对中国而言，对韩贸易在中国对外贸易中所占比重并没有发生明显变化，韩国保持了中国主要贸易伙伴国的地位。

现今，中国是韩国最大的贸易伙伴、进口来源国和出口市场，而韩国则是中国的第三大贸易伙伴国、第三大出口对象国和第一大进口来源国。中国向韩国出口的商品主要包括石油制品、汽车、石化产品、机械、无线通信器材、半导体等；自韩国进口的商品包括无线通信器材、机械、钢铁产品、精密化学制品、纤维制品、液晶显示器等。

（一）两国贸易的发展情况

韩国与中国的贸易额在建交之前的1991年仅为44亿美元，但在建交后呈现出快速增长趋势。1992—2003年，韩国对中国的贸易以年平均21.7%的速度增长，这超出同一时期韩国整体贸易增速9.2%的1倍以上。其结果，从1992年64亿美元的贸易额到2003年已达到570亿美元，增加了近9倍。尤其是出口，在同一时期年平均增长26.7%，超出韩国同一时期整体出口增速8.6%的2倍以上，2002年以后每年的出口增长率都在30%～40%。

据中国海关总署和商务部数据，中韩贸易额继2005年突破1000亿美元后，2010年突破2000亿美元。2018年，中韩双边贸易额为2686.4亿美元，比2017年增长了11.9%，再创历史新高。其中，韩国对中国出口1621.6亿美元，增长14.1%；自中国进口1064.8亿美元，增长8.8%，韩国与中国的贸易顺差556.8亿美元。2021年，中韩双边贸易额突破3600亿美元。中国已连续18年位居韩国第一大贸易伙伴国；韩国对中国出口比重以25%绝对优势占据首位，中韩贸易接近韩与美、日、欧贸易额总和。2022年，中韩贸易额为3622.9亿美元。

进入21世纪，韩国对华进出口额占韩国进出口总额的比重整体呈上升趋势。其中对华出口额占韩国出口总额的比重由2001年的12.09%上升到2008年的21.66%，到2018年更是高达26.85%。自华进口额占韩国进口总额的比重则由2001年的9.43%上升到2008年的17.67%，2016年则创下21.4%的历史新高，且其间韩国一直保持对华贸易顺差。但自2022年5月起，韩国对华贸易连续出现逆差，这是两国建交30年来的首次。

（二）两国投资的发展情况

20世纪80年代之前，韩国企业的国际化水平还很低，除了资源开发等部分领域外，海外投资不算活跃，直到80年代末，以繁盛期为契机才开始活跃起来。从1988年仅为171次、2亿美元规模的海外投资到1989年增加到5.73亿美元，至1990年变为340次、9.59亿美元，比1989年增加1倍左右。

韩国企业的海外投资正规化的时期与同中国建交的时期相一致，同时20世纪90年代末，韩国制造产业的工资有了大幅度上涨，劳动密集型产业不得不向海外转移，因此韩国对中国的投资快速增加。随着韩国对中国投资的剧增，中国在韩国的主要投资对象国中所占比重也在加大，以投资额为基准，中国从2002年起成为韩国第一投资对象国。

据中国商务部统计，2014年，韩国在华投资新批项目1558个，同比上升13.64%，实际到位韩资39.7亿美元，同比增长29.84%。截至2014年底，韩国累计对华投资项目数为57782个，实际投资额599.1亿美元，是中国第四大外商直接投资来源国。另据韩方统计，2014年中国对韩投资金额（申报标准）为12亿美元，共525个项目。截至2014年底，累计到位金额25.54亿美元。其中超过2/3的企业从事餐饮和批发零售等服务业，其余从事制造业和农业、渔业等。

截至2021年底，韩国对华实际投资累计902.3亿美元。其中2021年韩国对华实际投资40.4亿美元，较2020年增长11.9%，是中国第二大外商直接投资来源国，而中国也是韩国第二大海外投资对象国。截至2021年底，中国对韩国实际投资累计76.1亿美元。

三、中俄贸易

中俄两国是依山傍水的邻国，有着4300多千米的共同边界线，两国发展贸易有着优越的地理位置。21世纪以来，中俄贸易增长较快。2003年俄罗斯成为中国第八大贸易伙伴国，中国成为俄罗斯除独联体外的第二大贸易国。2008年中俄贸易额达568亿美元，是1999年的10倍左右。2014年中俄双边货物进出口额为884.0亿美元，增长29.4%。其中，俄罗斯对中国出口375.1亿美元，增长125.4%，占俄罗斯出口总额的7.6%；俄罗斯自中国进口508.9亿美元，减少1.6%，占俄罗斯进口总额的17.8%。俄方逆差133.8亿美元，下降61.8%，当年中国为俄罗斯第二大出口市场和第一大进口来源地。而2017年中俄双边货物进出口额达到869.6亿美元，增长31.5%。其中，俄罗斯对中国出口389.2亿美元，增长38.9%，占俄罗斯出口总额的10.9%；自中国进口480.4亿美元，增长26.1%，占俄罗斯进口总额的21.2%；俄方逆差91.2亿美元，减少9.6%，中国成为俄罗斯第一大出口市场和第一大进口来源地。据中国海关总署公布的数据显示，2022年中俄两国贸易额增长29.3%，达到创纪录的1902.71亿美元。2022年中国向俄罗斯出口了价值为761.22亿美元的货物，与2021年相比增长了12.8%，而俄罗斯出口至中国的货物增长了43.4%，达到1141.49亿美元。中国连续12年稳居俄罗斯第一大贸易伙伴国，其中能源合作一直是中俄两国务实合作中分量最重、成果最多、范围最广的领域，也是两国经贸合作的"压舱石"。2023年，中俄贸易额创历史新高，达到2401.1亿美元，同比增长26.3%。其中中国对俄罗斯出口增长46.9%，总额约为1109.7亿美元；俄罗斯商品进口增长12.7%，总额为1291.4亿美元。[1]

由此可见，随着经济全球化进程的加速、中国改革开放后经济的不断发展以及俄罗斯经济的回升，两国之间的经贸往来经过多年的曲折发展，已进入一个崭新的发展快车道。但是，由于受诸多因素的影响，中俄贸易合作一直呈现出"小范围""低层次""低水平"的特征，贸易规模仍然不尽如人意，双边贸易额占全球贸易总额不到0.5%，与中欧、中美、中韩之间的贸易额相比差距较大。

因此，尽管中俄贸易的发展取得了不错的成绩，但其中也存在诸多问题，主要有以下几个方面：

1. 市场不规范造成信任危机

20世纪90年代初，俄罗斯市场刚刚开放，一些不法商人把中国的假冒伪劣产品销到俄罗斯，几年后中国货在俄罗斯成了"假冒伪劣"的代名

---

[1] 《中国海关总署：2023年中俄贸易额增长26.3%，达到创纪录的2401.1亿美元》，俄罗斯卫星通讯社，2024年1月12日，https：//sputniknews.cn/20240112/105629 8976.html。

词，很难取得俄罗斯人的信任。与此同时，俄罗斯市场也正处在转轨时期，违背合同、不讲信用的企业并不少见。与俄罗斯人做生意，中国企业同样心有余悸。

2. 中俄贸易未成规模

中国对俄贸易企业普遍规模小、底子薄、资金短缺、信息不灵；多数企业满足于边贸，市场开发力度不够，缺乏配套经营策略；普遍缺乏产品宣传和配套的运输、仓储设施，难以形成稳定的供应渠道和规模经营。面对潜力巨大的俄罗斯市场，有待进一步提高贸易层次与规模。如俄罗斯的茶叶市场潜力大，但本国不产茶，依赖进口。而俄罗斯人对中国茶特别青睐，多数俄罗斯人认为，中国的茶叶才是正宗的，品种多且质量好。俄罗斯规定，如果出具产地证书，来自中国的茶叶可以享受减免25%关税的优惠。尽管如此，目前俄罗斯茶叶市场却是英国和斯里兰卡的天下。

3. 中俄经贸结构层次偏低

（1）国企仍是中国从俄罗斯进口的主体，55%的进口都由国企承担；而出口则大不一样，民营企业占对俄出口2/3以上的份额，其开拓精神以及灵活的经营机制决定了它们能够在对俄贸易中抢得先机，但其资金实力薄弱、深度开发能力差、生产经营基本处于单打独斗阶段的弱点也决定了现阶段中俄双方贸易结构比较单一。

（2）贸易方式基本上是一般贸易，几乎没有加工贸易。占中国整体对外贸易达70%的加工贸易，在对俄经贸中基本体现不出来。以木材为例，中国在20世纪末启动天然林保护工程后，近几年通过一般贸易从俄罗斯进口原木增长速度惊人，对中国的木材出口已成为俄罗斯远东及西伯利亚地区财政收入的重要来源。

（3）俄罗斯仍是中国进口军品的主要来源国。中俄军事技术合作已有多年的历史，采购武器装备和武器制造技术转让的合作项目一直有条不紊地在两国有关单位之间进行。中俄军事技术合作在两国双边贸易中不仅所占比重高，而且相当稳定，已经成为两国双边贸易额稳定增长的支柱项目。这对于俄罗斯来讲意义要更大一些，俄罗斯远东、西伯利亚以及圣彼得堡的多家军工企业至今没有关门，主要就是因为持续不断地从中国客户手中接到产品订单。

4. 合作领域不宽，缺乏有实力的大企业参与

苏联时期，双边贸易以记账贸易为主，各大外贸公司曾是双边贸易的主体。后来，贸易方式发生变化，双方大企业没有及时跟上，两国的小企

业、个体商户填补了市场的真空，成为双边贸易的重要力量。在多种贸易方式中，民贸、边贸和旅游贸易成为重要方式。因此，拓宽中俄经贸合作的主渠道已成为今后中俄经贸合作能否持续健康发展、合作水平能否提高的关键。

除此之外，双边贸易秩序问题也较为突出。目前中俄双边贸易的经营主体中，小企业和个体商户较多，有一些商户和小企业的经营行为不规范，给双边经贸合作带来了消极影响。同时，在中俄双边贸易和投资领域中还存在着一些影响货物、人员、资金等要素正常流动的因素，如两国银行直接结算规模不大、保险和信贷领域合作水平不高、口岸通关能力不强、人员入境手续简化力度不够等。

四、中蒙贸易

作为中国的北方近邻，蒙古国与中国腹背相依，接壤边界线长达 4710 千米。蒙古地广人稀，156 万多平方千米的领土上仅居住着 300 万人口，劳动力和技术人员严重不足。

20 世纪 90 年代初起，中蒙关系快速发展。中国政府继续在力所能及的范围内向蒙古国提供援助，建成了许多与当地人民生产和生活息息相关的高质量援建项目，涉及工业、农业、交通、卫生等领域。

（一）中蒙贸易概况

自 1990 年以来，中国一直是蒙古国第一大贸易伙伴国。中蒙经贸规模 20 年间增长 50 倍。数据显示，1994 年，中蒙双边贸易额仅为 1.2 亿美元；到了 2013 年，两国贸易额已升至 60 亿美元，占蒙古国对外贸易总额的一半以上。之后两国贸易额从 2014 年不到 75 亿美元，扩大到 2022 年的 122 亿美元，年均增长 6.6%，其中资源能源、基建产品、消费品增长迅速。

目前，蒙古人的吃、穿、住、用基本是中国商品，其中约 90% 的进口大米、蔬菜、服装来自中国。在乌兰巴托最大的那仁图拉批发市场，琳琅满目的中国商品摆满了货架。据有关部门统计，这里每天人流量至少在 4 万人次，年交易额在 2000 万美元以上。海尔电器、联想电脑、李宁服装、蒙牛和伊利的牛奶制品都已进入蒙古国市场，销售情况良好。中国商品在蒙古的口碑越来越好。

截至目前，中国是蒙古国煤炭的最大进口国和消费国。蒙古国具有丰富的煤炭资源，其初步探明煤炭资源储量为 1750 亿吨。2014 年中国煤炭进口量在 3 亿吨左右，来自蒙古国的煤炭占进口量的 1/10。2021 年蒙古国成为继印度尼西亚和俄罗斯之后的中国第三大煤炭进口渠道。

另外，中国自1990年以来就是蒙古国最大的投资来源国。截至2013年10月，在蒙注册中国企业达到5951家，在蒙的矿产、纺织、建筑、畜产品加工和服务等领域投资经营，占该国外企的49.11%。其中，矿业勘探、开发和矿产品深加工等方面尤为突出，占中国在蒙总投资高达51%。

目前，在蒙开展业务的中资企业投资额约占外企在蒙投资总额的一半。中资企业主要集中在蒙古国的石油、矿山、建筑、畜产品加工以及服务业和服装业等领域，为当地居民提供了大量就业岗位，并为多个相关产业提供了发展和壮大的空间。可以说，中资企业极大地促进了蒙古国经济和社会的发展，并为近年来蒙古国经济保持高速增长作出了贡献。

中蒙两国在资源开发、基础设施建设等方面的合作前景广阔，潜力巨大。蒙古国自然资源丰富，但市场相对较小，缺少资金和技术，在未来一段时间里还需要大量的外国投资。而中国的市场巨大，资金和技术力量雄厚。因此，利用中国的资金和技术开发蒙古国的矿产资源，具有很强的互补性，可为两国带来经济利益。

（二）中蒙贸易特点

1. 中蒙贸易额持续增长

随着中蒙经贸关系持续发展，双边贸易额和投资额迅速上升。2014年中蒙双边贸易总额共计68.41亿美元，同比增长23.7%，占蒙外贸总额的62.1%。蒙古国对华出口额共计50.73亿美元，同比增长36.9%，占蒙出口总额的87.9%；蒙古国从中国进口总额共计17.68亿美元，占蒙进口总额33.8%。2022年两国双边贸易总额共计122亿美元，同比增长34.15%，占蒙外贸总额的64.3%，中国继续保持蒙古国最大贸易伙伴国、最大出口市场和最大进口市场地位。

2. 蒙古国对中国以出口矿产品为主

蒙古国对中国出口的商品多为煤炭、石油、矿产品及畜产品等初级产品。随着蒙古国铜、黄金和煤炭等资源的进一步开采，加上中国经济发展对资源需求量的增加，矿产品的贸易额还会扩大。而蒙古国则主要从中国进口机电产品、农产品、建筑材料、纺织品等。

3. 中国对蒙古国投资持续上升

在贸易额上升的同时，中国对蒙古国的投资额也在不断增加。据蒙方统计，1998—2004年，在蒙古国注册的中资企业达1640多家，注册资金总额为4.6亿美元，占蒙古国引进外资总量的40%多。截至2005年底，中国在蒙投资项目共2166个，占在蒙外国投资项目的45%，累计投资额为6.81亿美元，占在蒙外资的47%。截至2007年底，中国对蒙投资共计11.81亿美元，投资项目3769项，分别占外商对蒙直接投资总额和外资企业总数的51.3%和48.5%。截至2013年10月，蒙古国吸引来自世界112个国家和地区的直接投资141.0亿美元，登记注册外资企业12764家。其中，中资企业6225家，占外资企业总数的48.8%；中国对蒙古国累计直接投资额37.58亿美元，占蒙古国引进外国直接投资总额的26.7%。截至2020年，中国对蒙古国的直接投资存量已达40亿美元。

4. 两国经贸合作水平不断提高

随着两国经贸合作关系的不断发展，不仅贸易量、贸易额持续增加，而且经贸合作的广度和深度也不断深化。首先，贸易形式向多样化方向发展。中国与蒙古国的贸易不仅国家贸易发展较快，而且地方贸易、边民互市贸易、旅游购物等多种形式的贸易也在不断发展。其次，贸易结算方式由易货贸易为主向现汇结算为主转变，逐步形成以现汇贸易为主、多种结算方式并存的格局。最后，贸易由商品贸易向经济技术合作转变。在中蒙贸易发展过程中，经济技术合作也在蓬勃发展，合资企业从商业性企业向生产性企业转变，合作项目也从小型为主逐渐向资源开发和大型加工工业项目转变，表明中蒙经济技术合作在不断深化。

第三节　东北亚区域自由贸易区建设

一、中韩自由贸易区

中国是韩国最大的贸易伙伴国、最大出口对象国和最大进口来源国，韩国也是中国第一大进口来源国和最重要投资来源国之一。2014年双边贸易额达2904.92亿美元，是建交之初的58倍。2015年6月1日，《中华人民共和国政府与大韩民国政府自由贸易协定》（以下简称FTA）的签署不仅能为两国货物贸易提供制度保障，更将拓展电子商务、节能环保、金融服务等新兴战略服务领域的合作，共同构建一个规范、稳定、可预期的框架。更重要的是，此举将给东北亚自由贸易框架树立一个标杆。

中韩自贸区谈判于2012年5月正式启动。谈判大体分为模式谈判和负面清单谈判两个阶段。2013年9月，中韩双方完成了模式谈判，确定了基本原则、总体自由化水平和未来协定涉及的范围领域。2014年11月，中国国家主席习近平和韩国总统朴槿惠共同宣布中韩自贸区结束实质性谈判。2015年2月,中韩双方完成中韩FTA全部文本的草签,对协定内容进行了确认。至此,中韩自贸区谈判全部完成。

2015年6月,中韩FTA正式签署,标志着中韩自贸区建设正式完成制度设计,即将进入实施阶段。中韩FTA创新性引入地方经济合作条款,明确将中国威海市和韩国仁川自由经济区作为地方经济合作示范区,发挥示范和引导作用。素有"韩货交易桥头堡"的山东省威海市抢得中韩自贸地方合作先机。早在1990年,中国威海与韩国仁川就开通了中韩首条海上航线。经过30多年的发展,威海和仁川已经成为中韩之间经贸往来最密切、友好交流最频繁的城市。中韩自贸区将对两国相关产业发展带来极大的推动作用,同时有助于中国经济的企稳。

2015年12月9日,中国商务部副部长与韩国驻华大使交换外交照会,共同确认《中华人民共和国政府与大韩民国政府自由贸易协定》于2015年12月20日正式生效并第一次降税,2016年1月1日第二次降税。中韩FTA终于落地生根。

根据谈判成果,在开放水平方面,双方货物贸易自由化比例均超过"税目90%、贸易额85%"。协定范围涵盖货物贸易、服务贸易、投资和规则共17个领域,包含了电子商务、竞争政策、政府采购、环境等"21世纪经贸议题"。

同时,双方承诺在协定签署后将以负面清单模式继续开展服务贸易谈判,并基于准入前国民待遇和负面清单模式开展投资谈判。中韩自贸区谈判实现了"利益大体平衡、全面、高水平"的目标。

有预测指出,中韩自贸区一旦建成,预计中国的GDP将增长1%~2%,韩国增长2%~3%,届时,中韩有望形成一个GDP高达11万亿美元的共同市场。

而中韩自贸区的建成,不仅将极大推动中韩两国经贸合作"升级换代",更将对东亚地区另一个自贸区——中日韩自贸区谈判起到一定的推动作用。

两国已基于准入前国民待遇和负面清单模式开展服务贸易和投资市场准入的第二阶段谈判(2017年12月文在寅总统访华后双方宣布)。2022年初,东盟十国以及中、日、韩、澳、新等15个国家签署的《区域全面经济伙伴关系协定》(以下简称RCEP)开始逐步正式生效,中韩区域内供应链将进一步调整优化。

二、中日韩自由贸易区

中日韩是东亚最大的经济体,三国人口占世界的20%,三国经济总量占世界的25%,三国间贸易额约占世界总量的20%。尽管三国经济总量很大,但是贸易依存度却只有19%,远低于欧盟的64%和北美自贸区的40%。如果中日韩能够达成FTA,将形成世界上最大的自贸区之一,对地区统一市场的构建起到强有力的推动作用,甚至对世界贸易自由化都会产生重大影响。

(一)设想与构建条件

1. 设想

2002年在中日韩领导人峰会上,中日韩自由贸易区的建立设想首次被提出。设想中,中日韩自由贸易区是一个由人口超过15亿的大市场构成的三国自由贸易区,自由贸易区内关税和其他贸易限制将被取消,商品等物资流动更加顺畅,区内厂商可以降低生产成本,获得更大市场和收益,消费者则可获得价格更低的商品,中日韩三国的整体经济福利都会有所增加。

中日韩三国研究机构对建立中日韩自由贸易区的可行性进行了大量分析研究,三国民间研究小组通过各自独立的模型测算,均初步达成一致的积极结论。即如果提升中日韩贸易自由化程度,中日韩经济增速都可进一步提高。中日韩任何两国自由贸易区的经济收益都小于中日韩自由贸易区的效果。此外,对中日韩企业的问卷调查也获得正面反馈。

2. 构建条件

中日韩三国产业关联度高,经济互补性强。中日韩FTA一旦达成,将在现有自贸合作基础上,推动三国进一步相互扩大市场开放、降低贸易壁垒、增进贸易投资、优化营商环境,为三方企业和人民带来实实在在的好处。就中日韩三国情况而言,无论是从地缘政治还是从地缘经济来看,都具备建立自由贸易区的初步条件。

首先是生产要素的互补。一是自然资源的互补。中国地大物博,农业资源和矿物资源较为丰富,而日本和韩国自然资源短缺,能源和工业原料自给率低,三国之间自然资源具有很强的互补性。二是劳动力资源的互补。中国有大量富余的劳动力,且劳动力成本较低,而日韩两国由于经济发展程度较高,生产量和出口量很大,以及人口老龄化等原因,劳动力资源不足,劳动力成本高。三是知识资源与国际资源的互补,中国在自然资源与人力资本方面要明显强于日本和韩国，而日韩在知识技术资源与国际资源方面要明显强于中国。生产要素互补是实现经济一体化的物质基础，中日韩三国形成不同生产要素的比较优势，具备实现贸易双赢的条件和基础。

其次是产业结构的互补。相对发达的日本和韩国在资本和技术密集型产业上竞争优势明显，而中国的竞争优势仍主要集中于资源或劳动密集型产品上。具体来说，日本是工业高度发达的现代化国家，资本密集型和高新技术产业发达；韩国是发展程度接近日本的新兴工业国家，技术密集型产业和IT产业发达；而中国是正在实现工业化的发展中国家，劳动密集型产业和制造业发达。三国在资本、产业技术上具有很大的优势互补性和传递性，这决定了三国在商品贸易上不存在明显的竞争关系，而是存在着很强的合作基础。

（二）谈判进程与进展

在2012年的中日韩领导人会议上，三方宣布于2012年内启动三国FTA谈判，并于会后签署了《中华人民共和国政府、日本国政府及大韩民国政府关于促进、便利和保护投资的协定》。2013年，中日韩自贸区第一轮谈判正式启动。2019年，在韩国召开的第十六轮谈判会议上，三国就贸易规则等问题达成共识。在多轮谈判期间，三国就商品领域的"基本方针"、开放范围、谈判方式、服务和投资自由化、货物贸易、服务贸易、投资、协定范围领域、货物关税减让等核心议题展开集中谈判。但由于多方原因，迄今为止，谈判的象征意义大于实际意义，仅仅表达了三国财经界试图"政经分离"，即将领土争端区隔于经济合作之外的努力。可以说谈判进展十分缓慢，取得的成绩也比较有限。有关中日韩自由贸易区的探讨和互动仍处于起步阶段，离最终成型还有漫长的道路要走。这期间，充分论证和务实推进的态度很是关键。

（三）谈判进展缓慢的原因

中日韩自贸区谈判自2012年启动，截至目前，已举行16轮谈判，但由于三国利害关系错综复杂，谈判进展不顺。其原因如下：

（1）历史因素。政治互信对区域经济合作有重要影响。历史上日本曾经与中韩两国发生过多起冲突和战争，特别是20世纪日本对中韩殖民、掠夺、侵略的历史至今仍在中韩两国人民的心中留有深深的伤痕。加之现今日本对其罪恶的侵略历史不加悔悟的态度以及历史遗留下来的领土争端问题，所有这些敏感问题导致了中日韩三国之间难以形成政治互信，甚至造成了各国民族敌对情绪的高涨。复杂的历史恩怨和现实的利益冲突使得各国间的信任度较低，从而加大了自由贸易区建设的难度。

（2）美国因素。美国是构建中日韩自由贸易区的重要制约因素。美国在东北亚，特别是在中日韩三国拥有巨大的政治、经济和安全方面的战略利益，自然不能容忍三国实现经济一体化而自身只能作为局外人无动于衷。美国处处将中国作为假想敌，从内政到外交极力阻挠中国发展。在经贸领域，中国希望在亚洲建立由多个 FTA 组成的亚洲自由贸易体。美国难以接受亚洲经济由中国主导，高调加入 TPP，而且拉拢日本加入谈判，全面介入并试图主导东亚区域经济一体化进程；同时还暗中施压、阻挠中日韩自贸区谈判。而日本作为美国的"附庸"，必然积极配合美国，因此中日韩自贸区谈判困难重重。

（3）经济发展水平因素。中日韩三国经济发展水平参差不齐。从经济发展阶段来看，中国属于发展中国家，日本属于发达国家，韩国属于新兴工业化国家。从经济体制看，日韩是成熟度比较高的市场经济，而中国仍处在向市场经济转轨的进程之中。发展水平差距过大的国家间实施自由化贸易会对有关国家的产业造成较大冲击，差异明显的经济结构也使得各国需要进行经济结构调整的程度越高，面临的社会压力和阻力也越大。

尽管面临不少障碍，但建立中日韩自贸区是区域经济发展的大势所趋，也是三国深化经贸合作的必然选择。RCEP 的签署，为中日韩 FTA 的谈判带来了极大进展。2019 年，中日韩领导人会议上发布的《中日韩合作未来十年展望》明确，中日韩三国将在 RCEP 谈判成果的基础上，加快中日韩 FTA 谈判，力争达成全面、高质量、互惠且具有自身价值的 FTA。中国高度重视中日韩 FTA 谈判的重启，期待通过加强三国间的经济合作，共同促进区域一体化，推动共同繁荣，实现互利共赢。

第九章

国防与军事

"兵者，国之大事"，国防与军事问题关系国家的生死存亡。当今世界经历了数十年的多极化和全球化进程，绝大多数国家将和平与发展视为国家治理和维护国际秩序的基本理念。但不可否认的是，威胁国际和地区安全的因素正呈现出复杂化和多元化趋势。从历史上看，东北亚地区个别国家奉行的殖民主义和军国主义政策曾经给亚洲各国人民带来深重灾难，二战后遗留问题直到今天仍未完全得到解决。随着世界经济和战略重心加速向亚太地区转移，朝鲜半岛以及整个东北亚地区安全局势出现了更多的不稳定和不确定因素。俄乌冲突的政治军事影响不断外溢，在一定程度上增强了一些国家在安全领域的现实主义考量。在上述背景下，东北亚各国为谋求各自安全利益，普遍重视国防与军事建设，根据国内外形势变化不断调整国防政策和军事战略，优化军队体制编制，力争建设一支适合自己国情、适应多种威胁挑战的现代化军队。

第一节 东北亚国家的国防与军事战略

国防，是国家为预防和抵御武装侵略与颠覆，保卫国家主权、统一和领土完整所进行的军事及与之相关的政治、经济、科技、外交、教育等方面活动的总和，军事活动是现代国防的核心。军事战略是指导军事建设与运用的总体方略。军事战略的出发点和归宿是国家利益，国防政策与军事战略的制定要考虑到国家在特定阶段所处的安全环境、所追求的安全利益和安全目标。东北亚国家大小不一，面临的地缘安全形势不尽相同，追求的安全目标不同，各国国防政策与军事战略既有一定的共同性，更表现出各自的鲜明特点。

一、东北亚国家的国防政策和建军思想

国防政策是国家进行国防建设和军事斗争的基本行动依据。东北亚国家的国情和利益取向不同，奉行的国防政策也不尽相同。日韩两国由于与美国保持着军事同盟关系，国防政策体现出联盟性质。其他国家则奉行独

立自主的国防政策。在不同国防政策和军事战略的影响下，东北亚各国顺应新军事变革潮流，努力推进军事转型。

(一) 日本的国防政策和建军思想

二战后日本国防政策经历了由被动到主动、由内向到外向的"由守转攻"的变化历程。安倍内阁主政期间在"积极和平主义"主张下，迎合国内右翼势力，渲染周边"安全环境威胁"，屡次突破和平宪法限制，解禁集体自卫权，将防卫厅升格为防卫省，成立"国家安全委员会"，插手中国南海问题，显示出日本正在偏离"专守防卫"①的安保政策。日本2013年版《国家防卫计划大纲》认为，在国际层面，"应对新型威胁和影响和平、安全的多种事态成为紧要问题"，这些威胁和事态主要表现为地区纷争不断、领土主权和海洋权益争端凸显、大规模杀伤武器等进一步扩散、国际恐怖组织活动频繁，以及海盗活动猖獗等。此外，随着信息技术的发展，不仅要"确保对太空和网络空间的稳定利用"，还应认识到"精密制导武器相关技术、无人化技术等对军事战略及军力平衡产生的巨大影响"。在地区层面，将"中、朝、俄等国不断发展的军事力量"视为"地区安全威胁"，认为"有必要高度关注"朝鲜不断进行核试验、连续发射导弹，以及对日本进行"军事挑衅"等系列加剧地区紧张局势的行为。2013年版《国家防卫计划大纲》将中国在东海、南海正常的经济和军事活动视为安全威胁，对中国"在东海、南海海空域频繁的军事行动"，"划定东海防空识别区"，"扩大军事活动范围"等系列军事动向表示"强烈担忧"。② 2014年版《防卫白皮书》又将俄罗斯列入对其安全构成威胁的国家名单，认为克里米亚事件所造成的影响将涉及亚洲地区和世界各地，成为全球性问题。此外，"俄罗斯军队在日本列岛周边的活动日渐频繁，对日本的安全保障环境构成严重威胁"。岸田文雄上台后继续背离"专守防卫"原则，称中国为"迄今最大战略挑战"，大幅增加防卫预算，强调获取"反击能力"。

日本国防政策的一个重要方面是借助日美安全保障体制为其不断扩张的国防政策服务。冷战结束后，日美将安全保障体制的防卫范围逐步由日

---

① 即使有防御上的需要也不会对对方实行先制攻击，仅对真正攻击过来的敌军实行打击，并予以击退的方针。这是日本自卫队的基本战略、战术思想的主干。

② 胡琳：《日本新版〈国家防卫计划大纲〉浅析》，《国防研究参考》2014年第3期，第40页。

本及其周边扩大到整个亚太地区，日美防卫合作由战时扩大到平时。2005年2月举行的日美安全磋商委员会会议明确将两国安全防卫范围进一步扩大，指出两国合作的范围为"整个世界"，军事合作范围扩大到"在全球应对恐怖主义和大规模杀伤性武器等新威胁"。日本最新《防卫白皮书》表示"必须举全国之力，与同盟国伙伴国一道共同应对"所谓"安全威胁"，强调加强日美同盟的慑战能力。这表明，日本不仅将日美安保体制视为保障其本土及周边安全的手段，更是将其视为争夺亚太霸权、介入全球安全事务的重要途径。

2014年7月，日本通过有限解禁集体自卫权的内阁决议，其核心内容是如果与日本关系密切国家受到武力攻击，日本在必要最小范围内行使实力，作为自卫措施在宪法上应被允许。2015年7月和9月，日本分别在众议院和参议院通过新安保法案，从多方面大幅强化了日本自卫队活动能力。2018年12月，日本政府在内阁会议上正式通过了新版《防卫计划大纲》及《中期防卫力量整备计划》。新版《防卫计划大纲》重申了坚持"专守防卫"，不成为军事大国的基本原则。但同时也指出日本周边安保环境"严峻性和不确定性急速增加"。日本自卫队要进一步强化太空、信息等新领域的防卫能力，构建跨域作战体制。2022年12月，日本内阁会议正式通过了修改后的《国家安全保障战略》《国家防卫战略》《防卫力整备计划》三份重要战略文件，明确提出要从根本上强化防卫力量，提升"反击能力"，加强同盟慑战能力，发展远程打击力量。这是继允许行使"集体自卫权"之后，日本安保政策的又一重大转变，表明日本决意进一步背离"专守防卫"的原则。2023年12月，日本召开临时阁僚会议及国家安全保障会议，修改了《防卫装备转移三原则》及其实施方针，进一步放宽出口武器装备限制。[①]

根据岸田文雄政府的安保计划，日本自卫队今后将强化"反击能力"，为此将重点发展7个方面的能力，即防区外防卫能力、联合防空反导能力、无人装备防卫能力、跨领域作战能力、指挥控制与情报能力、机动部署与保护国民能力、"持续性与强韧性"能力。自卫队将在5年内投入5万亿日元，通过自研和外购的方式装备远程导弹，包括采购美国"战斧"巡航导弹、增程型联合防区外空对地巡航导弹等，将"反击能力"延伸到"敌

[①] 《日本国家概况》，中华人民共和国外交部网站，2023年12月，https：//www.mfa.gov.cn/web/gjhdq_676201/gj_676203/yz_676205/1206_676836/1206x0_676838/。

国"本土深处的陆基军事目标。无人机方面，继2022年10月部署8架美制MQ-9"死神"无人机之后，自卫队将在2025年前后部署数百架攻击无人机，机种包括以色列"哈洛普"、美国"弹簧刀"及土耳其TB-2等。网络战领域，防卫省计划在2027年前将网络战部队专业人员扩充至4000人，总人数将达到2万人。信息战领域，计划于2025年前在海上自卫队创设基干部队"信息战部队"，担负干扰敌国指挥管制系统和应对虚假信息扩散等，规模约2000人；2027年前，在陆上自卫队组建专门的信息战部队，负责情报收集与分析、发布"正确信息"等职能。此外，为实现日美军事同盟的"高度一体化"，日本防卫省提出在2027年前设立统领陆、海、空自卫队的联合司令部，专职作战指挥等部队运用事宜，与转型后的驻日美军司令部"统一领导两国地区联合部队"。

（二）韩国的国防政策和建军思想

韩国长期以来围绕抵御"北方军事挑衅"、半岛统一和无核化问题制定并推行国防政策。一方面，为改善韩朝关系，韩国借助政治外交手段直接或间接与朝鲜保持接触，金大中执政时期甚至推出了对朝"阳光政策"，文在寅政府也主动推进南北对话。但实际情况表明，韩国对朝政策受多种因素影响，难以保持持久性。另一方面，韩国积极推进军队现代化建设，力争以强大的军事力量确保国家安全。鉴于外部安全环境发生深刻变化，韩国对国家安全面临的威胁进行了重新评估。2013年8月出台的《韩国国防部国防目标修正案》指出，21世纪存在着诸多不确定因素，韩国面临着多元化的安全威胁。除朝鲜外，该修正案将中国、日本和俄罗斯列为对韩国构成长期威胁的国家，因此其防御理论逐步由以朝鲜为主要防御对象，转变为应对多元威胁的"全方位防御概念"。[①] 2018年文在寅政府出台《和平与繁荣的韩半岛》战略文件，重视和平解决朝核问题及停和机制转换。2023年2月，尹锡悦政府上台后首次发布《2022国防白皮书》，时隔6年再次称朝鲜为"敌人"，同时将俄乌冲突、俄罗斯与西方博弈持久化纳入不安全因素，认为这使全球安全局势增加更多不确定性。同年6月，韩国发布新版安全战略文件，称朝鲜为最大安全威胁，韩国的首要任务是应对朝鲜核武器带来的风险；同时体现了尹锡悦政府加强韩美同盟、韩美日安全合作，以及"基于原则实现韩朝关系正常化"的基调。

---

① 刘吉文：《韩国军队军事转型及其特点》，《国际研究参考》2014年第4期，第21页。

东北亚概论

在保障国家安全的模式选择上，韩国传统上倚重韩美军事同盟关系，借助驻韩美军遏制军事威胁。自 20 世纪 70 年代初以来，韩国"自主国防"意识逐渐增强，随着国防工业水平的提高，各军兵种装备水平和自主作战能力得到实质性提升。但是时至今日韩国"自主国防"的愿望并未得到真正实现，1994 年，韩国收回了美军的平时作战指挥权，但战时作战指挥权仍掌握在美军手中。按照韩美两国先前达成的协议，美军应在 2012 年将韩军战时作战指挥权交由韩国，但实际上两国多次决定推迟指挥权的移交。《2022 国防白皮书》再次强调韩美同盟和军事安保合作的地位作用，明确双方将扩大合作范围，并深化太空、网络和国防科技等领域合作。

韩国遵循"质量建军"思想，以提高独立作战能力为中心，提高联合作战能力和快速反应能力，加快武器装备"国产化"步伐，致力于建立一支军兵种齐全、攻防兼备、反应灵敏、生存力强、信息化水平高的军事力量，以适应现代条件下防御作战、主动进攻和及时反击的需要。综合而言，韩军改革与发展的基本思路主要体现在以下方面。一是理顺军事指挥体系，加强三军联合一体行动能力。具体措施是由联合参谋本部议长统一指挥作战系统和支援系统，实现军事指挥一元化；成立联合司令部，指挥三军联合作战；构建新型韩美军事同盟，强化自主作战能力。二是整合军事力量结构，突出重点防卫打击能力。韩军确立了"压缩陆军，适当扩充海、空军，实现三军均衡发展"的编制调整方针，使兵力结构更能适应未来高技术战争的需要。韩军近年来按计划组建了陆军山地旅、海军潜艇司令部、空军航空情报团和卫星监视管制队等，提升了高技术条件下特种作战能力。三是更新武器装备，提升一体化打击能力。韩国海军于 2012 年 8 月列装的第三代国产 KDX–III 型"宙斯盾"导弹驱逐舰"世宗大王"号，采用隐身设计，装备了一体化指挥控制系统和美制 Baseline 7 Phase 1 防空系统，可以装载 16 枚舰对舰导弹和 128 枚防空导弹和鱼雷，能够在 1000 千米范围内同时搜索、跟踪 900 个飞行目标。继"世宗大王"号之后，新一代"宙斯盾"驱逐舰"正祖大王"号于 2022 年 7 月举行了下水仪式。"正祖大王"号在指挥控制和垂直发射系统等方面都得到更新换代，具有更强大的海基反导和区域防空能力。四是依托高新技术，提升国防信息化水平。为促进军队信息化建设，韩国成立了专门的国防信息化促进委员会，出台了《国防信息化法》等法规文件。韩国"国防综合 C^4ISR 系统"由战略 C^4ISR 系统、战术 C^4ISR 系统和侦察预警体系组成，其中战术 C^4ISR 系统又分为陆、海、空军三个分系统。2023 年，韩国密集发布国防与军事领域纲领性指导文件，规划未来韩军发展方向。《国防改革4.0》基本计划和《2023—2027国防中期计划》指出，韩国将利用第四次工业革命科技成果，重点聚焦5个领域和16个优先课题，推进"AI科技强军"建设，提升军队网状指挥控制与杀伤能力、无人警戒与反击能力、"全域综合"与"混合运用"作战能力，为此韩国计划在未来5年投入331.4万亿韩元，加快研制列装新一代战斗机、潜艇、"宙斯盾"驱逐舰和防空反导系统。还计划推进军事卫星建设项目，分阶段建设太空预警、侦察和监视系统，提高太空自主侦察监视能力。[①] 韩国还将继续购买包括F-35A战斗机、"标准"-6舰空导弹等在内的美国武器，以加快提升韩军信息化攻防能力。

（三）俄罗斯的国防政策和建军思想

俄罗斯基于与西方关系和国内经济社会状况的发展变化，不断修正对自身安全态势的评估，国防政策经历了由收缩内敛到强硬外向的调整过程。21世纪初，俄罗斯认为多极世界格局正在形成，俄罗斯应积极改善与美国和欧洲的关系，以求最大限度获取经济和安全利益，在国防安全领域推行"综合安全观"，希望通过发展经济及其他多种手段增强国家实力、维护国家安全。但20余年来，北约不断东扩、格鲁吉亚和乌克兰国内政治剧变、美国势力向中亚渗透等一系列事件的发生，使俄罗斯安全空间一再受到挤压。尤其是俄乌冲突爆发以来，美西方国家在政治、军事、经济、外交等领域对俄罗斯实施了持续而全面的制裁，彻底打破了俄罗斯对美西方国家的安全"幻想"。当前俄罗斯认为，美国和北约对俄罗斯构成最大安全威胁，具体表现为：美国发展全球导弹防御系统，计划在欧洲和亚太地区部署中短程导弹，北约军力增强并不断东扩，美国及其盟友对俄罗斯实施遏制政策，在政治、经济、军事和信息等领域对俄罗斯施加压力与制裁，挑动和支持乌克兰对抗俄罗斯。基于此认识，俄罗斯在综合运用政治、外交、经济、信息等多种手段应对多元威胁的同时，更加重视军事手段在国家安全保障中的地位，强调必要时应"先发制人"，将威胁拒于国门之外。为此，俄罗斯将继续"保持相应水平的核遏制潜力"，完善常规武装力量建设，打造非对称作战能力，以有效维护强国地位，应对内外部威胁。

---

① 陈岳、张元勇：《韩国发布新版国防改革计划》，《解放军报》2023年3月10日。

为建设一支"精干高效、装备精良、训练有素"的现代化职业军队，俄罗斯进行了数次军事改革，其中2008年开始的"新面貌"军事改革幅度最大，影响最为深远。这次改革反映了俄军新时期建军思想的基本内容。一是理顺领导指挥体制，提升军队运行效率。2013年7月俄罗斯总统普京批准的《俄罗斯联邦武装力量总参谋部条例》规定，"总参谋部是国防部的中央军事指挥机关，受国防部长的领导"，这一规定改变了此前总参谋部权力过大、军政军令不分的局面，同时剥离了总参谋部的行政管理职能。二是在重组军区基础上构建联合作战指挥体系。2010年12月，俄军将原来的6个军区合并为4个，即西部军区、东部军区、南部军区和中部军区，同时以军区司令部为基础组建联合战略司令部，联合战略司令部对军区辖区内的陆海空军常规力量和其他强力部门部队实施统一的作战指挥。为更有效地保卫俄罗斯在北极地区的利益，2014年12月，俄罗斯组建北方联合战略司令部，2021年12月将其升格为北方军区。三是精简员额，压缩机关。2012年俄军将总员额从113万减至100万，其中重点裁减了中央机关和后勤保障部门的军官员额，将官由1107人减至877人，上校由25665人减至9114人。四是优化结构，突出新型战斗力建设。为有效提升战略预警、太空监视和防空反导能力，2011年俄军在原航天兵基础上组建空天防御兵，2015年8月又将空军与空天防御兵合并，组建新的军种——空天军，实现了空天一体、攻防一体的空天作战思想。五是提升武器装备现代化水平，着重发展信息化、智能型武器。根据俄军武器装备发展规划，除根据叙利亚作战和俄乌冲突中作战实践暴露出的问题继续更新现有主战装备外，还将按照"非对称"战略重点发展"最前沿技术和新概念武器"，包括人工智能和机器人装备、高超声速武器和基于新物理原理的打击兵器。

（四）蒙古国的国防政策和建军思想

蒙古国地处中国和俄罗斯两个政治和军事大国之间，这种地缘政治特点使蒙古国将与中俄两大邻国保持友好关系作为国防政策的立足点，将政治与外交作为和平解决国防安全问题的优先选择。为平衡中俄两大力量，蒙古国在奉行对中俄"等距离"地缘安全政策的同时，积极引入地区外力量作为"第三邻国"①，借此最大限度提高本国地位，保持国家的独立与主权。蒙古国以全方位边防为方针，基本形成了以首都为中心、以部分重要

---

① 蒙古国"第三邻国"的概念并不局限于国家共同体，还包括国际和区域组织。

边境省份为重点的边防体系,有效加强了以边防为主的全面国防建设。

冷战期间,蒙古国的防务由苏联驻军承担,蒙军则仅充当苏军旗下的一个战役兵团。1993年底,驻蒙俄军全部撤离,蒙古国迎来"自主国防"时代。1994年,蒙古国明确提出"立足本国、自主防卫"的国防新战略。1995年起,蒙古国每10年发布一版《武装力量建设发展纲要》。蒙古国坚持以有限自卫为根本原则发展国防军事力量。1994年出台的《蒙古国国家安全战略构想》指出,"要拥有一支能够保卫国家的独立自主、领土完整、边疆安宁的国家武装力量和其他军队"。为适应现代信息化条件下的局部战争,蒙古国武装力量进行了作战部队小型化改革,取消了摩步旅和炮兵旅,将其改编为6个摩步团、1个炮兵团、1个维和摩步营和1个特遣营。独立作战单位从过去的摩步旅下调为摩步团。①

蒙古国十分重视借助军事合作推进武装力量建设。根据蒙古国武装力量建设发展规划,蒙军不断改革组织结构以适应非传统安全威胁的新环境,增强武装力量参与联合国维和及其他国际行动的能力,进而全面提升参与反恐特别行动,以及在发生公共自然灾害、生产事故和其他非传统危险时的应急和处置能力。加大对外军事合作,尤其是同美、俄、中的军事交流,积极参与联合国维和及其他国际军事行动仍将是蒙古国武装力量未来发展的重要方向。蒙古国通过武装力量在对外军事合作中的积极姿态和表现,不仅向国际社会展示宣传了自己,还获得了由联合国和其他国家提供的军事财政支持、国际社会的大量援助贷款,同时军队在国际合作中积累了丰富的作战经验,军人素质得到提升。

二、东北亚国家的军事战略目标

两极对抗结束后,东北亚地区原来被冷战格局所束缚的矛盾逐渐显现。各国在安全目标、利益取向和安全战略上产生不同程度的交叉和对抗,加上外部势力的影响,东北亚成为受冷战思维残余影响最深重的地区之一,至今难以形成稳定长效的安全协作机制,安全形势总体上呈现出从和平合作为主线,矛盾对抗时而尖锐的错综复杂局面。就国家安全形势而言,日本、朝鲜、韩国和蒙古国国内形势相对稳定;俄罗斯联邦立国之初,国内民族分离主义和恐怖主义势力猖獗,一度危及国家主权和领土完整,两次大规模军事行动后国内安全形势总体趋稳。21世纪初以来,随着

---

① 海镜:《揭开蒙军的神秘面纱》,《解放军报》2018年8月30日。

外部安全形势的变化，东北亚多国军事战略表现出较为明显的"外向型"特点，试图以更加积极的态度和更加主动的手段谋求自身利益，以及参与国际安全事务。

（一）保卫国家安全，为国家发展创造有利的周边环境

捍卫国家主权和领土完整，是一个国家军队的基本职能，也是大多数国家军事战略的根本目标。东北亚国家大多经历过外敌入侵或被殖民的历史，历史教训与现实挑战促使域内各国普遍重视武装力量建设。

日本《自卫队法》规定，自卫队是国家的防卫组织，其基本任务是保卫国家和平、独立与安全，应对直接侵略和间接侵略。近些年来，为谋求政治和军事正常化，日本政府在"积极和平主义"主张下，不断变相解释甚至突破《和平宪法》第九条的限制，赋予自卫队更多动用武力的权力。早在2013年12月，日本内阁会议通过的《2014年防卫计划大纲》就指出：围绕领土、主权、海洋经济权益等引起的灰色争端呈现增加趋势，中国是令其"十分担忧"和"强烈关注"的对象；朝鲜坚持开发核武器和弹道导弹，对日本安全造成"重大而紧迫的威胁"。鉴于此，日本长期将中国和朝鲜视为主要防范的作战对象，将军事力量视为"国家安全的最终保证，是坚决捍卫国民生命与财产、领土、领海和领空安全的意志与能力的体现，保障国家安全的根基唯有日本自主的防卫努力"[1]。2015年9月通过的新安保法案提出"灰色地带事态"概念，即当出现诸如外国武装集团登陆岛屿、外国军舰侵入领海、日本民间船舶在公海遭到攻击等紧急情况下，首相有权向自卫队下达行动命令。新安保法案还界定了所谓"存立危机事态"，认为在"日本或与日本有密切关系的国家遭到武力攻击，日本的生存处于明显危险境地，民众生存、幸福和自由权受到威胁"的情况下，即使日本没有直接受到攻击，也可对他国行使武力，再次突破了自卫队只有在本国受到直接攻击时才能使用武力的界限。

韩国政府鉴于半岛现状和威胁多元化趋势，在冷战结束后逐渐调整军事战略，由"对北为主"改变为同时应对重点方向威胁、潜在威胁和非军事威胁，通过"积极遏制"战略阻止外部侵略与挑衅，以构建强大的国防能力，保护国民生命安全和维护半岛和平稳定。文在寅政府上台后发布《2018国防白皮书》，删除了"朝鲜政权与军队是敌人"的表述，将"威

---

[1] 郭庆宝：《从新大纲看日本未来军事发展走向》，《亚太安全与海洋研究》2014年第2期，第50—51页。

胁和侵犯韩国主权、领土、国民生命、财产安全的一切势力"视为敌人，淡化了针对朝鲜的敌对色彩。尹锡悦政府上台后，提出"威慑、劝阻及对话"的对朝政策，在促朝弃核方面立场趋于强硬。韩国《2022国防白皮书》指出，当前传统与非传统威胁叠加，竞争和"灰色地带"冲突成为常态，韩国面临的安全环境日益复杂严峻。主权争端、热点争议问题等导致地区传统安全威胁持续存在。气候变化、恐怖袭击等非传统安全威胁不断加剧，太空、网络、电磁等领域竞争日趋激烈，并引发安保模式变化。在对朝政策上，该白皮书重新将朝鲜定位为"敌人"，渲染朝鲜核武器和导弹威胁，表示将重新修订"针对性威慑战略"，根据不同情况制定具体应对方案，为此韩国将通过扩大韩美同盟合作和推进国防改革来提升防卫能力。

俄罗斯针对冷战后美国的战略围堵和北约东扩的地缘政治现实，不断调整军事战略。《俄罗斯军事学说》指出，北约增强其潜力并不断东扩，他国在临俄国境部署并使用军事力量，在俄周边部署战略反导系统，个别国家觊觎俄领土、干涉其内政等，是现阶段俄面临的主要军事威胁。此外，恐怖主义、大规模杀伤性武器扩散、信息和文化领域威胁等非传统威胁正在增加，因此俄武装力量的首要任务是"保卫俄罗斯联邦主权、领土完整不受侵犯"，为此俄将采取核常并重的战略遏制措施。俄乌冲突爆发后，俄军高层极为重视应对全方位威胁的"混合战争"战略。俄军总参谋长格拉西莫夫指出，俄应综合采用军事、政治、经济、外交、文化等多种手段，将常规性与非常规性战争方式相结合，全面保障国家安全。在兵力部署上，俄罗斯以西部方向为军事战略重点，并逐步优化西南、远东和北极方向的力量配备。

蒙古国地处亚洲大陆深处，人口只有300余万（2023年统计），军队规模相对较小，从20世纪90年代中期起，蒙古国奉行优先采取政治和外交手段实现自卫目标的国防政策。1994年出台的《蒙古国国家安全战略构想》确定了"依靠本国力量，开展自主防卫"的军事战略思想，提出建设一支"能够保卫国家的独立自主、领土完整、边疆安宁的国家武装力量和其他军队"，[①] 要求本国武装力量能够应对小规模的军事冲突和作战，在遭受武装侵略时，对所有兵力兵器和潜力进行总动员，在全民参加的基础上

[①] 张秀杰：《蒙古国的国家安全战略及中蒙安全战略关系》，《当代亚太》2005年第11期，第26页。

组织局部防御，牵制和抗击入侵者，开展自卫武装斗争。2010年版《蒙古国国家安全战略构想》延续此前一贯的不结盟政策，明确"蒙古国不参与任何同盟和军事集团，不支持因第三国利益将本国领空、领土为其所用"。

（二）参与国际安全事务，应对多元安全威胁，为维护和拓展国家利益、提升国际事务话语权提供有力的军事支撑

随着全球化进程不断深化，国际安全形势发生了重大变化。在超级大国和地区强国争夺霸权、相邻国家谋求发展甚至扩张的过程中，不可避免地产生利益冲突，从而引发局部地区武装对抗或内战频发。国际恐怖主义势力不断分化组合，恐怖活动日益猖獗，对国际安全的威胁呈现上升势头。这些变化对东北亚国家的安全环境提出了新的挑战，也为个别国家调整安全政策和军事战略、更多介入国际安全事务提供了新的机遇和借口。

1. 参加国际维和行动

维和行动是根据安理会或联合国大会通过的决议，向冲突地区派遣军事观察团或维持和平部队，以恢复或维护和平的一种行动。参加国际维和行动，不仅可以加速锻炼部队，提升战斗力，还可以了解世界新军事变革现状和发展趋势，开阔军队的视野。20世纪90年代初以来，东北亚各国除朝鲜外，均积极参加国际维和行动，且参加规模日益扩大。

日本于1991年4月首次突破《和平宪法》第九条的约束，向海湾地区派出了由6艘扫雷艇和510名官兵组成的扫雷舰队。1992年6月，日本出台《联合国维持和平行动合作法》，提出"为了维护世界和平和安全，日本将大力支持并参与根据联合国决议实施的维和行动及其他行动"，为日本以联合国名义向境外派兵提供了合法借口。日本先后参加了联合国在安哥拉、柬埔寨、莫桑比克、萨尔瓦多、卢旺达、叙利亚、东帝汶、伊拉克、海地、戈兰高地等地实施的维和行动。在早期的维和行动中，日本派遣的多是非战斗人员，主要从事医疗、运输、通信、抢救灾民等后方支援活动。例如，1996年日本派出45名军人参加联合国在叙利亚戈兰高地的维和行动，其主要工作是"运输食品、筑路、设备维修、人道主义救援、交换战俘与士兵遗体、组织跨境失散家庭团聚等"[1]。"9·11"事件后，日本国会迅速通过《联合国维持和平行动合作法》修正案，放宽了自卫队参加维和行动时武器使用的限制，规定参加维和行动的日本自卫队可参与

---

[1] 孙德刚、陈友骏：《试析日本在吉布提军事基地的部署与影响》，《国际展望》2015年第3期，第145页。

第九章　国防与军事

监督停战或收缴武器等维和行动的主体业务。

韩国认为,韩国能够从朝鲜战争的战火中重生并创造"汉江奇迹",正是得益于"联合国军"的参与和保护,以及美国等国提供的各项援助和复兴计划,因此韩国应当通过维和行动和提供援助来回馈国际社会。从李明博时代起,韩国领导人就一致认为,随着经济实力的不断增强,韩国应当成为"全球性的韩国",应当承担更大的地区和全球责任,参加国际维和、对外援助是扩大国家影响力的一个重要途径。2008年,韩国防部长韩升洙表示,"韩国的经济实力跃升到世界的第12位,但韩国参与联合国维和行动的规模仅列第37位。为了实现同经济实力相称的国际地位,今后韩国将更加积极地参与联合国维和行动,以拓展韩国的国际政治空间"。[1] 韩国从1993年7月起开始参加联合国维和行动,陆续向索马里、西撒哈拉、克什米尔、安哥拉、东帝汶、塞浦路斯、利比里亚、阿富汗、伊拉克、布隆迪、黎巴嫩、海地、南苏丹等10余个国家和地区派遣了维和部队或观察员,派遣人数达到1.3万人,执行的任务范围包括维持停火、战后重建、人道主义救援、选举监督、医疗救护等活动。韩国参与国际维和行动的重要特点是"先维和后经贸",注重维和行动与战后和平建设的有机结合,这样既可推动受援国实现长期和平,也有利于加强韩国与当地的战后经济联系,"让韩国得到了经济上的实惠,先期投入得到了回报"[2]。

俄罗斯从1991年起参加各种规模的维和行动,曾经或正在执行维和任务的地区和国家有南奥塞梯、阿布哈兹、德涅斯特河沿岸地区、塔吉克斯坦、波黑、科索沃、安哥拉、乍得、中非共和国、塞拉利昂、苏丹、纳卡(2024年1月1日停止存在)等,并且向中东地区、西撒哈拉、民主刚果、科特迪瓦、利比亚和苏丹派驻有军事观察员。俄罗斯维和行动的一个显著特点是,除参加联合国框架内的维和行动外,更加积极地在独联体范围内组织参与维和行动。俄罗斯认为,经独联体国家首脑委员会授权,即可在独联体范围内行使维和职能。目前俄罗斯在南奥塞梯、阿布哈兹和德涅斯特河沿岸地区、纳卡共派驻约6500名的维和人员。

蒙古国注重通过包括参与国际维和行动在内的多种途径扩大军事合

---

[1] 赵建明:《试析冷战后韩国的联合国维和行动》,《国际论坛》2010年第1期,第23页。

[2] 赵建明:《试析冷战后韩国的联合国维和行动》,《国际论坛》2010年第1期,第22—24页。

作，提升国际战略地位。蒙军方纲领性文件《至2015年蒙古国武装力量建设发展纲要》中就明确指出，积极参与联合国维和及其他国际军事行动是蒙军在和平时期的首要任务之一。蒙古国于1999年、2002年分别向科索沃和刚果（金）派遣了军事观察员，2003年9月应美国要求向伊拉克派出了首批174名维和人员，并先后参加了塞拉利昂、阿富汗、乍得、埃塞俄比亚、格鲁吉亚、南苏丹、海地等地区的维和行动，参加的军事人员达8000余人。[①] 由于蒙古国武装力量近年来着力瞄准的核心发展方向就是"维和"，因此蒙古国和美国主导的"可汗探索"系列演习也将主题聚焦于国际维和行动。2018年6月，"可汗探索-2018"多国维和军演在乌兰巴托举行，来自蒙、中、美、日等26个国家的1400多名军人，围绕区域防卫、暴乱控制、警戒搜索等10余个课目展开联合演习。

2. 参加国际反恐、反海盗行动

"9·11"事件后，打击恐怖主义成为国际安全领域最为迫切的共同任务。通过参加国际反恐行动，一方面既能为维护共同安全作出贡献，又有助于提升国家的国际地位，增进与其他国家的军事交流。另一方面，通过海外护航、打击海盗等举措，可在维护国际航道安全、保卫海上航行权益的同时，更加直接地为军队提供远洋训练和作战的锻炼机会，因此东北亚各国除朝鲜外均积极参加国际反恐和海外护航行动。

日本于2001年10月通过《反恐怖特别措施法》，允许自卫队派兵为阿富汗反恐作战提供后勤支援。阿富汗战争期间日本政府向印度洋派遣了3艘驱逐舰、2艘补给舰以及1200余名自卫队官兵，此外自卫队还频繁派遣运输机执行为美军运送补给的任务。2008年3月，日本组建完成"中央快速反应集团"，该集团直属防卫省，编制员额4200人，其主要任务之一是参加反恐和维和行动。2009年5月，日本政府首次派遣由150名队员组成的自卫队部队前往亚丁湾执行反海盗任务。为实现海外长期驻军的目的，2009年日本以开展反海盗行动为理由，租借吉布提国际机场附近的12公顷土地建设军事基地，2011年6月正式投入使用。该基地建有可容纳3架P-3C反潜巡逻机的停机坪，常驻自卫队员约180人。据日本防卫省统计，截至2019年1月31日，日本根据《应对海盗法》在亚丁湾索马里海域执行护航804次，护卫3870艘船舶，其中与日本相关船舶702艘，外国船舶3168艘，为保护国际航道免受海盗袭

[①] 李路：《蒙古为什么被称为"维和大国"》，《中国青年报》2018年6月28日。

扰作出了相应的贡献。①

韩国于2009年3月派遣由1艘驱逐舰和300名士兵组成的部队赴索马里附近海域执行国际护航任务，实现了韩国真正意义上的海外派兵夙愿。2011年1月，韩国政府授予韩国海军与索马里海盗的交战权，提升了韩国军队在海外动武的级别。2011年1月21日，为营救被索马里海盗劫持的韩国商船，韩国海军护航编队实施了代号为"亚丁湾黎明作战"的营救人质行动，成功解救了被索马里海盗劫持的21名船员。2014年12月，韩国国会国防委员会通过《有关国军参与海外派遣活动的法律案》，放宽韩国派兵条件，规定韩国军队可以在盟国联合行动框架之外遂行海外作战权，但派兵规模和期限需要获得国会的同意。②

俄罗斯为消除境外恐怖组织对境内的渗透，积极参加国际反恐合作与反恐行动。2001年6月，俄罗斯主导成立独联体反恐中心，2009年2月又组建独联体快速反应部队，以应对独联体范围内的恐怖主义挑战。为支持在阿富汗境内开展的反恐行动，2008—2009年俄罗斯与北约、美国达成协议，允许北约和美国通过俄境内铁路系统运输非军用物资，允许美国通过俄罗斯领空运输军事装备与人员。近年来，俄罗斯把境外反恐、护航行动纳入国家安全战略保障体系，不仅将其作为消除潜在威胁、维护国际安全的措施，更将其视为显示军事实力、恢复大国地位、维持地缘战略利益的重要手段。2015年9月30日起，俄罗斯对叙利亚境内的"伊斯兰国"恐怖组织展开大规模反恐作战行动，借此缓解了巴沙尔政府的政治、军事困境，更为重要的是，强化了俄罗斯在中东地区的政治、军事存在，同时对西方国家因乌克兰问题而对其施加压力的做法进行了强力回应。

蒙古国于2009年11月派遣150名军人，赴阿富汗参加美国和北约主导的反恐行动，成为第45个正式向阿富汗派兵的国家。据不完全统计，蒙古国共派出1400余名军人参加了美国主导的反恐战争。

（三）打击国内民族分离势力和宗教极端势力，协助抗灾救援，为经济社会发展创造稳定的国内环境

东北亚各国军队的对内职能突出表现在两个方面：一是协助维护社会

---

① 沈诗伟：《护航十年，日本亚丁湾布局转型升级》，《世界知识》2019年第6期，第26—27页。

② 《韩国出台首部扩大海外派兵法案 放宽派兵条件》，人民网韩国频道，2014年12月3日，http://korea.people.com.cn/n/2014/1203/c205552-8817442.html。

治安，保障政权稳定和国家统一；二是应对突发灾难，保障民众生活安定。

俄罗斯北高加索地区由于民族组成复杂，经济发展滞后。苏联解体后，民族分离势力和宗教极端势力煽动当地民族情绪，在北高加索地区以及莫斯科等大城市频繁发动恐怖袭击。俄罗斯政府分别于20世纪90年代中期和21世纪初，使用国防部、内务部等强力部门的力量，在北高加索地区实施了两次反恐战争，重创车臣恐怖势力。目前俄罗斯境内恐怖主义性质的非法武装组织数量骤减，但个别极端主义和分离主义势力仍未根除。俄罗斯部署在北高加索地区的陆军第58集团军、空降兵第7空降强击师等部队的一项重要任务就是搜集恐怖分子情报、实施反恐作战，维持当地社会安定。

东北亚其他国家军队的对内职能更多体现在应对突发灾害方面。日本《自卫队法》规定，自卫队的任务之一是"在必要时负责维护公共秩序和抢险救灾"。日本是地震多发国家，9月1日是日本"防灾日"，自卫队每年都要参加"防灾日"的救灾综合演习。日本政府认为，在大规模灾害发生时应充分发挥自卫队的机动性和各种经验与职能。2011年3月11日，日本东北部海域发生里氏9.0级大地震后，自卫队利用高效的指挥机制与快速投送能力，24小时内将近10万名自卫队员投送到灾区展开救援行动。2018年7月，日本西部地区遭受特大暴雨灾害期间，自卫队迅速成立灾害对策本部，出动自卫队员3万余人、舰船28艘、各型飞机38架，开展灾情勘察、灾民救助、物资投送、废墟清除、道路修建等工作。

抢险救灾也是韩国军队的职责之一，陆海空各军种都有指定的"灾难迅速应对部队"或"搜救部队"，这些部队经常进行专业的抢险救灾演练，并根据需要参加重大自然灾害的应急救援工作。2022年，韩国江原、庆北地区和密阳、蔚珍郡发生山火灾害，国防部出动1.7万余名军人投入救援。韩国国防部计划于2023年构建国防统合灾难管理信息体系，实现与其他灾难管理机构的实时信息共享，以便快速应对各种灾害。

蒙古国国防部设有民防中央司令部，下辖民防部队。民防部队平时的训练科目主要包括水上救援、架桥、防化、医疗救护、跳伞、消防、人员后送等内容。蒙军在演习中重视非传统课目的演练，民防、抢险救灾、反恐等课目在近年来的大型演习中所占比例明显上升。

第二节 东北亚国家的国防和军队体制

国防和军队体制是国家为进行国防建设和军备而确立的组织体系及相应制度,是维系国家安全不可缺少的组织体系。国防和军队体制受到国家制度、军事传统等因素的影响和制约,东北亚国家的国防与军队体制都各具特色。

一、国防领导体制

日本首相是国防组织的最高领导人和所有军事力量的最高统帅,对自卫队行使最高指挥监督权。内阁会议是国防问题的最高决策机构,负责对提交国会审议的有关国防问题的法律草案、预算草案等作出决议,制定有关政令,决定有关国防的重大方针和计划。安全保障会议是国防问题的最高审议机构,由首相、外务大臣、财务大臣、内阁官房长官、国家公安委员长、防卫大臣等内阁主要成员组成,负责审议国防基本方针、国防计划大纲、作战行动等有关国防问题的重要事项,以及重大紧急事态的对策等。进入 21 世纪,日本对军事指挥机构进行如下调整:2006 年撤销参谋长联席会议,在防卫厅设立联合参谋部;2007 年将防卫厅升格为防卫省,防卫厅长官升格为防卫大臣。防卫省是在首相领导下处理国防事务的指挥监督与行政机关,下设大臣官房、防卫政策局、运用企划局、人事教育局、经理装备局、地方协力局、联合参谋部、技术研究本部、装备设施本部、地方防卫局等机构。目前,联合参谋部是自卫队最高军事指挥机构,对陆海空三军实施统一指挥与作战运用,下设总务部、运用部、防卫计划部、通信信息系统部、情报本部和联合参谋学校。联合参谋部设联合参谋长、副参谋长各 1 名。联合参谋长为最高军事长官,上将军衔,由陆海空三军参谋长轮流担任,主要职责是充当防卫大臣的高级军事顾问,就自卫队建设事宜提供建议。自卫队总体形成"防卫大臣—联合参谋长—陆上总队司令(联合舰队司令和航空总队司令)—任务部队"四级常态领导指挥体制。2022 年 6 月,防卫省决定正式设立统一指挥陆上、海上、航空自卫队的"统合作战司令官"职位及"统合作战司令部"。日本此举旨在进一步完善自卫队军令体系,指向的是未来作战。① 2024 年 4 月,日本《防卫省设置法》等的修正案在众院全体会议上开始审议,主要内容便是设立"统合作战司令部"。政府力争在本届国会上通过修正案,司令部在 2024 年度末启动。该司令部将设在东京市谷,以 240 人规模起步,作为"一把手"设置与陆海空参谋长同级别的将官"统合作战司令官"。该司令官负责部队运用,而防卫省武官"一把手"联合参谋长则将专注于辅佐防卫大臣。②

韩国总统为国家一切武装力量的最高统帅。国家安全保障会议是韩国国防的最高决策机构,由总统担任主席,成员包括国务总理、国防部长、国家安全企划部部长、联合参谋本部议长和政府有关部长。总统通过国防部对军队实施领导和指挥。国防部是武装力量最高行政机构,主要负责制定国防政策和军队建设计划,国防部下设联合参谋本部,另外还设有机务司令部、宪兵司令部、医务司令部、军需司令部、中央综合防卫会议、中央兵务厅、国防大学。联合参谋本部是武装力量最高作战指挥机构,联合参谋本部议长在国防部长的直接领导下指挥和监督三军作战部队,组织实施作战行动。联合参谋本部统帅三军本部,下辖战略企划、情报、作战、人事企划、协同作战战略、指挥控制通信、军需企划等参谋部门,另外设有通信室、军事研究室和秘书室等部门。韩美两国建有联合作战指挥体制,韩美最高军事指挥当局通过韩美军事委员会和韩美联合部队司令部,指挥韩国境内的作战活动。从 1994 年 12 月 1 日起,美军将平时地面部队的作战指挥权移交给韩国;战时,仍由双方最高军事当局共同指挥双方在韩军队。

俄罗斯国防领导体制由总统、联邦安全会议、国防部、总参谋部等多级机构组成。《俄罗斯联邦宪法》规定,总统是武装力量的最高统帅,对武装力量实施全面领导和指挥。俄罗斯联邦安全会议是国家安全领域的最高咨询机构,负责评估国家安全形势,拟制国家安全与军事建设的政策、

---

① 文威入:《日本拟调整自卫队指挥体制》,中国军网,2022 年 6 月 13 日,http://www.81.cn/wj_208604/10162950.html。

② 《日众院开始审议修改法律以设立"统合司令部"》,共同网,2024 年 4 月 4 日,https://china.kyodonews.net/news/2024/04/70df17b28f1b.html?phrase=%E7%BB%9F%E5%90%88%E4%BD%9C%E6%88%98%E5%8F%B8%E4%BB%A4%E9%83%A8&words=%E7%BB%9F,%E5%90%88%E4%BD%9C,%E6%88%98,%E5%8F%B8%E4%BB%A4%E9%83%A8。

计划。安全会议由主席、副主席、秘书、常委和委员组成，总统任主席，常委包括安全会议秘书、政府总理、联邦议会两院主席、总统办公厅主任、外交部长、国防部长、内务部长、联邦安全总局局长、对外情报总局局长等。《俄罗斯联邦国防部条例》规定，国防部是联邦行政机关，是武装力量的指挥管理机关，负责制定和落实国防政策，领导武装力量建设，组织武装力量使用，在国防领域协调和监督其他强力部门军事力量的建设与使用。国防部目前设有1名国防部长和10名副部长。国防部下设总参谋部、13个总局（训练总局、军事政策总局、干部总局、装备总局等）、22个局以及若干司、署。总参谋部是国防部的中央军事指挥机关，是联邦武装力量的基本作战指挥机关，受国防部长领导。总参谋部的主要任务是对武装力量实施作战指挥，制订和落实武装力量建设计划，领导武装力量战役训练和动员准备，实施军事情报工作。总参谋长兼任国防部第一副部长，对国防部长直接负责。总参谋部下设作战总局、情报总局、组织动员总局、通信总局、国家国防指挥中心、军事测绘局、战役训练局、无人机系统建设发展局等机构。国家国防指挥中心是俄联邦最高统帅部的核心指挥机构，同时也是国家级联合作战指挥中心，负责指挥和监督所有武装力量的日常训练与作战活动。

蒙古国设立了负责制定和实施国防政策的国家安全委员会，由总统任主席，议长和总理任委员，国防部长、司法内务部长、总参谋长、情报总局局长和警察总局局长列席会议。蒙古国总统是武装力量最高统帅。蒙古国2016年版《国防法》规定，蒙古国国家军事组织的领导由最高政治行政领导和最高军事专业领导构成，这些领导由国家大呼拉尔等机构和公职人员在蒙古国宪法和其他法律法规、条令、条例的范围内予以实行。其中，最高政治领导由国家大呼拉尔实行，国家行政领导由武装力量总司令、政府以及专司国防、边防和紧急情况的政府成员实行，最高军事专业领导由武装力量总参谋部实行。国防部是负责国防问题的国家中央行政机关，总参谋部是负责军队全面建设和实施作战指挥的最高机关。国防部由国防部长和1名国务秘书组成。国防部长由文职官员担任，并兼任国防部长会议主席，在总统兼武装力量总司令和总理领导下贯彻国家方针政策，对总参谋部和武装力量实施领导。国防部国务秘书负责协调国防部长同各部门的关系。

二、军事训练体制

军事训练是向军人传授并使其掌握必要的军事知识、技能本领，以及军人集体为实施战斗行动而进行的有组织、有目的的教育与练习活动,是军队建设和作战准备的重要组成部分。东北亚各国军队在推进现代化、职业化进程中,形成了符合各自国情和军情的军事训练体制。

第一,各国军队形成了系统的组织领导体制。日本防卫省人事教育局负责陆海空三军部队和院校的教育训练组织计划与领导工作。联合参谋部的工作内容之一是负责陆海空军合同训练工作。各军种参谋长依据防卫大臣制定的训练方针和有关指示,拟订本军种年度教育训练计划大纲,规定教育训练标准,并制定教育训练预算。各部队和机关根据训练大纲制订具体的实施计划,并负责实施。军种参谋长对教育训练的实施进行监管,并就教育训练效果向防卫大臣汇报。

韩国军队训练领导管理体制分为三级:第一级为国防部,负责制定韩军整体训练政策,下达训练任务;第二级为联合参谋本部,主要负责联合演习和合同训练计划的制订、实施、协调、指挥与监督,特别是作战部队主管的联合演习和师团级、舰队师级、飞行团级以上的合同训练;第三级为各军种本部及以下单位,主要负责各项训练任务的具体筹划与实施。

俄罗斯国防部第一副部长负责全军训练工作的领导。俄军将军事训练分为战斗训练和战役训练两部分,战斗训练的最高领导机关是国防部战斗训练总局。战斗训练总局的主要任务是领导武装力量的战斗训练,确定战斗训练的基本方针,拟定各种条令、训练大纲、教令、教程和其他训练文件,完善武装力量训练体系,监督检查各军兵种的战斗训练情况。各军兵种和军区(舰队)、集团军均设有战斗训练机构,负责所属部队的训练组织与实施。战役训练的最高领导机关是总参谋部武装力量战役训练局,战役训练领导体制由战役训练局、军区和集团军三级组成。

蒙古国军队总参谋部负责制定武装力量训练大纲,统一组织全军施训,并由一名副总长专门负责训练的组织工作。总参谋部下设训练教育处,负责军事训练和政治教育。各部队根据训练大纲制订年度训练计划,多数部队训练和政治教育由参谋长和训练教育副指挥员组织实施。

第二,建立了层次分明的院校培养体系。东北亚多数国家的军事教育体系的主体由初级、中级和高级三个层次的军事院校构成,培养对象为生长学员和现职军官两类。日本军队共有30多所院校,按类型可分为军官预科学校、初级军官学校、兵种专业技术学校和中、高级军官学校等。直属防卫省的有三所院校,分别是培养中高级指挥和参谋人员的联合参谋学校、培养医药军官的防卫医科大学和培养未来初级军官的防卫大学。为加强对院校训练的一元化领导,日本航空自卫队专门成立了航空教育集团,负责空军各类人员的教育训练。

韩国军队的院校教育由国防部统一领导、统一确定教育训练方针。韩军有初级、中级和高级军事院校 23 所,其中韩国国防大学是最高等级的综合性大学,下设国家安全保障学院、联合参谋学院、国防资源管理学院。原陆军大学、海军大学、空军大学和国防大学的联合参谋学院为中级院校,其余为初级院校。为加强韩国军队的联合作战能力,培养能够适应未来战争需要的联合指挥军事人才,韩军对教育体制进行了试点改革。2011 年,韩军整合陆、海、空军大学和联合参谋大学,准备创建联合军事大学,重点培训少校和中校级军官实施联合作战的能力。

俄罗斯军队院校教育由国防部干部总局领导,军事教育体系经数次调整和优化重组后,大幅度裁减了院校数量,组建了数所综合性军事教学科研中心,形成了由总参军事学院负责培训高级军官、各军兵种所属的军事教学科研中心负责培养中级军官、军事专科学院培养初级军官的现代军事教育体系。

蒙古国军队积极完善官兵培训制度,初步建立起以国内为主、国外为辅的军官培训制度。蒙古国国防部所属的国防大学是蒙古国培养军事人才的重要依托。该校下设国防研究所、国防管理学院、高等合成部队学校、高等军乐学校、高等准尉学校和民事教育学院,主要培训副团以下干部,团以上指挥员和外语、计算机等领域人才由国外军事院校委托培养。

第三,21 世纪初以来东北亚各国更加注重联合演训机制。鉴于联合作战已成为现代战争中的基本作战样式,东北亚各国普遍重视跨军兵种、跨区域联合演训。日本军队于 2013 年提出建设"联合机动防卫力量"设想,即在提高自卫队机动能力的同时,更加重视军种间的联合指挥与作战。在演习课目中日军注重"离岛作战""反导作战"等环境下军种间的联合行动。俄罗斯军队已经建立了常态化战略、战役级跨军兵种联合演训机制,并逐渐向战术级作战层面延伸。俄罗斯领土面积大,周边安全环境复杂,因此更加注重军队跨战区远程机动和联合作战能力的提升。

第四,东北亚各国十分重视跨国联合演训。日美两军在军事同盟框架内形成了紧密的联合训练与演习机制。"9·11"事件之后,为应对新的多元化威胁,日美两国更加重视军事一体化合作,联合演训机制更加完善,演训层次和规模不断扩大,两国已经形成"联合指挥,混编作战"的合作机制。日本积极参加美国主导的多国联合演练,海上自卫队自 1980 年起便参加每两年一度的"环太平洋"演习以及其他机制框架内的多国联合演习。

韩美建有例行演习机制,每年度都要举行"乙支自由护盾"(原"乙支自由卫士")、"关键决心"、"鹞鹰"三大联合军事演习。① 其中,"关键决心"始于2007年,是以计算机模拟为主的指挥所演习。"鹞鹰"始于1961年,是动用实际兵力和装备的实兵演习。在"鹞鹰"军演中,韩美两国每逢双数年还会加入"双龙"两栖作战演习,且从2009年起加入"超级雷霆"大规模空中作战演习。"乙支自由护盾"始于2008年,由以国民参与为主的反恐救灾演练、计算机模拟兵棋推演、大规模实兵演练等内容组成。韩军也是美国主导的多国联合演练的积极参加者,多次参加"环太平洋""金色眼镜蛇""护身军刀""红旗""海龙"等多国联合军演。

俄罗斯业已形成独联体和上海合作组织范围内的多边和双边联合军事演习机制。

蒙古国将参加跨国军事演习视为增进军事交流、展示国家形象和平衡周边势力的重要途径,积极组织和参加蒙美、蒙俄、蒙中等联合演习。通过参加国际联合军演,在一定程度上弥补了蒙军训练条件不足的缺陷,极大提升了蒙军应对多元威胁的行动能力。2003年来,蒙古国和美国每年在蒙境内举办"可汗探索"系列演习,主要演练协同作战、维和行动、野外医疗、工程支援、人道救援等课目。自2006年起"可汗探索"拓展为多国联演,2016年参演国家达到47个,参加人员达2000余人。2023年有25国的1100多名士兵参加了"可汗探索"演习。蒙古国与美国举行"可汗探索"联合军演的政治意义大于军事意义,其目的在于提高本国在国际舞台上的知名度,发出自己的声音。

三、兵役和军衔制度

日本实行志愿兵役制,又称募兵制。兵役分现役和预备役两种。日本兵役制度有三个特点:一是自愿原则,任何人不得强迫他人参军;二是称呼与身份特殊,所有军人都称为"自卫官",身份为特别国家公务员;三是实行任期制,军士和军官实行退休制。日军招募的兵员种类较多,条件要求不尽相同,招募数量最多的为二等兵,每年大约招募2万人,招募对

---

① 2019年韩美商定停止代号为"关键决心"和"鹞鹰"的韩美联合军演,合并到"自由护盾"例行联合军演中,在上半年举行,"乙支自由护盾"在下半年举行。

象为年满 18 岁至未满 27 岁的男性青年。士兵服役年限为陆军 2 年，海军、空军 3 年，期满后根据本人志愿和服役表现，允许继续签订服役合同。日本自卫队军衔设 6 等 18 级：将官 3 级（上将、中将、少将），校官 3 级（上校、中校、少校），尉官 3 级（上尉、中尉、少尉），准尉 1 级，军士 4 级（军士长、上士、中士、下士）、士兵 4 级（上等兵、一等兵、二等兵、三等兵）。

韩国实行义务兵役制。韩国《兵役法》规定，所有男性公民都必须履行兵役义务，女性根据志愿亦可以服现役。韩国兵役制度严格而繁琐，服役种类分为现役、预备役（第一、第二预备役）、补充役（第一、第二补充役）和国民役（第一、第二国民役）。男性满 18 岁当年的 1 月 1 日即被编入第一国民役，年满 19 岁则要接受兵役体检，合格者可服现役或补充役。韩国兵役自 2022 年起，相比以前缩短了服役周期。各兵种的服役时间为：陆军、海军陆战为 18 个月；海军为 20 个月；空军为 21 个月。韩国军衔设 5 等 20 级：将官 5 级（元帅、上将、中将、少将、准将），校官 3 级（上校、中校、少校），尉官 4 级（上尉、中尉、少尉、准尉）；士官 4 级（一等上士、二等上士、中士、下士）；士兵 4 级（兵长、上等兵、一等兵、二等兵）。

俄罗斯为实现建设职业化军队的目标，从 1993 年起开始征召合同兵，并在 1996 年、2003 年两度推出取消义务兵役制、完全实行合同制的计划，但均未能实现。目前俄军实行义务兵役和合同兵役相结合的混合兵役制度。俄联邦《兵役义务与服役法》规定，18—27 岁的男性公民均须应征服义务兵役，服役期为 12 个月，每年春秋两季征召义务兵。士兵可通过义务兵役和合同兵役两种方式服役。18—40 岁的公民有权申请签订首份服役合同，义务兵在服役满 6 个月后可自愿提前申请签订 3 年期的首份服役合同。服过合同兵役的公民可再次签订服役合同，合同期限视年龄和所申请岗位不同可以为 3 年、5 年或 10 年。军官全部实行合同制，生长军官在军校学习期间须签订毕业后服役 5 年的首份合同。俄罗斯军衔设 6 等 20 级：将官 5 级（元帅、大将、上将、中将、少将），校官 3 级（上校、中校、少校），尉官 4 级（大尉、上尉、中尉、少尉），准尉 2 级（高级准尉、准尉），士官 4 级（大士、上士、中士、下士），士兵 2 级（上等兵、列兵）。

蒙古国实行义务兵与合同兵相结合的兵役制度。义务兵服役年龄为 18—28 岁，服役期为 1 年。1998 年，蒙军又增加了替代、抵偿两种服役制，使合同兵占比逐年提高。为弥补服役期短对军事整体素质产生的不利影响，蒙军进行了合同制兵役改革，允许兵役登记中有技术专长的公民，按照合同制原则担任士兵、士官、准尉和军官职务，并根据具体情况授予一级准尉、二级准尉、三级准尉军衔。蒙军借鉴美军的人力资源管理经验，大幅度提高准尉的地位和作用，将准尉培训工作纳入干部培训体系，并规定原先由军官担任的部分职务将由准尉担任。蒙军军衔设6等20级：将官4级（上将、中将、少将、准将），校官3级（上校、中校、少校），尉官3级（大尉、上尉、中尉），准尉5级（特级准尉、训导准尉、一级准尉、二级准尉、三级准尉），军士3级（大士、上士、中士），士兵2级（上等兵、列兵）。

第三节 东北亚国家军队简史及概况

东北亚国家在国土面积、人口数量、国防政策、经济状况、科技水平等方面差别巨大，各国军力也相差较大。日本国土面积不到38万平方千米，人口约1.25亿，经济与科技发展水平高，国防投入多，因此虽然其军队规模只有24万余人，但武器装备先进。韩国国土面积只有10万多平方千米，但人口超过5000万，经济发达，现役兵力规模超过55万人，进口美制先进武器占较大比重。俄罗斯国土面积1700多万平方千米，人口约1.46亿，经济实力较强，国防工业发达，军队规模在数次压缩后仍维持在100万人以上，武器装备门类齐全，部分装备性能达到世界领先水平。蒙古国国土面积有156万平方千米，但人口稀少，约346万人，军队规模也只有1万余人。

一、日本军队简史及概况

日本于1945年战败投降后，军队被解散，军事机构被撤销。朝鲜战争爆发后，大批驻日美军调往朝鲜战场。为填补防御真空，日本政府在美国要求下于1950年8月组建警察预备队。1952年4月，成立海上警备队，同年8月成立保安厅，首相吉田茂兼任保安厅长官，警察预备队改为保安队，海上警备队改为警备队，均隶属于保安厅。1954年新建航空自卫队，7月颁布《防卫厅设置法》和《自卫队法》，将保安厅改为防卫厅，并成立参谋长联席会议，健全了统帅指挥机构，同时将保安队和警备队分别改称为陆上自卫队和海上自卫队。自卫队实质上成为日本的正式军队，日本重新走上军备的道路。20世纪70年代初，日本自卫队已达到陆军18万人、海空军各4万~5万人的规模。2007年防卫厅升格为防卫省,防卫厅长官随之升格为防卫大臣。随着日本经济与科技实力迅速增强,在"质重于量"和"海空优先"的建军原则指导下,日本军队已经发展成为一支规模适中、装备精良、训练有素且具有较强联合作战能力的武装力量。

日本军队目前总员额约24万人,分为陆、海、空三个军种。

日本陆军称陆上自卫队,共约14万人。编5个军区,分别为北部军区、东北部军区、东部军区、中部军区和西部军区。陆上自卫队目前共编陆上总队、1个装甲师、8个步兵师、6个旅以及5个混成旅(分别由5个军区直辖)。其中,陆上总队下辖1个空降旅、1个直升机旅和1个水陆两栖机动旅,与1个装甲师、3个机动师、4个机动旅共同组成机动作战部队,其余5个师和2个旅作为平时固定部署部队。此外,陆上总队还充当陆上自卫队司令部职能,统领作战指挥等军令事务。目前,陆上自卫队主要装备有:坦克约450辆,装甲车980辆,各类火炮5200余门,直升机400余架。

日本海军称海上自卫队,共4.2万人。编有1个联合舰队、5个地方队、1个教育航空集团、1个练习舰队、5个海上警备区。联合舰队是机动作战部队,下辖护卫舰队、潜艇舰队和航空集团;5个地方队负责守备横须贺、吴港、佐世保、舞鹤和大凑;5个海上警备区,主要负责近海、港口防御、基地管理、后勤补给、装备维修、新兵补充与训练、航路安全等任务;教育航空集团主要承担海军航空兵空勤人员培训任务。海上自卫队装备各类作战舰艇143艘,其中驱逐舰、护卫舰50艘,"大鲸""大潮""春潮""夕潮"级等各型潜艇22艘,扫雷舰艇27艘;各类飞机300余架。

日本空军称航空自卫队,共4.32万人。编有航空总队、航空支援集团、航空教育集团、航空开发实验集团、补给本部和3所直属学校。航空总队是直接担负防空作战任务的第一线作战部队,辖北部、中部、西部、西南4个航空方面队;航空支援集团主要承担为空军一线作战部队提供救护、空运、航空安全管制、航空气象等保障任务;航空开发实验集团负责武器装备和航空医学开发实验工作;航空教育集团主要负责飞行员的教育训练任务。主要装备有:F-15战斗机200架,F-2战斗机91架,F-35A战斗机33架;RF-4EJ幽灵II侦察机27架;空中预警机17架(其中,E-2C空中预警机13架,E-767空中预警机4架);运输机41架;运输直升机46架(其中,CH-47J支奴干直升机15架,UH-60J黑鹰直升机31架）；空中加油机9架；教练机200余架。

除自卫队外，海上保安厅也是日本防卫体制的重要组成部分。海上保安厅平时由国土交通大臣领导，紧急状态下转隶防卫省指挥，是日本的准军事机构。海上保安厅员额约1.22万人，各型舰艇400余艘，各类飞机74架。此外，日本自卫队预备役编制员额为4.79万人。2024年度日本防卫预算为7.9万亿日元，连续12年增加。

二、韩国军队简史及概况

韩国军队是在美军扶植下建立和发展起来的。二战后，美军占领韩国，1945年11月美军政厅根据"军政第28条法令"下令成立韩国国防司令部，1946年6月改称为统卫部，当月又组建海防兵团（海军前身）。1945年12月设立了军事英语学校（韩国陆军士官学校前身），开始从组织上为军队培养军官，并召募陆、海军人员，积极进行建军准备。1946年1月韩国正式成立"国防警备队"（陆军），成立初期共有2万余人，编8个团。同年6月在海防兵团的基础上又成立了海岸警备队（海军）。韩国空军成立相对较晚。1947年11月，美军先在韩国陆军中建立陆军航空兵部队，由陆军管理和指挥。1949年10月，陆军航空兵部队脱离陆军编制，正式成立了空军。1948年11月，李承晚政府为实现建立正规军队、完成"北进统一"的战略目标，在正式成立国防军之后，颁布了韩国《国军组织法》，参照美军模式，扩充陆海空三军，军事力量快速壮大。朝鲜战争期间，韩国军队得到迅速扩充，战争结束时总兵力已达62.3万人。[①] 战后，韩国军队在美军指导下不断完善体制编制，迅速更新各军种武器装备。1970年，韩国首次提出"自主国防"政策，并成立了国防开发局，指导军事工业的发展。20世纪90年代初期，韩国提出自主国防、质量建军、三军均衡和海空军优先发展等一系列建军方针，进一步优化指挥体制，大力推进信息化建设。

2023年，韩国国防预算约57万亿韩元，较2022年增长4.4%。据韩国《2020国防白皮书》中的统计数据，韩军目前总兵力约55.5万人，预备役兵力310万人。其中陆军共42万余人，是规模最大的军种，编有3个集团军，辖11个军。第1集团军负责防卫朝韩非军事区东部的江原道，司令部位于原州基地，所属作战部队分散部署在以山地地形为主的江原道；

[①] 王宜胜：《韩国军队今如何》，《世界知识》2005年第11期，第34—35页。

第 3 集团军担负朝韩非军事区西部京畿道以及首尔外围的防御任务，司令部设在京畿道的龙仁基地；第 2 集团军为战略预备队，担负南方庆尚南北道、忠清南北道和全罗南北道等 6 个道的防务，司令部设在大邱广域市。装备有坦克 2130 辆，装甲车 3000 辆，火炮 6000 门，制导武器 60 余枚，直升机 600 架。

韩国海军共 7 万余人，其中包括海军陆战队共 2.9 万人。主要任务是执行海上作战及两栖作战。海军本部是韩国海军最高指挥单位，下设海军作战司令部（辖舰队司令部、海军陆战队司令部和航空战团司令部）和两个岸上司令部（教育司令部、军需司令部）。韩国海军实行行政管理和作战指挥两种编组：平时按舰种、兵种实施行政管理和训练；战时按任务实行作战编组。海军编 3 个舰队：第 1 舰队负责东海岸的防卫，第 2 舰队负责西海岸的防卫，第 3 舰队负责南部半岛和济州岛的防卫。主要装备有战斗舰 100 艘、登陆舰 10 艘、潜艇 10 艘。海军航空兵编 2 个中队，装备有各类飞机 70 架。

韩国空军共 6.5 万余人，编有 5 个作战联队、8 个攻击机中队、4 个战斗机中队、1 个近距空中支援/引导机中队、1 个侦察机中队、1 个搜索和救援直升机中队、5 个运输机中队。空军主战装备多源自美国，主要装备有战斗机 410 架、侦察机 70 架、空中机动机 50 架、教练机 190 架、直升机 30 架。机载武器多为精确制导弹药，主要有：AIM-120 和 AIM-7 中距空空导弹，AIM-9"响尾蛇"近距空空导弹；AGM-65"小牛"空地导弹，AGM-84H"斯拉姆"增程型空地导弹，AGM-130 和 AGM-142"突眼"防区外空地导弹；AGM-84L"鱼叉"反舰导弹；AGM-88"哈姆"反辐射导弹以及航空炸弹、火箭弹等。

根据《韩美共同防御条约》规定，美军在韩国驻有常设部队。驻韩美军司令部原在首尔龙山基地，2017 年 7 月迁至平泽汉弗莱兵营。平时驻韩美军司令部受美军太平洋司令部的指挥，战时指挥权纳入韩美联合作战体制。目前驻韩美军兵力约为 2.85 万人，主要作战部队包括陆军第 8 集团军、空军第 7 航空队、海军第 7 舰队驻韩部队以及小规模的海军陆战队和特种部队等，主要武器装备包括 60 余套"爱国者"导弹发射系统、90 余架各类战斗机、20 架直升机、50 余辆坦克和 130 辆装甲车等。

三、俄罗斯军队简史及概况

俄罗斯军队是在继承原苏军大部分遗产的基础上组建起来的。俄联邦在苏联解体时接管了苏联75%的军队，50%的军事技术装备，约80%的核力量，70%的军工综合体，是世界上仅次于美国的军事力量。1992年5月，叶利钦签署关于组建俄联邦武装力量的命令和关于组建俄联邦国防部和武装力量的组织措施的命令，由此，俄罗斯开始了建设本国武装力量的历程。20世纪90年代俄军建设的主要任务是在大幅裁减员额的基础上健全领导机构、调整编制体制。俄罗斯建军之初，武装力量共有275万人，到2001年减至136.5万人。进入21世纪后，俄罗斯在2000—2003年、2008—2012年进行了两个阶段的大规模军事改革。在第一阶段的改革过程中，俄军将战略火箭军由一个军种分拆为战略导弹兵和太空兵两个独立兵种，2001年9月重新恢复了两年多前被撤销的陆军总司令部，将军区的数量减为6个。这一时期俄军开始启动联勤改革，计划建立跨部门、跨军兵种的联合技术和后勤保障体制。在第二阶段改革中，俄罗斯以建设"军队新面貌"为目标，进一步理顺领导指挥体制，压缩指挥层次，调整军区设置，按照"模块化"原则调整部队编成，通过组建联合战略司令部构建新型联合作战指挥体制。

截至2022年底，俄罗斯武装力量编制员额为101万人，分陆军、海军和空天军三大军种以及战略导弹兵、空降兵两个独立兵种。

俄罗斯陆军员额约28万人，总司令部设在首都莫斯科。陆军辖12个集团军。编制体制改革之后，集团军编成比较灵活，所辖师、旅数量并不固定。陆军主要装备有：T-72/80/90型主战坦克约1.5万辆；БМП-1/2/3型步兵战车、БТР-70/80/90型装甲输送车、MT-LBV多用途装甲车等各类装甲战斗车约3.1万辆；各类火炮约1.4万门；"伊斯坎德尔-M"战役—战术导弹系统135套；各类防空导弹发射装置1.3万部，高射炮2740门。

俄罗斯海军共有18.5万人。海军总司令部自苏联时期起设在莫斯科，2012年12月搬迁至俄海军诞生地圣彼得堡。海军编有4个舰队和1个区舰队，分别是太平洋舰队、北方舰队、波罗的海舰队、黑海舰队和里海区舰队。海军航空兵编7个航空兵基地和1个舰载航空兵团。海军陆战队编4个陆战旅，以及若干独立团和独立营。海军岸防部队编有1个导弹旅、3个导弹炮兵旅、2个独立导弹团、3个地空导弹团、2个电子战团。海军装备水面作战舰艇210艘，其中包括"库兹涅佐夫"号航母1艘，"基洛夫"级、"光荣"级导弹巡洋舰5艘，"现代"级、"无畏"级等驱逐舰15艘，护卫舰22艘，大型登陆舰19艘，其他各类舰艇148艘；潜艇70艘，其中

第九章　国防与军事

包括955型"北风之神"级、667БДР型"德尔塔3"级等弹道导弹核潜艇13艘,949A"奥斯卡"级、885型"雅森"级巡航导弹核潜艇9艘,多用途核潜艇18艘,其他各类潜艇30艘。海军航空兵装备有300架飞机,其中苏-33舰载战斗机21架,苏-25УТГ舰载战斗机4架,苏-24M/MP侦察机24架,图-142反潜机16架,安-24/26运输机47架,直升机若干。

俄罗斯空天军成立于2015年8月,是在原空军和空天防御兵基础上合并而成的新军种,由空军、防空反导部队和太空兵三个部分组成,员额约26万人。空天军编有5个空防集团军、1个军事运输航空兵司令部、1个远程航空兵司令部、1个防空反导司令部、1个导弹袭击预警中心、1个太空侦察中心,1个航天发射试验场。目前空天军主要装备有:苏-25、苏-27、苏-30、苏-34、米格-29、米格-31型战斗机1400余架,图-22M3、图-95MC、图-160轰炸机198架,米-24、米-28N、卡-50、卡-52等武装直升机1400架,苏-24MP侦察机100架,A-50预警机50架,伊尔-76、安-72、安-124等运输机283架,教练机近1000架,C-300、C-400、铠甲-C1等防空导弹系统2150套,战略预警雷达站8个。

战略导弹兵原为武装力量的一个军种,组建于1959年12月,2001年6月在调整改革中降格为独立兵种。战略导弹兵共约12万人,编有3个导弹集团军,下辖12个导弹师。战略导弹兵的基本武器装备为陆基洲际弹道导弹,目前共装备200余件洲际弹道导弹,可携带发射1082枚核弹头,主要型号及数量为:SS-18"撒旦"(可携带10个分导弹头)46件,SS-25"白杨"72件,SS-27"白杨-M"78件,RS-24"亚尔斯"(可携带4个分导弹头)73件。此外,海军战略核潜艇可携带704枚核弹头,空军重型战略轰炸机也可携带发射核武器。

空降兵是俄罗斯的独立兵种,共约4.5万人,编有4个独立空降师,6个空降旅。主要装备有:БМД-1/2/3/4型伞兵战斗车1150辆,БТР系列装甲输送车740辆,Нона-С自行火炮250门,Д-3榴弹炮150门,Нона-М1、Поднос迫击炮200门,Спрут-СД自行反坦克炮36门。

除武装力量外,俄罗斯其他强力部门所属的军事力量在战时须接受武装力量总参谋的统一指挥,这些军事力量包括:国民近卫军34万人,紧急情况部所辖民防军30万人,联邦安全总局所辖边防军17万人。此外,俄罗斯在叙利亚及前苏联地区的8个国家和地区设有军事基地,驻军人数超过2万人。俄罗斯拥有预备役人员约2000万名。

· 333 ·

四、蒙古国军队简史及概况

蒙古国军队创建于1921年，曾先后易名为人民义勇军、人民革命军、人民革命红军、人民军，现正式名称为蒙古国武装力量。1990年以前，蒙古人民军、边防军、国家安全系统和内卫警察系统均为武装力量的组成部分。蒙古国发生剧变后，边防军、内卫警察系统和安全部门脱离武装力量。边防军和内卫部队平时列入其他部队，在战时和战争状态下列入武装力量体制，其中内卫部队隶属于国家警察总局。2002年5月，蒙军完成了主要作战部队的小型化改革，将主要作战部队由师、团级建制过渡到旅、营级建制。一般任务部队设摩步旅，还组建有快速反应部队。

根据蒙古国《宪法》，和平时期，蒙古国家军队由武装力量、边防军、内卫军和紧急情况部队组成；战争时期，边防军、内卫军和紧急情况部队编入武装力量执行任务，由武装力量总参谋部统一指挥，蒙古国总统兼任武装力量总司令。目前，蒙古国武装力量由陆军、空军、网络安全部队、建筑工程部队、特种部队组成。其中，陆军约9000人，空军和防空部队约900人；边防军6000人，内卫部队1200人，建筑部队1500人，民防部队500人。

蒙古国现有武器装备多为俄罗斯生产和提供，整体性能相对不高。陆军主要装备型号有：Т-54/55/62/72坦克，БТР-60/70/80和БРДМ-2装甲输送车，БМП-1步兵战车，БМ-21火箭炮，各型火炮、迫击炮和反坦克炮。空军和防空部队主要装备型号有：米格-21战斗机，米-8、米-24直升机，С-75、"箭"式、"针"式防空导弹系统和高射炮。2016年6月，蒙军从俄罗斯引进4架苏-27战斗机，并计划从美国洛克希德·马丁公司订购3架军用运输机用于维和行动。

第十章

外　交

二战结束后，东北亚国家进入新的历史时期。东北亚各国根据本国的利益与对国际形势的判断分别制定了不同的对外战略，展开了一系列外交活动。随着国际国内形势的变化，东北亚国家对外交政策进行了不同的调整，经历了各具特色的发展演变，并形成了不同的特征。

第一节　日本外交

一、外交基轴：日美同盟

以日美安保体制为核心的日美同盟，是当今世界上最重要的双边同盟之一，也是二战后日本外交的基轴。

二战后初期，日本确立了以日美同盟关系为"基轴"的外交路线。1951年9月4日，美国不顾中华人民共和国的强烈反对，在旧金山召开了由52个国家参加的对日和会。9月8日，在苏联、波兰、捷克三国拒绝签字的情况下，共有49个国家签订了《对日和平条约》，即《旧金山和约》。同一天，日本与美国又签订了《日美安全保障条约》，该条约规定"日本授权美国将其陆海空军配备在日本国内及其周边，美国予以接受"，美军"可用于镇压由于一个或二个以上的外国之煽动或干涉而在日本引起的大规模暴动和骚乱"，"未经美国事先同意，日本不得将任何基地给予任何第三国，亦不得将基地上或与基地有关之任何权利、权力或权限，或陆海空军驻防、演习或过境之权利给予任何第三国"。毫无疑问，该安保条约是一个不平等的条约，是片面媾和的产物。1952年2月，日美两国又签订了《日美行政协定》，规定实施《日美安全保障条约》的细则。《旧金山和约》《日美安全保障条约》《日美行政协定》三者共同构成日美特殊关系，即日美安保体制。日美安保体制的确立，标志着日美两国从敌对关系演变为盟友关系，两国关系从此进入了一个新的阶段。1952年4月，伴随着《旧金山和约》的"生效"，日本再次获得了"主权国家"的地位。但是严格来讲，在20世纪50年代日本并不是作为一个完全独立的国家，而是作为美国的一个不平等的同盟国重返国际社会的。在日美安保体制的框架下，日本此后走上一条渐进发展军备的道路。1954年6月，为适应美国远东战略要求，日本政府颁布"防卫二法"①，将保安厅改为防卫厅，将保安队改组为拥有陆、海、空三军的自卫队。

1957年成立的岸信介内阁，谋求把日美关系推进到相对平等的阶段。随着经济实力的不断增强，20世纪50年代后期，修改旧《日美安全保障条约》的问题被提上议事日程。1960年1月，日美两国在华盛顿签署了新《日美安全保障条约》。同年5月，岸信介内阁不顾在野党和广大国民的强烈反对，在日本国会强行通过了新《日美安全保障条约》。与旧条约相比，新条约限制了美国的在日特权，日本在日美安保体制中的地位有所提高：首先，删除了美军可能镇压日本内乱、美国对第三国军队进入日本拥有否决权的条款；其次，明确规定双方认识到"对在日本管理下的领土上的任何一方所发动的武装进攻都会危及它本国的和平和安全，并且宣布它将按照自己的宪法规定和程序采取行动以应对共同的危险"，这表明驻日美军有保卫日本的义务。

1960年，池田内阁执政，主要侧重于从经济方面谋求建立日美"平等伙伴关系"。1961年，池田首相访问美国，双方同意在"日美安全协商委员会"之外增设"日美经济贸易联合委员会"，完善了日美两国在经贸领域的磋商机制。1964年，佐藤内阁成立，确立了继续追随美国、强化日美同盟的外交路线。佐藤内阁执政时期，日美同盟关系的局部调整主要体现在冲绳回归问题上。1965年1月，佐藤首相访问美国，在与美国总统约翰逊的会谈中提出了归还冲绳的要求。同年8月，佐藤首相在访问冲绳时表示："只要冲绳复归祖国的愿望未能实现，对我国而言，'战后'就没有结束。"1968年4月，日美签署了《日美关于南方诸岛及其他岛屿的协定》。根据该协定，同年6月，小笠原群岛等正式回归日本。进入1969年后，日本政府开始加大力度督促美国政府归还冲绳。经过一系列前期准备，日美双方的事务当局继续就归还冲绳的具体事项进行谈判，并于1971年6月签署了"归还冲绳协定"，规定美国将冲绳的施政权（包括行政、立法、司法）归还日本，但继续保留驻冲绳美军和美国军事基地，不作变更。1972年5月，该协定正式生效。

进入20世纪70年代以后，日美双边关系开始超越经济领域，进一步

---

① 即《防卫厅设置法》和《自卫队法》。

第十章 外交

深入发展到政治、安全领域。1978年11月,日美签订《日美防卫合作指针》,以强化军事同盟关系并加强军事合作。该指针规定了在"防止侵略于未然""日本受到武力攻击"和"周边事态"三种情况下,日美两国如何进行军事合作,是对1960年日美安保体制的军事具体化。

1983年1月,中曾根首相访问美国,明确肯定"日美同盟关系当然包括军事方面",并发表"日本列岛或者是日本本土将像不沉的航空母舰一样,成为抵御苏联逆火式轰炸机的堡垒""完全控制日本周边的四个海峡,以阻止苏联潜艇及海军军舰的通过""确保海上交通的安全"等言论。同年5月,在威廉斯堡召开的西方七国首脑会议上,中曾根首相又提出"安全不可分论",积极支持美国的对苏强硬政策,说服法国同意在欧洲部署美国的潘兴-2式导弹。在中曾根首相执政的5年间,其先后共访美7次,里根访日2次,双方会谈12次,建立起"里根-中曾根"特殊信赖关系,使日美同盟关系大大前进了一步。此外,中曾根内阁执政期间,日本政府还利用自身的技术优势,以军事技术合作的方式来分担责任。1983年,日美设立武器技术共同委员会,负责有关武器技术转让的具体问题,并开始了一系列的军事技术合作:1986年,中曾根内阁决定参加美国的"星球大战"研究计划;1987年,日美达成协议共同研制新一代战斗机FS-X。

冷战的结束,意味着以美苏对峙为"基轴"的两极格局发生根本性变化,世界进入多极化并重建国际新秩序的过渡时期。为适应世界形势的重大变化,日美两国如何继承冷战期间的最大遗产——同盟关系,将在很大程度上影响着国际战略格局的未来走向。

为应对朝鲜半岛、台湾海峡等亚太地区新的安全形势,1995年2月,美国发表《美国亚太地区安全战略报告》,同年11月,日本发布新《防卫计划大纲》,这两份文件为重新定义日美同盟打下良好基础。1996年《日美安全保障联合宣言》的签署,标志着日美两国政府正式着手对同盟关系的全面重新定义。1997年《日美防卫合作指针》的出台,使美日强化安全合作的举措得以具体落实。

"9·11"事件后,日美两国关系进一步密切,日美同盟由地区性同盟转变为全球性伙伴关系,日美军事合作的属性也由日本"单向防御"向日美"联合行动"转变,日美军事同盟的适用范围从亚太地区扩大到了全世界。2001年10月,日本国会相继通过了《反恐特别措施法》《自卫队法修正案》《海上保安厅法修正案》等,为配合美国的反恐行动提供法律依据。

根据这些法案，同年11月，日本政府派遣自卫队开赴印度洋，支援美军在阿富汗战场的作战行动，这是日本首次向发生战争的海外地区派出实战部队。此外，美日两国还积极推进美日同盟的制度化建设。① 为支援美国主导下的伊拉克重建活动，2003年7月，日本国会又通过了《支援伊拉克重建特别措施法》。尽管该法案指出自卫队的活动区域将是"不发生战斗的地区"，但因伊拉克国内对美军等多国部队的袭击活动一直未断，实际上是日本首次在联合国维和活动框架以外将自卫队派往战争尚未完全结束的地区执行任务。尤其是以伊拉克战争为契机，小泉内阁更是明确地将日美同盟定为"世界中的日美同盟"。2005年在华盛顿举行的日美安全保障协议委员会上，日美双方联合发表声明，提出了12项"共同战略目标"，试图将日美同盟作为主导地区安全的基本框架。

自2009年9月日本国内政权交替以来，民主党政权的同盟战略既有继承又有发展，富有内涵。并且，民主党政权的同盟战略更为突出"中国因素"，与中日关系的互动性更强，并对中日关系的发展产生了消极影响。例如，2011年6月，日美两国举行了由外长和防长共同出席的日美安全保障协商委员会会议（"2+2"会议）。作为日美"共同战略目标"，会议发表的联合声明指出："在构筑日本、美国与中国之间信赖关系的同时，督促中国在地区稳定与繁荣方面发挥负责任的建设性作用、合作应对全球课题以及遵守国际行为规范。提高中国军事现代化及活动的开放性与透明性，强化信任构建措施。"

2012年12月，安倍内阁再次执政后，致力于深化日美同盟关系。2015年4月27日，日本外务大臣岸田文雄、防卫大臣中谷元同美国国务卿克里、国防部长卡特举行了"2+2"会谈，双方正式公布了修订后的《日美防卫合作指针》，发表共同声明指出，"新指针使得日美同盟更加适合当前的国际安全形势，并将强化双方从平时到紧急事态间所有情况下的抑制能力和应对能力"。4月28日，安倍晋三与奥巴马在华盛顿举行首脑会谈，一致强调新版《日美防卫合作指针》对深化日美防卫合作的重大意义，并就日美同盟的未来趋势进行了规划与展望。安倍晋三呼吁把日美同

---

① 日美同盟的制度化建设主要是建立操作性更强的合作机制。日美建立了包括首脑会谈、日美共同委员会、"2+2"会谈等四个级别，涵盖了从具体技术开发到战略对话的全方位安全对话平台，初步构成了包括战时进行军事合作和制订共同作战计划的综合体制及负责具体实施的调整体制在内的合作机制。

盟称作是"希望的同盟"。2017年2月，日本首相安倍与美国总统特朗普在白宫举行会谈，双方在会晤后宣布将加强两国在安全领域的同盟关系，并称日美同盟是"亚太地区和平、繁荣的基石"，美国致力于使用全部军事实力保卫日本，这一承诺"不可动摇"。在经贸领域，日美双方强调两国应深化双边贸易和投资关系，将根据自由公平的贸易规则，在日美两国之间和地区加强经济关系。

2020年1月，为纪念《日美共同合作和安全条约》签署60周年，日美两国外长和防长发表共同声明，肯定"先人们的智慧和成绩"，指出日美合作的内容和作用并展望未来，以进一步发挥日美同盟持续维护共同价值和区域秩序的作用。进入2021年，美国拜登政府和日本岸田内阁先后上台，基于美国强化与同盟国之间的关系，采取一体联盟的方式共同合力应对挑战者的需要，日美两国在多个方面（如高科技、产业链、供应链、安全保障等）进一步加强了同盟关系，力图让日本发挥更大的作用。岸田内阁加快调整国家安全战略，在深化美日同盟的基础上，全力推动其对外安全合作，呈现"小多边化"趋向。2022年12月，日本通过新版《国家安全保障战略》《国家防卫战略》和《防卫力量整备计划》三份安保政策文件，主张与同盟国和"志同道合国家"加强多国战略合作，深化日美防卫合作，强化日美同盟的遏制力、应对力和协调机制。日美同盟进一步升级，从原先"日守美攻"切换为"齐攻齐守"模式。日本2022年版《外交蓝皮书》也称，鉴于"在地区安全保障环境日益严峻和不确定性的背景下，日美同盟比以往更加重要"，将继续强化日美同盟。

2024年4月10日，岸田文雄在华盛顿与拜登举行会晤后，白宫发布了两国领导人联合声明，称两日美同盟合作将"迎来新时代"，并表示这是"自两国同盟关系建立以来最重要的升级"。根据声明，日美两国将在开发新型导弹等项目上加强合作，并确认设立旨在共同开发防卫装备的磋商平台。同时拟重组驻日美军司令部，加强两国作战规划和演习等计划。这将加强美军和日本自卫队的联合行动能力，进一步深化日美同盟。日本还计划于2024年末设立"统合司令部"，以统一指挥陆海空自卫队。届时，该机构将与驻日美军司令部协同合作，并就指挥权限问题进行协调，以实现日美同盟军事一体化。日美还将合作研发人工智能和量子计算等尖端技术，这表明日美同盟合作范围不仅局限于政治、军事等方面，还进一步扩大至科技领域。拜登声称"美日同盟已经是全世界的灯塔"。

二、对华政策与中日关系

中华人民共和国成立以来，日本政府在相当长一段时期内对华采取了孤立不承认政策，进而实行分裂中国的"两个中国"政策和"政经分离"政策。整体上看，日本政府在20世纪50—60年代采取了敌视中国的政策，并加入了以美国为首的西方阵营的对华遏制行列。这一时期，中日两国间只能局部地展开民间贸易与文化交往。

进入20世纪70年代后，中日关系所处的国际环境发生了较大变化。1971年，中美双方同时发表尼克松总统即将访华的决定，而日本政府直到上述决定发表的最后一刻才得到美国方面的通知。在美国"越顶外交"的冲击下，日本国内要求日中复交的舆论不断高涨。1972年7月，以田中角荣为首相的新内阁成立。9月25日，日本首相田中和外相大平等人启程访问中国。9月29日，中日两国政府代表签署了《中日联合声明》，宣布实现两国邦交正常化。《中日联合声明》由前言、序言和正文九条组成。关于历史问题，该声明指出："日方痛感战争给中国造成重大损害，对此表示深刻反省"；关于中国台湾问题，日本政府在该声明中表示"充分理解和尊重"中国的立场；关于战争赔偿问题，中国政府为了中日两国人民的世代友好而宣布放弃战争赔偿要求。另外，声明指出中日双方"同意进行以缔结和平友好条约为目的的谈判"。《中日联合声明》在二战后中日关系史上具有不可替代的作用，但是由于一些客观原因，它并没有彻底解决两国之间的所有问题，如钓鱼岛归属问题。经过反复谈判与磋商，1978年中日两国政府签署了《中日和平友好条约》。该条约主要内容可以概括为两点：一是确认《中日联合声明》是两国和平友好关系的基础，声明规定的各项原则应予严格遵守；二是双方确认都不在亚太地区或其他任何地区谋求霸权，并反对任何第三国或国家集团谋求霸权。中日两国缔结和平友好条约是继中日邦交正常化后，两国关系中又一件具有历史意义的大事。条约经过中国全国人大常委会和日本众、参两院审议批准，具有法律权威性，即两国从法律意义上建立了外交关系。如果说《中日联合声明》开启了两国关系的新篇章，那么《中日和平友好条约》的缔结和生效则从法律上进一步巩固了两国关系的政治基础。

进入20世纪80年代以后，日本政府进一步提高了对华关系的地位，称之为"日本外交的重要支柱"。两国领导人及高层往来十分频繁，中日关系在已有基础上不断向前发展，并在经济领域形成互惠合作体制，经历了十余年"政热经热"的蜜月时期。早在1979年12月，日本首相大平正芳应邀访问中国，决定对华提供日元贷款，并提出日本对中国现代化建设提供合作的三原则：与欧、美等国进行协调；考虑与东南亚特别是东盟国家的平衡；不进行军事合作。在此次中日双方领导人会谈中，日方承诺向中国提供3000亿日元的长期低息贷款。这就是1979—1983年的第一批日元贷款，其中1979年度提供500亿日元贷款。1984年，日本首相中曾根访问中国，在与中国领导人的会谈中，日方宣布在1984—1990年的7年间里向中国提供4700亿日元的第二批长期低息贷款，用于中国的7个基建项目。1986年，中曾根首相第二次访问中国，出席中日青年交流中心奠基仪式。1988年，日本首相竹下登访问中国，表示愿在1990—1995年向中国提供第三批日元贷款，总额达8100亿日元，用于42个大型项目的建设。2007年，中日两国外长签署日本对华最后一批日元贷款换文。日本累计向中国承诺提供日元贷款约33164.86亿日元，用于255个项目的建设。截至2015年底，中国利用日元贷款协议金额30499亿日元。在上述以日元贷款为核心的资金合作背景下，中日两国的贸易规模也逐年扩大。据统计，1978年中日贸易突破了50亿美元，为1972年的5倍；1981年突破了100亿美元，为1972年的10倍；1985年接近190亿美元；到1988年，接近200亿美元，为1972年的近20倍。这一时期，从进出口贸易的商品结构上看，中国主要向日本出口石油、煤炭及其他矿产品、服装和农产品；日本主要向中国出口成套设备、钢铁、化工和机电产品，以重工业制品为主。

在20世纪80年代中日关系不断向前发展的同时，也出现了一些摩擦因素：1985年，日本首相中曾根率领内阁成员集体参拜靖国神社；1986年再次发生篡改侵华战争历史的"教科书事件"；1986年，日本法院对属于中国国有财产的"光华寮案件"作出错误判决等。在发生上述一系列问题的中日摩擦中，日本基本上能够采取以中日友好大局为重，及时解决或尽量不扩大矛盾的"低姿态"。

随着冷战格局的终结，中日关系本身也从"战后型"向"冷战后型"转变。在20世纪90年代以来的中日关系中，战后特定意义的"友好"因素将趋于下降，"干杯外交""蜜月外交"的时代已经过去，中日关系在不断向深、向广发展的同时，两国间的矛盾与摩擦也将不断产生，中日关系进入合作与竞争共存的时代。

1989年春夏之交中国发生的"政治风波"后，欧美国家发动了对华制裁，日本政府采取了冻结对华经济援助、停止高层往来等举措，但在对华制裁问题上持保留态度。1991年,日本首相海部率团访华,中日关系恢复正常。继而,以纪念中日邦交正常化20周年为契机,1992年4月,中共中央委员会总书记江泽民访问日本,同年10月明仁天皇访问中国,中日两国实现了最高级别的互访。其中,日本明仁天皇在访华过程中表示:"在两国关系悠久的历史上曾经有过一段我国给中国人民带来深重苦难的不幸时期,我对此深感痛心。"

1993年,日本自民党长期政权崩溃以后,尽管日本国内政局动荡,但继任的多党联合政权基本上仍坚持了以往的对华政策。1994年,日本首相细川护熙访问中国。1995年,日本发表了历史上著名的"村山谈话",第一次承认日本对亚洲国家实行了"殖民统治和侵略",表示"深刻反省和由衷道歉"。然而,受历史认识问题、中国台湾问题、安全问题等各种因素的影响,中日两国间的政治关系曾于20世纪90年代中期一度跌入低谷。

从1997年开始,中日关系重新走出矛盾与问题频发的低谷。1997年9月,日本首相桥本访华;同年11月李鹏总理访日。1998年是中日两国缔结和平友好条约20周年。在这一年里,中日之间的高层往来与各领域的对话、交流出现了一个新高潮。其中,1998年11月,中国国家主席江泽民对日本进行国事访问,这是中日2000年交往史上中国国家元首首次访问日本。作为访问的重要成果,双方发表了具有历史意义的《中日联合宣言》。该宣言在《中日联合声明》和《中日和平友好条约》的基础上,全面总结了两国交往正反两方面的经验教训,为21世纪中日关系的健康稳定发展指明了方向。

与在曲折中前进的中日两国间的政治关系相比,进入20世纪90年代以后,中日双边贸易额开始有了快速增长。1991年达到202.8亿美元,1995年为574.6亿美元,1999年为660亿美元,2001年达到877.5亿美元。

进入21世纪后,中日两国间的经贸往来、文化交流以及民间交往不断深化,日益发挥出推动政府间关系、抑制政治摩擦的积极作用。日本自1993年以来连续11年都是中国最大的贸易对象国,2004年下滑到第三位。2004年,中日双边贸易额为1687亿美元,中国成为日本的第一大贸易伙伴。截至2004年底,日本累计对华投资协议额达666亿美元,对华投资到位资金达480亿美元,成为中国最主要的外资来源;两国人员往来已由邦交正常化之初的不足1万人次发展到435万人次,两国间友好城市已发展到226对。每周飞行于两国之间的各种航班多达500架次。

自2001年4月小泉纯一郎上台以来,日本对外采取"追随美国"的

第十章 外交

政策，忽视亚洲外交，中日两国在政治领域摩擦不断，造成了两国关系出现"政冷经热""民热官冷"的失衡状态和复交以来前所未有的互信危机。2001年8月，小泉纯一郎不顾中韩等国强烈反对，执意参拜靖国神社，使本已处于低潮的中日关系进一步受到严重损害。此后，他又一意孤行地连续多次参拜了靖国神社，导致中日两国政府间的最高层互访基本上中断。

小泉纯一郎下台后，中日关系开始改善，两国高层互动频繁。从2006年10月第一次执政的日本首相安倍晋三的"破冰之旅"，到2007年4月中国总理温家宝的"融冰之旅"，到2007年底日本首相福田康夫的"迎春之旅"，再到2008年5月中国国家主席胡锦涛的"暖春之旅"，中日两国展开前所未有的良性互动。在两国领导人的精心培育下，中日关系呈现出越来越好的局面。2008年，两国正式签署《中日关于全面推进战略互惠关系的联合声明》。该声明凝聚了中日两国的政治共识，成为新的历史条件和国际形势下指导中日关系发展的原则方针。

然而，在2010年中日钓鱼岛撞船事件①以及2012年日本钓鱼岛"国有化"闹剧中，日本政府有关钓鱼岛争端的应对战略严重阻碍了中日关系的健康发展，中日关系再次降至冰点。2012年底，安倍晋三第二次上台执政之初，采取了与2006年时截然不同的对华政策，对中国态度较之以前更加强硬，两国甚至面临擦枪走火、爆发军事冲突的危险。其背景是日本国力相对下降，战略从容与自信不再，国际存在感弱化，但对"政治大国"目标的追求愈加坚定。2013年，日本出台战后首份《国家安全保障战略》，明确提出"将努力实现联合国安理会改革，增加安理会常任理事国与非常任理事国席位"。安倍晋三执政时期，一大批极端右翼势力成长并进入内阁，自民党同日本国内"新右翼"势力在历史教科书、南京大屠杀、慰安妇、钓鱼岛以及侵略战争定性等议题上频频挑衅中国，日本对华战略的对抗色彩变得日益浓厚，中日政治安全矛盾及海上领土争端激化。

进入"后安倍时代"，菅义伟在当选自民党总裁后，虽曾尝试在外交中突出新政府特色，但其对华政策并未脱离"以制衡与遏制为主，兼顾稳定中日关系"两条路线并行推进的主体框架。② 2021年4月，日美领导人

---

① 2010年9月7日，钓鱼岛附近海域，一艘中国拖网渔船受到日本海上保安厅一艘巡逻船冲撞，后又受到日方另外两艘巡逻船跟踪、冲撞、截停、登船、检查。

② 刘江永：《战后日本国家战略演进及岸田内阁战略走向》，《东北亚论坛》2022年第1期，第17—35页。

发表联合声明，对"台湾海峡的和平稳定"表示关切，这是自 1969 年佐藤荣作、尼克松发表《日美联合声明》以来，日美首脑会谈联合声明中首次列入所谓"台湾条款"。但同时菅义伟首相也数次表示，"日中关系为当今最重要的双边关系之一"，"稳定的日中关系对日本至关重要"。

岸田政府上台后，主张对华强硬的极右翼势力在新内阁中的影响力迅速攀升，尤其是担任防卫大臣的滨田靖一曾于 2022 年 7 月随同石破茂等反华政客窜访台湾，出任经济安全保障担当大臣的高市早苗长期表现出强烈的反华态度，这些都对中日关系产生了严重的负面影响。岸田内阁提出构筑"建设性且稳定的中日关系"，并奉行现实主义对华外交方针，但其对外政策取向仍将保持涉华指向明显的惯性，经济安全保障、"人权外交"等政策主张或将加大中日关系摩擦概率。

2017 年以来，中日两国在亚太地区开展的多层次合作收获一定成效。2018 年，日本提出对接"印太战略"与共建"一带一路"倡议。2019 年，日本政府再次表示"愿与包括中国在内的任何国家开展深层次经济合作"，中日第三方市场合作取得了一系列成果，中日经济关系再度升温。2020 年新冠疫情暴发后，在日本全球贸易额大幅下降的背景下，日本对华贸易依存度不降反升。可以说岸田文雄推行的"新时代现实主义外交"，是安倍政府遏制战略主导的对华策略的变种形式，强调了中日经贸关系稳定的重要性。

中日关系作为两个世界大国的双边关系，不仅对东北亚地区的安全与稳定，甚至对全世界的和平与稳定都会产生重要的影响，其内涵已经远远超出了双边的意义，如果这两个亚洲大国不能有效合作，那么东北亚地区将很难处于和平稳定的状态。长期来看，中日关系发展受制于中美关系的地缘政治格局不变，遏制中国发展在日本对华战略中的主导地位不变，中日关系发展受经贸互惠关系驱动的格局不变。①

三、对东南亚国家的外交

由于东南亚各国资源丰富、市场广阔，且地理位置重要，所以战后日本政府十分重视发展与东南亚国家间的外交关系。

1952 年生效的《旧金山和约》规定："日本承认在战争中给他国所造

---

① 朱旭、韩文超：《新时代中日关系剖析》，《东北亚学刊》2023 年第 6 期，第 55—69 页。

成的损害与苦难，承认进行赔偿的义务"，其具体方式是由要求赔偿的国家和日本个别谈判，缔结赔偿协定加以解决。由此，《旧金山和约》拉开了日本政府对东南亚各国推行"赔偿外交"的序幕。经过多次谈判，缅甸与日本在1954年11月正式签署了赔偿协定，规定日本10年内向缅甸赔偿2亿美元，并向在缅的日缅合资企业投资5000万美元。以此为开端，至1959年，日本先后又与菲律宾、印度尼西亚等国达成了一系列赔偿协定。这些赔偿资金对当时日本的经济没有造成太大的负担，相反，日本却利用赔偿，以经济合作的方式打入了东南亚地区。

1957年岸信介作为战后日本首相首次出访东南亚，他提出了设立东南亚开发基金和技术训练中心的设想，并向东南亚各国领导人反复说明日本坚持走和平道路。1961年池田勇人访问巴基斯坦、印度、缅甸和泰国，他在与各国首脑的会谈中一再表示愿意与东南亚国家进行经济交流与合作，为日本寻求经济赖以发展的原材料和销售市场。经过20世纪60年代的经营，日本与东盟间的贸易关系有了深入发展。在东盟的对外贸易中，对日本的出口占东盟出口总额的比重，从1960年的10.5%上升到1970年的22.7%；东盟从日本的进口在东盟进口总额中所占比重也于1970达到了25.4%。

20世纪70年代中期以后，由于越南战争结束、美国撤离，东盟在亚洲地区的作用日趋明显，也给日本对这一地区的外交提供了绝好的机会。此后，日本与东盟间的关系有了很大程度的改善和发展，双方不仅加大了经济合作的力度，而且扩大了在政治、文化等领域的合作与交流。1977年8月，日本首相福田赳夫访问东南亚六国（东盟五国和缅甸），并在马尼拉发表题为《我国的东南亚政策》的演说，系统阐述了日本对东南亚各国外交政策的核心思想：第一，日本不做军事大国，并从这一立场出发，为东南亚及世界的和平与繁荣作出贡献；第二，日本与东南亚各国之间，不仅要在政治、经济方面，而且要在社会、文化等广阔的领域内建立起作为真正朋友的"心心相印"的相互信赖关系；第二，从对等合作者的立场出发，加强与东盟国家的团结以及支持其自主活动的努力，并与东盟国家发展建立在相互理解基础上的关系，以利于整个东南亚地区的和平与繁荣。上述政策主张后被称为"福田主义"。"福田主义"是对二战后日本对东南亚外交政策的经验总结，为推动日本在经济、政治、文化、社会等方面与东南亚国家开展全面合作奠定了基础。

从20世纪70年代末起，日本成为东盟的正式对话国，获得出席东盟外长扩大会议的资格。在1979年越南入侵柬埔寨、亚洲地区安全遭到破坏的形势下，1981年日本首相铃木访问东盟，并在曼谷发表演说，强调"反对霸权"，"坚决与东盟合作"。1983年日本首相中曾根访问东盟五国，他将此次访问作为一次战略性访问，主张建立"反苏安全体制"，承诺增加对东盟各国的援助，并表示支持东盟的对柬埔寨政策。1987年末，竹下内阁成立伊始，首相竹下便出访东盟，提出"亚洲故乡论"，强调日本与东盟的合作关系是世界经济高速增长和政治稳定不可缺少的因素，主张双方建立起新的互补关系。

20世纪90年代初期，随着苏联的解体、两极冷战格局的终结，日本与东盟之间的相互关系也不断得到深化。1993年，日本首相宫泽喜一出访东盟，在曼谷发表了题为《亚洲太平洋新时代及日本与东盟的合作》的演说，其主要内容是：推进政治、安全领域的对话；坚持经济开放的原则；联合起来推进民主化；在支援东盟方面实行合作等。以上内容被称作"宫泽主义"，是继1977年"福田主义"提出后，日本对东南亚政策的又一次综合性阐述，并反映出新形势下日本政府试图在地区安全体制的构建中发挥主导作用。

1997年1月7—14日，日本首相桥本对文莱、马来西亚、印度尼西亚、越南、新加坡进行访问。1月14日，桥本太郎在新加坡发表题为《为迎接日本—东盟新时代而进行改革——建立更广更深的伙伴关系》的演讲，重新调整了冷战后日本对东盟的外交政策。此次调整体现了以下三个"转变"：（1）合作重心的转变。即淡化经济色彩，加重政治色彩，力图从根本上改变过去"经济主动""政治被动"的局面。（2）立足点的转变。即由过去仅限于双边范围的合作转变为在全球范围尤其是在联合国的合作。（3）双边关系要从"援助与被援助"的"主从关系"转变为对等性伙伴关系。

与此同时，经济合作仍是日本与东盟关系的主体。在20世纪90年代前半期，日本十分注重把国内产业结构调整与东南亚贸易、投资结合起来。1992年，日本与东盟的贸易额为722.58亿美元，1993年为834.86亿美元，1994年达981.88亿美元。日本对东盟的直接投资也一直保持着强劲势头，1990年度为40.89亿美元，1997年度为53.24亿美元。

1997年亚洲金融危机爆发后，大部分东南亚国家一度陷入经济衰退。对此，日本政府一方面为保护本国的经济利益而放任日元贬值，其结果是延缓了东亚经济复苏。另一方面，日本政府又先后发表了"亚洲援助方案"和"新宫泽构想",计划向东南亚国家提供总额达 800 亿美元的各种援助。到 1999 年为止,实际已提供了 430 亿美元。金融危机虽使日本与东盟间的经济合作关系暂时受到影响,但从 1998 年末开始得到恢复。

进入 21 世纪以后,如何推动东亚区域一体化进程,是日本发展对东盟外交关系中所面临的首要课题。2001 年底,中国与东盟各国之间关于组建"中国—东盟自由贸易区"达成初步协议,即利用 10 年左右的时间建成自由贸易区。这对一直将东南亚视为其"后院"的日本产生了很大"震动"。2002 年 1 月,日本首相小泉访问东南亚五国,在新加坡发表了题为《东亚中的日本与东盟》的演讲,并与新加坡总理吴作栋共同签署了"日新自由贸易协定",提议同东盟国家建立一种全面的经济联盟。同年 11 月,日本与东盟发表了"日本与东盟全面经济合作伙伴联合宣言"。2003 年 10 月,日本与东盟正式签署了《日本与东盟全面经济合作伙伴框架协议》,规定双方将从 2005 年起正式就建立自由贸易区问题进行谈判,争取在 2012 年之前建成自由贸易区。这标志着"日本—东盟自由贸易区"的进程正式启动。同年 12 月,日本紧随中国加入《东南亚友好合作条约》,并在东京首次主办了日本与东盟 10 国的首脑会议。双方发表《东京宣言》和《日本—东盟行动计划》,日本宣布与东盟建立"富有动力和持久的伙伴关系",谋求建立"东亚共同体"。

2013 年 1 月,日本首相安倍晋三进行了再度执政以来的首次出访,访问地由美国改为东南亚三国越南、泰国和印度尼西亚。在与印度尼西亚总统苏西洛的首脑会谈及联合记者会上,安倍晋三提出了日本针对东盟的外交五原则,作为其对东南亚外交的基本方针。在东南亚经济快速发展、日本与近邻国家关系陷入低谷以及美国实施"亚太再平衡"战略的背景下,出于实现和维护日本在东南亚战略利益的考量,安倍政府更加重视发展与东南亚各国与东盟的双边、多边关系,以经济与安全为手段"双管齐下",全面介入东南亚事务。安倍政府将东南亚作为日本实现政治、军事大国战略目标的重要基石,企图通过强化区域经济合作来推动安全保障合作,从而进一步掌握国际机制的制定权以取得地区的主导权,同时遏制中国发展。

2013 年 2 月,安倍晋三在美国战略与国际问题研究中心发表演讲,明确提及"印太"概念。2014 年 7 月,他在澳大利亚议会发表演讲时强调:"我们所奉行的价值观能够覆盖自太平洋至印度洋这一广袤海域。"2016 年 8 月,他在肯尼亚举行的"东京-非洲发展国际会议"上提出"自由开放的印太战略",呼吁拥有法治和市场经济等共同价值观的国家在经济和海洋安全等方面展开合作。"自由开放的印太战略"由三大支柱构成:一是普及法治,维护航行自由和自由贸易等基本价值观;二是根据国际标准,通过建设"高质量基础设施",加强互联互通,促进经济繁荣;三是援助并加强相关国家的海上执法能力,开展防灾合作,防止核不扩散,确保印太地区的和平与稳定。为实现"印太战略"目标,日本进一步与东盟国家加强双边与多边合作,支持其深化政治安全、经济和社会文化三大共同体建设。

2013年5月,日本修订关于援助建立法律制度的政府基本方针,主要体现在其对外援助政策中,特别是官方发展援助(ODA)政策,以印度尼西亚、越南、缅甸、柬埔寨、老挝等国为重点援助对象国,在各国长期开展法治建设援助。2017年6月,安倍晋三与越南总理阮春福同意在"印太战略"的基础上共同推进"维持和强化基于法治基础上的自由开放的国际秩序"。8月,日本与东盟共同发表《友好合作共同愿景声明修订之实施计划》,强调东盟是日本重要的伙伴并支持东盟在地区多边合作机制中的核心作用。2018年10月,日本与湄公河国家举行第10次日本与湄公河流域国家峰会,并公布了《东京战略2018》,将同湄公河国家的关系提升至"战略合作伙伴关系"。

为通过基础设施建设加强与东盟的互联互通,2015年日本决定与亚洲开发银行建立"高质量基础设施伙伴关系",计划5年内通过亚洲开发银行向印太国家提供1100亿美元的"高质量基础设施"投资。2019年,日本在第22次日本—东盟领导人会议上提出"对东盟海外投融资倡议",决定将"高质量基础设施"建设作为该倡议的支柱之一,力争在2020—2022年通过各类金融组织向东盟提供30亿美元贷款,并通过日本国际协力机构提供12亿美元的优惠贷款。

在安全领域,日本强调要提升东盟国家的海上执法能力,以确保海上航行自由和安全。2016年,日本与东盟共同提出"日本—东盟防卫合作倡议",以加强在印太地区的防卫合作。2019年,日本—东盟防长会议通过了"万象愿景2.0",试图在"印太战略"框架内,通过加强与东盟的防卫合作以提升东盟的中心性和整体性。2023年12月,日本与东盟召开纪念双方建立友好合作关系50周年的"日本—东盟特别首脑峰会"。会议期间,日本与马来西亚签署了"安全援助协议",宣布向其提供4亿日元,支援其购买救生艇和无人机;与印度尼西亚签署协议,向其提供价值90.5

亿日元的援助，为海上安全能力的提升提供资金，并援助一艘日本制造的大型海上巡逻艇。

综上，日本采取地区主义路径持续开展与东南亚国家间的外交往来，不仅深化了政治、安全、经济合作等双边关系，推动了与部分东盟国家的海洋安全合作及其机制化建设，还为日本自身的国家战略转型提供了路径支撑，对地区秩序构建也造成一定的影响。

四、日本的联合国外交

所谓联合国外交，是"在联合国内开展的外交"和"通过联合国开展的外交"的统称。战后，日本外交一直强调所谓的"以联合国为中心"，联合国外交是日本总体外交的重要组成部分。

1956年12月，联合国安理会和联合国大会作出决议，同意接纳日本为会员国。日本加入联合国，是二战后日本外交史上的重大转折点，是日本重返国际社会的主要标志之一，其国际地位也相应得到提高。1957年，日本政府发表了首部《外交蓝皮书》，其中提出了如下"外交三原则"：以联合国为中心、与西方国家保持协调、坚持亚洲一员的立场。

加入联合国之后，日本又相继加入联合国的各种附属机构，积极开展了旨在提高日本国际地位的联合国外交，其首要目标便是谋求在联合国中占据重要位置。于是，在加入联合国后不久的1958年，日本便成功当选为安理会非常任理事国，此后在1966年、1971年、1981年又多次当选为安理会非常任理事国。[①] 在经济及社会理事会中，也已经8次近于永久的频率当选。同时在国际法院中，从1961年到1969年，更在1976年以后直接成功地当选为法官，在联合国大会和经济及社会理事会设置的各种辅助机构中也实现了广泛的当选，甚至达到了保持与常任理事国各国匹敌的程度。随着日本经济实力的不断增强，进入20世纪70年代后，日本政府一度曾致力于安理会的改组问题。1970年9月，日本爱知外相在联合国大会演讲时要求重新研究联合国安理会的构成。

进入20世纪80年代后，日本政府将其联合国外交纳入其争当"政治大国"的整体框架下，重新积极寻求在联合国事务中发挥主导作用。为此，日本频频承办联合国相关会议，其对联合国的财政贡献也越来越大。

---

① 日本基本上每隔4—8年便当选一次安理会非常任理事国。截至2024年4月，日本已经12次当选非常任理事国。

1985年第40届联合国大会上，针对联合国面临的严重财政危机，日本外相安倍晋太郎提出成立高级专家会议研究解决方案的建议（"贤人会议"方案），获得大会通过。这是日本自加入联合国以来独立提出的议案首次获得通过。1987年，日本政府决定为防止国际争端的扩大和为联合国作贡献，派人参加联合国维和行动。但在20世纪90年代之前，日本派出参加联合国维和行动的均为文职人员。至1988年，日本向联合国缴纳的会费占联合国会费总额的10.84%，超过苏联居第二位。在联合国的重大活动中，日本也都是主要出资国之一。

冷战后，1990年8月爆发的海湾危机，是促使日本政府加大联合国外交力度的重要转机。如何为国际社会作"贡献"，成为20世纪90年代日本外交所面临的一大课题，日本政府再次重申"以联合国为中心"的外交原则。1992年6月，日本国会通过了《联合国维持和平活动合作法案》，正式从法律上为自卫队参加联合国维和行动扫清了障碍。依此法案，1992年10月，日本政府首先向柬埔寨派遣自卫队参加联合国维和行动。

在20世纪90年代里，日本政府以强大的经济实力为后盾，充分利用联合国这一多边组织，积极谋求对全球性问题发挥影响力。多年来，日本对联合国的资金贡献度不断提高。从1992年起，日本所承担的联合国会费占总额的比例达12.45%，1997年又提高到15.65%，2000年更是高达20.57%。在日本政府大力提供资金支持的背景下，1991年9月，绪方贞子出任联合国难民事务高级专员。1992年3月，明石康被任命为联合国驻柬埔寨临时行政机构代表团团长。此外，军备控制与环境保护，是冷战后日本联合国外交的重点作用领域。在推动军备控制方面，1991年5月，日本政府同联合国合作，在京都召开了国际裁军会议。1994年12月，日本在联合国大会提出的《有关面向最终彻底销毁核武器的核裁军决议》获得通过，这是日本在联合国提出并获得通过的第一个核裁军提案。在环境保护方面，在日本政府的推动下，1997年12月，《联合国气候变化框架公约》缔约方大会在京都通过了《京都议定书》，这是国际社会为保护地球环境、防止温室效应而取得的重要成果。

争当安理会常任理事国，是冷战后日本联合国外交的最大目标。2001年4月小泉内阁上台后，日本的政治军事大国化倾向增强，其争当安理会常任理事国的步伐也明显加快。2004年2月，小泉内阁邀请联合国秘书长安南访问日本，并借机提出联合国机构改革要求。2005年是联合国成立60周年，在向着"常任梦"发起新一轮冲击的过程中，日本选择了与德国、巴西、印度结成共同争当常任理事国的"四国联盟"的方式。2005年7月，"四国联盟"正式向第59届联合国大会秘书处提交了关于安理会改革的框架决议草案，其主要内容是要求安理会增加6个常任理事国和4个非常任理事国。但联合国大会就这一草案存在很大分歧，最终四国联合决议案流产。

2005年，日本"争常"失败后，国内出现了要求重新审视对外经济援助政策的呼声，依靠经济手段实现"政治大国"目标的"吉田路线"受到强烈质疑。2012年，安倍晋三再次担任首相后，力图率领日本摆脱以"吉田路线"为代表的战后体制，从政治、安全、经济乃至社会、文化等领域，积极谋求对外战略的全面转型。

2016年，日本正式成立"关于联合国安理会的战略本部"，从机制上加强安理会改革的战略应对，推动日本"入常"进程。为谋求"入常"支持，日本与主要地区建立各种对话机制，强化双边及多边协调。2016年8月，安倍晋三借参加第六届非洲开发会议之机，向非洲各国首脑宣传日本对非洲的经济贡献，力推"高品质基础设施建设"，为"入常"争取选票。此外，日本还利用东盟系列首脑峰会、日本与湄公河流域国家峰会、日本与加勒比共同体国家首脑峰会、"日本+中亚"对话机制等多边场合，积极扩大日本在这些地区的影响力，争取有关国家对日本"入常"的支持。

整体上看，有关联合国安理会的改革问题十分复杂，由于发达国家与发展中国家，以及各成员国彼此之间的利益和立场不同，日本的"常任梦"恐怕还有很长一段路要走。

第二节　韩国外交

1948年大韩民国政府成立后，随即开始正式的外交活动。从李承晚政府到尹锡悦政府，韩国主要经历了12个政权时期，各届政府的对外政策与外交活动在保持一定连续性的同时也都带有时代性特征。截至2023年底，韩国与192个国家建立了外交关系，驻外外交机构167个。

一、外交政策

韩国建国以后，其对外关系受到冷战格局的制约，外交的首要目标是维护韩国安全。在资本主义和社会主义两大阵营对峙的状态下，李承晚政府十分重视与美国的关系，采取"亲美一边倒"的外交政策。朴正熙上台后，继续奉行反共政策，同时推进多边睦邻外交。随着东西两大阵营的缓和，1972年朴正熙政府提出向社会主义国家开放门户，开展对"第三世界"国家的外交。全斗焕执政期间，进一步推行门户开放政策，奉行自主、实利的外交路线，同时推行"北方政策"，积极开展面向社会主义国家尤其是中国和苏联的外交。

卢泰愚执政期间，韩国抓住国际形势大缓和之机，推行"多边化"外交路线，并重点推进旨在面向所有社会主义国家的"北方外交"。1993年金泳三上台后，推行实现"世界化、多边化、多元化"、面向地区合作和面向未来的"新外交"政策。1998年金大中上台后，奉行全方位外交路线，在稳定"韩美基轴"的同时，主张在国际外交舞台中积极发挥作用，在对朝关系上采取旨在和解、合作的"阳光政策"。2003年卢武铉执政以后，继承金大中的全方位外交政策，谋求构建朝鲜半岛和平机制，对朝推行旨在加强合作交流的"和平繁荣政策"。2008年李明博政府上台后，推行基于实用主义理念的全方位外交政策，以实现稳固坚实的安保、发展经济、获取国际信任为目标原则。

2013年朴槿惠上台后，继承全方位外交路线，并提出"东北亚和平合作构想（首尔进程）"外交战略，重视韩中、韩朝、韩美这三对关系，主张韩国、中国和美国等六方会谈与会国首先从气候变化、反恐和核能安全等非政治领域议题进行对话，逐渐增进区域内国家之间的信任。对朝关系上推行"朝鲜半岛信任进程"政策，试图恢复与朝鲜的互信，改善韩朝关系。

2017年文在寅政府上台后，提出了"和平与繁荣的朝鲜半岛"外交战略，旨在强化与美、中、日、俄的外交关系，力争在推动朝鲜半岛和平与稳定方面有所突破，意图形成"东北亚+"责任共同体，营造有利于韩国生存与繁荣的和平与合作环境。

2022年尹锡悦上台后，提出"全球枢纽国家"与"印太战略"等对外政策，更加重视意识形态、规则和人权等理念因素，加速向"自由主义"阵营靠拢，以"价值观外交"为手段，扩大合作对象和合作内容，对中、俄、朝等更强调原则和牵制，阵营化色彩明显加重。

二、外交发展演变

（一）冷战时期

冷战前期，受当时国际政治格局的影响，韩国外交带有明显的冷战特征，对外关系主要是强化韩美同盟，并追随美国在同盟圈内开展外交。冷

第十章 外交

战后期,随着国际形势的缓和,韩国外交除了维持以美国为首的同盟外交之外,开始与社会主义国家进行交往,逐步走向全方位外交。

1. 李承晚政府

李承晚时期,韩国的对外关系受到冷战格局的制约,外交的首要目标是维护国家安全。在资本主义和社会主义两大阵营对峙的状态下,李承晚政府十分重视与美国的关系,采取"亲美一边倒"的外交政策。

李承晚政府作为韩国的新生政府并不具备国防所需要的安保与经济基础,也不具备有效的政治、经济体制的运营资源,为此韩国面临各种困难。从当时的国际形势来看,美苏冷战正式上演,而朝鲜半岛已成为美苏对抗最尖锐的地区。在资本主义与社会主义两大阵营的对峙状态下,由于美国追求的战略利益与韩国的安保利益相互交叉,所以李承晚政府尤为重视对美外交,"亲美一边倒"外交是李承晚政府外交的重要内容。这一时期美国基本控制了韩国的整个国防和军工体系,韩美两国相继签署了《韩美相互防卫援助协定》和《韩美共同防御条约》,美国承诺为韩国的安全提供保护,并通过这些具有法律效力的文书,逐渐控制了韩国的政治和外交。

此时韩国的外交目标是,获取美国的军事、经济援助;以韩美关系为基轴,获取同盟圈对韩国政府的承认与支持;在与朝鲜关系上,排斥与朝协商,推进"武力北进统一"策略。由于李承晚采取追美反共的外交政策,除和以美国为首的部分西方国家建交外,其他建交国寥寥无几。

2. 朴正熙政府

1960年李承晚政府因"4·19革命"下台后,韩国进入第二共和国的以张勉为内阁总理的政府时期。张勉内阁树立了强化与西方各国的纽带关系、改善与中立国的关系、实现韩日关系正常化等一系列外交目标,但是1961年发生的"5·16军事政变"使得张勉政府的外交无果而终。

通过军事政变上台的朴正熙政府,继续奉行反共政策,同时推进多边睦邻外交。随着经济的发展和国际地位的提升,韩国开始突破美国的外交束缚,减少对美依赖,谋求更多的自主性。这一时期,韩国对美采取安保、经济外交,对朝鲜采用"先建设、后统一"的政策,并恢复了与日本的正常邦交。韩国先后与亲美的东南亚、西欧、非洲、拉丁美洲的多个国家建立外交关系。随着20世纪70年代东西两大阵营的缓和,朴正熙宣布有意同中国、苏联等国家改善关系,并修改贸易法,允许韩国商人同社会主义国家进行交易。1972年,朴正熙提出向体制不同的社会主义国家开放门户，放弃了不与承认朝鲜的国家建交的外交路线，通过体育、经济等民间外交与亚非国家加强联系。这一时期，韩国加强了同第三世界国家的接触，同拉丁美洲部分国家、东南亚及中东的一些国家建立了外交关系。

3. 全斗焕政府

全斗焕执政期间，韩国奉行自主、实利的外交路线，进一步推行门户开放政策，向社会主义国家实施"北方政策"外交策略，取得了一系列外交成果。

第一，全斗焕政府强化与美国和日本等传统友好国家的安保体制与经济协作。全斗焕上台后，首先对美国进行访问，通过与美国总统里根举行会谈，确认了韩美两国在安保上的永久伙伴关系，同时促使美国废除了卡特时代宣布的"撤出驻韩美军"的计划，为此韩国再次得到美对韩的防卫许诺，并成功与美国商定了关于驻韩美军继续驻扎韩国、美国继续支援韩军实现现代化的计划。与此同时，全斗焕积极调整对日政策，主要从现实利益出发发展对日关系，希望通过加强经济合作来振兴韩国经济，并获得日本提供的40亿美元的"政府开发援助"。全斗焕于1984年访问日本，与中曾根康弘举行首脑会谈，发表了"全斗焕－中曾根康弘共同声明"。这是韩国自建国以来总统首次访日，韩日关系得到了改善。

第二，巩固和拓展与不结盟国家的外交成果，继续积极推进经济外交。如韩国借1973年阿拉伯产油国发表"中断对亲以色列国家的石油出口宣言"之际，首先在中东问题上发表支持阿拉伯国家的声明等，大力推进亲阿拉伯外交，增加了建交国的数量。

第三，致力于增进与东盟和非洲中立国家的友好协作。1981年全斗焕巡访亚洲5国印度尼西亚、马来西亚、菲律宾、新加坡与泰国，1982年全斗焕又相继对非洲4国肯尼亚、加蓬、尼日利亚与塞内加尔进行访问，取得了良好的外交成果。

第四，推行改善同社会主义国家间关系的"北方政策"。全斗焕政府以发展经济为背景，在"北方政策"的旗帜下积极开展与苏联、中国等社会主义国家的接触与交流，取得了较大的成果，同时为韩国下届政府（卢泰愚政府）成功举办1988年奥运会与成功实施"北方外交"奠定了基础。

此外，全斗焕政府还积极参与国际事务，扩大了韩国在国际舞台上的影响。

（二）冷战后时期

冷战结束后，国际形势发生了巨大变化，东西对抗不复存在，和平与发展成为世界主题。韩国顺应国际潮流的变化，逐渐调整外交政策，逐步推行全方位外交。

1. 卢泰愚政府

卢泰愚执政期间，积极应对东欧社会主义国家剧变、德国统一、苏联解体等急剧变化的国际形势，利用国际形势大缓和的机会，奉行"民族自尊、自主、统一"的外交理念，开始推行以"北方外交"政策为核心的多边化外交路线。

首先，推进面向所有社会主义国家的"北方外交"。在东欧局势剧变前后，韩国先后同东欧各国、苏联、蒙古国、中国等社会主义国家实现了关系正常化。卢泰愚政府在"北方外交"的旗帜下，将全斗焕政府"北方政策"的对象由中小社会主义国家扩大到所有社会主义国家。1989年韩国与匈牙利、波兰和南斯拉夫建交；1990年与捷克斯洛伐克、保加利亚、罗马尼亚、蒙古国等前社会主义国家建立外交关系；1990年9月、1992年8月与12月，与苏联、中国和越南成功建立了外交关系。"北方外交"的实施，为朝鲜半岛和平统一创造了外部条件，同时也拓宽了韩国经济发展的道路。1992年11月，俄罗斯总统叶利钦正式访问韩国，韩国成为俄罗斯总统出访的第一个亚洲国家，表明其对发展俄韩关系的高度重视。两国签署了《俄韩基本关系条约》并将之作为规定两国关系基本原则的基础性文件。

其次，以同中国和苏联建交为契机，推动与朝鲜的和解对话，取得了丰硕的成果，为实现民族统一奠定了基础。为改善朝鲜半岛南北关系，卢泰愚政府一上台便向朝鲜提议要举行外长会谈与总理会谈。1988年7月7日，卢泰愚又发表了"为民族自尊与统一、繁荣的总统特别宣言"，即"7·7宣言"。宣言指出，朝鲜不是竞争与对抗的对象，而是进行统一的伙伴，希望进行半岛南北同胞之间的相互交流，停止南北间两败俱伤的外交竞争，进行互利合作等。1989年，卢泰愚又提出了"民族共同体统一方案"，主张在"自主、和平、民主"的三大原则下，实现朝鲜半岛南北统一，并提出将来统一国家实施"邦联制"的构想。卢泰愚的提议受到了朝鲜的积极响应，1990年双方举行了第一次高级会谈即总理会谈。1991年12月，朝韩签署了《关于北南和解、互不侵犯与合作交流协议书》，该协议书的签署，意味着韩朝双方告别了过去46年的极端对立与互不信任的历史，为进入面向统一的和平共存新时代奠定了基础。① 此外，朝韩结束了自己是代表朝鲜半岛的合法国家之争，于1991年9月同时加入了联合国。1991年11月双方发表了《朝鲜半岛无核化宣言》，共同作出不制造、不拥有、不储藏、不配备、不使用核武器的承诺。

再次，加强了与以东南亚国家联盟为主的太平洋全部地区的外交往来。卢泰愚政府的"多边化外交"路线在加强与亚洲、太平洋地区国家的外交关系上得到充分体现。亚太地区已成为20世纪90年代的主要市场，该地区在韩国的对外贸易中占据了很大的外贸比重。为此，卢泰愚政府非常重视对亚太地区的外交。1988年，卢泰愚对马来西亚、印度尼西亚、文莱和澳大利亚四国进行正式访问，为强化与东盟国家乃至与太平洋国家的外交关系打下了牢固基础。1991年，在马来西亚举行的东盟外长扩大会议上，东盟正式决定将对韩国的"部分对话体制"上调为"完全对话体制"。韩国在继日本、澳大利亚、新西兰、美国、加拿大、欧盟之后成为东盟第七个"区外安全对话国家"。为促进亚太地区各经济体之间的经济合作与贸易自由化，韩国与澳大利亚一起为成立亚太经济合作组织（以下简称APEC）发挥了重要作用。在韩国的积极支持下，1989年11月，澳大利亚、美国、日本、韩国、新西兰、加拿大及当时的东盟六国在澳大利亚首都堪培拉举行了APEC首届部长级会议，标志着这一组织的正式成立。1991年11月APEC第三次部长级会议在首尔举行，这成为韩国值得自豪的外交成果。作为APEC主要成员，韩国在亚太经济合作领域积极地展开外交，同时也积极致力于APEC之内的贸易与投资自由化以扩大其出口市场。

最后，作为自主外交的一环，卢泰愚政府在维持与美国纽带关系的同时，追求平等互惠的韩美关系，取得了一定的成效。

2. 金泳三政府

金泳三执政后，提出"新外交"政策，主张外交应实现世界化、多边化、多元化，要面向区域合作、面向未来；要为世界和平、军备控制、消除贫困、保护环境和合理利用资源作出贡献。

首先，在"新外交"的旗帜下，韩国一方面通过进行以经济实际利益为重点的国外巡访和邀请外国元首访韩积极开展首脑外交，以推进其经济外交、安保外交以及以国际舞台为中心的多边外交。1996年2月，金泳三

---

① 张文江编著：《韩国的政治和外交》，北京大学出版社2009年版，第309页。

访问印度尼西亚与新加坡,并出席"亚欧会议",9月访问中南美五国,11月参加APEC首脑会议并访问东南亚三国;1997年1月与日本首相会晤,6月访问联合国与墨西哥,11月参加APEC首脑会议等。金泳三通过国外巡访积极开展经济利益外交、对朝安保外交与环境外交。另一方面,金泳三政府积极邀请外国元首访韩,为促进双边贸易、扩大相互投资等实质性合作奠定了基础。法国总统密特朗、俄罗斯总统叶利钦、美国总统克林顿、日本首相桥本龙太郎、英国首相梅杰等多国元首相继应邀访问韩国,金泳三通过首脑会晤消除了过去的生疏与隔阂,在以双边经济协定为引导、共同致力于发展各个领域的一揽子合作关系上达成了共识。

其次,韩国巩固了与朝鲜半岛周边四国的合作关系。金泳三政府特别重视与美、日、中、俄等周边核心国家的安保外交。1996年4月,金泳三与克林顿举行首脑会谈,共同提议"四方会谈"方案作为商讨朝鲜半岛和平稳定问题的模式。11月双方在马尼拉再次举行首脑会晤,把"四方会谈"确认为朝鲜半岛问题的对话模式。与此同时,金泳三先后与日本首相桥本龙太郎和中国国家主席江泽民举行会晤,阐明韩美两国业已达成的一致立场,即通过韩朝对话才有可能实现朝鲜半岛的和平稳定,并得到中日两国对韩国立场的支持。1994年6月,金泳三访问俄罗斯,这是有史以来韩国总统对俄罗斯的首次正式访问。双方宣布建立"建设性互助伙伴关系"并签署了军事合作协定,俄罗斯将200多份有关朝鲜战争的历史档案交给韩国以解决两国历史问题。

再次,韩国积极参与国际事务,在国际社会进一步扩大了影响。1996—1997年韩国连续被选为联合国安理会非常任理事国,1996年加入经济合作与发展组织,与日本共同举办2002年世界杯足球赛等,国际影响力不断提高。

最后,在对朝关系上,由于金泳三政府采取摇摆不定的对朝政策,这一时期韩朝关系较以前有所回落,以金日成去世为契机,双方对话陷入停顿,甚至发生了武装冲突。

3. 金大中政府

金大中上台后,韩国奉行全方位外交政策,在强化自主安保态势与韩美安保体制的同时,加强与周边大国的外交,在国际外交舞台中积极发挥作用,提高了在国际社会中的地位。与此同时,金大中政府推行对朝鲜持包容态度的"阳光政策",取得了较大的成果。

第一,强化韩美关系,并获取美国对"阳光政策"的支持。1998年金大中上台伊始便访问美国，与克林顿总统举行首脑会谈，双方认真讨论了包括恢复韩国经济在内的一些悬案问题。韩国在获得美国持续援助的同时，也得到了美国对新政府的对北包容政策——"阳光政策"的支持。在军事、安保方面，韩国意欲通过牢固的韩美同盟关系来维持朝鲜半岛的安定，而美国也试图通过对东北亚地区的不断干预来维持地区和平与本土利益。由于两国的战略不谋而合，韩美间的互助体制便得以有力地维持。2001年小布什就任美国总统后，金大中继续通过首脑会晤，为获取美国新政府对韩国"阳光政策"的协助而进行外交努力。然而，2002年小布什在"国情咨文"中将朝鲜与伊朗、伊拉克相提并论，并将其列为"邪恶轴心国"之列，致使韩美两国在对朝政策上出现了不谐之音，韩美矛盾凸显，同盟关系存在的基础开始动摇。

第二，加强与周边大国的外交，在国际外交舞台中积极发挥作用，提高了韩国在国际社会中的地位。

除了加强对美外交外，金大中政府还强化周边大国外交。对日本方面，把消除韩日间围绕修改《渔业协定》产生的矛盾、通过首脑会谈构建新的伙伴关系作为韩日关系的主要课题。经过一番外交努力，1998年9月双方签署《新韩日渔业协定》。1998年10月金大中访日，与日本首相小渊惠三举行会谈，共同发表了《21世纪韩日新伙伴关系共同宣言》，规定了两国首脑定期举行会晤等扩大对话渠道、共同致力于国际社会的和平与安定、强化经济领域的合作、增进国民与文化交流等5个合作领域的基本原则。同年12月金大中借出席在河内举行的"东盟9国＋中、韩、日首脑会议"之际，再次与小渊惠三会晤，就对朝悬案问题上双方的共同应对方案重点进行商讨。2002年3月小泉纯一郎访问韩国，双方共同签署了旨在促进两国企业相互投资的《韩日投资协定》，并就成立旨在签署两国自由贸易协定的共同研究会达成一致意见。

对华方面，金大中政府特别重视发展韩中关系。1998年，金大中访问中国，与江泽民主席举行会谈，双方就构筑两国的"合作伙伴关系"达成一致，并发表了以12项、34个具体合作项目为内容的合作协议，就相互协作以克服亚洲经济危机、扩大与强化高层互访，以及强化经济、贸易、文化等所有领域的合作等达成一致。中方表示，在朝鲜半岛问题上，中国信赖韩国的对朝基本原则，并支持韩方通过对话与协商来实现朝鲜半岛的自主、和平统一，希望朝鲜半岛无核化宣言的目标早日实现。2000年10月，中国总理朱镕基访问韩国，双方一致同意将中韩友好合作关系推向全面发展的新阶段。为解决中韩渔业问题，在韩国的提议下，2000年8月两国签署了《中韩渔业协定》。2002年中韩两国外长举行会谈，双方就从人道的角度处理朝鲜出逃者问题达成一致。之后，两国友好关系保持稳定发展的态势。

对俄方面，尽管这一时期俄罗斯国内形势不够稳定，韩俄两国间的贸易并不活跃，但金大中政府仍然很重视与俄罗斯的交往。为增进与俄罗斯的友好合作关系，金大中政府努力推行亲俄罗斯的外交政策。1998年5月，韩国外交通商部长与来访的俄罗斯副外长举行会谈，双方决定扩大以两国首脑会晤、外长会谈等高层交流为主的人员往来，并就悬而未决的《前俄罗斯驻韩公馆土地补偿协定》的履行问题进行了深度讨论。之后，为打破因相互驱逐外交官事件①带来的僵局，韩俄在马尼拉举行了两次外长会谈，试图消除两国之间的矛盾纠葛。同年9月，韩俄外长借出席第53届联合国大会之际举行会谈，就恢复相互驱逐外交官事件发生以来的两国关系等各种悬案问题进行讨论，并就积极进行相互交流、增进友好与合作以继续发展"建设性的互补型伙伴关系"而达成一致。1999年金大中访问俄罗斯，与叶利钦举行会晤，就扩大两国经济合作的方案进行了讨论。韩国强调了俄罗斯作为安理会常任理事国在联合国中的作用，俄罗斯则明确表示支持金大中的对朝政策。2001年2月俄罗斯总统普京访韩，与金大中就旨在实现双方共同繁荣的朝鲜半岛纵贯铁路与西伯利亚横断铁路连接以及西伯利亚天然气田开发等经济合作问题进行了集中讨论。

第三，在国际外交舞台中积极发挥作用，提高了韩国的国际地位。比如，2000年成功举办了第三次"亚欧首脑会议"，会议期间韩国通过展示强大国力与发达的景象提升了国际形象与国际地位，同时也向世界展现了韩国克服金融危机、重新恢复生机的经济状况，提高了韩国的国际信用度，并且得到了国际社会对朝鲜半岛南北和解与合作的支持。

第四，推行对朝鲜持包容态度的"阳光政策"，取得了较大的成果。金大中政府的对朝政策与以往韩国政府相比，显示出很大的差异。为打破朝鲜半岛南北关系不能有很大的改善、无法摆脱纠纷与对峙状态，并且经常出现危机状况的局面，金大中提出了"禁止武力冲突，反对吞并统一，积极推进和解与合作"的"对北三原则"，制定了"阳光政策"，始终一

---

① 1998年7月4日、8日，分别发生了"俄罗斯驱逐韩国驻俄罗斯大使馆参赞赵成禹事件"与"韩国驱逐俄罗斯驻韩大使馆参赞阿布拉金事件"。

贯地推行对朝包容政策。

起初,朝鲜将金大中政府的"阳光政策"看作是另外一种形式的"吞并统一"策略而加以拒绝。后金日成于1998年发表了以"为实现民族大团结,南北应相互往来、发展对话"为内容的"民族大团结五大方针"之后,朝鲜对"阳光政策"开始积极响应。在双方政府的支持下,民间层次的南北交流首先开始活跃起来。1998年6月与10月,韩国现代集团名誉董事长郑周永两次向朝鲜赠送牛群。之后,伴随着金刚山旅游业的启动,11月韩国现代集团与朝鲜亚太和平委员会共同讨论了金刚山开发与成立工业园区及经济特区等多项合作内容。

2000年5月,朝鲜接受了韩方提出的举行"南北首脑会谈"的提议。6月13日金大中访问平壤,与金正日举行会谈,双方发表了《6·15共同宣言》,对韩朝增进理解、加强合作、推动南北和平统一起到了积极作用,同时也使得长期处于中断的当局间的对话与"离散家族交换访问"等也得以恢复。2002年4月,韩国总统安保外交特别助理林东源作为总统特使访问平壤,与朝方就离散家族重逢,京义线、东海线铁路与公路的连接,召开南北经济协作推进委员会会议,再次召开军事当局会谈等达成协议,为南北关系的进一步发展开创了契机。由于金大中为推动南北和平统一作出了巨大贡献,2000年10月金大中获得诺贝尔和平奖。

4. 卢武铉政府

2003年上台的卢武铉政府以构筑朝鲜半岛和平机制与建设东北亚经济中心为总体目标,提出了以三大安全战略[①]为核心、以五个安全政策[②]促进为原则的外交安保战略,在推进旨在发展新型韩美同盟关系的对美外交的同时,加强与中国等周边国家的关系,继续对朝采取包容立场,推行对朝"和平繁荣政策"等,取得了较大的外交成果。

第一,卢武铉政府将朝核问题的和平解决作为首要外交目标,试图为构筑朝鲜半岛的和平机制创造外部环境。在卢武铉上台前夕,因朝美关系不断恶化,朝鲜半岛局势极度紧张。2002年10月,朝鲜涉嫌实施浓缩铀计划浮出水面后,12月朝鲜驱逐国际原子能机构官员,2003年1月宣布退

[①] 三大安全战略为:均衡性实用外交、协作性自主国防、信任和包容的对朝政策。

[②] 五个安全政策为:为了和平的安保原则、自主安保原则、面向未来的安保原则、低调温和的安保原则、考虑经济的安保原则。

出《不扩散核武器条约》，2月再次启动5MW的原子反应堆。美国则对朝鲜采取强硬政策，宣布将对其采取"先发制人"的打击等，使得朝鲜半岛陷入危机状态。针对这一情况，卢武铉政府提出以"不允许朝鲜开发核武器、通过对话和平解决朝核问题与发挥韩国的积极作用"为内容的"解决朝核问题三大原则"，为以对话方式和平解决朝核问题展开了积极的外交活动。韩国相继派特使访问美、日、中、俄，力陈"解决朝核问题三大原则"，强调韩国和平解决朝核问题的立场与和平解决朝核问题的重要性，与中俄等国在和平解决朝核问题、实现朝鲜半岛无核化等问题上达成一致。之后，卢武铉通过与日本首相小泉的会谈、与美国总统小布什的电话会谈，转达了希望和平解决朝核问题的意愿，同时派外长访问美日，向两国强调要保持传统友好关系的同时，探讨和平解决朝核问题上韩、美、日三国的共同利益。

在以中韩为首的各国外交努力下，特别是在中国不断地斡旋下，2003年4月由中、美、朝三国参加的旨在对话解决朝核问题的"三方会谈"在北京举行。同年5月卢武铉访美，再次向美国确认了韩国和平解决朝核问题的有关原则，提出韩美相互协调的建议，获得了美国对韩国的对朝"和平繁荣政策"的支持。6月卢武铉访日，与小泉首相就和平解决朝核问题进行会谈。7月卢武铉访华，中国表示愿意为朝核问题的和平解决与朝鲜半岛的和平稳定发挥建设性作用。8月韩国出席了在北京举行的"六方会谈"，阐明和平解决朝核问题的立场。韩国认为"六方会谈"是以对话方式和平解决朝核问题的最佳方案。此后，韩国与中国协力合作，为以后数次"六方会谈"的举行与分阶段解决朝核问题，不断倾注外交努力。

第二，在对美关系上，卢武铉政府在维持韩美传统纽带关系的同时，谋求更加平等的军事同盟关系，主张韩国应有的权利，意欲将从属性的韩美关系发展成为全面的伙伴关系。"9·11"事件之后，美国的同盟观念发生改变，加上韩美在对朝政策上存在较大差异，双方关系有所降温。2002年，因驻韩美军装甲车轧死韩国女中学生，韩国发生了"烛光追悼"事件，再次引发韩国的反美情绪高潮。卢武铉上台后便面临韩美同盟调整问题，他主张变韩美从属关系为全面的伙伴关系。

2003年5月，卢武铉访美时与小布什总统举行会谈，提出韩美相互协调的方向，就强化与发展面向未来的同盟关系的有关方案达成了一致。在2003年的"8·15"祝词中，卢武铉提出"将自主防卫力量与韩美同盟作为维护朝鲜半岛安全的两大支柱"的"协作式自主国防"原则。此外，卢武铉政府在维持每年举行的"韩美安保年例会"以及"韩美军事委员会会议"等韩美军事合作渠道畅通的同时,谋求能够达成与冷战后时代已经发生变化的安保环境相适应、旨在调整韩美同盟关系的政府间协议。为解决重新部署驻韩美军问题的后续悬案问题,卢武铉政府与美方草签了有关龙山基地迁移事项的一揽子法律性协定与履行协议书。通过数次"韩美同盟政策构想会议"的协商,双方确定截至2007年为止有关朝鲜半岛防卫的"十大义务"交还韩军,美军第二师完成向汉江南岸的第二阶段迁移,试行2004—2005年度的联合指挥关系研究。另外在双方的紧密协商下,就增强韩美联合军力等与韩美同盟调整有关的主要悬案问题也达成了一致。与此同时,为强化与美国的同盟关系,韩国就2003—2004年度向伊拉克派兵以及参加伊拉克重建问题与美国达成一致。2004年11月,卢武铉总统访问美国,通过与小布什总统的会谈,提高了美国朝野对新型韩美关系的认识。

2005年11月,卢武铉与前来韩国出席APEC首脑会议的小布什再次举行会谈,就设立两国"部长级战略对话"与"外长+国防部长协商机制"以商讨东北亚地区问题与所关心的国际问题达成一致。2006年1月,韩国外长潘基文访问美国,参加首次"韩美部长级战略对话",双方就驻韩美军的"战略灵活性"问题达成一致。2006年6月,作为发展韩美全面伙伴关系的一环,两国在华盛顿举行了旨在进行《自由贸易协定》(FTA)协商的首次正式会议,双方就对正式面临的首要问题的思考、信息交换与阐明基本立场等的协定草案内容加深了相互理解,尽最大可能在众多领域缩小立场差异。

卢武铉政府为发展"全面伙伴关系"式的韩美同盟关系进行了大量的外交努力。但是,要想将冷战时代的韩美军事性同盟转变为全面合作同盟,韩国还需要走一段艰难的道路。这既需要韩国国内、国外环境的支持,还需要美国方面的协作。

第三,在与周边国家的关系上,卢武铉政府强化双边交流以构建面向未来的双边关系。对华关系方面,卢武铉政府非常重视对华关系的发展,其主要目标是在解决朝核问题上获得中国的积极协助以及构建中韩全面合作伙伴关系。2003年7月卢武铉访华,与胡锦涛主席举行会谈。双方就共同致力于东北亚的和平与繁荣以及构建两国新一届领导层之间的相互信赖达成一致,确认要把两国目前的"全面合作关系"发展成为"全面合作伙伴关系",扩大两国在各个领域的交流与合作并使其制度化。此外,双方还制定了未来10—20年间韩中关系发展的基本框架。

卢武铉访华之后，中韩两国高层交流活跃。2004年2月，中国外交部副部长王毅访韩，双方就增进两国关系与旨在和平解决朝核问题的合作方案进行了协商。3月，韩国外交通商部部长潘基文访华，就在北京举行的第二轮"六方会谈"的结果交换了意见，并对日后朝核问题的合作方案与增进两国关系方案以及地区合作等相互关心的事项进行了广泛的协商。2005年以后，两国关系发展更加活跃。一是两国高层交流更加频繁。特别是2005年11月，中国国家主席胡锦涛的访韩使两国关系插上了腾飞的翅膀，双方把建交15周年的2007年定为"中韩交流年"，决定开展多种交流活动以增进两国间的相互理解。2006年1月，韩国国会议长访华；4月，中国国防部长借出席"韩中外交安全会议"之际访韩，与韩国总统卢武铉举行会面；5月，借参加"亚洲合作对话会议"之际，两国外长举行会谈；6月，韩国外交通商部部长访华等，韩中高层领导互访持续频繁。二是双方扩大了经济贸易领域的合作往来，中国成为韩国的第一大贸易对象国与第一大投资对象国，韩国成为继美国与日本之后中国的第三大贸易对象国。三是双方的社会、文化与人员交流不断扩大，中国成为韩国国民第一大旅游对象国。此外，中韩在朝鲜半岛以及东北亚地区的协商与合作也日趋紧密。除发展双边关系与地区合作之外，两国在联合国、APEC以及"东盟地区论坛"等各种国际事务与地区舞台上相互支持，保持着良好的协作关系。

对日关系方面，卢武铉政府为推进韩日自由贸易协定、和平解决朝核问题、改善朝日关系以强化朝鲜半岛的和平与稳定等进行了一番外交努力。2003年6月，卢武铉访日，两国发表《东京共同宣言》，就朝核问题与东北亚局势，以及扩大两国实质性的合作与人员交流、增进在国际舞台上合作的有关方案达成了广泛共识。10月8日在"东盟+3"会议期间，韩日举行首脑会谈。10月21日，APEC首脑会议期间，韩日再次举行首脑会谈，就开始进行《韩日自由贸易协定》签署的有关交涉以增进两国的经济合作与人员交流，以及推进《韩日关税相互援助协定》的早日签署等问题达成了协议。2004年7月，卢武铉与小泉纯一郎在济州岛举行会谈，就强化两国在和平解决朝核问题上的相互协作进行了集中讨论。

然而，进入2005年之后，由于发生了独岛（日本称竹岛）主权纷争问题与日本政府通过歪曲历史事实的历史教科书问题，韩日关系急剧冷却并开始严重恶化。2006年5月，借出席亚洲合作对话会议之际，韩日外长举行会谈，韩方向日方明确表示了韩国政府与人民在历史问题与参拜靖国神社问题上的严肃立场，日方表示将郑重考虑韩国人民对待历史问题的感情，并强调要为构建面向未来的韩日关系作出最大努力。

对俄关系方面，卢武铉政府对俄外交的重点是邀请俄罗斯参与包括和平解决朝鲜核问题在内的朝鲜半岛和平机制的构建，强化与俄罗斯在宇宙空间技术与科学技术上的合作，继续与俄罗斯进行天然气田开发上的合作。

2003年9月，借出席第58届联合国大会之际，韩俄外长举行会晤，双方就朝核问题上的协作、扩大高层人士的交流等增进双边实质性合作以及伊拉克问题广泛交换了意见。同年10月，韩国总统卢武铉借出席在曼谷举行的APEC首脑会议之际，与俄罗斯总统普京举行会谈。双方再次确认了坚持朝鲜半岛无核化的原则，决定为旨在和平解决朝核问题的第二轮"六方会谈"的早日举行作出各自的努力。此外，韩俄双方还就为实施韩国铁路与西伯利亚铁路的连接而举行专家协商一事达成协议。2004年9月，卢武铉访俄，与普京举行首脑会谈并发表了联合声明，决定将两国关系由"建设性互助伙伴关系"提升为"相互信赖的全面伙伴关系"，宣布两国将加强经贸领域合作，和平解决朝核问题。此次访问使得两国关系定位升级，为韩俄关系注入了新的活力，使两国在各个领域特别是经贸领域的合作迈上新台阶。2005年2月，卢武铉出席俄罗斯举行的"二战胜利60周年"纪念活动并再次与普京会谈，双方重申要发展双边关系，并进一步致力于"相互信赖的全面伙伴关系"的深化发展。同年11月，普京借出席APEC会议之际对韩国进行访问，与卢武铉举行会谈。双方就朝核问题与韩俄双边关系与经贸领域的合作进行讨论，并就扩大企业的相互投资，特别是扩大东西伯利亚地区的能源合作与宇宙发射设备方面的合作基础进行了具体协商，两国关系得到进一步发展。

第四，努力推进贸易通商外交，为实现建设东北亚经济中心的目标创造外部环境。首先，卢武铉政府积极推进经济贸易外交，以推动"自由贸易协定"的签署。如应对WTO谈判，推动与智利和新加坡的自由贸易协定生效实施；与日本、东盟、加拿大、欧洲自由贸易联盟进行自由贸易协商，与印度、墨西哥、俄罗斯、南美共同市场进行有关签署自由贸易协定的研究，等等。其次，卢武铉政府为实现韩国的东北亚经济中心地位而不断扩大韩国的外交基础。一是为推动形成韩中日经济联合体而举办中韩日三国外长组成的"三方委员会"并活跃各种协商机制等，推动三国经济合作的制度化；二是持续推进半岛南北铁路以及欧亚大陆铁路事业与韩中日三国间航空自由等民间协议等，强化东北亚物流合作；三是与中、美、日、俄构建双边能源协作机制并加强环境事业的合作；四是为强化东北亚环境、能源合作而积极展开外交并取得了一定的成果。最后，除增进与周边国家的关系之外，卢武铉政府还积极开展全方位的多边外交。如加强与联合国的政治、经济合作；强化与东盟的合作伙伴关系；加强与西南亚与大洋洲主要国家（印度、澳大利亚）之间的经济贸易往来；对中南美推行实利外交；积极推动对中东国家的外交，等等。

第五，在对朝关系上，卢武铉政府推行"和平繁荣政策"，强化与朝鲜的对话，扩大朝鲜半岛南北间的经济交流。针对半岛南北关系问题，2003年卢武铉政府提出了"构建朝鲜半岛和平三阶段实施方案"：第一阶段，和平解决朝核问题；第二阶段，深化南北合作、奠定和平机制的基础；第三阶段，签署"南北和平协定"。

在"和平繁荣政策"旗帜下，卢武铉政府积极推进对朝交流，特别是韩朝经济合作。2003年5月、8月，韩朝分别举行了"南北经济合作推进委员会"第五次与第六次会议。2003年7月，双方又举行"南北铁路/公路连接实务协商"第三次会议，就为京义线、东海线铁路信号、通信与电力系统的设计进行现场勘查一事达成协议。随着经济合作的推进，韩朝以南北部长级会谈为主的高层接触也不断举行。双方举行了多次部长级会谈，就经济合作的具体问题进行了协商。2004年5月、6月，韩朝举行了第一次、第二次南北将军级军事会谈，开始了军方高层人士之间的接触。在第二次会谈中，韩朝签署了防止双方海军舰艇在黄海北方分界线上发生武力冲突等内容在内的缓和紧张局势协议书的附属协议书，为消除双方在海上与陆上的军事对峙和军事紧张打开了通道。2006年6月，南北双方代表团以及海外代表团共同参加了在光州举行的"6·15"民族统一大典活动，双方代表团共同参加庆祝活动并举行座谈会等进行了不断的接触。总之，卢武铉政府时期，韩朝双方在政治、经济、社会文化等诸方面的交流合作有了很大的发展。

5. 李明博政府

2008年李明博政府上台后，在实用主义的理念下，以实现稳固坚实的安保、发展经济、获取国际信任为目标原则，推行所谓"全球外交"和"大国均衡外交"。

第一，修复并巩固韩美同盟关系。李明博上台后以"重建韩美同盟"

为口号，修正卢武铉政府时期的对美政策，优先推进对美外交，迎合美国的东亚政策，旨在修复与巩固韩美同盟关系。2008年4月，李明博访问美国，与小布什就朝核问题、《韩美自由贸易协定》和军事合作进行会谈。为力争美国国会在2009年批准《韩美自由贸易协定》，李明博顶着国内反对派的压力，同意解除韩国对美国牛肉进口的禁令。① 同年8月小布什访韩，与李明博就朝鲜半岛局势、《韩美自由贸易协定》以及双方军事关系等问题交换了意见。经过一番外交努力，韩美双边关系得到修复。2009年6月，李明博与奥巴马举行会谈，双方一致认为应将韩美军事同盟提升为全面战略同盟，并发表了《韩美同盟未来展望》，再次确认《韩美共同防御条约》的重要性，表示今后将建立双边的、地区的和全球范围内的相互信任的全面战略同盟。2011年10月，李明博受邀再次访美，双方就朝核问题、经贸问题以及强化同盟关系等问题进行了协商。李明博表示将继续与美国保持一致，并把韩美同盟关系视为维护朝鲜半岛和亚太地区和平稳定的保证。

与此同时，一方面韩美两国合作关系在军事上不断深化，并向其他领域拓展。2010年，双方在第42届韩美安保会上签署了《韩美防务合作指南》。2011年，在第43届韩美安保会上，双方一致同意建立"韩美联合防务对话"同盟对话机制，进一步提高双方军事安全磋商水平。另一方面，韩美开始统筹规划、协调统一其外交和军事政策。2010年7月与2012年6月，韩美召开外交部长和国防部长"2+2"会议，就今后采取联合、一致的反制措施，以应对包括朝鲜导弹试验在内的所有"朝鲜威胁"达成一致，并且提出韩美双方将继续深化在双边、地区和全球范围内的合作。

第二，加强与中日俄的关系。李明博表示要均衡发展同这三国的关系，以实现东亚的和平与共同繁荣。

对华关系方面，李明博政府十分重视发展与中国的关系。2008年5月，李明博对中国进行国事访问，与中国高层依次会晤，双方发表了《中韩联合声明》，一致同意将两国关系提升为"战略合作伙伴关系"。8月9日，李明博借出席北京奥运会之际，再次与胡锦涛主席就两国关系和共同关心的问题举行会晤。8月25日，胡锦涛主席应邀访韩，双方发表了旨在全面推动两国关系的《中韩联合公报》。2011年5月，李明博在东京与温家宝总理进行会谈，表示愿意与中方一起以2012年两国建交20周年为契

---

① 美国国会于2011年10月批准了《韩美自由贸易协定》。

机，推动两国战略伙伴关系迈上新台阶。2012年1月，李明博访华，与中国领导人举行会晤，就中韩关系以及共同关心的国际和地区问题交换了意见。

对日关系方面，主张构筑面向未来的"睦邻友好关系"。李明博政府对日外交的目的在于，充分利用日本的经济和科技实力，引导日本改善对朝关系，加强韩日在东北亚事务尤其是朝核问题上的协调与合作。为使两国关系转暖，李明博不仅在多个场合向日本表示了积极的态度，还多次阐述"日本不需为历史道歉"的立场。李明博上台伊始便致力于修复因历史遗留问题导致停滞不前的韩日关系。2008年2月，李明博邀请日本首相福田康夫参加其总统就职典礼之后，双方举行高峰会晤，达成了加强高层交往的共识。4月，李明博在东京与福田康夫再次举行首脑会谈，双方就正确看待历史问题、扩大并加深两国人员交流、加强经济合作等问题达成共识，并同意两国发展成为更加成熟的伙伴关系。通过首脑会晤，韩日关系由冷变暖。之后，两国高层穿梭互访，就发展两国关系、朝核问题等两国共同关心的问题进行了探讨。

要特别指出的是，李明博时期韩日双方在军事安全关系方面取得了较大进展。2009年4月，韩国国防部长访日，与日本防卫相举行会谈，双方就美日韩三国在朝鲜核导问题上加强合作一事达成共识。之后，借助朝鲜半岛局势的变化，韩日两国在防务合作上更趋紧密。2011年10月，日本防卫相访韩，与韩国防长进行会谈，双方一致同意提升双边军事合作以应对朝鲜的威胁，并磋商了日本自卫队与韩国军队互相提供军需物资和劳务的《物资劳务相互提供协定》，以及军事安全防卫领域的情报互换及保密的《军事情报保护协定》，两国表示未来在安保领域进行具体的合作。尽管韩日暂时搁置矛盾，在军事上谋求新的合作，并使美日韩同盟更趋紧密，但由于韩日军事走近会牵动韩国民众的敏感神经，同时又给东北亚周边国家的关系增加新的不利因素，因此韩日安全合作关系很难在短期内发生质的变化。① 2011年12月，李明博再次访日，首次提及慰安妇问题，致使其访日成果大打折扣。2012年8月，李明博不顾日本的警告，登上与日本存在主权争议的独岛（日本称竹岛），以示韩国对该岛拥有主权，此举遭到日本的强烈反对。事后，日本首相野田佳彦要求就领土问题与韩国进行对话协商，并向国际仲裁法院提交仲裁，遭到李明博的拒绝。受上述问

---

① 方秀玉：《韩国外交战略取向与对日安全关系》，《中共浙江省委党校学报》2012年第1期，第89—94页。

题的影响，在李明博任期末期，韩日关系没有新的进展。

对俄关系方面，李明博政府倾注了大量的外交努力，并取得了一定的成果。2008年10月，李明博访俄，与俄总统梅德韦杰夫举行会谈，双方就全面深化两国政治、经济、人文等领域的合作进行了深入探讨，并就继续扩大经贸合作与投资合作达成重要共识。2010年11月，梅德韦杰夫访韩，与李明博举行会谈后发表了旨在进行广泛合作的"联合声明"。2011年11月李明博再次访俄，就朝鲜半岛无核化和俄韩朝天然气管道建设项目与梅德韦杰夫进行了会谈。

第三，为了提升韩国的影响力，继续推进"全球外交"。李明博时期，韩国通过主办2010年首尔二十国集团峰会和2012年首尔核安全峰会提升了国际地位和影响力，被视为是李明博"全球外交"的主要成果。

第四，在对朝关系上，这一时期的韩朝关系出现倒退并陷入紧张对峙。李明博上台后，首先提出了对朝"无核·开放·3000"政策，之后又提出了"共存共荣"政策加以修正。但是由于李明博政府对朝采取强硬态度，并为朝韩经济合作设定了朝鲜要做到"无核"与"开放"两个前提条件，从而遭到朝鲜强硬的反对，韩朝关系趋冷。之后，受2008年7月韩国游客金刚山被枪击事件、① 2009年5月朝鲜进行第二次核试验、2010年3月天安舰事件②和11月延坪岛事件③的影响，朝韩关系严重对立，回落到冷战结束以来最为恶化的状态。

6. 朴槿惠政府

2013年朴槿惠政府上台后，提出了"朝鲜半岛和平进程"和"东北亚和平合作构想"外交战略，推行"信任外交"，意图缓和朝鲜半岛南北关系和东北亚地区的紧张关系。

朴槿惠政府的外交战略重视韩中、韩朝、韩美这三对关系，主张韩国、中国和美国等"六方会谈"与会国首先从气候变化、反恐和核能安全等非政治领域议题进行对话，逐渐增进区域内国家之间的信任。

---

① 2008年7月11日凌晨，一名韩国女游客脱离金刚山旅游观光区域，进入朝鲜军事管制区域，被朝鲜哨兵远距离枪击身亡。

② 2010年3月26日，韩国"天安"号警戒舰在黄海朝韩两国争议海域白翎岛和大青岛之间巡逻，在船尾发生不明原因爆炸后沉没，造成46名船员遇难。

③ 2010年11月23日，由于韩国在年度例行军事演习中向南北争议海域发射数十枚炮弹，朝鲜随即炮击韩国的延坪岛炮兵阵地，韩国亦还击了80多炮。此次交火造成十数人死伤，数十栋建筑起火，令朝鲜半岛局势骤然紧张。

在对美关系上，朴槿惠主张将韩美关系升格为"全面战略同盟"。在对华关系上，朴槿惠主张发展面向未来的战略合作伙伴关系。在对日关系上，朴槿惠意图发展韩日安保合作关系，结合中韩关系，提出"加强韩中日三国外交合作"计划。在对俄关系上，主张推进双边合作关系。在对朝关系上，朴槿惠推行"朝鲜半岛信任进程"政策，意图恢复与朝鲜的互信，改善韩朝关系。

就朴槿惠政府的外交实践来看，除了韩美同盟关系得到强化，韩日安保合作稍有起步之外，其外交战略并未取得什么成效。在对华关系上，朴槿惠执政初期十分重视对华交往，多次访问中国，参加中国人民抗日战争暨世界反法西斯战争胜利70周年纪念活动、签署中韩自由贸易协定等，对华关系曾一度发展顺利。但是由于朴槿惠政府在中美之间摇摆之后最终走向"对美一边倒"，不顾中俄和国内的反对，引入美国"萨德"反导系统①，对中国战略安全构成危害，引起中国的强烈反对，从而破坏了中韩关系的顺利发展。与此同时，朴槿惠政府的对俄关系也因"萨德"入韩受到了较大冲击。在对日关系上，朴槿惠在执政后期一改前期在慰安妇、历史问题上坚持原则的做法，不顾国内反对，强行与日本政府达成慰安妇问题解决协议和签署日韩情报保护协定，大大激怒了国内民众，引发韩国社会团体的大规模抵制，导致韩日关系更加恶化。在对朝关系上，朴槿惠政府前期试图通过对话建立韩朝互信，后期对朝态度又趋于强硬与威胁，致使韩朝关系再度紧张，双方严重对立，朝鲜半岛危机不断升级。

7. 文在寅政府

2017年5月文在寅政府上台后，作为对外关系方面的国政目标，提出了"和平与繁荣的朝鲜半岛"外交战略。从其对外关系的主要内容来看，②文在寅主张力争在推动朝鲜半岛和平与稳定方面有所突破；协调与周边大

---

① 韩国引入"萨德"反导系统名义上是为了应对朝鲜的导弹威胁，而据资料显示，"萨德"的防御能力为200千米。而星州郡离首尔等首都圈地区的距离达250千米，这意味着拥有韩国近半数人口的首都圈地区恰好被排除在"萨德"防御范围之外。"萨德"入韩是美国在西太平洋地区构建反导体系的重要部署。这一系统侦测范围远远超出朝鲜半岛防卫需求，深入中国腹地，直接损害中国战略安全利益。"萨德"反导系统部署后，美韩可随时窥探中国在东部、北部和内陆地区的军事部署与军事活动，严重威胁中国核心地区军事安全。

② 文在寅政府在其"国政运营5年计划"中，在对外关系领域提出了若干个课题，根据文在寅政府对外关系的主要内容，本章将其概括为书中三大方面。

国的关系并开展合作；形成"东北亚+"责任共同体，营造有利于韩国生存与繁荣的和平与合作环境。

第一，作为"和平与繁荣的朝鲜半岛"对外战略的重要一环，和平解决朝核问题，构建朝鲜半岛和平机制成为文在寅政府的首要外交课题。

2017年朝鲜试验氢弹与洲际弹道导弹后，受到的经济制裁和美国军事威胁不断加剧，朝鲜以硬对硬，朝鲜半岛濒临战争危机。在此背景下，缓和半岛局势、营造和平氛围，是文在寅政府面临的首要外交问题。对此，文在寅提出对朝政策的总体愿景，即构建一个和平和繁荣的朝鲜半岛，达成"和平共存"和"共同繁荣"，进而实现和平与繁荣的良性循环。在朝核问题与韩朝关系问题上，文在寅提出解决朝核问题并实现永久和平、发展可持续的韩朝关系、构建朝鲜半岛新经济共同体三大目标。2017年7月，文在寅发表被称为"柏林构想"的"朝鲜半岛和平构想"指出，在保障朝鲜体制稳定前提下实现半岛无核化的同时，推进半岛永久和平体制的构建。在半岛局势高度紧张的情况下，文在寅政府一边坚持对朝接触战略，对朝执行温和政策；一边加强与美国的沟通，密切与国际社会在和平解决朝核问题上的合作。经过一番努力，朝鲜对韩国有所回应。2018年1月1日，朝鲜最高领导人金正恩在新年贺词中宣布，朝鲜已经完成核武力建设，积极支持并派大规模代表团参加韩国平昌冬奥会，半岛局势由此快速转圜。以平昌冬奥会为契机，朝韩开始接触与对话。2018年2月，朝鲜最高人民会议常任委员会委员长金永南率高级代表团访韩，金正恩胞妹金与正同行，并作为金正恩的特使向文在寅带去金正恩的亲笔信，双方进行了一系列会谈。作为回应，韩国也派遣青瓦台安保室长郑义溶访问平壤，至此韩朝的良性互动迅速升温，政治对话拉开帷幕。2018年4月27日，金正恩与文在寅握手并跨越军事分界线，随后两人手牵手跨越军事分界线进入朝方一侧并做短暂停留，在板门店韩方一侧的"和平之家"举行会谈，并发表了旨在实现朝鲜半岛和平繁荣与统一的《板门店宣言》，双方就缓和紧张局势、推动半岛无核化与建立和平机制等达成共识。继2018年5月26日板门店第二次首脑会谈后，文在寅于2018年9月访问平壤，与金正恩举行第三次首脑会谈并发表《平壤共同宣言》，就缓解军事紧张局面、实现半岛无核化、改善半岛南北关系、推动双方经济合作等问题进行了具体的磋商并达成共识。此次首脑会谈还签署了《关于落实板门店宣言中军事领域共识的协议》，为防范军事冲突提供了重要的机制保障。与此同时，文在寅政府还助推重启了朝美无核化协商，通过开展积极有效的斡旋工作，实现了朝美首脑会谈。在中、美、朝、韩多国间的密切互动下，朝美双方的敌对行为有所缓解，韩美军演降调或延期，朝鲜也作出呼应，冻结了核导弹试验，朝鲜半岛局势一度趋于缓和。

尽管文在寅政府在助推半岛无核化协商及对朝关系上取得了一些成果，但无核化问题依然面临挑战，同时在发展对朝关系上，韩国也受到许多制约。一方面，在无核化问题上，由于美国坚持强硬态度，迫使朝鲜按照美国意愿进行"无核化"，引起朝鲜的强烈反对，致使无核化进程停步不前。在韩朝关系问题上，美国不希望双方关系过热而影响其地区战略利益，为防止韩国单方面"越界"发展韩朝关系，美国还设立了专门的"美韩工作组"负责调控双方的对朝政策。另一方面，由于受制于联合国对朝制裁决议及韩国国内相关法案，加上国内保守势力反对文在寅的对朝政策而在对朝关系上对其形成制约，文在寅政府的对朝经济合作也没有取得实质性进展。此外，在全面终止半岛军事敌对行为、消除战争隐患方面也不是韩国一方说了算。在当前韩美同盟存在，韩国军队指挥权由美国掌控，并且美国对朝军事威胁持续存在的背景下，朝鲜以强硬应对强硬，终止半岛军事对抗也难以实现。

受美国因素、国内因素以及朝鲜因素等影响，文在寅政府的对朝关系在经历了一定阶段的回暖之后，后期并未有较大发展。韩朝关系高开低走，经济合作协议难以付诸实践，半岛无核化与《终战宣言》也未能真正落到实处，文在寅倡导构建的朝鲜半岛和平机制也未取得实质性进展。随着朝美谈判破裂与双方对立加重，朝鲜半岛局势在经历了一番缓和之后，又开始走向紧张与对抗。

第二，协调与中、美、日、俄周边大国的关系并开展合作，是文在寅政府外交重点解决的课题。在与周边大国的关系上，文在寅政府主张发展基于信任与合作的韩美同盟关系；恢复中韩之间的信任并开展合作；发展面向未来、成熟的韩日合作伙伴关系；加强韩俄战略沟通与经济合作。

对美关系方面，文在寅政府主张发展互惠型韩美全面战略同盟，通过巩固韩美同盟来应对区域安全威胁；同时强化韩国自主国防，发展韩军主导的韩美联合防卫体制，意图在本届政府任期内收回战时作战指挥权。

2017年6月文在寅访美，与特朗普举行会谈并发表《韩美共同声明》，就韩美在安全、国防、经济等方面的实质性合作以及探索两国在全球领域的合作方案等达成一致，提出了两国同盟发展的方向，同时就双方对朝政策的基本原则及推进方向达成共识，韩方得到了美方对文在寅政府对朝政策方向的支持。9月，以联合国大会为契机，文在寅与特朗普再次举行双边会谈。11月，特朗普访韩，与文在寅举行会谈，双方发表共同声明重申了6月签署的《韩美共同声明》的主要内容及其落实举措。此后，韩美两国高层互访频繁，就加强韩美同盟、对朝关系上的合作、经济外贸等各项事项进行了紧密沟通。韩美虽然就相关问题进行了沟通并达成一些共识，合作的广度与深度也日渐增加，但是依然存在许多分歧，这主要体现为美国对文在寅政府的对外政策形成制约。比如，对于文在寅的对朝政策，特朗普政府虽然口头上支持，但实际上并不愿意实质性改善和发展朝韩关系，不希望韩国抛开美国直接去解决半岛问题，不允许韩国突破制裁框架单方面发展韩朝间的交流合作，对于韩国倡导的朝鲜半岛无核化与和平机制建设也采取消极姿态。另外，关于韩国自主国防与收回战时作战指挥权问题，美国虽然表面上同意，但并未给于真正的支持与配合。由于美国通过增大韩国安全压力、为收回战时作战指挥权提高门槛等，文在寅在任期内收回战时作战指挥权的想法最终未能实现。除上述问题，在韩美双边自贸关系和其他国际问题上，文在寅政府的外交选择都受到了美国的钳制。

对华关系方面，文在寅政府主张在前任政府部署"萨德"反导系统导致中韩关系骤然降温这一背景下，加强与中方的沟通，使两国关系恢复正常，发展实质性的中韩战略合作伙伴关系，通过开展与中国的经贸合作进一步刺激韩国经济复苏与发展。

2017年7月，以柏林二十国集团峰会为契机，文在寅与中国国家主席习近平进行会谈，就两国关系的发展方向和朝鲜半岛局势等交换了意见。10月，针对"萨德"反导系统问题，文在寅政府表明了不参与美国导弹防御系统、不追加部署"萨德"反导系统、不发展韩美日军事同盟的"三不"立场。中方对韩方的态度表示欢迎，此后两国外长之间进行了活跃的交流，就两国关系主要悬案及朝鲜半岛局势等相互关心的问题进行了开诚布公的深入协商。此后，以 APEC 峰会为契机，中韩在越南举行首脑会谈；以东盟与中日韩领导人会议为契机，文在寅总统和李克强总理在马尼拉举行会谈，就尽快恢复各个领域的交流与合作达成了一致意见；以中韩建交25 周年为契机，2017 年 12 月文在寅对中国进行国事访问，与习近平主席进行会晤，双方再次确认恢复两国在各个领域的交流合作，决定将两国关系发展成为实质性的、成熟的战略合作伙伴关系，同时决定加强在朝鲜半岛问题上的战略沟通。

概括来看，文在寅政府的对华外交取得了较大成果。一是双方保持了首脑会谈与高层沟通。截至2019年底,中国国家主席习近平与韩国总统文在寅共举行六次会晤,同时部长级会谈等高层交流频繁。二是双方在半岛无核化问题、反对单边主义以及共同维护国际多边体系方面进行战略沟通并达成一些共识。三是双方经济合作持续推进。伴随着双方经贸合作和人文交往的修复与升温,继2018年2月中韩两国经济部长北京会议后,4月韩国派总统特使宋永吉①访华,就推动韩国的"新北方政策"与中国共建"一带一路"倡议接轨同中方展开协商。同时,韩国还分别派总理、副总理赴华参加2017年和2019年的"一带一路"国际合作高峰论坛,探讨韩国"新北方政策""新南方政策"和中国共建"一带一路"倡议之间的对接问题,等等。

总之,文在寅政府上台后,采取了努力改善中韩关系的一系列举措,对此中方积极响应,两国关系得到修复并逐渐升温。如前所述,韩国的对外政策不断受到美国制约,文在寅的对华政策亦是如此。在中美竞争的背景下,文在寅政府对中美博弈问题先是保持战略模糊维持平衡,因受到美国与国内保守势力的压力,文在寅政府后期在维持"中美平衡"的主基调下,对华政策立场出现了一些动摇。

对日关系方面,文在寅政府主张在正视历史、坚持原则应对独岛(日本称竹岛)主权及日本歪曲历史等问题的同时,发展面向未来、成熟的韩日合作伙伴关系;主张在处理双方历史问题和应对朝鲜核导问题时,应与两国实际合作分开对待;主张在慰安妇问题上,推动形成受害者和国民满意的解决方案。

一方面,文在寅政府采取措施谋求发展与日本的伙伴关系,加强韩日在朝鲜问题上的战略合作。以2017年7月的德国二十国集团峰会和9月第三届东方经济论坛为契机,韩日举行了两次首脑会谈,就恢复穿梭外交达成协议,之后通过外长会谈等高层交流与沟通,双方开始积极改善两国关系。2017年9月,在朝鲜进行第六次核试验以及接连发射导弹后,文在寅政府加强了韩日、韩美日之间的合作与沟通,为应对朝鲜核导威胁,决定继续与日本进行必要的情报交换。另一方面,文在寅政府在韩日历史问题与领土问题上持相对强硬的态度,坚持原则立场,对日毫不妥协,对日本领导人参拜靖国神社、日本为篡改历史而修改中小学生教科书、争议领土主权等问题,坚持韩国立场并对日方的态度和做法表示坚决反对。2019年

---

① 宋永吉时任韩国北方经济合作委员会委员长。

7月，日本半导体原材料出口管制等引发韩日贸易争端后，韩日两国陷入激烈争执。贸易争端向其他领域快速外溢，与强征劳工赔偿案、慰安妇受害者赔偿等历史问题以及领土争端相互叠加，致使韩日关系陷入低谷，因此发展成熟的韩日合作伙伴关系这一对日外交目标也未能实现。

对俄关系方面，文在寅政府主张在解决朝核问题上与俄罗斯进行战略沟通，活跃双方高层交流，加强韩俄经济合作，切实发展韩俄战略合作伙伴关系。文在寅政府上台后通过首脑外交、国会议长会谈等高层互动，加强与俄罗斯的交流与沟通。以2017年7月德国峰会、9月第三届东方经济论坛为契机，文在寅与普京举行会晤，就提升两国关系、共同努力解决朝核问题达成共识，并一致认为韩国的"新北方政策"和俄罗斯倡议的"大欧亚伙伴关系"均指向欧亚地区的和平与繁荣，为双方的实质性合作注入了动力，双方决定通过俄罗斯远东与西伯利亚开发合作等，发展两国互惠关系。议会方面，继2017年6月俄罗斯国家杜马主席访韩后，10月韩国国会议长访俄，双方就实质性发展两国战略合作伙伴关系、促进相互紧密合作，推动朝鲜实现无核化对话等达成协议。此外，韩俄两国通过扩大俄罗斯远东地区开发合作等，为经济合作注入动力。2017年9月韩俄召开副总理级经济共同委员会会议，就开启韩俄地方合作论坛、组建韩欧经济联盟自由贸易协定工作组达成协议。韩国提出"新北方政策"后，将俄罗斯划为核心对象国家，两国经贸合作呈现快速增长态势。2019年，俄罗斯跃升为韩国第十大贸易伙伴国，韩国成为俄罗斯远东地区最大贸易国。与此同时，韩俄在北极合作以及铁路、农业、电力、水产等方面的合作也有了很大的发展。

第三，作为对外关系的重要一环，文在寅政府主张形成"东北亚+责任共同体"，营造有利于韩国生存与繁荣的和平与合作环境。

在东北亚地缘政治紧张和竞争格局下，文在寅政府意图营造有利于韩国生存与繁荣的和平与合作环境，形成"东北亚+责任共同体"，一方面打造"和平之轴"，构筑东北亚和平合作平台，另一方面打造"繁荣之轴"，推进超越东北亚的北方与南方地区的"新北方政策"和"新南方政策"。通过多元化外交扩大外交版图，在国际舞台进一步发挥作用并提高韩国的国际地位。

"和平之轴"主要以安全为导向，以构筑东北亚和平合作平台为目的，通过扩大区域对话与合作基础，建立东北亚主要国家间小多边合作制度。为实现这一目标，文在寅政府主张推动实现东北亚国家间协商的定期化和制度化，推进包括加强中韩日三国合作在内的多边合作，持续推进和加强中等强国合作体①，并尝试在东亚地区进行多种形式的中坚国家合作等。"和平之轴"实际上是以朝鲜半岛和平为核心的外交构想，从广义上来看，它涵盖了文在寅政府的对朝政策、对中美俄日四国的外交政策，以及更大范围内服务于朝鲜半岛的和平与安全的外交政策。从其实践来看，"和平之轴"外交政策取得了一些积极的效果，朝鲜半岛局势一度出现好转，韩国与大国的关系也维持了较好的发展态势。但是，受美国因素、半岛无核化等多种因素的影响，朝鲜半岛的和平稳定依然受到现实挑战，"和平之轴"外交政策并未真正达到最终目标，东北亚和平机制等和平合作平台的构建远非韩国一国力所能及。

"繁荣之轴"以经济为导向，旨在通过实施"新北方政策"和"新南方政策"，在超越东北亚地区的更大范围内开展多元外交，加强朝鲜半岛和欧亚地区的联系，提升韩国与东盟和印度的关系。

其中，"新北方政策"主要是向北与欧亚大陆国家开展经济合作的对外政策，旨在通过推动韩国与欧亚大陆国家之间交通物流及能源基础设施进行对接，扩大新的经济增长空间，打造朝鲜半岛与欧亚大陆的韩欧经济带，实现共同繁荣，营造对韩国长期友好的和平与合作环境。该政策超越了韩国以往以东北亚为中心的经济、外交政策，将北方地区②列入"繁荣轴心"。文在寅政府成立由总统直接管辖的北方经济合作委员会作为负责北方经济合作的专门机构，全权负责涉及北方政策的制定、协调和执行，并与"新北方政策"的战略合作地区俄罗斯加强实质性合作，与中亚五国（乌兹别克斯坦、哈萨克斯坦、土库曼斯坦、吉尔吉斯斯坦、塔吉克斯坦）加强双边和多边合作。"新北方政策"也包括参与中国共建"一带一路"建设、奠定韩朝俄三方经济合作基础、推进与欧亚经济联盟签署自由贸易协定等内容。从"新北方政策"的成效来看，韩国与政策对象国间的物流和能源综合网络建设初具规模，相关经贸往来得到一定程度的加强，人文交流也得到了扩大。但是受涉朝国际制裁、美国等对俄制裁、半岛无核化等因素的影响，韩国难以与相关国家进行多边深度合作，加之文在寅政府

---

① 中等强国合作体是指墨西哥、印度尼西亚、韩国、土耳其和澳大利亚之间的非正式伙伴关系。该合作由五国外长主导。2013年在纽约举行联合国大会期间五国在会外成立了该合作体，旨在支持有效的全球管理。

② 指处于韩国北边的亚欧国家，主要包括朝鲜、中国、俄罗斯、蒙古国以及独联体国家。

后期韩朝关系又趋于紧张,为此构建和平繁荣的北方经济共同体这一宏伟目标也难以实现。

"新南方政策"是向南与东南亚、南亚等国家开展合作的对外政策,旨在与东盟和印度等新南方国家在政治、经济、社会、文化等各领域加强合作,不断强化双边关系,使韩国与上述国家的关系提升至与中美日俄等相当的水平。文在寅政府为推进"新南方政策",专门设立了"新南方政策"特别委员会,以支持韩国企业进军新南方地区基础设施开发项目和制造业,并为与新南方国家开展互惠合作与面向未来的经济合作奠定基础。从"新南方政策"的成效来看,韩国与东盟贸易得到快速发展,双方经济合作进一步深化,韩国与新南方国家外交关系得到快速发展,韩国的外交空间得到进一步拓展。该政策为韩国的经济多元化、外交多元化作出了贡献,提升了韩国的国际影响力。但是,"新南方政策"不可避免地要与其他高度参与地区事务的大国力量产生互动,为此政策效应会受到影响。[①]加上受制于韩国的国家实力及其面临的地缘政治环境,该政策难以真正实现其宏伟目标,即便是韩国努力提升新南方地区的外交等级,新南方地区也无法达到中美在韩国外交中的地位。

8. 尹锡悦政府

2022 年尹锡悦政府上台后,公布六大施政目标及其 120 个国政课题,其中第五大施政目标涉及外交安保领域,其总体目标是使韩国"从受影响的国家跃升为有影响力的全球枢纽国家"。围绕该目标,尹锡悦政府又提出了一系列外交课题,主要分为对朝关系与其他对外关系两大部分。对朝关系方面,主张推动朝鲜无核化,实现韩朝关系正常化,谋求解决韩朝间人道主义问题。其他对外关系方面,主张开展基于自由民主主义价值观和共同利益的东亚外交,构建共同繁荣的区域合作网,推进主动性的经济安全外交,强化与国家地位相对应的全球中枢国家作用,构筑全球"韩民族共同体",强化国家网络安全应对力量,推动 2030 年世界博览会申办成功等。总体来看,与文在寅政府的外交政策淡化意识形态分歧、重视对话合作,尽量在中美俄日等大国之间保持战略平衡不同,尹锡悦政府的"全球枢纽国家"外交政策更加重视意识形态、规则和人权等理念因素,加速向美日欧等西方"自由主义"阵营靠拢,对中俄朝等国更强调原则和牵制,

---

① 吕春燕:《试论韩国文在寅政府的东南亚外交》,《和平与发展》2020 年第 4 期,第 98—114 页。

第十章 外交

阵营化色彩明显加重。[1]

2022年12月，尹锡悦政府又发布了"印太战略"[2]作为韩国未来几年的对外战略，该战略将韩国的外交版图扩展至东北亚地区之外，主张加强与中、美、日、蒙、加等北太平洋地区国家的合作，以及与东南亚和东盟、南亚（印度等）、大洋洲、印度洋沿岸非洲国家、欧洲和拉美等国家的合作。尹锡悦政府的"印太战略"以"自由、和平、繁荣的印太"为总体愿景，提出了"包容、互信、互惠"三大对外合作原则。根据上述合作原则，伊锡悦政府的"印太战略"提出了"构建基于规范与规则的印太秩序""加强合作以促进法治与人权""加强核不扩散与反恐合作""扩大全面安全合作"等九大中心课题。总体来看，尹锡悦政府的"印太战略"体现出抛弃前任的"战略模糊"策略，积极向美国等"自由主义"阵营靠拢的立场，以及进一步巩固韩美同盟，对朝强化对抗与施压，主动改善韩日关系，并以"价值观外交"为手段，扩大合作对象和合作内容等战略目的。尹锡悦政府的"印太战略"具有如下特点：一是服务于"全球中枢国家"战略目标，彰显韩国外交视野的扩展；二是扩充国际合作对象、领域和内容，凸显对外战略合作多元化意图；三是基于韩国安全的综合考量，以"亲美、友日、疏中、敌朝、抗俄"为双边关系基调；四是强调"价值观外交"，将"普世价值"视为"联系纽带"。[3]

从尹锡悦政府两年来的外交实践来看，韩美同盟关系得到巩固，韩日关系有所改善，韩国与美国和西方国家的关系有了一定的发展。但是，韩国与中俄等国家的关系受到冲击，与朝鲜的对抗加剧。

对美关系方面，尹锡悦政府将美国视为对外关系的轴心，致力于巩固与发展韩美同盟关系。首先是强化韩美政治与军事同盟，如强调两国共同的价值观基础，重启韩美延伸威慑战略磋商机制，恢复并扩大联合军演的范围与规模等。其次是构建韩美经济与技术同盟，如建立韩美经济安保对话机制，强化两国在尖端科技领域的合作等。再次是积极融入美国主导的地区多边合作机制，如积极参加美日韩三方军事合作，积极参与"芯片四方联盟"各层级会议，谋求分阶段加入美日印澳"四边机制"等。值得指

---

[1] 王付东：《韩国尹锡悦政府外交政策探析》，《和平与发展》2022年第3期，第79—95页。
[2] 全称为"自由、和平、繁荣的印度太平洋战略"。
[3] 房广顺、刘宇隆：《尹锡悦政府"印太战略"评析》，《现代国际关系》2023年第4期，第132—149页。

出的是，尹锡悦政府为获得美国的认可和支持，对美无底线迎合，开展"迎合外交"。尹锡悦政府大讲"价值观外交"，在大事小情上对美国展现忠心与追随，不惜损害与周边大国的关系，甚至不惜损害韩国的利益。2023年4月，尹锡悦在访美期间不断强调以价值为基础的外交，提及中俄相关问题时明确站在与两国对立的立场。相反，对韩国企业在中美技术竞争和美国保护主义中所面临的困境却一直保持沉默。而美国的《通胀削减法》《芯片和科学法》却一再表现出美国优先、漠视韩国的做法，通过压榨盟国重建美国经济。① 同年8月，韩美日三国首脑在戴维营举行会谈，共同承诺推动三边合作机制化建设，强化在"印太"地区安全事务中的相互协调，并就地区热点问题发表了共同的政策立场。

对日关系方面，尹锡悦政府主张主动改善韩日关系。尹锡悦上台不久便与日本首相岸田文雄在多个外交场合举行会谈。2023年3月和5月，尹锡悦和岸田文雄进行了互访，时隔12年后再次重启"穿梭外交"②。两国高层交流得以恢复。同时两国全面启动各领域各层级协商机制，正式恢复韩日《军事情报保护协定》，并将对方重新列入出口"白名单"。虽然韩日关系有所好转，但两国间的历史与领土问题依然存在，国民感情对立也并未消除。尤其是当前的关系改善是尹锡悦政府对日作出让步所换取的结果。尹锡悦政府先是宣布"日本从侵略者转变成合作者"，接着又让韩国企业自掏腰包替日本赔偿二战劳工受害者。韩国民众对此强烈不满，认为这是对日"屈从外交"并加以谴责。值得一提的是，面对尹锡悦的让步与"屈从"，日本却不领情，依然审定通过歪曲历史的教科书，淡化殖民朝鲜半岛时期强制征兵的事实，首相、阁僚、高官致祭或径直参拜靖国神社等，③ 继续做着损害韩国民众感情的事情。

对华关系上，尹锡悦政府声称要构建以"相互尊重与合作"为基础的双边关系，但在对华政策上价值观色彩浓厚，所谓的"相互尊重"逐渐变

---

① 李家成、陈晓笛：《尹锡悦政府令人惊诧的外交素质》，《世界知识》2023年第10期，第26—28页。

② "穿梭外交"是指韩日领导人随时互访并举行首脑会谈。日韩"穿梭外交"始于2004年，由时任韩国总统卢武铉于2004年12月与时任日本首相小泉纯一郎共同商定。但由于历史遗留问题，"穿梭外交"时断时续。2012年朴槿惠政府上台后，"穿梭外交"再次被中断。

③ 李家成、陈晓笛：《尹锡悦政府令人惊诧的外交素质》，《世界知识》2023年第10期，第26—28页。

第十章　外交

味，只要求中方给予韩方"尊重"，而全然不顾中方的核心关切。尤其是尹锡悦附和美国的反华腔调，甚至有时比美国有过之而无不及。在政治领域就台海、南海等敏感问题持续试探中国红线，妄称"台湾问题是全球性问题""反对单方面改变现状"；在经贸、科技领域跟随美国高谈对华"脱钩断链"，积极策应美国构筑的技术和产业链同盟；在安全领域提出"追加部署萨德"等，[1] 挑战中国利益，也严重破坏了中韩关系。

对俄关系上，尹锡悦政府为迎合美国，对俄强调原则与牵制，一改文在寅政府的对俄经济合作路线，紧随美国及西方国家对俄实行国际制裁。对此，俄罗斯也将韩国列为"不友好国家"，韩俄经济合作遇阻，双边贸易额大幅下滑。在俄乌冲突问题上，韩国明确支持乌克兰，反对俄罗斯。2023年4月，尹锡悦政府还暗示将改变仅对乌克兰提供非致命援助的政策，从而遭到俄罗斯的警告。尹锡悦政府的举动无疑增加了韩俄之间的矛盾，破坏了双边关系，同时对韩国的经济与安全利益也造成损害。

对朝关系上，尹锡悦政府的目标是"通过实现朝鲜完全的、可验证的无核化，构筑朝鲜半岛持续性和平"，提出所谓"大胆计划"，即无核化和相应措施分阶段、同步走，既不放弃朝鲜无核化的目标，同时又推进与无核化无关的人道合作。尹锡悦政府的这一政策，表面上看有一定的进步意义，但实际上仍以对朝强硬为主调。尹锡悦主张推动基于原则的无核化与和平体制的构建，要在与美国紧密协调立场的基础上，提出朝鲜无核化路线图，推动朝鲜无核化谈判等。为此，尹锡悦政府的对朝政策实际上是跟随美国立场，强调对朝施压，逼迫朝鲜就范，具体表现在：一是抛弃文在寅政府的对朝和解路线，对朝采取强硬态度，甚至发出要对朝进行"先发制人的打击"的言论。[2] 二是联合美国加大对朝军事威胁，针对朝鲜频繁举行大规模军事演习。2022年5月，尹锡悦与拜登发表涉朝联合声明，主张扩大对朝联合军演，美择时在韩部署核武器，强化针对朝鲜的韩美日三方安全合作。仅2022年6—9月，韩美两国以及韩美日三方在朝鲜半岛周边就举行了4次大规模对朝联合军演，对朝军事威胁意图明显。三是联合美国运用经济手段加大对朝鲜施压力度。继拜登政府2022年初再次对朝鲜实施制裁之后，同年10月，尹锡悦政府决定将与朝鲜研发核导和规避制裁

---

[1] 唐晓、李旻：《尹锡悦的价值观外交能走多远？》，《世界知识》2023年第12期，第25—27页。

[2] 李浩：《朝媒批尹锡悦"口吐毒蛇"》，《环球时报》2022年3月19日。

有关的朝鲜第二自然科学院与连峰贸易总公司的共15人、朝鲜相关政府机构与贸易公司的共16家实体列入制裁名单。这不仅是韩国时隔5年对朝鲜实施单边制裁,而且是在韩国历届政府中罕见的在执政之初就对朝出台经济制裁措施。① 由于韩美对朝政策的本质在于施压,希望通过施压实现对话,朝鲜对此采取"以强对强"的应对措施,韩朝关系一改文在寅政府以来的缓和局面,再次进入对峙状态。2022年下半年以来,朝鲜半岛局势再度趋于紧张并开始逐步升级。

概括而言,尹锡悦政府的外交口号是"成为有影响力的全球中枢国家",但在对外关系上迎合美国,屈从日本,将全面倒向西方国家视为"全球化",其外交只讲"价值观",不讲利益观,不惜损害国家利益和民族利益。很多韩国有识之士认为,尹锡悦政府"全球中枢国家"愿景出现严重跑偏,尹锡悦政府的外交不是在追求全球化,而是在追求美国化与西方化,其结果不是成为"全球中枢国家",而是成为美国在亚太地区的枢纽,成为"美国霸权从属国"和"美国双重标准的受害者",这显然违背了韩国的中长期利益,违背了韩国国民的初衷。② 韩国最大在野党共同民主党认为,尹锡悦政府外交观念薄弱、外交素质缺乏,对美无底线迎合、对日屈辱求和、在乌克兰问题上向俄罗斯挑衅、在中国台湾问题上挑战中国底线、在朝鲜半岛问题上不惜将韩朝关系推向激烈对抗,不考虑给自己留退路,这是莽夫式外交与"自残外交"。③

事实上,尹锡悦政府亲美西方"一边倒"的外交加剧了韩国同中俄朝的矛盾,"价值观外交"令韩国在对外合作中"自我设限",最终损害的是本国实际利益。尹锡悦政府上台以来,在经贸和安全领域加紧与美国和西方国家协调步调,在某种程度上的确让韩国收获了短线利益。但长期来看,韩国"有限性"合作思路只会令其受困于美遏华战略,无法自由灵活地追求实际利益。④ 韩国越是追随美国,越是失去自主与回旋的空间。

---

① 王俊生:《尹锡悦政府时期半岛局势走向与中韩合作紧迫性》,《东北亚学刊》2023年第1期,第79—91页。

② 林森、谷棣:《这是"全球化韩国"? 尹锡悦执政一年被质疑》,《环球时报》2023年5月24日。

③ 李家成、陈晓笛:《尹锡悦政府令人惊诧的外交素质》,《世界知识》2023年第10期,第26—28页。

④ 唐晓、李旻:《尹锡悦的价值观外交能走多远?》,《世界知识》2023年第12期,第25—27页。

三、外交的基本特点

纵观韩国70多年的外交历程可以发现,其外交具有以下几个基本特点。

第一,始终将对美外交视为最重要、最首要的方向。一方面,韩国是在美国的帮助下建立的国家,其政治理念与政治制度模仿美国而形成。建国初期,美国为韩国提供了大量的军事、经济援助。之后,美国与韩国结为军事同盟,为韩国的安保提供保障,韩国一直视美国为其安保的基石。另一方面,韩国推动经济高速发展,提升国际地位与影响等均离不开美国的支持与帮助。因此,韩国历届政府都把对美外交视为对外关系中最重要、最首要的方面。不管是威权者的独裁统治,还是民主政府执政,无论是保守党上台,还是开放势力"坐庄",韩国政府历来把对美政策作为制定外交战略的主轴,把对美外交作为重中之重。

第二,对朝政策在近年来表现出不断摇摆、缺乏稳定性的特征。从冷战后韩国的对朝关系所走过的历程来看,韩国的对朝统一外交推行得并不顺畅,主导朝韩关系的对朝政策原则虽然没有变化,但由于各届政府所面临的外交政策选择空间的不同、领导者个人及所在政治集团的政治价值取向不同、对环境和形势的判断与把握能力不同,从而使得冷战后各届韩国政府的对朝政策表现出相当大的差异性,整体看来展现出某种程度上的摇摆与困惑。① 不同派别的政治势力或人物执政,会制定不同的对朝政策。比如,作为开放势力的金大中、卢武铉与文在寅执政期间,韩国采取基于包容态度的对朝怀柔政策,然而作为保守势力的李明博、朴槿惠和尹锡悦执政期间,对朝采取较为强硬的政策,从而导致韩朝关系出现逆转,陷入不断恶化的境地。

第三,冷战后韩国外交难以摆脱两难困境的局面。首先,韩国因韩美在对朝政策上的不一致而面临两难,这反映出韩国在处理同盟利益与民族利益上的矛盾心境。长期以来,以安保为主的外交战略决定了对美外交一直是韩国外交的主轴和战略支点。随着冷战结束,对朝关系在韩国的外交布局中占据的分量越来越重之后,韩国政府在外交政策的制定上首先面临的就是如何处理对朝关系与对美外交之间的关系问题。冷战后在对朝问题

---

① 韩献栋:《韩国的外交困境:一个概括性框架的解读》,《东北亚论坛》2012年第3期,第62—71页。

上，韩国最终追求的目标是民族统一，美国则是将朝鲜问题纳入其东北亚战略来考量。利益上的差异决定着韩美两国的对朝政策有时会产生分歧。在这种情况下，韩国是将自己的对朝政策服务于美国的对朝政策，还是围绕着对朝关系的需要开展对美外交，这是一个复杂而敏感的问题，也成为困扰当代韩国外交的一个主要问题。所以，当美国的对朝政策和韩国的对朝政策不一致或是出现分歧时，韩国就会表现得十分矛盾，陷入两难境地。① 其次，韩国面临安保外交与经济外交的两难境地。冷战结束以来，韩国在安全与经济发展上逐步形成安保上依靠美国、经济上依靠中国的特点。面对日益崛起、且视韩美军事同盟为冷战产物的中国，韩国该如何处理中韩关系与韩美同盟之间的关系便成为韩国周边外交中最为重要的课题。是继续强化从属于美国的韩美同盟外交，还是走向自主外交，韩国在同盟与自主的困境中难以选择。卢武铉政府曾主张变从属的韩美关系为平等的全面合作关系，并一度与中国走得很近，结果受到美国的挤压及国内保守势力的批判；朴槿惠政府后期一改前期在中美间"走平衡"的做法，强化韩美同盟关系，决定把美国的"萨德"反导系统引入韩国，结果对中韩关系造成危害并受到国内民众的强烈抨击；尹锡悦政府高举"价值观外交"旗帜，推行"亲美疏中"外交，则使得韩国中远期利益受损而受到国内的批判。

围绕如何处理韩朝关系与韩美外交的关系问题，以及如何处理中韩关系与韩美同盟的关系问题，韩国国内展开了激烈的争论。这些争论还与韩国的政派纷争和韩国社会的理念龟裂相互纠结，从而使这一问题在某种程度上超越了单纯的外交政策和路线争议的范畴，变异为关系到政权得失问题的利益之争。由于韩国的政治势力无法在重大的外交原则问题上达成共识，因此为美国介入韩国的国内政治、影响韩国的选举和政治格局、进而影响韩国的外交政策提供了契机。②

第三节　俄罗斯外交

纵观俄罗斯 30 多年的外交实践，维护国家利益和重振大国地位是俄罗

---

① 韩献栋：《韩国的外交困境：一个概括性框架的解读》，《东北亚论坛》2012年第3期，第62—71页。

② 韩献栋：《韩国的外交困境：一个概括性框架的解读》，《东北亚论坛》2012年第3期，第62—71页。

斯外交的基本出发点，对大国地位的追求贯穿于俄罗斯独立以来对外政策调整的全过程。由于受国内外因素的影响，俄罗斯外交经历了在国际事务中追随和配合美国的亲西方"一边倒"外交到不断调整、逐渐务实的全方位外交的发展演变。① 与此同时，俄罗斯在外交实施过程中也形成了自身的一些特点。

一、外交发展演变

（一）叶利钦时期

俄罗斯独立之初，为全面加入以美国为首的西方国际政治经济和安全体系，争取西方经济援助，巩固政权并发展俄罗斯经济，俄罗斯总统叶利钦实行亲西方的"一边倒"外交政策。在国际事务中放弃外交独立性而盲目追随西方，按照西方国家意图行事。在向西"一边倒"政策的指导下，俄罗斯外交的基本布局是：安抚、笼络独联体国家，全力改善与欧美国家尤其是与美国的关系，与其他国家的关系要服从于对美政策的需要。②

1992年和1993年是俄美关系的蜜月期。这两年间俄美首脑频频会晤，签署了宣言《华盛顿宪章》以及《削减和限制进攻性战略武器条约》，美国还连同七国集团中的其他国家许诺向俄罗斯提供总计670亿美元的援助。政局不稳的俄罗斯一度希望同西方建立战略伙伴甚至是同盟关系。面对成立初期选择西方式民主体制的俄罗斯，美国采取大力扶持的态度，答应叶利钦将向俄罗斯提供大量援助，帮助其巩固政权。但是，美国这么做的目的其实主要是为了防止俄罗斯共产党重新掌权并防止苏联遗留的核武器失去控制，通过经济援助的手段控制住俄罗斯，削弱俄罗斯的核武器能力，避免核扩散。最终叶利钦的向西"一边倒"政策并没有实现外交目标。从经济上看，虽然欧美向俄罗斯许诺给予大规模经济援助，但口惠而实不至，如1992年西方曾提出240亿美元的援俄计划，仅兑现150亿美元；1993年西方提出430亿美元的对俄援助计划，实际落到俄罗斯手里的只有50亿美元。③ 从政治和军事上看，以美国为首的北约不顾俄罗斯的反对，

---

① 刘廷忠主编：《当代世界经济政治与国际关系》（第三版），高等教育出版社2015年版，第235—236页。

② 高连福：《东北亚国家对外战略》，社会科学文献出版社2002年版，第249页。

③ 许志新：《俄罗斯对外政策的教训》，《东欧中亚研究》2002年第2期，第54—58页。

加快向中东欧和独联体地区挺进,挤压俄罗斯战略空间。事实表明,俄罗斯依赖西方发展壮大自己的"一边倒"对外政策是一厢情愿的幻想。从根本上而言,美国遏制和削弱俄罗斯的战略方针并没有发生改变。在美国看来,扶持一个强大的俄罗斯,无异于扶持一个潜在的强大对手,这显然不符合美国的霸权战略利益。同时,亲西方的"一边倒"政策导致俄罗斯经济极度衰落,国内政局混乱不堪,居民生活水平一落千丈,国家利益蒙受重大损失,国际地位急剧下降。面对国内各阶层的指责与不满,叶利钦在经过反思之后着手调整了俄罗斯的对外政策。

1992年底开始,俄罗斯实行欲求在东、西方左右逢源的"双头鹰"外交政策。在"双头鹰"政策的指导下,俄罗斯在与西方的关系上,采取既不与之结盟,也不与之对抗的策略;坚持以维护国家利益为重心同西方国家进行政治与经济合作;摈弃向西"一边倒"的策略,转向寻求外交方向上的东西平衡。① 总体而言,"双头鹰"政策仍然奉行亲西方路线,这一时期俄罗斯外交政策有"借东抗西""稳东补西"的意图。②

1994年以后,俄美关系出现波折,在北约东扩、车臣危机和波黑问题上两国产生大量嫌隙。俄罗斯与美国之间的矛盾增多,合作减少而竞争扩大。俄罗斯看穿了美国处处围堵的野心,更加重视亚洲国家和独联体国家对俄罗斯所具有的重要意义,俄美关系开始复杂化。1995年,俄罗斯又进一步提出了"全方位"外交战略方针,1996年叶利钦更换了外交部长,这标志着俄罗斯"一边倒"政策的终结和独立自主、东西兼顾的"全方位"外交政策的开始。"全方位"外交以恢复俄罗斯大国地位为总体目标,其特点是:不否认与美欧外交的重要性,在重视对西方外交的同时,重视加强对亚太及其他地区的外交。这一时期,俄罗斯外交主要从以下几个方面展开。首先,加强与独联体国家的关系,确保俄在传统势力范围的影响。提出与独联体国家实现经济与军事安全一体化的途径,试图以独联体为依托,抵制西方势力向该地区的渗透与北约东扩,恢复俄罗斯在东欧地区的影响、重振大国雄风。其次,谋求同以美国为首的西方国家发展伙伴关系,希望与西方国家建立起平等的伙伴关系,重返国际舞台。最后,加大亚太外交的力度、重返亚太大舞台。改善并发展与中国的关系,发展同传

---

① 苏淑民:《俄罗斯政治经济与外交》,知识产权出版社2013年版,第246页。
② 刘廷忠主编:《当代世界经济政治与国际关系》(第三版),高等教育出版社2015年版,第235页。

统盟友印度的关系，开拓和发展与韩国、东盟国家的关系，改善同日本的关系等。此外，为保证国内改革的成功，积极加入国际经济一体化。扩大与西方国家的贸易，吸引西方投资，加入国际经济组织等。

实践证明，叶利钦的"全方位"外交是明智和正确的选择，使俄罗斯在推动世界向多极化发展和维持国际战略平衡方面发挥了较为积极的作用，维护了其国家利益，提高了其国际影响。但是，在当时国力不济的情况下，俄罗斯的"全方位"外交并未实现其恢复大国地位的目标，① 同时由于以美国为首的西方国家对俄罗斯的威胁、渗透和挤压并没有停止，俄罗斯与美国在冷战后建立什么样的国际秩序、《关于限制反弹道导弹系统条约》、北约东扩以及如何解决车臣问题等一系列重大问题上存在原则性分歧，这一时期俄罗斯与西方国家的关系日趋恶化。1999 年，以美国为首的北约悍然发动科索沃战争，对俄罗斯传统盟友南联盟进行了野蛮轰炸，支持科索沃实行高度自治，② 此举大大压缩了俄罗斯的战略空间，俄罗斯与西方关系跌至独立以来的最低点。

（二）普京第一、第二任期与"梅普组合"时期

普京执政初期，基本承袭了叶利钦时期的"全方位"对外政策，把维护国家利益，捍卫大国地位作为对外政策的重要目标，同时根据国际形势的变化，普京对俄罗斯的外交政策进行了调整与发展：外交为经济服务，国内目标高于国外目标；发挥大国作用要考虑俄罗斯的国力，要从实际出发，量力而行；处理对外关系，既要坚持原则，又要善于妥协；采取灵活机动战术，避免与西方对抗，等等。③ 在普京第一、第二任期（2000—2008 年），俄罗斯把保证与独联体国家进行的多边和双边合作置于优先方面；把发展与欧洲国家的关系作为传统的优先方面，把发展与主要亚洲国家的友好关系，尤其是发展与中国和印度的友好关系，作为重要的方向。这一时期，俄罗斯积极开展外交活动并获得了一定的进展。"梅普组合"时期（2008—2012 年），俄罗斯外交基本继承了前面的思路，继续将上述

---

① 刘廷忠主编：《当代世界经济政治与国际关系》（第三版），高等教育出版社 2015 年版，第 236 页。

② 科索沃战争结束后，科索沃名义上是塞尔维亚的一部分，实际上由联合国管辖。2008 年 2 月 17 日，科索沃单方面宣称脱离塞尔维亚共和国，成为一个独立主权国家，一度在国际社会引起广泛争议，之后获得大约 100 多个国家与地区的正式承认。

③ 姜振军：《俄罗斯外交调整的背景和意图探析——俄罗斯对外政策十年综述》，《西伯利亚研究》2004 年第 3 期，第 43—46 页。

外交政策付诸实践。普京第一、第二任期与"梅普组合"时期,俄罗斯外交取得了阶段性成效。

第一,加强了同独联体国家的关系,巩固了俄罗斯"后院"。独联体国家是俄罗斯的近邻,也是俄罗斯重振大国地位的依托,是俄罗斯抵御北约东扩、维护国家安全的底线之所在。为此,独联体地区是俄罗斯优先考虑的利益范围。俄罗斯重视独联体基于两点战略需求:从地缘政治来看,俄罗斯需要安全的周边环境;从发展经济来看,俄罗斯需要独联体市场。[1]普京时期,俄罗斯为全力保持其在该地区的传统影响力,并借此建立起对美国、北约以及欧盟的制衡机制,而进行了一系列外交努力。一是加强与独联体国家的军事合作。2002年,俄罗斯与白俄罗斯、哈萨克斯坦等六国签署了独联体集体安全条约,2003年和2004年分别在吉尔吉斯斯坦与塔吉克斯坦建立军事基地等,强化了集体防御和反恐能力。二是积极推动独联体经济一体化进程。2000年,推动成立欧亚五国[2]经济共同体,扩大相互间的贸易;2007年,俄罗斯与白俄罗斯、哈萨克斯坦开始筹建关税同盟等,推动了独联体国家的一体化进程。三是为阻止西方国家的政治渗透,利用能源手段对独联体国家进行拉拢与遏制。四是利用上海合作组织,密切俄罗斯同各成员国的合作关系,增强俄罗斯在中亚地区的影响力。通过上述外交活动,俄罗斯扩大了其在独联体范围内的影响,一定程度上巩固了后院地区。

第二,加强与欧盟的政治对话,积极促进俄欧经济融合。与欧盟国家的关系一直是俄罗斯外交中传统的优先方面。俄罗斯要加入世界政治经济体系,争取国际经济组织的援助,离不开欧盟国家的支持。同时欧盟经济基础雄厚,技术先进,市场庞大,是俄罗斯引进技术和投资、销售包括能源在内的俄罗斯产品的理想市场。普京执政后,把发展与欧盟及其成员国的关系作为振兴俄罗斯的重要战略选择,全面加强与欧盟的关系。在政治和外交上,加强与欧盟的政治对话和战略伙伴关系,并利用俄罗斯与欧盟的地缘和文化联系,参加欧洲一体化。在安全上,扩大与欧盟的安全对话,支持欧盟建立独立防务的主张,加强与欧盟在安全领域的合作,加强与法、德、英、意等欧洲大国在安全上的双边合作,同时逐步减少这些国

---

[1] 刘廷忠主编:《当代世界经济政治与国际关系》(第三版),高等教育出版社2015年版,第238页。

[2] 指俄罗斯、白俄罗斯、哈萨克斯坦、吉尔吉斯斯坦和塔吉克斯坦。

家对俄罗斯的防范心理。在经济上，加大与欧盟的合作力度，深化俄罗斯与欧盟在能源领域的合作。① 俄罗斯通过上述一系列外交努力，与欧盟在能源合作、建立共同经济空间、反对美国单边主义政策等领域有了长足发展。② 但是，由于欧洲国家既希望与俄罗斯发展经贸关系特别是能源关系，又不希望俄罗斯发展强大，因而对俄"融入欧洲"的努力口头上表示欢迎，实则不断设置障碍。与此同时，欧洲积极配合美国推动北约东扩，部署反导系统，更是威胁到俄罗斯的国家安全，成为俄欧关系发展的负面因素。③

第三，积极改善俄美关系，寻求与美合作。普京第一、第二任期与"梅普组合"时期，对美关系始终是俄罗斯对外关系的重要方面。仅在2000年，普京就与美国克林顿总统进行了四次会晤。俄罗斯以现实主义态度对待俄美关系，在尽量避免与美国发生正面冲突的同时，适当对美强硬，不轻易作出让步，在此基础上寻求与美国的合作。

普京执政之初，基本延续了叶利钦执政后期抵制美国霸权主义的政策。小布什上台后，美国对俄态度十分强硬，俄美分歧颇多，导致双方关系跌至冰点。"9·11"事件后，俄罗斯借机调整对美政策，与美在国际反恐中积极合作，并在事关俄罗斯国家利益的问题上对美国作出一定的让步，允许美国进入有俄"后院"之称的中亚地区等，双方关系取得了较大突破。2002年5月下旬，俄美举行峰会，两国签订了《俄美关于削减进攻性战略力量条约》《俄美新战略关系联合宣言》，以及反恐、能源合作、人员交流等5个联合声明。通过在中亚地区发动反恐战争，美国对俄罗斯从军事上实现了进一步的战略包围。然而，美国在阿富汗的反恐战争取得胜利后，随即通过持续推进北约东扩和在独联体大肆策动"颜色革命"等手段变本加厉地对俄罗斯实施单边挤压战略，导致普京对美外交战略调整未及全面展开即告夭折，俄美关系趋于恶化。此后，俄罗斯与以美国为首的西方国家在北约东扩、"颜色革命"以及东欧反导系统等问题上的博弈更加激烈，致使双方关系陷入冷战结束以来的低谷，进入所谓

---

① 苗华寿：《当前俄罗斯外交的特点及其走向》，《和平与发展》2005年第4期，第32—36页。
② 苏淑民：《俄罗斯政治经济与外交》，知识产权出版社2013年版，第258页。
③ 王海运：《新时期俄罗斯外交战略走向及中俄关系深化》，《俄罗斯学刊》2012年第4期，第5—10页。

的"新冷战"阶段。① 奥巴马上台后大幅度调整美国的全球战略,修正对俄单边挤压政策。与此相应,俄罗斯改变对美强硬立场,重新把美国作为合作的重要对象。以此为契机,俄美关系出现重大转折。

虽然俄美关系实现了"重启",并取得了若干积极成果,然而正如普京所言,俄美并未能解决双方关系模式的根本转换问题,双方关系仍像以往一样飘忽不定。② 造成俄美关系不稳定的深层次原因在于,俄美之间的敌视与互不信任仍然根深蒂固。从美国方面来说,美国将俄罗斯视为对手的传统观念没有消除,自苏联解体后,美国始终没有减轻对俄罗斯的防范心理,对俄遏制战略也没有发生实质性的变化。美国一方面在国际问题上需要俄罗斯的合作,另一方面又要防止俄罗斯恢复昔日的强大,使其无法在短期内成为美国强有力的对手。③ 从俄罗斯方面来说,其对美国冷战结束后旨在削弱俄罗斯的战略非常不满,同时认为以美国为首的北约是俄罗斯当前最主要的军事对手。

第四,不断加大亚太外交力度,拓展在亚太的存在与影响。这一时期,俄罗斯把发展与亚洲国家的关系作为外交重点之一,以中、印、韩、朝、日、蒙、越等国为主要对象,展开活跃的亚洲外交。俄罗斯亚太外交战略的意图在于:政治上确保世界格局中一极的地位,力争发挥昔日大国的作用;经济上力求合作与支持,以尽快恢复和发展壮大俄罗斯的综合国力;军事上谋求东部的安全,消除后顾之忧,以便集中力量对抗北约东扩。④

经过几年的外交努力,俄罗斯的亚太外交取得了积极的成果。中国是俄罗斯亚太外交中的重点对象,早在叶利钦时期俄罗斯就把保持和发展与中国的睦邻友好关系作为重要的对外战略方针。普京执政后,在对华关系上表现出政策上的继承性,十分重视发展与中国的关系。经过中俄的共同努力,2001年双方签署《中俄睦邻友好合作条约》,为两国发展长期睦邻友好、互利合作关系奠定了坚实的法律基础,推动两国关系得到全面巩固

---

① 黄登学:《俄罗斯外交战略调整:趋势及影响因素》,《俄罗斯中亚东欧研究》2011年第6期,第61—69页。
② [俄]普京:《俄罗斯与不断变化的世界》,《莫斯科新闻报》2012年2月27日。
③ 黄登学:《俄罗斯外交战略调整:趋势及影响因素》,《俄罗斯中亚东欧研究》2011年第6期,第61—69页。
④ 高连福:《东北亚国家对外战略》,社会科学文献出版社2002年版,第265—267页。

和长足发展。2004 年，普京对中国进行国事访问，中俄发表联合声明并签署了《关于中俄国界东段补充协定》，2005 年两国在符拉迪沃斯托克（海参崴）互换了该协定的批准书。至此，中俄两国之间的领土争议问题得到圆满解决。

除积极发展与中国的关系之外，俄罗斯还注重平衡发展与亚洲其他国家和地区的关系。在东北亚，俄罗斯积极开展远东外交，努力扩大对该地区的影响。俄罗斯改变以往重视韩国轻视朝鲜的策略，注重对朝鲜半岛的平衡外交，不仅与韩国保持交往与合作，而且于 2000 年与朝鲜签署《俄朝友好睦邻合作条约》，俄朝关系也取得了新进展。同时俄不断加强对蒙外交，与蒙古国建立了战略伙伴关系。在对日关系中则坚持"先经济合作，后解决领土问题"的方针，以能源合作打开了俄日关系窗口。日本也调整了对俄政策，不再坚持"先领土后经贸"的政策，积极改善日俄关系。以经济活动带动政治关系发展，显示出俄日两国外交政策遵循的实用主义原则。但是俄日之间存在严重的领土争端分歧，这是制约双边关系发展的最大障碍，而且从目前情况来看，两国领土争端的解决遥遥无期，因此俄日之间的结构性矛盾很难消除。在南亚次大陆，俄罗斯重视发展与印度的关系，巩固俄印传统友谊，推动两国发展成为新型的战略伙伴关系，双方在经贸和军事技术等领域合作不断深化。在东南亚，俄罗斯与越南、印度尼西亚和马来西亚积极发展政治、经济关系，继续巩固和扩大在这一地区的军售市场。[①] 此外，俄罗斯还积极参加上海合作组织、APEC 以及东盟地区安全会议等亚太地区的一体化机构。俄罗斯通过亚太外交，加强或改善了与亚洲国家的关系，增强了其在亚太地区的影响力，同时在政治、经济、军事安全等方面取得了较大的外交利益。

第五，加强与其他发展中国家的对话与合作。除开展上述外交外，俄罗斯还积极参与中东和平进程，扩大俄罗斯在该地区的影响；推进对非洲、拉美、南美洲等的外交，发展与它们的政治、经济、军事合作与协作等，取得了初步成效。

（三）普京第三、第四任期

2012 年 5 月，普京在俄罗斯与西方摩擦加剧的背景下开始了第三个总统任期。俄罗斯因 2011 年"马格尼茨基案"与西方发生冲突的同时，与美国

---

① 丛鹏、张颖：《普京执政时期的俄罗斯外交特点》，《国际论坛》2009 年第 1 期，第 57—64 页。

在叙利亚问题上的争端也愈演愈烈。北约计划在东欧部署导弹防御系统,俄罗斯向斯诺登提供政治庇护等事件表明,俄美在传统安全和战略利益上存在根本分歧,双方遏制与反遏制的态势也未减弱。在此背景下,2013年俄罗斯发布新版《俄罗斯联邦对外政策构想》,并付诸外交实践。

首先,俄罗斯继续把发展与独联体的国家关系作为外交优先方向,推进独联体一体化进程,意图将其打造成多极世界中独立一极的战略依托,强化俄罗斯势力范围并巩固战略后方。普京在其第三任期伊始便提出了旨在加速推进独联体一体化进程的"欧亚联盟"设想,并取得了一些成效。2012年《独联体自由贸易区协定》生效。2015年,俄罗斯、白俄罗斯、哈萨克斯坦、吉尔吉斯斯坦和亚美尼亚五国组成的欧亚经济联盟开始运行,"后苏联空间"内俄罗斯主导的一体化进程取得了重要成果。

其次,俄罗斯把发展与以美国为首的西方国家的关系作为外交的一个重点。尽管俄罗斯与西方国家矛盾争斗接连不断,但俄罗斯仍极力谋求与西方国家加强和改善关系,并希望以美国为首的西方国家把俄罗斯视为平等的合作伙伴。由于美国不会放弃称霸全球的企图,在国际事务中寻求俄罗斯的合作目的是应对其所面临的现实难题,而并非真正给俄罗斯以"平等地位",这与俄罗斯决意恢复昔日世界大国地位和谋求平等伙伴身份的战略意图形成对立。2014年克里米亚事件发生,俄罗斯与美国和西方国家关系呈现螺旋式下滑,且对立日趋剧烈。

最后,加强亚太外交,特别是发展与巩固中俄战略协作伙伴关系是俄外交推进的重要方向。俄罗斯在欧洲面临北约挤压,东欧和波罗的海国家纷纷加入北约后,其战略回旋余地缩小,为此俄罗斯外交向东转向,在亚太地区拓展其外交空间,强化与亚太国家的关系,特别是不断巩固与中国的战略协作伙伴关系。2014年,两国签署《中俄关于全面战略协作伙伴关系新阶段的联合声明》,将两国的政治关系推至新高点。中俄双方各种会晤机制进一步完善,两国政治、经济、军事和文化等各领域的交流合作日趋密切;同时双方在一系列重大国际问题上也相互支持,积极推动了世界多极化发展,维护了世界和平。2015年,中俄两国签署了《关于深化全面战略协作伙伴关系、倡导合作共赢的联合声明》以及《关于丝绸之路经济带建设和欧亚经济联盟建设对接合作的联合声明》,两国战略层面的合作又得到了进一步深化。

2014年,克里米亚事件发生后,俄罗斯受到美国及西方国家的排挤、孤立与制裁,外交空间进一步受到挤压。在此背景下,2016年底俄罗斯根据时局变化出台了新版《俄罗斯联邦外交政策构想》，对外关系出现了新的变化。

首先，实施多方向外交，意图突破美国及西方国家的外交孤立。一是俄对外政策继续"向东转"，切实强化与中国的关系。2019年中俄领导人将两国关系提升至新时代全面战略协作伙伴关系，2021年《中俄睦邻友好合作条约》延期，为未来两国进一步加深合作奠定了政治基础。与此同时，中俄贸易额不断增大。2022年中俄两国贸易额突破1900亿美元，同比增长29.3%。这是中俄新时代战略协作伙伴关系不断深化的必然结果，也是两国在经济上依赖程度加深的体现。① 二是俄罗斯不断加强与其他亚太地区国家和地区组织的关系。如为强化与东盟的关系，2018年普京赴新加坡参加东盟峰会，并多次邀请越南总理访俄，扩大俄越在经济、军事防务和政治领域的合作，发展俄越战略性双边关系等。三是俄罗斯更加注重上海合作组织和金砖国家建设，并积极参与二十国集团活动，以求在被西方孤立的条件下参与全球事务。四是俄罗斯加强与非洲国家的合作。2019年，在索契召开了首届俄罗斯—非洲峰会；2022年，俄罗斯与非洲国家高层互动频繁，双方就一些重要问题和核心利益保持了良好沟通；2023年7月，第二届俄罗斯—非洲峰会在俄罗斯圣彼得堡召开。

其次，俄罗斯对西方国家的政策转向务实。在与欧盟关系上，俄罗斯在谴责欧盟持续东扩破坏了俄罗斯与西方国家之间关系的同时，与欧盟国家展开政治对话和经济与能源合作。俄欧从2018年起开始"北溪-2"天然气输送管道的建设，并不顾美国的威胁与制裁于2021年10月，实现了向第一条支线注气。普京通过出兵叙利亚重返国际舞台后，北约恢复了北约—俄罗斯理事会，但因双方分歧过大未取得任何成果。拜登就任美国总统后，北约与俄罗斯冲突不断。2021年10月北约驱逐俄罗斯代表团成员；作为回击，俄罗斯关闭了驻北约代表处，并令北约关闭驻莫斯科办事处。②

2022年俄乌冲突爆发后，美欧等国对俄罗斯进行全面制裁，在政治、军事与安全上对俄不断进行战略施压，俄罗斯面临着复杂的地缘政治挑战，战略环境大面积恶化，俄罗斯与西方国家关系降到冷战结束以来的最

---

① 《中俄双边贸易额再创新高，合作深度和广度将持续扩大》，俄罗斯卫星通讯社，2023年1月13日，https://sputniknews.cn/20230113/1047112148.html。

② 吕萍：《俄罗斯外交政策30年演变》，《俄罗斯学刊》2021年第6期，第38—58页。

低点。为适应新的形势变化,俄罗斯于 2023 年 3 月出台新版《俄罗斯联邦对外政策构想》(以下简称《对外政策构想》),调整外交战略布局。按照新版《对外政策构想》,俄罗斯调整对外政策的优先方向,[①] 通过外交实践构建多极世界格局。将近邻国家继续视为最重要优先方向,继续奉行睦邻政策,深化与欧亚地区国家的关系,并将亚太地区、伊斯兰国家、非洲和拉丁美洲等地区视为多极化格局的基础,将对这些国家的外交优先位置提至欧美之前。通过发展与地区友好国家关系,带动俄罗斯与优先地区关系的整体提升。[②]

二、外交发展趋势

俄乌冲突爆发后,俄罗斯的外部环境进一步恶化,俄罗斯的国家发展、周边安全稳定和地缘政治环境面临更加严峻的挑战,与西方的关系也由从竞争中求合作转变为全面对抗。面对复杂的外交困境,俄罗斯将按照新版《对外政策构想》,调整对外战略,缓解外交孤立状况,对冲美欧国家的遏制战略。未来一段时间,俄罗斯外交将主要采取如下三个方面的举措。

第一,继续经营好与近邻国家关系的关系,巩固好战略后方。中亚地区是俄罗斯打造的欧亚经济联盟和"大欧亚伙伴关系"的主要支撑,是俄罗斯应对西方极限制裁的重要腹地,也是俄罗斯实现大国复兴的依托和成为世界重要一极的战略基础。俄罗斯今后将一以贯之地将该地区视为外交最优先方向,实现推动一体化进程和维护地区安全的战略目标。一是外交上俄罗斯将继续通过高层互动,稳定与中亚国家关系。二是经济上俄罗斯将通过发展伙伴关系,结合独联体国家和欧亚经济联盟潜力,打造欧亚大陆一体化的经济和政治空间。三是安全上俄罗斯将继续塑造军事大国形象,加强近邻国家对其安全保障的依赖。

第二,推进"东进""南下"外交战略,缓解外交孤立局面,获取实际利益,并推动国际秩序的多极化发展。在新版《对外政策构想》中,俄罗斯认为未来的国际秩序应该是多极世界,俄罗斯将是其中一极。在构建

---

① 外交优先顺序调整为独联体等近邻国家、亚洲及太平洋地区、中东、非洲、拉丁美洲和加勒比地区、美欧。

② 于游:《新版〈俄罗斯联邦对外政策构想〉评析》,《东北亚学刊》2023 年第 5 期,第 130—145 页。

多极世界格局的主张下,结合破解西方外交孤立的目标,俄罗斯今后将"东进"与"南下"作为重要方向加以推进对外关系。一方面,俄罗斯将发展与东方国家的关系视为打造多极世界的重要内容,加速转向东方,全面深化与中国、印度等友好国家关系,加强对两国的战略倚重。近年来,中俄两国贸易互补性继续提升,贸易结构持续优化,双方经济互动达到前所未有的高度。俄罗斯将中国视为缓解困境、打破被孤立局面的重要伙伴国家,未来将会继续深化与中国的务实合作发展。与此同时,俄罗斯将继续加强与亚太地区的交流与合作,谋求在亚太地区的影响力。另一方面,俄罗斯开启与"全球南方"关系新进程,将发展与"全球南方"的关系作为重要的外交方向。今后一段时间,俄罗斯将发展与非洲国家的全面伙伴关系,与拉丁美洲保持活跃对话;将继续经营与伊斯兰国家的伙伴关系,加深其在中东地区的影响力等,通过开展军事合作、政治支持、能源投资和软实力建设等多种方式,加大对"全球南方"的外交力度,加强其全球权力中心地位,推进俄罗斯走向多极世界的对外战略。

第三,运用多边机制应对美欧等西方国家的极限制裁。面对美欧等西方国家的极限制裁,俄罗斯将灵活运用多边机制缓解困境。除了通过多边外交活动加强与近邻国家联系和维护其地区影响力之外,将继续推动符合俄罗斯利益的区域和区域间经济一体化进程,尤其是重视在盟国、欧亚经济联盟、独联体、上海合作组织、金砖国家框架内的合作,继续推动构建大欧亚伙伴关系。

总之,在俄乌冲突持续的背景下,俄罗斯面对日益严峻的地缘政治挑战,其对外战略的对抗性意识增强。未来一段时间,俄罗斯一方面要优先同"友好国家"开展合作,另一方面要采取多种措施回击美欧等西方"不友好国家"在经济、安全、外交等领域对俄采取遏制政策。[①]

第四节　蒙古国外交

冷战结束后,在国际格局和国内形势发生急剧变化的情况下,蒙古国从国家生存与发展利益出发,放弃了长期奉行的对苏"一边倒"外交立场,开始实施全方位的"多支点"外交,均衡发展与中俄两大邻国的睦邻

[①] 于游:《新版〈俄罗斯联邦对外政策构想〉评析》,《东北亚学刊》2023年第5期,第130—145页。

友好关系，同时吸引具有影响力的国家关注蒙古国的战略，提高蒙古国的战略地位，综合运用政治、经济、文化人文手段，实现国家的安全与发展。

一、外交政策

冷战结束后国际格局发生重大变化，蒙古国摆脱了苏联"卫星国"的地位，真正实现了外交上的独立。蒙古国一改长期对苏"一边倒"外交立场，对外交政策作出重大调整，确立了开放、不结盟、等距离的外交原则，把国家安全和经济利益放在首位，谋求国家独立、自主和繁荣富强。1994年，蒙古大呼拉尔通过《蒙古国对外政策构想》（以下简称《对外政策构想》），宣布奉行开放、不结盟的外交政策，把与中俄两国保持友好关系视为对外政策的首要目标，主张同中俄均衡交往并发展广泛的睦邻合作；同时发展与美、日、德等西方发达国家的关系，提高在亚太地区的地位；主张同联合国及其专门机构、国际货币基金组织、世界银行、亚洲开发银行等多边国际组织进行合作。

2011年，蒙古国家大呼拉尔通过新《对外政策构想》，将"开放、不结盟的外交政策"拓展为"爱好和平、开放、独立、多支点的外交政策"，强调对外政策的统一性和连续性。明确对外政策首要任务是发展同中俄两大邻国的友好关系，并将"第三邻国"政策写入《对外政策构想》，首次以法律的形式明确了"第三邻国"外交，主张在保持以往外交的基础上积极发展同美国、日本、欧盟、印度、韩国、土耳其等国家和联盟的关系。[1]

二、外交发展演变

冷战后蒙古国基于国家利益考虑，确立了"等距离"外交与"第三邻国"外交并举的外交布局。与中俄两国的关系、与"第三邻国"的关系构成了蒙古国外交格局的两个重要层面，即把发展与中俄两国的关系视为外交格局的基础，并对中俄两国保持等距离关系；与"第三邻国"发展关系，确立外交格局的多支点，谋求安全和经济利益的再保障。[2]

---

[1] 《蒙古国家概况》，中华人民共和国外交部网站，2023年12月，https：//www.mfa.gov.cn/web/gjhdq_676201/gj_676203/yz_676205/1206_676740/1206x0_676742/。

[2] 宋效峰：《蒙古国多元外交格局的形成及影响》，《江南社会学院学报》2011年第2期，第36—39页。

第十章 外交

（一）对中俄的"等距离"外交

蒙古国作为中国与俄罗斯两大邻国之间的内陆国家，深受中俄两国的影响。为此，对华、对俄关系是蒙古国外交的优先方向，妥善处置好与两国的关系成为蒙古国外交的重中之重。从地缘角度来看，蒙古国在安全与经济等方面受制于中俄两国。一方面，蒙古国在安全保障上需要得到中俄的善意支持与友好对待，需要在中俄之间实现平衡，从而在一定程度上赢取主动权。另一方面，在经济发展上，出海口的缺乏促使蒙古国尤其需要中俄两国的借道，加之中俄分别是蒙古国的第一、第二贸易伙伴，蒙古国在经济上要很大程度地依赖两个邻国。安全与经济上的脆弱性与依赖性使得蒙古国不仅要重视与中俄两个邻国的关系，而且要在二者中间实现平衡，倒向任何一方的行为都可能导致不良后果。为此，与中国和俄罗斯等距离地发展外交关系成为蒙古国对中俄外交的最佳选择。从冷战后蒙古国与中俄关系的发展轨迹可以看出，蒙古国谨慎地奉行了"等距离"外交政策。

对华关系方面，1989年中蒙两国实现关系正常化。1994年，中蒙签订《中蒙友好合作关系条约》，为两国关系健康稳定发展奠定了政治和法律基础。自1999年以来，中国一直是蒙古国最大的贸易伙伴国和投资来源国。2003年，中国国家主席胡锦涛访问蒙古国，宣告两国建立睦邻互信伙伴关系，2011年中蒙建立战略伙伴关系。2014年，中国国家主席习近平访问蒙古国，双方发表联合宣言，将中蒙关系提升为全面战略伙伴关系。2015年，蒙古国总统额勒贝格道尔吉访华，两国政府政治互信进一步加深。2017年、2018年，蒙古国总理额尔登巴特与呼日勒苏赫先后访华，期间同习近平主席、李克强总理分别举行会谈，中蒙双方高层保持了良好的政治互动。与此同时，中蒙两国经贸合作发展迅速，人文和社会交流日益频繁。2021年，呼日勒苏赫就任蒙古国总统后，多次与习近平主席进行沟通，增进双方政治互信，丰富两国全面战略伙伴关系内涵。2022年2月，蒙古国总理奥云额尔登访华，双方同意深入推进全球发展倡议，将共建"一带一路"倡议与蒙古国"远景2050"长期发展政策及"新复兴政策"对接，扩大双方在贸易、投资、金融、矿产能源、基础设施等多个领域的合作。2022年11月，蒙古国总统呼日勒苏赫对华进行国事访问，习近平主席、李克强总理、栗战书委员长分别同其举行会谈，双方发表了新时代推进全面战略伙伴关系的联合声明。

对俄关系方面，1993年蒙古国首任总统奥其尔巴特访问俄罗斯，开启

"破冰之旅",双方签署了启动蒙俄关系的基础性文件《蒙俄友好关系与合作条约》。但是由于叶利钦政府的外交重点在于所谓西方"民主"国家,蒙古国在俄罗斯国家战略中地位不高。2000年,普京访问蒙古国,双方签署了《乌兰巴托宣言》。该宣言明确了两国睦邻友好合作关系以及以后的发展方向,奠定了互利合作的政治基础。此后,蒙俄关系真正步入发展的快车道。2002年,为加强两国高层互访,提高经济、文化、贸易等全方位合作水平,俄政府首脑、总理卡西亚诺夫访问蒙古国,双方签署了《蒙古国政府和俄罗斯联邦政府关于1987年至2001年蒙俄边检执行情况协议》,明确了两国的边界线,彻底解决了两国边界争端。2006年,为恢复在蒙古国丧失的影响力,俄罗斯宣布了对蒙古国的巨额投资计划。同年,双方签署《莫斯科宣言》,宣布将根据"战略伙伴关系"原则发展合作关系。两国还签署了《蒙俄边界章程》《蒙俄经贸合作2006—2010发展规划》,以及涉及安全、教育、交通等的多个文件,标志着蒙俄双边关系全面恢复。2008年,蒙古国总理巴亚尔正式访俄,开启了两国全面合作的新时代。2009年,俄总统梅德韦杰夫访问蒙古国,双方签署了《发展战略伙伴关系宣言》,决定把双边关系从"睦邻传统伙伴关系"提升到"战略伙伴关系",蒙俄关系改善取得重要进展,两国关系登上了一个新台阶。之后,蒙俄在经贸、人文、政治、军事等各个领域的关系不断拓展,到2010年,两国恢复了苏联时期建立起来的几乎所有合作关系。2016年,俄罗斯外长拉夫罗夫访蒙期间,双方签署了《蒙俄两国发展伙伴关系中期计划》,这对加强两国经贸关系具有重要意义。2019年,普京对蒙古国进行国事访问,双方签署了《友好和全面战略伙伴关系条约》,两国关系更加密切。此后两国不断扩大在经济、能源和气候变化等领域的合作。2021年,蒙古国总统呼日勒苏赫对俄罗斯进行国事访问,双方决定将两国全面战略伙伴关系提升到新水平。

总之,蒙古国在对华、对俄关系上注意中俄两国之间的平衡,不过分亲近或依赖任何一方。蒙古国的对中俄"等距离"外交,对于维护蒙古国的国家安全、促进其经济发展以及东北亚地区的稳定产生了积极的影响。

(二)"第三邻国"外交

在推进对中、对俄"等距离"外交,发展中蒙、蒙俄关系的同时,中国的强势崛起与俄罗斯的逆势复兴,又使得夹在中间的蒙古国十分担心其民族独立与国家安全,对中俄两个强邻均产生了不同程度的警惕、戒备和疑虑心理。面对摆脱苏联控制后出现的新情况，以及与两大强国比邻而居的现实状况，如何维护好自身的独立、安全与生存，成为蒙古国重要的战略考量。为跳出地缘上的局限，搭建心理上和观念上的邻国，蒙古国认为要寻找"第三邻国"即域外大国或国际组织等来平衡中俄，抵消安全上对中俄的疑虑与经济上对中俄的依赖，从而达到战略动态平衡。鉴于此，蒙古国提出了发展与"第三邻国"的关系的外交战略。

蒙古国实施"第三邻国"外交，有着多方面的目的。从安全上看，是为了维护国家安全与民族独立；从经济上看，是努力发展对外经济关系并获取多方援助；从外交上看，是为了提高自身的国际地位及增强地区影响力。[1]

第一，蒙古国把发展同美国、北约、欧洲安全与合作组织（下文简称欧安组织）、日本、印度等"第三邻国"的关系视为保障其国家安全的重要支柱。

在"第三邻国"中、蒙古国尤为重视美国、北约与欧安组织在地区安全中的价值与作用。蒙古国把美国视为"第三邻国"中的首要邻国，期望美国在平衡中俄两邻国对蒙的影响方面发挥作用。1987年蒙美两国正式建交，建交初期两国关系并没有实质性进展，自20世纪90年代蒙古国实行政治转型后，蒙美高层间往来不断，政治互信增强。1990年，美国国务卿贝克访蒙时表示，美国将全面、坚决地支持蒙古国的民主改革，美国很乐意充当蒙古国的"第三邻国"。这是美国官方第一次公开表示愿意做蒙古国的"邻国"。1991年，蒙古国总统奥其尔巴特出访美国，双方签署了互相给予贸易最惠国待遇的协定。同年，蒙美两国互设使馆，同时还互设武官处，正式建立了军事关系。1992年，蒙美达成在美国为蒙古国培养军事人才的协议。特别是1996年亲西方的民主联盟执政期间，蒙美"第三邻国"外交的互动更加频繁与积极。"9·11"事件后，蒙古国迅速向美国提供各种支持，对美开放领空和军事设施支持其进行反恐战争，两国的政治关系和军事联系进一步密切。蒙古国制定了《蒙古国国家安全战略构想修订案》和《蒙古国国家安全法草案》，认为美国是其"国家安全的支柱"。2003年，蒙美两国签署国防部门间合作协议，蒙古国不仅在外交层面大力支持美国发动伊拉克战争，还派出了180名官兵赴伊拉克战场协助美军展

---

[1] 陈翔：《蒙古国推行"第三邻国"外交的原因探析》，《国际研究参考》2014年第10期，第8—11页。

开军事行动。① 2004 年，蒙古国又派兵赴科索沃参与美国和北约的军事行动，美国国务卿鲍威尔称其是"美国的忠实朋友和重要伙伴"。2004 年，蒙总统巴嘎班迪访美，两国发表联合声明，确认两国建立"全面伙伴关系"。2005 年，美国总统小布什访蒙，确立了蒙美全面伙伴关系。小布什对蒙古国向伊拉克和阿富汗派兵表示感谢，并称"美国为能成为蒙古的第三邻国而感到骄傲"。2011 年，蒙总统额勒贝格道尔吉访问美国，美国总统奥巴马表示支持蒙古国在国际事务中发挥越来越大的作用，蒙古国则表示欢迎并支持美国作为一个亚太国家在维护该地区和平、稳定与繁荣过程中发挥"关键作用"，双方重申要建立全面伙伴关系并加强双边贸易投资和民间交往。2012 年，蒙美签署《相互提供军事支援保障和服务协议》，双方加强了国防合作，军事交流变得十分频繁。美国对蒙军队持续提供了人员培训、装备更新等方面的援助，两国主导的"可汗探索"多国维和演习已连续举行了多年。2017 年，美国特朗普政府提出"印太战略"以来，蒙美关系呈现出更为紧密的发展态势。2018 年，蒙古国总理呼日勒苏赫访美，两国建立扩展的全面伙伴关系。2019 年，蒙古国总统巴特图勒嘎访美，双方宣布将两国关系提升为战略伙伴关系，美国成为继中、俄、日、印后蒙古的第 5 个战略伙伴国。2019 年，美国国防部长马克·埃斯珀访蒙，意在通过短期内的高层互访与蒙古国建立更为紧密的防务关系。继 2021 年 7 月美国副国务卿温迪·舍曼访蒙后，2021 年 9 月蒙古国大呼拉尔主席贡布扎布·赞丹沙塔尔访美，双方就进一步加强两国的政治、经济、贸易和商业合作达成共识。总之，自美国推出"印太战略"后，蒙美两国确立了战略伙伴关系，签署援助协议，探索经济合作新空间，军事领域的互动比较明显。② 蒙美两国关系发展呈现出几个特点：一是蒙美关系发展存在不对等的情况，美国在两国关系的发展过程中发挥主要作用；二是蒙美两国的军事合作相比于其他合作发展迅速；三是蒙美两国关系的发展具有指向性，且目标指向中俄，蒙意在平衡中俄对其产生的影响，美则希望利用蒙古国的地缘政治价值威慑中俄发展。

在发展对美关系的同时，蒙古国还认为北约及欧安组织是其安全战略

---

① 2003 年 9 月至 2006 年 9 月，蒙古国共派出七批军人到伊拉克执行维和任务，前六批人数总共为 887 人。按比例来说，蒙古国派往伊拉克的军人数量排在第三位。

② 李超：《美国"印太战略"下蒙美关系的新趋向》，《区域与全球发展》2022 年第 6 期，第 123—142 页。

第十章 外交

的重要一环,不断强化与它们的关系。1998年,蒙古国要求加入北约"和平伙伴关系计划",美国国会通过决议,支持蒙古国这一请求。2011年11月,蒙古国向欧安组织提出加入申请,希望其能够在维护蒙古国的安全与独立方面给予相应的指导与帮助。2012年3月,蒙古国正式与北约签署合作伙伴协议,并于当年5月首次作为北约"和平伙伴关系国"参加了北约峰会。2012年11月,蒙古国加入欧安组织。2010年以来,蒙古国一直派兵参加北约组织领导的阿富汗国际安全援助部队。

此外,蒙古国还将日本、印度和韩国等列为"第三邻国"外交的重要对象,努力发展双边关系。

在对日关系方面,日本是蒙古国"第三邻国"外交最重要的对象国之一,同时也是第一个与蒙古国确立全面伙伴关系、第二个与蒙古国建立战略伙伴关系的国家。1989年以来,由于蒙古国实行了民主改革,蒙日关系开始迅速发展,两国高层开始互有来往。1989年,日本外相宇野访问蒙古国,是"西方工业化国家中首位访问蒙古国的外交部长"。1990年,蒙古国部长会议主席索德诺木访日,是蒙古国政府高官第一次出访西方资本主义国家。1991年,日本首相海部俊树访问蒙古国,是蒙日国建交20年以来日本首相首次访蒙,也是"西方工业化国家中首位访问蒙古国的内阁总理"。1998年,蒙古国总统巴嘎班迪对日本进行访问,这是两国建交26年来蒙古国总统的首次正式访问,双方确立了"面向21世纪的全面伙伴关系"。2003年,蒙古国总统巴嘎班迪再次访问日本。2006年,蒙日政府首脑实现互访,两国关系达到一个新的高度,日本政府宣布这一年为日本的"蒙古年"。2010年,蒙古国总统额勒贝格道尔吉访问日本,双方决定将全面伙伴关系升级为战略伙伴关系,这与蒙俄关系定位相同。在制约中国和俄罗斯的影响方面,蒙日关系与蒙美关系具有共同之处。[1] 蒙日关系在日本安倍第二任期即2012—2020年取得快速进展。2013年,日本首相安倍晋三访蒙,两国决定在政治与安全、经济贸易、人员交流三个方面加强战略伙伴关系。近年来,蒙日两国在安全领域的交流与合作不断加强。2012年,日本防卫大臣访蒙,双方签署了加强防务合作的备忘录,决定开展国防部副部长级磋商并加强两军间的合作与交流,此举针对中俄两国的战略意图明显。蒙日两国在2013年启动"外交国防2+2"

---

[1] 宋效峰:《冷战后蒙古国的"多支点"外交及其影响》,《世界经济与政治论坛》2011年第2期,第128页。

磋商机制以来已举办多次会议。与此同时，日本还积极联合美国一起构建"美日蒙三方机制"，共同应对中俄崛起。该机制从 2015 年启动以来也已举办多次会议。2017 年，蒙日就双方国防部在蒙古联合设立一个"特别办公室"达成一致，目的是防止所谓的"朝鲜乃至中国和俄罗斯的安全威胁"。

在对印关系方面，冷战后蒙印关系有了新的发展。1994 年，蒙印两国签署《友好关系与合作条约》；2001 年，蒙古国总统巴嘎班迪访印，双方签署《蒙印联合宣言》与国防合作协议等多项重要文件；2004 年蒙总理恩赫巴亚尔访印，两国决定深化和加强军事方面的交流与合作，蒙古国还表示支持印度成为联合国安理会常任理事国。2006 年和 2007 年，印度国防部长和国家安全委员会联合情报委员会主席相继访蒙，就开展相关合作与蒙古国进行磋商。2009 年，蒙古国新任总统额勒贝格道尔吉把印度作为第一个出访国，以加强双边合作关系。面对中国的经济优势和俄罗斯的地缘政治利益，印度一直试图在蒙古国建立自己的"战略角色"。2015 年，印度总理莫迪访问蒙国，双方建立战略伙伴关系，印度成为蒙古国外交政策中关键的"第三邻国"。印度和蒙古国同意分别支持对方在 2021—2022 年和 2023—2024 年获得联合国安理会非常任理事国席位等，双方在联合国和其他各种国际舞台一直进行相互支持。

第二，蒙古国实施"第三邻国"外交，有着发展国内经济的目的。

蒙古历届政府都把引进外资作为促进国内经济发展的重要政策，在"第三邻国"外交下，谋求吸引外资和争取经济援助。蒙古国积极与拥有先进技术和雄厚资本的美国、日本、加拿大以及欧洲国家和组织发展关系，尤其是与"经济邻国"日本发展良好关系。2014 年，双方就日蒙经济伙伴关系协定（EPA）谈判达成基本协议。2015 年，蒙日签订自由贸易协定，双方经贸合作转入互利和互补的轨道。多年来，日本通过政府开发援助等对蒙进行了大规模援助，同时日本也是蒙古国拓展出口市场、实现贸易多元化的重要一方。可以说，日本在蒙古国的软实力影响远高于中国和俄罗斯。蒙古国是日本投入援助最多的国家之一，按照人均受援度来计算，蒙古国是最高的。蒙古国还是东北亚地区唯一与日本没有领土主权冲突的国家。

此外，蒙古国将韩国也视为重要的"第三邻国"，十分重视加强与韩国的经济关系。1990 年，蒙韩两国建交。此后，两国不仅在政治上保持着频繁的高层互访势头，在经济、文化、通信、基础设施、医疗卫生、农牧业、人文等各领域的交流与合作也迅速扩大,蒙韩关系不断向前发展。2001年,蒙古国总统巴嘎班迪访韩,双方确立"知识伙伴关系"。2005年,韩国总统卢武铉访蒙,双方签署多项合作协议,并把双边关系提升为"睦邻友好合作伙伴关系"。2011年,两国升级为"全面伙伴关系",同时出台了《蒙韩中期合作规划》,其中包含"在铜、煤、铀、铁等的原料加工方面,为扩大韩国企业的参与和投资,两国政府间将加强合作"等内容。2021年,韩国总统文在寅与蒙古国总统呼日勒苏赫举行视频会议,将两国关系提升为战略伙伴关系。蒙韩两国在经贸方面的合作领域不断拓展,蒙古国希望提升韩国在蒙古国经济结构中的比重,从而减少对中国和俄罗斯的过度经济依赖。蒙韩两国具有较强的互补性,双方战略合作各取所需。韩国因国土狭小且矿产资源匮乏,其经济可持续发展很大程度上依赖能源和原材料进口。蒙古国资源丰富,但由于受基础设施和科技落后等客观条件制约,近年来经济持续低迷。为此,蒙古国政府需要韩国的投资和援助,同时韩国也是蒙古国拓展出口市场、实现贸易多元化的重要一方。[1]

第三,蒙古国实行"第三邻国"外交,有着提高国际地位、增强国际影响力的考量。

其一,蒙古国以"第三邻国"为依托,积极参与全球性多边机制与国际活动,展现其负责任国家的国际形象,提高其国际影响力。1992年,蒙古国总统奥其尔巴特在第47届联合国大会上宣布蒙古国领土为无核区,成为世界上第一个由单一国家构成的无核区,从而得到了不结盟运动的支持。1998年举行的第53届联合国大会通过决议,承认蒙古国的无核区地位。2000年,联合国安理会五个核大国发表联合声明,承诺不对蒙古国使用或威胁使用核武器。进入21世纪后,蒙古国的多边军事外交十分活跃,并在参加国际维和行动这一框架下多次开展联合军演。2002年,蒙古国议会通过《军警人员参加联合国维和行动及其他国际活动法》,为参与国际维和行动提供了法律依据。近年来,蒙古国已先后向欧洲、亚洲和非洲的十余个冲突地区派出维和士兵,国际影响不断扩大。在经济社会领域,蒙古国积极发展与联合国粮农组织、联合国亚太经社理事会等有关机构的关系。1993年,联合国开发计划署在蒙古国设立代表处。随着蒙古国经济走

---

[1] 祁治业:《韩蒙关系的嬗变与评析》,《延边大学学报》(社会科学版)2022年第5期,第5—14页。

向市场化、开放化，1997年蒙古国加入世界贸易组织。

其二，蒙古国积极参与地区性多边机制，提振其国际话语权。蒙古国1998年参加了东盟地区论坛，2001年参与发起了博鳌亚洲论坛，2004年成为上海合作组织首个观察员国，2006年成为亚欧会议成员国，2007年举办了欧安组织与亚洲伙伴国对话会议，2010年承办了第33届太平洋地区标准会议，2012年与北约建立"全球伙伴关系"，2012年加入欧安组织等，通过参与多边会议和多边机制，蒙古国增强了在国际事务和地区问题上的发言权。

三、外交的基本特点

纵观蒙古国转型30多年来的外交历程，其外交政策逐渐成型并保持稳定，在积极的外交实践中逐步形成了自身的基本特点。

第一，蒙古国外交体现出实用主义灵活务实、随机应变的特点。首先，蒙古国对中俄推行"等距离"外交本身就是实用主义的体现。其次，蒙古国在发展对中、对俄等距外交的同时，推行"第三邻国"外交，以此抵消来自中俄的安全疑虑和经济依赖性，也是实用主义与灵活务实的集中体现。此外，苏联解体后，俄罗斯陷入困顿而无力顾及蒙古国时，蒙古国没有迟疑和困惑，而是打开国门，利用与近邻中国的经贸往来渡过转轨之初的经济困难等，均体现了其外交中的随机应变特点。

第二，蒙古国外交注重全面开放与多极平衡。蒙古国虽然地处亚洲中央，被中俄包围，且实力弱小，但其外交却是面向全世界，全方位开放，与尽可能多的国家发展关系，努力建构多层次对外交往体系。《蒙古国对外政策构想》把蒙古国外交按重点程度和优先顺序分为邻国、第三邻国、亚洲、国际组织、其他发展中国家五个层次。蒙古强调在中俄两大邻国间保持等距离，均衡发展合作；发展与"第三邻国"关系是为了平衡两大邻国的影响，但服务于两大邻国的平衡关系。可以说，各层次内部都强调对等平衡，各层次之间也不是简单地此先彼后，此重彼轻，而是协调平衡的复合体，意图在全方位开放的前提下，构建多极平衡的国际交往体系。

第三，蒙古国充分利用其特殊地缘特点，大力发展自身特色的"第三邻国"外交。蒙古国地处中俄两国的夹缝，具有特殊的地缘特征，这使得蒙古国在安全与发展上难以消除来自中俄的影响。蒙古国立足于自身的地缘特点，在充分认识国际政治权力格局的基础上，提出了"第三邻国"外交理念,通过积极与世界其他大国发展友好关系,积极参与国际组织等方式,依靠外来力量制衡中俄两大邻国对蒙古的影响,这也是蒙古国外交的鲜明特征。

参考文献

一、中文文献

1. ［俄］B. A. 佐洛塔廖夫主编：《俄罗斯军事战略史》，李效东等译，军事科学出版社 2009 年版。

2. ［俄］别勒古洛夫著：《俄罗斯民族地区教育体系的形成与发展》，阿依提拉·阿布都热依木译，社会科学文献出版社 2014 年版。

3. ［俄］弗·伊·安年科夫等著：《国际关系中的军事力量》，于宝林等译，金城出版社 2013 版。

4. ［俄］普京著：《普京文集》，张树华等译，中国社会科学出版社 2002 年版。

5. ［韩］赵恒録著：《韩国概况》，王倩倩译，大连出版社 2010 年版。

6. ［美］杰弗里·曼科夫著：《大国政治的回归：俄罗斯的外交政策》，黎晓蕾、李慧容译，新华出版社 2011 年版。

7. 艾宏歌主编：《当代韩国教育政策与改革动向》，社会科学文献出版社 2011 年版。

8. 巴殿君主编：《东北亚各国政治制度比较》，社会科学文献出版社 2015 年版。

9. 毕洪业：《后冷战时期俄罗斯的外交构想及评价》，《东北亚论坛》2009 年第 4 期。

10. 蔡志纯等编著：《蒙古族文化》，中国社会科学出版社 1993 年版。

11. 陈联璧：《俄罗斯民族关系理论和政策的变化》，《东欧中亚研究》1999 年第 1 期。

12. 陈敏田、韩旭东、侯振杰：《改革中的蒙古军队》，《环球军事》2001 年第 11 期。

13. 陈翔：《蒙古国推行"第三邻国"外交的原因探析》，《国际研究参考》2014 年第 10 期。

14. 陈小沁：《俄罗斯外交传统与冷战后俄外交政策的特点》，《西伯利亚研究》2007 年第 6 期。

15. 王文光：《先秦·秦汉时期北方的民族识别》，《思想战线》1996年第4期。

16. 陈岳、倪海宁：《朝鲜的军事战略和军事力量》，《国际资料信息》2006年第7期。

17. 程伟：《俄罗斯对外战略抉择的逻辑》，《世界经济与政治》2006年第5期。

18. 池水涌、金哲主编：《韩国概况》，世界图书出版公司2010年版。

19. 丛鹏、张颖：《普京执政时期的俄罗斯外交特点》，《国际论坛》2009年第1期。

20. 中国现代国际关系研究院：《东北亚地区安全政策及安全合作构想》，时事出版社2006年版。

21. 崔丕：《近代东北亚国际关系史研究》，东北师范大学出版社1992年版。

22. ［日］村上秀信，贺文章译：《阿伊努族和赫哲族的渊源关系（下）》，《北方文物》1990年第2期。

23. 邓兵：《亚洲国家历史与政治制度》，军事谊文出版社2009年版。

24. 董向荣：《列国志：韩国》，社会科学文献出版社2009年版。

25. 方秀玉：《韩国外交战略取向与对日安全关系》，《治理研究》2012年第1期。

26. 冯昭奎编著：《日本经济》，中国社会科学出版社2015年版。

27. 高连福：《东北亚国家对外战略》，社会科学文献出版社2002年版。

28. 葛肖虹、马文璞：《东北亚南区中——新生代大地构造轮廓》，《中国地质》2007年第2期。

29. 龚惠平：《俄罗斯科学技术概况》，科学出版社2011年版。

30. 郭庆宝：《从新大纲看日本未来军事发展走向》，《亚太安全与海洋研究》2014年第2期。

31. 郭锐、王箫轲：《韩国海洋安全战略调整与海军军备发展》，《国际论坛》2011年第2期。

32. 《韩国教育部：考虑恢复汉字教育计划2018年实行》，《海外华文教育动态》2016年第8期。

33. 《韩国立法扩大海外派兵或卷入外部纷争引火烧身》，新浪网，2014年12月3日，https：//news.sina.com.cn/w/2014－12－03/09173123

8108.shtml。

34. 韩铁英：《列国志：日本》（第 2 版），社会科学文献出版社 2011 年版。

35. 韩献栋：《韩国的外交困境：一个概括性框架的解读》，《东北亚论坛》2012 年第 3 期。

36. 郝斌、戴卓萌主编：《俄罗斯概况》，北京大学出版社 2012 年版。

37. 郝文明主编：《中国周边国家民族状况与政策》，民族出版社 2006 年版。

38. 何剑主编：《东北亚安全合作机制研究》，东北财经大学出版社 2008 年版。

39. 何志工、安小平：《东北亚区域合作：通向东亚共同体之路》，时事出版社 2008 年版。

40. 赫时远、杜世伟：《列国志：蒙古》，社会科学文献出版社 2007 年版。

41. 候尚智、孔庆峒：《韩国概览》，人民出版社 1996 年版。

42. 胡琳：《日本新版〈国家防卫计划大纲〉浅析》，《国际研究参考》2014 年第 3 期。

43. 黄登学：《俄罗斯外交战略调整：趋势及影响因素》，《俄罗斯中亚东欧研究》2011 年第 6 期。

44. 黄登学：《普京新任期俄罗斯外交探析》，《国际论坛》2013 年第 4 期。

45. 黄登学：《新版〈俄罗斯联邦对外政策构想〉述评——兼论普京新任期俄罗斯外交走势》，《俄罗斯研究》2014 年第 1 期。

46. 黄定天：《东北亚国际关系史》，黑龙江教育出版社 1999 年版。

47. 黄凤志等：《东北亚黄皮书：东北亚地区政治与安全（2014）》，社会科学文献出版社 2014 年版。

48. 黄祖梁：《东北亚各国矿产资源分析》，《东北亚论坛》1993 年第 2 期。

49. 黄健英主编：《"一带一路"沿线国家经济——蒙古国经济》，中国经济出版社 2016 年版。

50. 刘迪南、黄莹：《蒙古国文化教育研究》，外语教学与研究出版社 2021 年版。

51. 黄心川主编：《当代亚太地区宗教》，宗教文化出版社 2003 年版。

52. 江新凤：《日本的军事转型及其对中国安全环境的影响》，《日本学刊》2013年第3期。

53. ［韩］姜万吉著：《韩国现代史》，陈文寿等译，社会科学出版社1997年版。

54. 姜振军：《俄罗斯外交调整的背景和意图探析——俄罗斯对外政策十年综述》，《西伯利亚研究》2004年第3期。

55. 姜振军：《俄罗斯国家安全问题研究》，社会科学文献出版社2009年版。

56. 《教育交流频繁 越来越多蒙古国学生留学中国》，新华网，2015年10月25日，http：//www.nmg.xinhuanet.com/xwzx/2015-10/25/c_111693 0934.htm。

57. 《2022年蒙古国国民经济运行情况》，中华人民共和国商务部网站，2023年2月2日，http：//mn.mofcom.gov.cn/articale/jmxw/202302/20230203382052.shtml。

58. 金柄珉：《儒学与东北亚文化的深层思考》，《东疆学刊》2005年第3期。

59. 金祥波：《"先军政治"及其对朝鲜外交的影响》，《延边大学学报（社会科学版）》2015年第5期。

60. 雷丽平：《东北亚文化圈中的俄罗斯文化》，《东北亚论坛》2000年第3期。

61. 李纯青：《日本问题概论》，世界知识出版社1954年版。

62. 李凡：《战后东北亚主要国家间领土纠纷与国际关系研究》，江苏人民出版社2013年版。

63. 李力、［韩］李荣镐主编：《东北亚合作模式与发展路径研究》，经济科学出版社2007年版。

64. 李向平：《东北亚区域经济合作报告（2009）》，社会科学文献出版社2009年版。

65. 李秀石：《日本国家安全保障战略研究》，时事出版社2015年版。

66. 林从纲主编：《韩国概况》，大连理工大学出版社2005年版。

67. 林治远主编：《外国国家安全战略与军事战略教程》（第2版），军事科学出版社2013年版。

68. 刘必权：《世界列国志：蒙古》，福建人民出版社2005年版。

69. 刘必权：《世界列国志：朝鲜》，福建人民出版社2004年版。

70. 刘德斌主编：《东北亚史》，吉林大学出版社 2006 年版。

71. 刘吉文：《韩国军队军事转型及其特点》，《国际研究参考》2014 年第 4 期。

72. 刘建飞、刘丽华主编：《同舟共济：东北亚安全与合作》，九州出版社 2009 年版。

73. 刘江永：《甲午战争以来东亚战略格局演变及启示——兼论 120 年来的中日关系及未来》，《日本学刊》2014 年第 1 期。

74. 刘金明：《东北亚古代民族的出现与分布》，《黑龙江民族丛刊》1998 年第 4 期。

75. 刘琳琳编著：《日本概况》，北京大学出版社 2011 年版。

76. 刘清才等：《21 世纪初俄罗斯亚太政策研究》，社会科学文献出版社 2013 年版。

77. 刘省非：《教育市场化——转型期俄罗斯高等教育改革研究》，人民出版社 2013 年版。

78. 刘天纯等：《日本对华政策与中日关系》，人民出版社 2004 年版。

79. 刘廷忠主编：《当代世界经济政治与国际关系》（第三版），高等教育出版社 2015 年版。

80. 刘向文：《试谈俄罗斯联邦的总统制》，《东欧中亚研究》1994 年第 5 期。

81. 刘笑明：《日本国家概况》，南开大学出版社 2000 年版。

82. 卢昌鸿：《俄罗斯的亚太战略及其国别政策》，《太平洋学报》2014 年第 8 期。

83. 卢昊：《战后日本安全政策："军事正常化"的发展》，《日本学刊》2015 第 6 期。

84. 陆齐华：《俄罗斯国家安全战略的历史演进》，《俄罗斯学刊》2016 年第 4 期。

85. 陆伟：《"联合机动防卫力量"：日本新军事战略的构建和影响》，《外交评论（外交学院学报）》2014 年第 5 期。

86. 吕春燕、赵岩编著：《韩国的信仰和民俗》，北京大学出版社 2010 年版。

87. 马建光、兰舟达：《俄罗斯远东方向军事安全建设探析》，《太平洋学报》2015 年第 7 期。

88. 马建龙、陈宇杰、李文良：《韩军武器装备概述》，《中国军转民》

2011 第 7 期。

89. 门洪华、[韩] 辛正承主编：《东北亚合作与中韩关系》，中国经济出版社 2014 年版。

90. 刘潇潇：《蒙古国的中文教育》，《侨务工作研究》2009 年第 2 期。

91. 《蒙古国经济概况》，北方网，2013 年 5 月 7 日，http：//news. enorth. com. cn/system/2013/05/07/010930743. shtml。

92. 《蒙古国首个"汉语角"助力"汉语热"》，人民网，2015 年 9 月 10 日，http：//edu. people. com. cn/n/2015/0910/c1053 - 27569511. html。

93. 孟庆义、唐承运：《关于朝鲜半岛和平统一中的几个问题》，《东疆学刊》2001 年第 4 期。

94. 苗华寿：《当前俄罗斯外交的特点及其走向》，《和平与发展》2005 年第 4 期。

95. 娜日斯：《蒙古国政治转型与新政府的走向》，《东北亚论坛》2005 年第 5 期。

96. 潘德礼主编：《列国志：俄罗斯》，社会科学文献出版社 2010 年版。

97. [朝] 朴淳载：《朝鲜民俗》，文东奎等译，人民教育出版社 1999 年版。

98. 钱红日编著：《日本概况》，南开大学出版社 2004 年版。

99. 邱显平：《俄罗斯联邦权力结构改革与民族问题》，《世界民族》2006 年第 1 期。

100. 曲万涛：《俄罗斯高等教育发展中存在的问题》，《长春工业大学学报（高教研究版）》2007 年第 2 期。

101. 《日本海上自卫队在亚丁湾已进行 700 次反海盗护航》，环球网，2016 年 1 月 14 日，http：//world. huanqiu. com/exdusive/2016 - 01/8377877. html。

102. 《日本拟调整自卫队指挥体制》，中国军网，2022 年 6 月 13 日，http：//www. 81. cn/wj_208604/10162950. html。

103. 《中国同日本的关系》，中华人民共和国外交站网站，2024 年 4 月 28 日，https：//www. mfa. gov. cn/web/gihdg - 676203/yz - 676205/1206_676836/sbgx_6768406/。

104. 申韬：《论朝鲜的不对称威慑战略》，《韩国研究论丛》2013 年第 2 期。

105. 盛勤编著：《新世纪高等学校日语专业本科生系列教材：日本概况》，上海外语教育出版社 2011 年版。

106. 史玲：《日本艺术》，河北教育出版社 2003 年版。

107. 史习成：《蒙古国现代文学》，昆仑出版社 2001 年版。

108. 思源：《蒙古国政治转型记》，《炎黄春秋》2010 年第 11 期。

109. 宋效峰：《蒙古国多元外交格局的形成及影响》，《江南社会学院学报》2011 年第 2 期。

110. 苏淑民：《俄罗斯政治经济与外交》，知识产权出版社 2013 年版。

111. 苏则坤、潘金凤编著：《俄罗斯文学史简编》，黑龙江人民出版社 2009 年版。

112. 孙春日：《东北亚诸民族跨国流动的历史景观与话语对峙——以我国东北地区为例》，《延边大学学报》（社会科学版）2014 年第 4 期。

113. 孙德刚、陈友骏：《试析日本在吉布提军事基地的部署与影响》，《国际展望》2005 年第 3 期。

114. 孙进己：《东北亚民族史论研究》，中州古籍出版社 1995 年版。

115. 孙叔林、韩铁英：《列国志：日本》，社会科学出版社 2005 年版。

116. 孙叔林主编：《当代亚太政治》，世界知识出版社 2002 年版。

117. 孙英春：《东北亚文化传统的同质性与"文化共同体"远景》，《浙江学刊》2009 年第 4 期。

118. 田春生主编：《俄罗斯经济外交与中俄合作模式》，中国社会科学出版社 2015 年版。

119. 田刚：《东北亚区域林业经贸合作发展战略的有效实施》，《东北亚论坛》2006 年第 4 期。

120. 图门其其格、恩和：《蒙古国的民族问题与民族政策》，《西北民族研究》1992 年第 2 期。

121. 王峰：《韩国军事院校教育的特点及启示》，《现代教育科学》2009 年第 5 期。

122. 王海运：《新时期俄罗斯外交战略走向及中俄关系深化》，《俄罗斯学刊》2012 年第 4 期。

123. 王金林：《日本神道研究》，上海辞书出版社 2007 年版。

124. 王立新：《论俄罗斯转型时期的十个重大调整》，《人民论坛·学术前沿》2013 年第 10 期。

125. 王玲：《日本文化新论》，电子科技大学出版社 2009 年版。

126. 王瑞林、王鹤：《笑侃东瀛——日本文化新视角》，南开大学出版社 2007 年版。

127. 王胜今主编：《蒙古国经济发展与东北亚国际区域合作》，长春出版社 2009 年版。

128. 王树福：《从俄语布克奖看俄罗斯当代文学的多元化》，《中国俄语教学》2006 年第 1 期。

129. 王宪举、陈艳：《世界列国国情习俗丛书：俄罗斯》，当代世界出版社 1998 年版。

130. 王晓波、赵立新等：《东北亚各国关系概论》，社会科学文献出版社 2015 年版。

131. 王晓泉：《浅析俄罗斯东北亚政策中的文化因素》，《俄罗斯东欧中亚研究》2005 年第 1 期。

132. 王宜胜：《韩国军队今如何》，《世界知识》2005 年第 11 期。

133. 韦旭升：《朝鲜文学史》，北京大学出版社 1986 年版。

134. 魏存成：《如何处理和确定高句丽的历史定位》，《吉林大学社会科学学报》2011 年第 4 期。

135. 魏力苏：《试析蒙古国政治经济转型的原因、特点及结果》，《科学·经济·社会》2015 年第 1 期。

136. 吴克礼、王仰正、赵爱国、周民权：《俄语专业本科生教材：俄罗斯概况》，上海外语教育出版社 2013 年版。

137. 吴克礼主编：《当代俄罗斯社会与文化》，上海外语教育出版社 2001 年版。

138. 吴清达、吴有纪：《在外朝鲜人（族）的现状（上）——在中国、独联体、美国朝鲜人（族）的现状》，《黑龙江民族丛刊》1996 年第 1 期。

139. 吴义福：《透视韩国军队信息化建设最新动态》，《国防科技》2007 年第 10 期。

140. 吴再政：《蒙古的安全战略与大国关系——解析蒙古国的中立外交路线》，《解放军外国语学院学报》2007 年第 4 期。

141. 武福源、黄军英：《从科技指标看韩国科技实力》，《科技管理研究》2008 年第 7 期。

142. 武喜艳等：《内蒙古陈巴尔虎旗岗嘎墓地古代人骨的 DNA 研究与蒙古族源探索》，《考古》2020 年第 4 期。

143. 谢桂娟：《21世纪东北亚文化融合的动因探析——以中、日、韩三国文化为视角》，《延边大学学报》（社会科学版）2007年第5期。

144. 徐文吉：《朝鲜半岛时局与对策研究》，山东大学出版社2007年版。

145. 许志新：《俄罗斯对外政策的教训》，《东欧中亚研究》2002年第2期。

146. 薛兴国：《俄罗斯国家安全理论与实践》，时事出版社2011年版。

147. 杨军等编著：《东北亚古代民族史》，中国社会科学出版社2014年版。

148. 杨可、孙湘瑞：《现代俄罗斯大众文化》，中国经济出版社1999年版。

149. 姚伟钧、彭长征主编：《世界主要文化传统概论》，华中师范大学出版社2004年。

150. 姚银松：《金正恩执政以来朝鲜军事改革情况及特点分析》，《现代军事》2015年第9期。

151. 应骥：《日本大和民族探源》，《中南民族大学学报》（人文社会科学版）2002年第2期。

152. 袁新华：《转型以来俄罗斯联邦的民族问题》，《世界民族》2004年第5期。

153. 袁蕴华、徐之先：《日本自卫队的编制及装备》，《国家安全研究》2002年第7期。

154. 张爱平等编著：《日本文化世界各国文化概览》，文化艺术出版社2004年版。

155. 张春：《设计未来：东北亚安全机制的路线图》，上海人民出版社2012年版。

156. 张大柘：《新兴宗教与日本近现代社会》，天津人民出版社2003年版。

157. 张海萌：《阿伊努历史与传统文化探析》，《黑龙江民族丛刊》2016年第3期。

158. 张立新、孔繁志主编：《日本概况》，北京大学出版社2009年版。

159. 张琏瑰：《朝鲜半岛南北双方统一政策演变和南北关系》，《韩国研究论丛》2003年第1期。

160. 张文江、王海峰：《冷战结束以来的朝鲜半岛南北关系》，载

《亚洲国情问题研究（第 2 卷）》，军事谊文出版社 2010 年版。

161. 张文江编著：《韩国的政治和外交》，北京大学出版社 2009 年版。

162. 张文江：《解析李明博政府的对朝政策与当前韩朝关系》，载《亚洲国情问题研究（第 1 卷）》，军事谊文出版社 2009 年版。

163. 张秀杰：《蒙古的国家安全战略及中蒙安全战略关系》，《当代亚太》2005 年第 11 期。

164. 张蕴岭、李冬新主编：《东北亚经济概览》，世界知识出版社 2019 年版。

165. 赵传君主编：《东北亚三大关系研究——经贸、政治、安全》，社会科学文献出版社 2006 年版。

166. ［韩］赵东一等著：《韩国文学论纲》，刘钻扩等译，北京大学出版社 2003 年版。

167. 赵建明：《试析冷战后韩国的联合国维和行动》，《国际论坛》2010 年第 1 期。

168. 赵小卓主编：《外国国防与军队建设教程》，军事科学出版社 2013 年版。

169. 赵杨、刘吉文、李潇：《韩国军队发展史》，世界知识出版社 2015 年版。

170. 郑红英：《朝鲜民族的起源与原初文化》，《安徽文学（下半月）》2008 年第 7 期。

171. 中国民族研究会编：《民族研究通讯》，世界知识出版社 1984 年版。

172. 中华人民共和国商务部国别数据，https：//countryreport.mofcom.gov.cn/record/index110209.asp。

173. 梁启东：《中日韩自贸区谈判进展缓慢的三个原因》，前瞻网，2015 年 3 月 3 日，https：//www.qianzhan.com/analyst/detail/329/150303-c185a6ef.html。

174. 中国现代国际关系研究所民族与宗教研究中心：《周边地区民族宗教问题透视》，时事出版社 2002 年版。

175. 周菲菲：《日本构建"民族文明秩序"的逻辑冲突与矛盾心态——以近代博览会上的阿伊努人种展示为例》，《世界民族》2023 年第 5 期，第 81 页。

176. 周秀娟：《俄罗斯民族政策的历史反思及启示》，《中央民族大学学报》（哲学社会科学版）2011 年第 5 期。

177. 朱积慧、杨康书源：《俄罗斯的复合型政党体制与政治韧性》，《俄罗斯研究》2022 年第 5 期。

178. 朱阳明主编：《亚太安全战略论》，军事科学出版社 2000 年版。

二、外文文献

1. ［俄］Д. МЯГМАР. Новая военная доктрина Монголии и военные аспекты ее внешней политики, Военная мысль, 1997, (02).

2. ［俄］Александр Проханов, Александр Нагоный, Владимир Шурыгин. Завтра война, Москва: ЗАО《Книжный мир》, 2013.

3. ［俄］Ким Чен Ын угрожает США водородной бомбой, 2015, http://utmagazine.ru/posts/16051 - kim - chen - yn - ugrozhaet - ssha - vodorodnoy - bomboy.

4. ［俄］Масюк В. Г., Сухарев А. В., Четверов Б. Н. Основы обороны государства и военной службы, Москва: Академия, 2013.

5. ［韩］곽진오:「日本民族主義의現象과展望: 전후 현상을 중심으로」,『동양정치사상사』, 2007 년제 1 호.

6. ［韩］국방부:『2018 국방백서』, 국방부 2018 년판.

7. ［韩］국정기획자문위원회:「문재인정부 국정운영 5 개년 계획」, 대한민국 정책브리핑, 2017 년 7 월 19 일, https://www.korea.kr/archive/expDocView.do?docId=37595.

8. ［韩］김상웅:『해방후 정치사 100 장면』, 가람기획출판사 2001 년판.

9. ［韩］김성진:『한국정치 100 년을 말한다』, 두산동아출판사 1999 년판.

10. ［韩］대한민국정부:「윤석열정부 120 대 국정과제」, 2022 년 7 월, https://www.president.go.kr/download/6394526a7b97a.

11. ［韩］신명순:『한국정치론』, 법문사 1993 년판.

12. ［韩］안희수:『한국정당정치론』, 나남출판사 1995 년판.

13. ［韩］양기호:「다문화정책의 한일비교」,『日本學報』, 2009 년제 2 호.

14. ［韩］『박근혜정부 외교정책백서』, 외교부, 2017 년 5 월, https://www.mofa.go.kr/www/brd/m_4105/list.do.

15. ［韩］『2018 외교백서』，외교부，2018 년 12 월，https：//www. mofa. go. kr/www/brd/m_4105/list. do＞．

16. ［韩］이토 아바토：『일본사회 일본문화』，임영택 역，소와당 2009 년판．

17. ［韩］조정남：『러시아민주의 연구』，고려대학교 출판부 1996 년판．

18. ［韩］최대희：「소비에트 민족 정책과 스탈린의 민족 문제 해결」，『인문과학』，2003 년제 16 집．

19. ［韩］토마스 바필드：『위태로운 변경』윤영인 역，동북아역사재단 2009 년판．

20. ［日］荒井源次郎、『アイヌの叫び』、北海道出版企画センター 1984 年版。

21. ［日］井上清、『"尖阁"列岛——鱼钓诸屿的历史解明』、日本现代评论社 1972 年版。

22. ［日］日本の科学技術、https：//ja. wikipedia. org/wiki/。

23. ［日］松本秀雄、『日本人は何処から来たか——血液型遺伝子から解く』、日本放送出版協会 1992 年版。

24. ［日］伊波普猷、『琉球人種論』、榕樹書林 1997 年版。

25. Glenn R. Summerhayes and Atholl Anderson，"An Austronesian Presence in Southern Japan：Early Occupation in the Yaeyama Islands"，Bulletin of the Indo – Pacific Prehistory Association，2009，No. 29.

26. Poisson，B. "The Ainu of Japan，Lerner Publications"，Minneapolis，2002.

图书在版编目（CIP）数据

东北亚概论／吕春燕等编著. －－北京：时事出版社，2024.12. －－ISBN 978－7－5195－0632－2

Ⅰ.D731

中国国家版本馆 CIP 数据核字第 20241LZ968 号

出 版 发 行：时事出版社
地　　　　址：北京市海淀区彰化路 138 号西荣阁 B 座 G2 层
邮　　　编：100097
发 行 热 线：（010）88869831　88869832
传　　　真：（010）88869875
电 子 邮 箱：shishichubanshe@sina.com
印　　　刷：北京良义印刷科技有限公司

开本：787×1092　1/16　印张：26.5　字数：476 千字
2024 年 12 月第 1 版　2024 年 12 月第 1 次印刷
定价：198.00 元

（如有印装质量问题，请与本社发行部联系调换）